이효석 전집 5

이효석 전집 5

초판 1쇄 인쇄 2016년 11월 25일
초판 1쇄 발행 2016년 11월 30일

엮은이 이효석문학재단
펴낸곳 서울대학교출판문화원
펴낸이 성낙인

책임편집 박희자
디자인 장혜원

출판등록 제15-3호

주소 (08826) 서울 관악구 관악로 1
대표전화 02-880-5252 | 팩스 02-888-4148
마케팅팀(주문상담) 02-889-4424, 02-880-7995
이메일 snubook@snu.ac.kr
홈페이지 www.snupress.com

ISBN 978-89-521-1800-4 04810
978-89-521-1795-3 04810 (세트)

이효석 전집

수필
서간문
평론
좌담

5

이효석문학재단 엮음

서울대학교출판문화원

이효석(구본웅 그림)

❶ '푸른집' 정원에서

❷ '푸른집' 거실에서

❸ 1939년 평양 대동공전 영문학 교수 시설

❹ 1929년 경성제대 재학 시절

❺ 1940년대의 이효석과
그의 육필 서명

❻ 부인 이경원

❼ 말년의 이효석

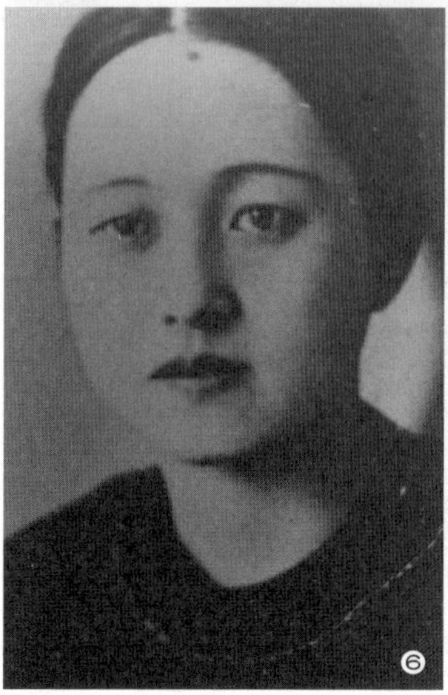

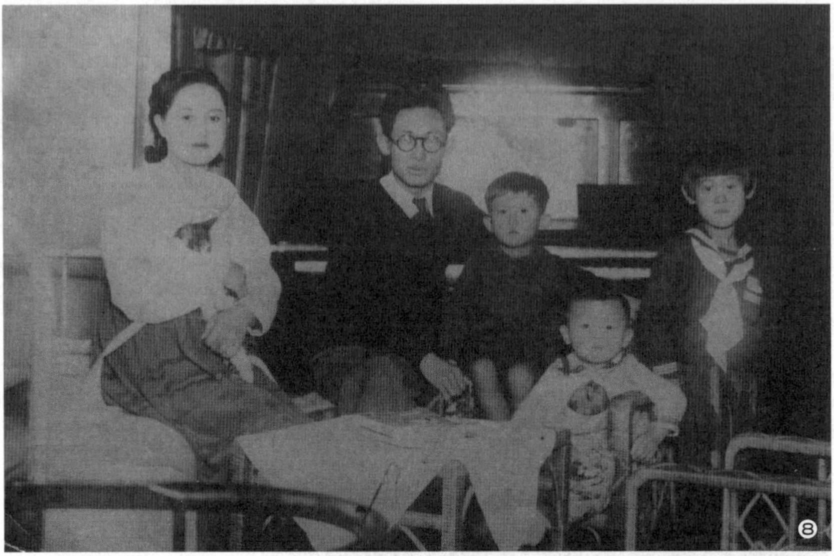

❽ 가족사진('푸른집' 거실에서)

❾ 부인 이경원과 함께

❿ 모친 강홍경

⓫ 부친 이시후와 모친 강홍경

◆ 이효석 전집 교감 및 편집을 마치고

최초의 이효석 전집은 1959년에 춘조사(春潮社)에서 간행된 『李孝石全集』(전 5권)이다. 이 한 질의 책은 이효석의 장남 이우현의 헌신적 노력의 결실로 빛을 보게 되었다. 1956년에 경기고등학교를 졸업한 그는 연소한 나이로 국립도서관 등지를 찾아다니면서 1942년에 작고한 부친의 작품들을 일일이 모아서 필사한 후 다섯 권의 전집으로 묶었던 것이다.

그 후 미국 유학길에 올랐던 이우현은 반생 동안 고국을 떠나 살다가 2011년에 귀국했다. 이듬해 사재를 출연하여 이효석문학재단을 설립한 그는 부친의 문학을 기리는 몇 가지 중점 사업을 시작하였다. 그중의 하나가 텍스트 비평을 거친 정본 전집 간행 사업이다. 기왕에 전집을 편찬해 본 경험이 있는 그에게 이번 전집 출간이 결코 생소한 일은 아니었을 것이다. 그러나 50여 년 전에 나온 전집과 이번 전집은 그 성격이 판이하다고 할 수 있다. 왜냐하면 이번에 간행된 것은 원전을 포함한 관련 문헌을 엄격히 교감하면서 작성한 텍스트로 이루어진 이른바 '결정판' 전집이기 때문이다.

교감 작업은 쉽지 않았다. 예전부터 우리나라 학계에서 문헌학이나 훈고학은 학문의 중요 분야로 전승되어 왔지만, 근자에 이르러서는 웬일인지 원전 문헌을 교감하는 일이 소홀히 대접되고 있다. 학자들이 개인적인 필요성에 따라 문헌을 조사하고 정본 텍스트를 확정한 사례는 더러 있지만, 현대의 중요 작가들, 특히 소설가들의 작품이 철저한 텍스트 비평을 거쳐 정본 전집으로 출간된 예는 찾아보기 어렵지 않을까 싶다. 이런 풍토 속에서는 문헌 교감에 대한 학계의 깊은 이해나 호의적 후원을 얻어 내기가 쉽지 않았고, 또 그런 작업의 준거가 될 만한 학계의 관행이나 기준을 찾아보기도 어려웠다.

어려움은 거기에 그치지 않았다. 이효석은 1920년대 말엽에서 1940년대 초엽에 걸쳐 작품 활동을 했는데, 그 시기에는 국한문 혼용이 시작된 지 얼마 되지 않아 우리말 정서법이 제대로 확립되어 있지 않았으므로 작가들마다 어법이 달라 극심한 혼란을 겪고 있었다. 그래서 오늘날의 독자들이 70, 80년 전의 우리나라 문헌을 대할 때에는 현대 영국 독자들이 400여 년 전 셰익스피어 시대 영어를 마주하는 것에 못지않은 어려움을 겪을 수도 있다. 바로 이 점이 텍스트 비평을 거친 정본 전집 간행의 필요성이나 그 시급성을 정당화해 주지만, 한편 그 작업에 임하는 사람들에게는 적잖은 부담이 되고 있다.

전집에 수록할 정본 텍스트를 작성하기 위해서 우리는 우선 작업 지침을 마련한 후 전문가들의 자문을 거쳤다. 2012년 9월에 구성된 이효석 전집 텍스트 교감·편집 팀은 이 지침에 의거하여 기왕에 나온 전집의 텍스트를 전산 입력한 후 그 최초본 및 후속본과 대조 교감하는 작업을 시작했다. 개개 작품의 텍스트는 담당 위원에 의

해 교감된 후 소위원회의 검토를 거쳐 잠정적으로 확정되었다. 이런 방식으로 개별 작품의 교감 작업이 세 차례 이루어졌다. 이런 절차의 교감을 거친 텍스트는 최종적으로 작업 책임자에 의한 교감을 거쳐 정본 텍스트로 확정되었다. 새로이 발굴된 작품도 모두 이와 같은 과정을 거쳤다. 한편 이효석이 일어로 쓴 작품들은 모두 번역해서 이번 전집에 수록했다. 그중의 일부는 기왕에 번역되어 있었지만 이번에 거의 전부를 새로이 전문 번역가들에게 청탁하여 번역했음을 밝혀 둔다.

이 모든 과정을 거쳐 오면서 우리는 이효석의 작품에 나오는 어휘를 모아 사전으로 편찬해야 할 필요성을 절감하게 되었다. 그래서 이효석 특유의 어휘와 사투리 및 잘 쓰이지 않거나 뜻이 어려운 표현들을 골라서 그 뜻풀이와 함께 제6권 권말 부록에 '이효석 어휘 해설'로 달았다.

이 전집 편찬을 처음 기획할 때 우리는 이효석을 연구하는 학자들에게 꼭 필요한 연구 자료가 될 수 있을 뿐만 아니라, 교양 있는 일반 독서대중이 읽기에도 적합할 만큼 반듯한 텍스트를 제공하자는 데 주안점을 두었다. 아울러 이번 전집의 출간이 우리나라 학계에서 이른바 '결정판 정본 전집' 간행의 필요성을 일깨우는 계기가 될 수 있기를 바란다. 이런 목표를 달성하기 위해서 우리는 최선의 노력을 기울였지만, 실제로 얼마만큼의 성과를 거두었는지 모르겠다. 전집 출간 후에도 이효석문학재단에서는 계속해서 텍스트를 살피고 미흡한 대목이 눈에 띄면 바로잡아 두었다가 개정판에 반영하고자 한다. 이런 후속 작업이 성공적으로 수행될 수 있도록 각계의 독자 여러분들이 기탄없는 질정을 아끼지 않기를 바란다.

전집 간행을 위한 자문에 꾸준히 응해 주시고 격려해 주신 분들과 일어 작품을 우리말로 옮겨 주신 장순하 선생, 한성례 선생 및 이로미 선생에게 고마움을 전한다. 아울러 새로이 이효석의 많은 작품을 발굴하여 빛을 보게 한 이현주 박사에게도 감사 드린다. 그리고 3년이 넘는 긴 세월 동안 어려운 일을 마다 않고 분담해 주신 네 분 젊은이들의 노고도 이 자리에서 기억하고 싶다. 그러나 무엇보다도 그 숱한 모임에 빠짐없이 합석해 주신 이우현 편찬위원장의 열성을 잊을 수 없다. 끝으로, 출판업이 유례없는 어려움에 처해 있는 시기임에도 이 전집의 간행을 선뜻 맡아 주신 서울대학교출판문화원 관계자 여러분께 감사를 드린다.

2016년 11월

이효석 전집 교감·편집 책임자

이상옥

◆ 감사의 글

— 유족을 대표하여

선친께서 작고하신 지 75년이라는 세월이 흘렀다. 1925년부터 1945년까지는 일제의 강압적인 식민 정책과 다양한 이데올로기가 충돌하며 한국사에 암흑이 드리운 혼란기였다. 국어와 한문이 혼재하였고, 어법 기준이 고르지 못하였으며, 일본어를 국어로 강요당한 시대였다. 이 시기에 선친께서는 지식인이자 문필가로서 모진 시련을 겪지 않을 수 없었다.

선친께서 「메밀꽃 필 무렵」을 발표한 1936년 무렵은 한국문학이 근대문학에서 현대문학으로 자리를 잡아 가면서 시, 소설, 수필, 평론 등이 장르적 개별성을 드러내며 분화하는 시기였다. 이러한 때 이효석은 '소설을 배반한 소설가'로 불렸다. 작품 속에 시적 요소와 산문적 요소를 뒤섞어 장르의 경계를 허물었기 때문이다.

경향문학적 요소를 뒤로하고 순수문학을 추구함으로써 이효석은 한국문학사에 당신의 이름을 분명히 새겨 넣었으며, 시적 문체로 승화한 단편소설들은 지금까지도 많은 독자들의 사랑을 받고 있다.

사실 선친의 전집을 엮는 일은 이번이 두 번째이다. 나는 미국으로 유학하기 전, 3년 동안 도서관을 헤집으며 아버지의 작품을 필사하여 1959년 춘조사에서 5권 분량으로 전집을 간행한 바 있다. 50

여 년이 지나 그 작업을 다시 시작하는 감회가 새롭다.

새로이 편찬되는 '이효석 정본 전집'에 대해 이상옥 교수는 "이효석을 연구하는 학자들에게 꼭 필요한 연구 자료가 될 수 있을 뿐만 아니라, 교양 있는 일반 독서대중이 읽기에도 적합할 만큼 반듯한 텍스트를 제공하는 데 주안점을 두었다."라고 말하였다. 이상옥 선생의 헌신적 노고가 없었다면 이와 같은 텍스트 비평을 거친 전집 간행은 어려웠을 것이다. 특히 우리나라 학계에서 처음 간행되는 '결정판 정본 전집'이 근현대문학사 연구의 필요성을 일깨우는 계기가 되기를 바란다는 말씀을 늘 귀하게 여기고 있다.

이 작업을 하는 동안 작은 바람이 있었다. 나를 비롯한 우리 네 남매를 위한 글을 찾고 싶었다. 너무도 개인적인 바람이지만, 요절하신 아버지의 사랑을 그런 식으로라도 확인하고 싶었고 보상받고 싶었다. 그 소망을 이룰 수는 없었지만, 그때 미처 발견하지 못한 작품들을 찾을 수 있었고, 여러 번의 교정을 거치며 잘못된 부분들을 바로잡을 수 있었다.

이런 일들은 아낌없는 자문과 격려를 보내 주신 문단과 학계의 여러분 덕분에 가능하였다. 깊이 머리 숙여 감사의 마음을 전한다. 3년여의 긴 여정에서 한결같이 함께 호흡을 맞춰 주신 편찬위원 송민자, 공강일, 이지훈, 그리고 나보령 선생께 심심한 사의를 표한다. 그 고마움 길이 가슴에 새겨 간직할 것이다. 또한 우수한 번역으로 전집을 새로이 단장해 주신 장순하, 한성례, 이로미 선생을 비롯한 많은 분들께 진심으로 감사한 마음을 전한다.

끝으로 이 전집의 출간을 맡아 주신 서울대학교출판문화원의 여러분에 대해서는 '감사하다'는 표현만으로는 모자라 최고의 찬사를 찾고 싶은 마음이 절실하다.

생전에 쓰셔서 발표하신 아버님의 글을 모두 모은 결정판을 이제서야 영전에 드리게 되었다. 함께 기뻐해 주시리라 믿는다.

2016년 11월

이우현

차례

이효석 전집 교감 및 편집을 마치고 ix
감사의 글 xiii

수필

서점에 비친 도시의 일면상 2
북국풍물 6
무풍대(無風帶) 11
삼일간(三日間) 13
북위 42도 17
단상(斷想)의 가을 21
이등변삼각형의 경우 25
두 처녀상 33
성수부(聖樹賦) 37
여름 삼제(三題) 44
지협(地峽)의 가을 49
데생 57
순진한 정미를 느끼게 하는 '블랑슈' 급의 여인 60
북국춘신(北國春信) 62
6월에야 봄이 오는 북경성(北鏡城)의 춘정 72
발발이 77
바다로 열린 녹대(綠帶) 82
동해의 여인(麗人) 84
뛰어들 수 없는 거울 속 세계 87
모기장 91
수상록 94
C항(港)의 일척(一齣) 97
처녀해변의 결혼 103
상송 도톤 105
청포도의 사상 112
생활의 기록 115
사랑하는 까닭에 121
영서(嶺西)의 기억 125
고요한 '동'의 밤 132
전원교향악의 밤 139
실없는 출발 142
사온사상(四溫肆想) 144
남창영양(南窓迎陽) 155
호텔 부근 159

마음에 남는 풍경 165
쇄사(瑣事) 168
에돔의 포도송이 173
화춘의장(花春意匠) 175
시를 찾는 마음 188
나의 수업 시대 190
피서지 관북통신 198
주을(朱乙)의 지협(地峽) 210
마치 빈민굴에 사는 심정 215
인물 있는 가을 풍경 217
구도(構圖) 속의 가을 224
국화분 230
밀른의 아침 231
채롱 234
늪의 신비 250
일기일절(日記一節) 252
Miss 다니엘 다리유 253
남방비행 기타(南方飛行 其他) 262
여성의 매력 267
감명 깊은 서적 소개 268
낙엽을 태우면서 269
낙랑다방기 273
수선화 276
포화(飽和)된 배열 279
인물 시험 280
행복의 부부 283
만습기(晩習記) 285
오월의 불만 288
유경식보(柳京食譜) 293
마리아 막달라 297
소하일기(銷夏日記) 300
상하의 윤리 310
첫 고료 314
야과찬(野菓讚) 318
R의 소식 321
추창수필(秋窓隨筆) 326

금년의 수획(收獲) 334
계절의 낙서 335
조선적 성격의 반성 341
노마(駑馬)의 십 년 343
이성간의 우정 347
괴로운 길 351
산협의 시 355
화초(1) 358
화초(2) 361
화초(3) 364
오식(誤植) 367
주을(朱乙) 가는 길에 371
한식일 372
녹음의 향기 375
비상(非常)의 추(秋)와 나의 독서 381
사랑의 판도(版圖) 382
소요(逍遙) 385
세월 391
독서 396
《풍년가》 보던 날 밤 399
생활과 화단 401

서간문

문인서한집(1) 404
봄 편지 406
김동인 씨에게 407
최정희 씨에게 408
문인 시객(詩客) 서한 410
유진오 씨에게 1 413
유진오 씨에게 2 415
노성석 씨에게 417
최재서 씨에게 419
금강산에 계신 문우에게 421
김동환 씨에게 423

평론

존 밀링턴 싱의 극 연구 426
「깨뜨러지는 홍등」의 평을 읽고 435
시나리오에 관한 중요한 술어 442
과거 일 년간의 문예 447
첩첩자(喋喋子)를 질타함 455
소포클레스로부터 고리키까지 462
문학수첩 467
창작 활동의 왕성과 비평의 천재를 대망(待望) 480
낭만 리얼 중간의 길 481
즉실주의의 길 484
기교 문제 486
건강한 생명력 추구 489
현대적 단편소설의 상모(相貌) 492
서구 정신과 동방 정취 501
단편소설 507
임학수 신저(新著) 『팔도풍물시집』 511
문운(文運) 융성의 변 513
『화분』을 쓰고 518
문학 진폭 옹호의 변 525
신간평 529
국민의 마음 훈련 과정을 532
생활과 창조 533
문학과 국민성 535
특수가치의 참가 546

좌담

조선 문화의 재건을 위하여 550
평양문인 좌담회 554
현대작가창작고심합담회 570
지성 옹호와 작가의 교양 588
내 지방의 특색을 말하는 좌담회 (평양 편) 594
신문소설과 작가의 태도 632

1권

◆ **단편소설**

여인(旅人)
황야
누구의 죄
나는 말 못했다
달의 파란 웃음
홍소(哄笑)
문명(文明)의 선물
맥진(驀進)
필요
노인의 죽음
가로의 요술사
주리면……
도시와 유령
행진곡
기우(奇遇)
북국점경(北國點景)
노령근해
깨뜨러지는 홍등
추억
상륙
마작철학(麻雀哲學)
북국사신(北國私信)
오후의 해조(諧調)
프렐류드
오리온과 능금
10월에 피는 능금꽃
주리야
약령기
독백
돈(豚)
마음의 의장(意匠)
일기
수난
계절(季節)

2권

◆ **단편소설**

성화(聖畵)
수탉
분녀
사냥
산
들
천사와 산문시
인간산문
석류
고사리
메밀꽃 필 무렵
화재(火災)
낙엽기
성찬
삽화(揷話)
개살구
거리의 목가
장미 병들다
막(幕)

부록
소라(蠑螺)
공상구락부
해바라기
가을과 산양
산정(山精)

3권

◆ 단편소설
황제
향수
일표(一票)의 공능(功能)
여수
하얼빈(哈爾濱)
라오콘의 후예
산협
풀잎
일요일
서한
만보(萬甫)

◆ 장편소설
화분

4권

◆ 장편 벽공무한
꽃묶음
어떤 가정
일만원
대륙의 밤
아킬레스의 비상(飛翔)
향연
토귀(兎龜)의 우리(寓理)
한 지붕 아래
하늘 위의 별
시절의 의욕
뮤즈의 선물
사건
비가
부부의 길
생활 설계
여담(餘譚)

◆ 번역소설
밀항자
기원후 비너스

◆ 시
흰 눈
인생의 행로
파(波)와 암(岩)
봄
만월
아침 뜰 앞
겨울 시장
겨울 식탁
겨울 숲
거머리 같은 마음

야시(夜市)
오후
저녁때
유월의 아침
마을 숲에서
집으로 돌아가자
하나의 미소
빨간 꽃
노인의 죽음
님이여 들로!
살인

◆ **시나리오**

화륜(火輪)
출범시대
신부의 명랑성
달밤
애련송(愛戀頌)
역사

6권

◆ **콩트, 소설**

은빛 송어(銀の鱒)
은은한 빛(炎の光)
가을(秋)
봄 의상(春衣裳)
엉겅퀴의 장(薊の章)
소복과 청자
녹색의 탑(綠の塔)
미완의 일문소설

◆ **수필 외**

계절의 낙서(季節の落書)
마음의 그늘(こころ陰翳)
조개 숟가락(貝殼の匙)
수목에 대하여(樹木について)
춘향전 내연 무렵(春香傳來演の頃)
신추(新秋)
대륙의 껍질(大陸の皮)
물 위(水の上)
북만주 소식(北滿だより)
유도 소식(柳都だより)
새것과 옛것(新しさと古さ)
주을소묘(朱乙素描)
복도에서(廊下で)
포도 그늘(葡萄の蔭)
겨울 여행(冬の旅)
나는 이렇게 생각한다
(私はこう考えている)
오월의 하늘(五月の空)
앞으로 어떻게 써야 하는가?
(今後如何に書くべきか?)
일본어가 세계어로
(日本語が世界語に)

◆ **설문**

신년삼원(新年三願)
포부고 말고
현실에 따라 움직이라
문답
근독단평(近讀短評)
1935년두의 문답록
설화체(說話體)와 생활의 발명
추등(秋燈)독서

십이월과 나
소재의 빈곤
제작과 시절
가을의 탐승처
근실한 편집 내용
산타크로스는 무엇을 가져오나
작가작품연대표
문인과 여성·문인과 부부
도세(渡世)문답
문화문답
생활문답
유머설문
취미문답
공상설문
독서설문
유머설문
인생설문
연예설문
생활설문
애정설문
여행설문
유머설문
일기설문
유머설문
향수설문
설문
나의 십 년 계획
조선작가단편자서전
설문
설문
문사(文士)가 말하는 명영화(名映畵)
금년은 무방도
설문
개리와 쇠리 낚는 재미
명사 만문만답(1)
명사 만문만답(2)
명사 만문만답(3)
선생께서는 신여성과 구여성을 무엇으로 구별하시렵니까?
서책 추천
설문
우문현답
학생에게 추천하는 서적
나는 무엇이 되려고 했나
몽테뉴 『수상록』(전 3권)
새로운 방법과 계시를
창
여백문답(1)
여백문답(2)
여백문답(3)
'작품애독' 연대기
엽서회답(葉書回答)
경성 개조안
작중인물지: 내가 만들어 낸 인물들
『북경호일(北京好日)』
초향암(草香庵)으로
내가 지금 중학생이라면?

◆ 권말 부록

작가 연보
작품 연보
이효석 어휘 해설

일러두기

1. 이 전집 편찬의 기본 방침은 작가의 최초본을 포함한 원본에 되도록 충실하자는 데 있다. 그러므로 사투리와 작가 고유의 어휘는 가급적 존중되었고, 맞춤법과 띄어쓰기만 현행 규정에 따라 바로잡았다.
2. 소설 작품 속의 대화 부분은 원전을 거의 존중했다. 그러나 소설과 산문을 가리지 않고 서술문에서는 사투리를 가급적 표준말로 바꾸었다.
3. 의미가 모호한 대목도 그 뜻을 짐작할 수 있는 경우에는 고치지 않고 그대로 두었다. 확실한 비문은 뜻이 통하게 바로잡기도 했으나, 더러는 그대로 두고 각주로 비문임을 밝혔다.
4. 각주는 최소화하고 그 대신 미심한 낱말 및 생소한 표현은 그 뜻풀이와 함께 6권 권말 부록의 '이효석 어휘 해설'에 첨부해 두었다.
5. 원전의 한자는 모두 한글로 전환했지만, 의미소통에 필요한 경우 괄호 속에 남겨 두었고, 드물게는 원전에 없는 한자를 추가하기도 했다.
6. 대화 부분은 " "로, 강조 부분은 ' '로, 단행본 제목은 『 』로, 단행본 속의 장별 제목이나 작품 제목은 「 」로, 정기간행물, 영화, 악곡 등의 제목은 《 》로, 그리고 혼잣말 부분은 ( )로 각각 표기했다.
7. 모든 저작물은 장르별로 구분한 후 거의 모두 저작 연대순으로 배열했다.
8. 작품마다 그 말미에 탈고 일자, 간행 일자, 잡지사가 기획한 편집 제목 등을 밝혀 독자나 연구가가 참고할 수 있게 했다.

수필

서점에 비친 도시의 일면상

공황! 불경기! 원래 믿을 것 못 되는 것은 인심이지만 황금궁핍(黃金窮乏)에 의리의 심조(心操)조차 잊어버리는 등 가지가지의 경박한 인심을 빚어내는 요새이니 불경기의 심도가 아마 지나쳐 심한가 보다.

(10행략)

이 병적 세태의 과정의 이면에 잠겨 꾸준히 힘 기르며 고요히 맥치고 있는 시커먼 일군(一群)이 있으니 이것이 장차 밝은 (중략) 을 운전하여 올 숨은 동맥일 것이다.

그들은 어두운 뒷골목에서 좁은 방에서 얕은 책상에서 은은히 움직이고 붉은 열정도 다하며 방대한 힘을 길러 가는 것이니 이 힘의 성장은 거리의 구석에 가두에 서사(書肆)에 — 도시의 각처에 현현(顯現)되어 스스로 도시의 일면상(一面相)을 구성하고 있다.

이제 잠시 한 서사에 나타난 이 힘의 성장을 살펴서 써 서울의 프로필의 일단을 엿보자.

계림당 서점이라면 아마 서울이 가진 유일한 좌익 서적 전문의 서점일 것이다. 규모는 작으나 경영하는 분이 색다른 이니만큼 이채 있는 서점이다. 주인을 여러 해 동안 (중략) 홀로 이것을 영리(營理)하여 가는 김 씨의 여러 가지 수난에는 또한 눈물겨운 이야기가 스스로 많으련만 족외한(族外漢)인 나로서는 다만 사창(肆窓)에 어리운 고객의 그림자를 살펴볼 뿐이다.

하루 동안 서점에 시좌(試座)하여 발견하는 놀라운 사실은 고객의 종류이니 그의 대부분은 루바시카 입은 장발 청년(이렇게 유달리 차린 청년이 서울 안에 몇 사람이나 있으랴마는)이나 첨단적 지식분자연(知識分子然)하는 양복 계급이리라고 예상한 기대를 배반하여 버리고 고객의 대부분이 실로 중등학교 정도의 생도들이라는 것이다. 아침부터 밤까지 이 서점을 찾는 수백 명 고객의 99퍼센트가 두발단삭(頭髮短削)한 '쓰메에리' 교복의 중학생들이니 이 얼마나 놀라운 일이 아닌가.

혹은 떼를 지어 선풍같이 우르르 몰려오기도 하고 혹은 단독히 들어와서 주밀한 주위와 신중한 관찰로 서가를 세세히 뒤져보며 신간을 물색하고 힘에 맞는 서적을 선택하여 써 머릿속의 체계를 정리하여 가는 것이다.

그들은 번잡한 거리에 날뛰지 않으며 공연히 백화점을 찾는 법 없이 다달이 가난한 학자(學資)를 할애하여 이 서점을 찾을 뿐이요 하루의 대부분을 침침한 하숙방에 들어박혀 앞날을 위하여 새 과학(중략) 을 공부하는 것이다.

이 수많은 기개(氣概)들 숲에 섞여서 간혹 몇 사람의 전문학생 대학생들이 이 서점을 찾아오기는 하나 그들은 새벽 하늘의 별같이 극히 희소한 것이다.

"대학생쯤은 좀 더 와도 좋으련만!"

그러나 이런 탄식이 무슨 소용 있으리오. '돈을 벌려면' 의학을 공부해야 하고 '거룩한 지위를 얻으려면' 법률을 공부해야 하고—그들의 두뇌가 아직까지도 이 아나크로니즘의 지경에서 뱅뱅 돌고 새 출발을 용단치 못함을 어찌하리오. 고문(高文) 합격을 필사의 목표로 삼 년 동안이나 도서관 책상에 파고 엎드렸던 가련한 친구가 있고 은행에 취직하여 급료가 풍성풍성하니 만족 변절하여 연구회의 옛 동지들까지 잊어버리는 가엾은 사람이 있는 것을 어찌하랴. 그야 대학생이라고 열이면 열 다 똑똑하랴마는 시대에 눈 어두운 사람이 너무도 많은 것이다. 상아탑의 학원 속에서 철 아닌 파르나소스 동산 속에서 낡은 글을 읊조리고 때 묻은 골동품을 만지작거리는 꼴들이 너무도 딱한 것이다. 이들을 이 서점을 찾는 기예(氣銳)한 중학생들과 비겨볼 때 우리는 그곳에서도 대립을 엿볼 수 있는 것이다.

며칠 전에 단정하게 차린 여학생들이 이 서점을 찾아와서 어떤 책부터 읽기 시작하였으면 좋겠느냐고 지도를 빌었다 한다. 그보다 이전에도 또 이런 일이 간간이 있었다 하니 그때의 귀여운 고객들은 어린 소학생이었다 한다. 얼마나 놀라운 일들인가.

이렇게 하여 곳곳에서 구석구석에서 그들은 어둠을 헤치고 나아가는 것이다. 세태가 스스로 그들에게 바른 길을 뙤어 주는 것이다.

그러나 아직까지도 단순한 너무도 단순한 두뇌가 많은 이 거리에서 어여쁜 백지(白紙)들 많은 이 거리에서 그들은 얼마나 귀여운 동무들인가. 거리의 '넌센스 보이'들이여 동방의 여인들이여 그대들도 모름지기 이를 본받아야 할 것이다. 남촌에 즐비하여 있는 화려한 백화점을 기웃기웃 사치한 물화(物貨)에 침을 흘리며 재즈 레코드에 헛흥겨워 말고 어두운 현실 구석에 엎드려서나마 색다른 글줄이라도 읽어 보아라. 의상과 유행에 대하여서는 감수성이 지나쳐 예민한 그들의 안테나다. 강렬히 닥쳐오는 사조의 음파에 대하여서는 너무도 우둔하다 함은 슬퍼하지 않을 수 없는 바이다.

백화점을 모르고 재즈에 마음 뺏기는 법 없이 오직 서점을 사랑하고 어두운 방구석에서 힘 기르는 지하층의 시커먼 일군! 이들 위에 (중략) 은 약속되었나니 축복하노라. 그들의 장한 성장을! 동맥을!

「일인일문(一人一文) 경성 쌍선곡(雙線曲)」, 《조선일보》, 1930. 11. 14.

북국풍물

내가 북국을 찾은 것은 이것이 벌써 세 번째—재작년 여름, 작년 여름 그리고 올여름. 찾을 때마다 나는 이곳 풍물에 대하여 유다른 호감과 비상한 감격을 느낀다.

그것은 하필 어떤 이유 밑에서가 아니라 그저 무조건으로이다.

산 좋고 물 맑고 들 넓고 그리고 그 위에 바다 또한 좋으니! "풍경 좋은 곳에 사는 사람들은 도리어 그 고장의 미를 의식하지 못한다."—는 뜻의 탄식을 체호프가 그의 단편 가운데에서 말하였던 것 같이 기억된다.

이곳 사람들 역시 이곳의 아름다운 풍물을 예찬—은커녕 의식조차 못하는 것을 보면 체호프의 말이 맞는 듯하다.

사실 이 북국의 풍물, 더욱이 바다의 미가 아직까지 표현의 은덕을—자연은 그것을 바라지는 않을 것이나—입지 못한 것은 아까운 일이다. 이곳 사람들의 죄라고 할까. 어떻든 이곳의 자연은 앞으로 많은 표현을 입어야 할 것이며, 그것은 그러나 느낌이 적고 신경이 둔한 이곳 사람들의 손에보다도 다른 고장의 사람으로 이곳의 풍물에 많은 감격을 느낀 그런 사람들의 손에 달렸다고 믿는다. 바다와의 접촉면이 많은 우리로서 지금까지 좋은 해양문학을 가지지 못한 것은 오히려 괴이한 일이다.

푸른 바다 아름다웁고 포구에 고기잡이 성하고 바다 노동자의 바다와 자본주에 대한 싸움이 끊일 새 없고—이러한 좋은 소재와 가능성을 가지고 있는 북국에서부터 좋은 해양문학이, 그 길의 천재가 앞으로 모름지기 무럭무럭 자라나오기를 바란다.

북국풍물이라고 하여도 나의 지금 말하는 곳은 한 국한된 개소(箇所)에 지나지 아니하나, 바다로 논지(論之) 하면 동해안 일대가 모두 아름다웁다. 철로 연변으로만 말하더라도 원산에서 청진까지 한결같이 바다가 아름다우며 위에 말한 해양문학의 소성(素性)을 구비하여 있음을 우리는 쉬웁게 발견하는 터이다.

이곳—치성(雉城)—에서 독진(獨津) 바다까지는 약 반 리. 그 사이 넓은 들이다.

보리 익고 완두꽃 피고 묘포 푸른 들. 논보다는 밭이 많고 밭에는 이깔(낙엽송)의 묘포가 성하다. 군데군데 산재한 묘포에는 매일 수십 명의 부녀 노동자들이 풀 뽑고 물 주고, 코도 없고 귀도 없고 입도 없는 일견 괴담 속의 인물 같은 처녀이지만(강렬한 햇빛과 해풍을 피하기 위하여 이렇게 기형화시킨다) 간간이 열리는 두건 사이로는 실로 놀랄 만치 흰 살결이 들여다보인다.

찢기는 검은 구름 사이로 해죽이 웃는 달조각같이 향기로운 살결!

일전에 우연히 고향을 찾아 내려온 시인 P 형과도 찬선(讚美)하야 마지않은 바이지만 산수가 아름다운 이곳에 아니 산수가 아름다우므로겠지만 사람도 또한 아름다웁다. 즉 살결이 희고 맵시 고운 '미인'이 유심히도 많은 것을 우리는 발견할 수 있다.

묘포를 지나 들을 지나 바다에 이르면 포구는 고기 냄새에 물렸다. 이곳 역시 정어리 어업이 매우 성하니 해변에 산재하여 있는 공장에서 흘러나오는 고기 삶는 냄새, 기름 짜는 냄새가 포구를 싸는 것이다.

북선(北鮮)의 구석구석에 산업의 부문 부문에 침범한 일본의 금융자본이 이곳만은 아직 다치지 않았으므로 대규모의 근대적 공장이 포구를 독점하지 못하였고 군데군데 산재하여 있는 소규모의 군소공장에서 원시적 생산이 경영되어 나간다. 공장이라야 우로(雨露)를 헤아리지 않은 노천식(露天式)의 간단한 구조요 기술이라야 지극히 단순한 것이다. 이 어업의 성질로 보아 아무리 규모를 크게 한다 할지라도 이 이상 더 완전한 설비와 장대한 건물은 그다지 필요치 않을 것이다.

해변 백사장에는 노소의 부녀 노동자들이 떼를 지어 그물에 달린 정어리를 뜯기도 하고 혹은 바다를 바라보며 정어리 배 들어오기를 기다리기도 한다. 한편 창고 옆에도 십여 명의 부녀가 함지를 앞에 놓고 앉아서 꿈꾸는 듯이 바다를 바라보고 있다. 배가 들어오면 여러 가지 생선이 즉시 이 창고에 운반되나니 그들은 그것을 도매하여 함지에 담아가지고 반 리나 되는 읍내(치성) 남문 거리에 가서 판다. 이것을 두서너 차례씩 해야 겨우 그날의 양식이 생기는 것이다.

포구의 풍물을 대할 때마다 나는 싱(Synge)이 그의 희곡과 기행에서 표현한 애란의, 더욱이 애런 도(島)의 풍물을 연상한다. 양자 사이에는 흡사한 점이 많으리라고 생각되는 까닭이다.

『바다로 말 달리는 사람들』의 배경은 곧 독진 같은 포구가 아닐까. 붉은 말이 있고 검은 도야지가 있고 붉은 돛대가 있고 바위가 있고 널쪽(죽은 뒤에 관을 짤)이 있고—싱의 희곡 속에 나올 필요한 것이 이곳에 다 구비하여 있는 것이다.

물론 바다로 (말) 달리는 사람들의 비극도 이 포구 안에 한두 건이 아닐 것이니 몇 사람의 바틀리가 바다에 목숨을 빼앗기고 몇 사람의 모리아가 아들의 죽음을 위하여 통곡하고 있을 것인가.

또 한 가지 같은 것은 싱의 기행에 의하면 애런 도에도 나귀가 흔하나 이 포구에 역시 나귀가 있음이다. 이 체구가 조그마하고 귀여운 동물이 두 바퀴 수레를 끌고 그 위에 탄 안깐의 채찍 밑에서 마을길을 타박타박 걸어가는 목가적 풍경은 바로 그대로가 애런 도의 그 어느 모퉁이에 있으려니 짐작된다.

우리에게도 싱과 같은 천재가 있었다면 이러한 북국의 풍물이 광채를 띠우고 살아났을 것이다. 이 고을에 천재 없음을 재탄(再嘆)하는 바이다.

어수선한 포구를 지나 자앙개 고개를 넘어서면 복잡한 포구의 각가지의 생활상을 떠난 신선한 경지가 전개된다. 높은 바위에 올라서서 넓고 크고 푸르고 건강하고—너무도 건강한 바다를 시름없이 바라보면 안계(眼界)가 아물아물하여서 눈이 어두워진다.

나가는 배, 들어오는 배가 넓은 시야 안에서 마치 정지한 듯하고 바다 멀리 지나가는 기선의 뚜―뚜― 들려오는 기적 소리 나그네의 향수를 자아낸다.

발밑에는 끊임없이 몰려오는 파도가 바위에 들이치고는 하아얗게 깨뜨려지며 거품을 뱉는다. 천 번 만 번 들이치고 들이치고 또 들이치는 파도―힘차고 끈기 있기도 하다!

육중하고 건강한 바다!

날이 맞도록 바라보아도 싫지 않은 것은 바다이다. 대체 어느 갈피에 그러한 매력이 숨어 있는가. 강철 같은 건강미엔가, 그의 감추고 있는 무진장의 교훈엔가?

내일도 또 바다에나 나갈까, 머릿속에 맴도는 일만(一萬) 생각 잊게 하는 바다여.

오직 너뿐이니!

7월 26일 치성에서

《시대공론》, 1931. 9.

무풍대(無風帶)

나의 이십 전후는 무풍대를 가는 배로소이다—조출한 범선 아름다운 꿈 가득히 싣고 고요하고 안온한 바다를 무심히 저어가는 흉금 이것뿐하고 동안(童顔)은 혈색 좋게 상기되었소이다. 예이츠에 심취하여 그의 탐구자의 인물에다 내 자신을 비기기를 즐겨하였소이다.

고요한 시외 그윽한 학원(學園)에서 두툼한 책과 날을 보냈소이다—예이츠의 메리가 누른 종이의 책을 사랑하듯이. 그 속에서 가지가지의 아름다운 꿈을 캐내어 그들과 함께 그 속에서 살았소이다. 뒷동산에 올라서는 거리를 굽어보며, 인생이란 해골에다가 내 멋대로 꿈의 옷을 입혀, 그것을 아름다운 것이라고 생각하였소이다. 한 장의 로맨스 없는 것을, 그다지 슬퍼하지 않았소이다.

—나에게는 더 아름다운 꿈을 보는 재조가 없었으니까.

그때와 이제와의 사이에는 불과 몇 번의 가을이 지났을 뿐이언만 그 몇 번의 가을이 나의 꿈을 모조리 빼앗아 갔소이다. 관념의 꿈이 산산이 부서져 버리고 앙크런 해골만의 객관이 이제는 앞에 남았소이다. 갈피갈피의 인생의 관조에 피곤하고 현실에 부대껴 불그스레하던 동안이 핼쓱하게 여위었소이다. 그러면서도 아직 찾을 것을 못 찾았소이다. 그러나 예이츠의 인물과 같이 그것을 기어코 찾아내고야 말겠소이다. 파도 심하고 배 부서지고 옷이 찢겨졌다 할지라도. 이제 무풍대 시대를 생각하며 흔들리는 나침반을 조심스럽게 응시하고 있소이다.

「오오, 이팔청춘!! — 문인의 이십시대 회상」, 《삼천리》, 1933. 3.

삼일간(三日間)

2월 ○일(토요)

눈이 하아얗게 쌓이다.

노는 날. 일요일 외의 노는 날이란 언제든지 유달리 반갑다. M지(誌)의 창작란을 읽다. 그달 잡지가 책상 위에 그득히 쌓여 눈앞에 어른어른하는 동안에는 다른 일이 손에 잡히지 않는다. 월초(月初)에 그달 잡지는—적어도 창작란만은 다 읽어버리겠다는 작정이 달마다 틀어져 요사이 와서는 월초는새로에 잡지와 씨름하다 나면 어느덧 한 달 삼십 일이 다 가는 것이다.

처음 보는 작가의 작품. 매우 훌륭하다. 간결한 필치가 줄기줄기 육박하여 오는 가작. 심히 익숙한 솜씨가 아마도 자전적의 소설인 듯하다. 그렇지 않으면 이렇게까지 힘차게 울려올 수 없겠지. 전반은 진득하고 침울하고 후반은 행복스럽고—필치에는 경중이 없으나 후반보다 전반이 훨씬 좋다. 행복스런 인생의 면이 이지(easy)에 흐르기 쉬움에 반하여 역시 괴로운 인생의 면이 더 많이 훌륭한 예술이 되는 것 같다. 도스토옙스키의 모든 작품이 아니 고금의 위대한 예술이 모두 그렇듯이.

오후에 혼자 화로 밑 숯불을 피우고 「주리야」 기고(起稿). 편지로 온 부탁을 편지로 간단히 승낙하였으나 승낙해 놓고 보니 큰 짐을 맡은 듯한 느낌이 새삼스럽게 난다. 반년 동안이나 어떻게 끌어 나가노. 어차피 피를 기울여가며 새겨 갈 작품도 아니요 아직 그럴 때도 아니라고 생각하지만, 그러나 그렇다고 또 그것이 심심풀이의 장난이 아닌 이상 괴로운 느낌은 일반이다. 전편(全篇)의 이야기도 만들지 못하고 구상도 서지 않은 채 원고지에 향하니 머릿속이 실오리같이 어지러워 몇 시간을 걸려 겨우 넉 장 쓰다.

저녁때 Y 씨 못 오겠다는 통지. 하는 수 없이 밤에 혼자 M 씨 댁을 찾다. 단 두 내외의 홋홋한 가정. 부인은 지적 명모(明眸)를 가진 가인(佳人) — 촌에서 찾아보기 드문 신경미(神經美)의 소유자. 이곳에서 문학을 서로 이야기할 만한 분은 Y 씨와 이 M 씨 가족쯤이다. 취미와 정서란 혈연을 넘어서 족히 결합되는 것, 목적인 불어보다도 잡담 쪽이 훨씬 성에 맞는다. 멕시코까지 갔다 온 분인 만큼 해외 사정에 밝다.

2월 ○일(일요)

S로부터 원고 재촉의 엽서 래(來). 내월부터 실리려고 작정하였던 것이 작정이 틀려 황급히 붓을 잡다. 오정까지 다섯 장.

《대조(大朝)》에 실린 곡기(谷崎)의 수필을 읽고 그의 지필벽에 안심하다. 모든 대외 관계를 끊고 하루 종일 방에 들어박혀서 애를 써야 겨우 사오 매. 즉 신문 소설의 1일분을 쓴다는 그의 고백에 웬일인지 안심이 된다. 자라를 달에 비기는 것은 아니지만 종일 들어박히면 십여 매는 쓸 수 있으니 그만하면 족하다고 생각. 지필(遲筆)과 속필은 재분(才分)과 소질의 정도를 떠나 순전히 생리적의 것인가 한다. 글 쓰는 사람이 지속(遲速)을 염려할 필요는 없겠지.

밤에 학교에서 잠자다. 다섯 장.

오늘 합 십 매, 방이 너무 덥고 공기가 건조해 목이 깔깔하다.

2월 ○일(월요)

나남(羅南) 가서 진하고 뜨거운 커피 한 잔 먹었으면—으슬으슬 추우니 반일 동안 커피 망상만 나다.

이제는 거의 인이 박힌 듯하다. 평생 커피 편기(偏嗜)하였다는 발자크의 풍류를 본받아서가 아니라 언제부터인지 모르는 결에 깊은 인이 박혀 버린 것이다. 그러나 시골서는 좋은 커피 구하기가 얼마나 어려운가. 날 채로 사다가 찧었다는 진짜 '자바'를 나남 끽다점(喫茶店)에서 나누어다가 넣어 보아도 진짜 맛은 나지 않는다. 찧어서 통에 넣은 '브라질'같은 것은 두 층이나 맛이 떨어진다. 서울서 진한 다갈색의 향기 높은 '모카'를 마시는 동무는 얼마나 다행한가.

밤에 O 모 양 영어 배우러 오다. 두 엽(頁) 강(講) 받고 보내다. K관 탕욕에서 돌아와서 속고(續稿) 십 매. 며칠간에 쓴 것도 도합 이십이 매. 시일 관계로 이것만으로 1회분을 삼아 투봉(投封)하고 S에게의 편지를 첨서(添書)하다. 원(媛)에게 부탁하여 명조(明朝) 제1편에 부칠 작정. 자리에 누우니 한 시를 훨씬 넘다. 두통 심하다.

「작가일기」, 《삼천리》, 1933. 4.

북위 42도

월세 십 원의 집이 대궐같이 크다. 넓은 앞뜰은 제법 웬만한 운동장이다. 날이 따뜻해지면서부터 의사의 권고로 글러브를 사가지고 캐치볼을 시작하였다. 캐치볼 터로도 쓰고 남은 넓은 뜰을 그대로 버려두기가 아까워서 딸기 묘종을 수십 주 얻어다 심고 날마다 공들여 물을 주었더니 꽃이 하아얗게 피면서 푸른 열매가 맺기 시작하였다. 토마토도 올에는 폰데로사와 딜리셔스 두 종 약 30주를 파다 심었더니 이것도 어느덧 노랑꽃이 피기 시작하였다. 카칼리아와 애스터가 한 치 길이나 자랐고 종이 움 안의 오이가 넝쿨을 뻗으며 푸른 열매를 맺기 시작한 것도 보기에 귀엽다.

그러나 이것도 모두 온상 안에서 월여(月餘) 동안 자라난 묘를 이식하였기 때문이지 평지에서 자랐다면 아직 이만큼의 장성(長成)을 보지 못하였을 것이다. — 평지에서는 종묘장의 라이맥(麥)이 이제 겨우 3, 4촌 자라났고 과수원의 능금꽃이 연짓빛 봉오리에서 흰 꽃으로 분장을 변하여 가는 중이다.

이것이 북위 42도의 6월이다. 발육 불충분의 가난한 자연 — 털을 뜯긴 양(羊) 모양으로 빈약한 계절—딸기를 먹을 시절에 꽃이 피고 보리를 베일 시절에 이삭도 안 팼다. 하기는 온실에서는 베고니아의 꽃이 지고 제라늄과 아마릴리스가 한참 아름다운 때이다. 그 속에 섞여 선인장의 진홍의 꽃송이가 난만(爛漫)한 열대적 열정을 자랑하고 있다. 그러나 한번 온실을 나가면 만목(滿目) 훤출한 벌판이다. 그 벌판에는 청색보다도 아직 토색(土色)이 더 많이 눈에 띄는 것이다. 바다에서는 찬 안개가 아물아물 흘러온다. 사무실에서는 난로 뒷자리에 놓은 큰 화롯전이 그리워서 우줄우줄 모여드는 형편이다. 기온이 차고 자연이 어리고 계절이 빈궁한 유월.

읽기 시작한 지 일주일이 넘도록 폈다 덮었다 읽다 치웠다 하면서 도무지 나가지 않는 발자크의 소설—여러 가지 이유가 있겠지만 그 추군추군한 작품의 열정을 좇아가지 못함이 그 한 이유가 아닐까. 발자크의 인물들은 황소 같은 열정을 가지고 생활한다. 한 가지의 생활 목표를 작정하고는 그 과녁을 향하여 일로매진 마치 마술에 걸린 것같이 한사(限死)하고 생활하여 간다. 생명의 마지막 방울까지 생활하여 간다. 바루다잘이 그러하고 유로가 그러하고 크루벨이 그러하다. 아니 그의 전 작품의 전 인물이 모두 그러하다. 전 육체, 전 감각, 전 지능으로 생활하여 가는 그 전신적(全身的) 열정, 절대적 생활—이것을 좇아가기에 나는 도중에서 몇 번이나 헐떡거렸던가. 여러 번 그만 두려다가 간신히 끝까지 좇아가서 한 편을 읽고 나면 마치 찐덕찐덕하고 독한 고급 양주를 마신 뒤와도 같이 그 열정에 취하여 전신이 몽롱하다. 며칠 동안은 허든허든하여 다른 생각 없이 그 인물들의 뒷생각뿐이다. 과연 이런 것이 훌륭한 '문학'이라는 것을 두렷이 느낀다.

결국 위도와 지리의 탓이라고 생각한다.

위대한 체구를 가진 발자크가 일생의 열정을 기울여 제작한 소설—그 속에서는 그와 같은 불란서에 태어난 남구적(南歐的) 열정을 가진 백성들이 힘차게 생활한다—근기(根氣) 있고 끈기 있고 추군추군하고 줄기찬 소설을 다른 위도와 풍토 속에 사는 우리가 용이히 따라가지 못함은 정한 이치이다. 대체 그러한 위대한 열정이 그다지 덥지 않은 기온 속에 살고 그다지 크지 못한 체구를 가진 우리의 성에 맞을 것인가. 발자크의 육체와 우리의 육체—그의 소설과 우리의 소설 사이에는 이 거리가 있다.

문학과 풍토 내지 문학과 기후—이것은 결코 새로운 제목이 아닐 것이다.

온대를 표준으로 하고 변칙적 대외적(帶外的)인 풍토의 철 늦은 이곳에 살면서 풍토 다른 발자크를 읽으려니 이 제목을 새삼스럽게 생각하게 되었다.

풍토와 기후는 생활을 규정하고 그 생활을 비추어낸 것이 문학일지니 문학과 풍토의 관련은 심히 큰 것이다. 발자크의 찬란한 문학에 비길 때 우리의 문학이 얼마나 빈혈증의 앙크렇게 여윈, 호흡 짧은, 윤택 없는 것인가를 보라. 문학의 전통 기타 백천(百千)의 제 조건과 문제는 그다음에 오는 것이 아닐까.

의사가 제환(濟患)에 실망하고 약숟가락을 던지는 격—의 의미가 아니라 이 제목을 새삼스럽게 되풀이하는 것은 발자크의 너무도 위대함에 괄목하여서이다. 그의 소설은 실로 인생의 박람회장이요 지식 창고이다. 이 경이할 만한 창조신(創造神)—그는 '문학'의 한 큰 자랑이 아니고 무엇이랴. 풍토의 제목을 차버리고 이 땅에도 발자크 같은 위대한 육체의 예외적 천재가 나서 그의 재조를 배우고 기술을 승양(乘揚)하여 그의 작품에 비길 만한 정력적 걸작을 내기를 바란다.

덥지도 못하고 그렇다고 극히 차지도 아니한 격정이 없는 이 가난한 풍토와 거세된 이 환경 속에서 발자크적 훌륭한 문학을 낳는다는 것은 사실 극난의 일은 일이다.

6월이 아직도 차다.

그러나 차차 계절이 익으면 얼었던 마음이 풀리겠지.

뜰 앞에 딸기가 빨갛게 익으면 딸기 같은 문학이라도 써볼까. 토마토가 익을 때면 토마토 같은 문학을, 능금이 익을 때면 능금 같은 문학이라도 써 볼까.

치성(雉城)에서

《매일신보》, 1933. 6. 3. (2회)

단상(斷想)의 가을

책상 위의 원고지가 서가 위의 설백석고(雪白石膏)의 소녀상같이 희고 초콜릿빛 파이프의 골통이 고귀한 고대의 도기같이 윤택하게 빛나고—이것이야 반드시 가을의 탓이 아니라 할지라도 소탁식분(小卓植盆)의 아스파라거스 잎새가 병든 것같이 여위었음은—이것은 바로 가을의 탓이 아닐까. 요리 접시에 오르는 민출한 아스파라거스의 줄거리와는 전연 이종족(異種族)같이 이 분재의 것의 대와 잎새는 왜 이리도 애잔하고 섬세하고 사치한가. 마치 병욕(病褥) 위에 누운 여인(麗人)의 자태와도 같다. 성래(性來)의 바탕도 그러하거니와 가을의 의상(衣裳)이 또한 그러한 인상을 입히는 것이 아닐까. 더구나 분(盆) 안에 깔아놓은 하아얀 조개껍질—이것도 이제는 싸늘한 철늦은 감각을 줄 뿐이다. 방 안에 있으면서 바다의 음향을 들으려고 여름 해변에서 주어온 조개껍질—이제는 그만 폈던 계절의 부채를 닫쳐 주었으면 하는 느낌을 준다. 바다는 여름의 것이지 가을의 바다는 아무래도 지나쳐 썰렁하다. 나의 귀의 모양이 조개껍질과 같은 까닭으로가 아니라 바다가 가까운 까닭으로 방 안에 앉아 있어도 처량한 음향이 쉴 새 없이 들려온다. 그 음향이 모르는 결에 가을을 실어온 것이다.

해바라기 금련화 금잔화 카칼리아 석죽 로단테 백일홍 금어초 비연초 시차초 캘리포니아 포피 봉선화 분꽃 애스터 채송화 들국 만수국 칸나 글라디올러스 달리아 샐비어 코스모스…….

수첩에 적혀 있는 가을 화초의 가지가지. 칸나와 글라디올러스의 농염한 진홍의 열정보다도 역시 카칼리아, 금어초, 비연초, 애스터, 샐비어의 아담한 자태가 가을 성격에 더 들어맞는 것이 아닐까. 그러나 그것보다도 더 아름다운 가을 화초는 싸리나무꽃일 것이다. 깨끗하고 초초(楚楚)한 풍채 그대로가 바로 맑은 가을의 상징이 아닐까.

거리의 구석에 자작나무로 토막집을 짓고 주위에 싸리나무를 그득히 심어 보았으면—가을 공상의 하나.

의자를 들고 마루에 나가니 이웃집 능금(林檎)나무가 눈앞에 가깝다. 짙은 청지(靑地)에 붉은 별을 무수히 뿌려놓은 파사자수(波斯刺繡)와도 같은 능금나무—오월에 꽃 필 때의 인상과는 전연 달라 고대적 이국적 느낌을 줌은 무슨 까닭인고. "아홉 해 동안의 무료한 세월을 능금꽃을 바라보며 자식의 돌아오기를 기다렸다……." 운운의 워즈워스의 문학에는 친밀감을 느끼면서 열매 맺은 이웃집 능금나무에 도리어 고색적(古色的) 이국감을 느낌은 대체 무슨 까닭인가. 능금의 열매, 그것이 인류 최고의 불후의 고전이기 때문일까.

뜰 옆 포도시렁에는 포도송이가 익을 새 없이 아이들이 쥐어뜯어 가서 지금에는 이지러진 검은 송이가 넝쿨 밑에 군데군데 들여다보일 뿐이다. 포도라니 재작년의 가을이 생각난다. 지금에는 없는 고인(故人)과 서너 너덧 사람 작반(作伴)하여 성북동의 포도원을 찾았을 때의 가을—날도 아름다웠고 마락카라든지 무엇이든지 포도의 미각도 잊을 수 없거니와 마음도 즐겁더니……. 지금에는 고인의 그림자조차 없다. 모든 정서와 비밀을 품은 채 그는 가만히 가버린 것이다. 비밀이라면 땅속에 파묻혀 영원히 사라져 버리는 비밀도 많은 것 같다. 포도의 씨가 땅에 떨어져 다시 싹이 나는 것과는 뜻이 다르다. 성북동의 가을—추억의 보금자리.

가을이 왔다고 산에 오르고 들에 나가지 않고도 방 안에 앉아서 생각하는 가을이 더 절실함은 무슨 까닭인고. 현실의 가을보다도 관념의 가을이 월등히 감동적임은 무슨 까닭인고.

자유로운 꿈의 날개가 상념(想念)의 세상을 비상하는 외에 일간(日刊) 월간(月刊)의 간행물이 가을을 전하여 주고 화집(畫集)의 페이지가 환상을 그려준다. 그 위에 베를렌의 비올롱 아닌 육현금의 '판당고'의 줄을 옆에서 누가 뜯어나 주면—자신이 뜯는 것보다도 무기교의 것이나마 남이 뜯는 것을 들음이 한층 더 아름다웁다.—최상급의 가을의 정서가 네 쪽의 벽으로 막힌 공간 안에 넘쳐흐르는 것이다. 아코디언—부드러운 음률을 가지면서도 가을 악기로는 요란하다. 벽장 속에 간수하였다가 겨울에나 집어내지.

서울 가는 길에 날 채로 사온 한 파운드의 모카가 아직도 통 속에 많이 남은 것이 속 든든히 생각된다. 퍼콜레이터를 사용하니 넣는 가루의 분량만 아끼지 않으면 가배(咖啡)의 진미가 조금도 상하지 않는다. 우유도 목장에서 신선한 것이 온다. 가배에 관한 한 서울의 끽차점(喫茶店)을 부러워하지 아니하고도 지낼 수 있으니 이 역 가을의 기쁨의 하나.

다만 한 가지 부자유스럽고 쓸쓸한 것은 여인풍경의 빈궁이다. 적막한 고성터인 이곳은 당세적(當世的) 여인풍경과는 무릇 인연이 멀다. 댕기 드리우고 골로신 신은 촌낭(村娘)조차 새벽하늘의 별같이 드물게 눈에 띌 뿐이니 하물며 속발여장(束髮麗粧)의 당세낭(當世娘) 이르러서야 채색적 시각은 거의 기아 상태이다. 새까만 드레스에 새빨간 목도리 감은 백석혜모(白皙慧眸)의 풍류낭(風流娘)ㅡ그의 마음까지 차지함은 귀치않은 사업에 속하겠지만 적어도 야심을 잊은 시각적 풍경만이라도 풍안(豊眼)이었으면 오죽 생색이 있을까. 그러나 그것도 이곳에서는 얻을 수 없는 일이니 이 역 활자와 화집으로 꿈꿀 수밖에는 없는 노릇이다. 벽 속의 가을ㅡ그것은 꿈의 가을이다.

치성에서

《동아일보》, 1933. 9. 20.

이등변삼각형의 경우

사람이 평생에 몇 번이나 로맨스를 겪는지 만인의 경우를 알 바 없으나 비록 돈 후안이 아니라도 로맨스—적어도 로맨스다운 것은 누구나 일생에 무수히 경험하리라고 생각한다. 철모르는 보통학교 시절에 같은 급 소녀와 단짝으로 몰려 동무들에게 놀리우던 기억—이것을 로맨스라고 부르기에 너무도 어리다고 하면, 자란 후 앞집 각시와 마을 뒤편 헛간에서 만나 황급하게 입술을 서로 스치던 이야기—이것은 확실히 한 장의 로맨스일 것이며, 청년회 발기의 소인 연극을 한다고 뒤끓는 판에 보통학교 교실 한구석에서 교장의 딸과 은근히 몸을 맞대이게까지 된 곡절—이것도 로맨스의 한 구절일 것이다. 이 정도의 것은 희미한 기억 속을 공들여 들치면 얼마든지(?) 나온다. 그러나 '피서지의'라는 제한이 있는 까닭에 여기에서는 다음의 이야기쯤을 적을 수밖에 없다. 로맨스라고 하기에는 너무도 서글픈 것일는지 모르나 기절(期節)은 같은 기절의 기억을 부르는 탓인지 과제를 받고 문득 다음 이야기가 떠오른 것이다.

사 년 전의 이맘때—첫여름이었다.

미흡하고 어리석은 일신상의 실책으로 인하여 주위로부터의 오해 험구 욕설을 받아 우울의 절정에 있을 때였다. 답답한 심사를 견딜 수 없어 쇠약한 건강도 회복할 겸 한약을 한 제 지어가지고 혼자 주을(朱乙) 온천을 찾았다. 물론 그 길이 스스로 피서차도 되었던 것이다.

지금에는 조선 여관도 많이 섰으나 당시에는 거의 일본 여관뿐이었다. 온천에서도 으뜸가는 S각에 들게 된 것이 인연의 시초였다. 이것은 후에 들은 말이나 S각에는 주로 중앙에서 오는 소위 고관줄이 든다고 한다. 여관의 여급이 둘이나 다 손쉽게 내 차지가 된 것은 당시에 다행히 그런 줄의 인물이 유숙하고 있지 않았던 것이 한 가지의 이유라면 이유일까. 이웃 방에는 연대(聯隊)에서 온 군인이 몇 사람 들었고 딴 채에는 상인인지 실업가인지 한 중년의 사나이가 들어 있을 뿐이었다.

키가 크고 살결이 희끔하고 흐벅진 편이 쓰야코였다. 하루코는 그와 반대로 얼굴이 작고 눈이 옴폭 빠지고 새침한 여자였다. 나의 방을 맡은 이가 쓰야코임을 나는 그다지 즐기지 않았다. 하루코의 용모가 훨씬 나의 흥미를 끌었던 까닭이다. 그러나 슬퍼할 것은 없었다. 그날 밤이 되기 전에 벌써 하루코는 나와 친밀해져서 내 방에까지 오게 되었던 것이다. 친밀하게 된 동기라고 할까—이야기가 조금 부정한 듯하나—변소에서부터 시작되었다. 온천에 갈 때마다의 버릇으로 나는 소변소 출입이 잦았다. 그때마다 공교롭게 측간에는 하루코가 들어 있거나 혹은 들어오는 그와 마주치거나 하였다. 삼사 차나 그러므로 나는 그 이유를 직각하고 마침 측간에서 나오는 그를 괴덕스럽게 가로막고 "이렇게 자조 드나들 젠 아마 그것인 게로군." 하고 웃었다. 하루코는 얼굴을 붉히고 그러나 깔깔 웃으며 꾀바르게 나의 겨드랑 밑을 빠져 달아났다. 그날 밤이 되기 전에 그는 나의 방에 찾아왔다.

처음부터 하루코와의 관계만이 진전되어야 할 것을 이역 처음부터 호의를 보이는 쓰야코가 쐐기같이 진득스럽게 하루코와 나와의 사이를 틀고 들어왔다. 귀치않은 것이라고 생각하였으나 냄새 진한 탕약도 두 사람이 번차례로 공들여 달여다 주었다. 물론 그 귀치않은 시중은 날마다의 비싼 숙박료가 시키는 것이었겠지만 그러나 두 사람의 태도에는 정성스러운 것이 있었다. 쓰야코가 없을 때에는 하루코가 내 곁에 있었고 하루코가 없을 때에는 쓰야코가 있었고 때로는 두 사람이 한꺼번에 습격하여 왔다. 쓰야코 혼자 때에는 그는 나에게 몸을 너무도 가까이 하고 숨결을 나의 얼굴에 끼얹었다. 어떤 때에는 허벅진 몸을 뒤틀면서 사춘기의 짐승과도 같이 태도가 노골적이었다. 그리고 주인 노파가 눈치를 채고 그를 불러가기 전에는 어느 때까지든지 나의 방을 나가지 않았다. 그의 태도가 진하면 진할수록 나의 흥은 엷어가고 마음은 도리어 하루코를 구하였다. 그러나 하루코와의 정서는 서로 은근할 뿐이었지 쓰야코의 눈치 밑에서 그것을 표현할 수는 없었다. 결국 십여 일을 유숙하고 있는 동안에 쓰야코의 쐐기 때문에 세 사람의 관계는 세 귀를 실로 팽팽하게 얽은 것과도 같이 움직이지도 아니하고 발전도 없는 균등하게 긴장된 것이었다. 이등변삼각형의 절정에 있는 나는 한 편 실을 버티고 한 편 실을 늦출 수는 없었다. 단정한 삼각형이 이지러지면 좋지 못한 결과를 일으킬까를 생각하였었다. 나는 나의 감정과 의지를 주장하여서는 아니 되었다. 그러므로 모처럼의 두 개의 능금을 앞에 놓고도 정지된 연애 풍경이었다.

두 사람의 고향 이야기 일신상 형편 이야기를 들은 후이니까 아마 이튿날인가 보다. 밤늦게 내가 이미 잠자리에 누운 후에 두 사람은 일제히 달려들었다. 쓰야코의 제의로였던지 두 사람은 한꺼번에 나의 이불 속으로 들어와 한쪽에 한 사람씩 양편에 누워버렸다. 하루코는 생리적 변화의 탓으론지 고요하고 점잖았으나 쓰야코는 말괄량이같이 겅충대면서 장난쳤다. 벗은 몸을 간질이며 문지르며 어린아이 모양으로 가댁질을 쳤다. 그러나 나는 똑바로 천장을 향한 채 어느 편으로 돌아누웠으면 좋을지를 몰랐다. 노파가 두 사람을 불러갈 때까지 나는 두 손을 한 사람에게 한 편씩 준 채 부처님 같은 고집으로 똑바로 누워 있을 수밖에는 없었다.

한번은 목욕탕에 갈 때에 하루코가 수건을 들고 층층대로 된 복도를 따라 내려왔다. 옷 벗는 데까지 따라 들어온 그는 같은 목욕탕에 들어가서 나의 등을 밀어주기를 주장하였다. 그러나 나는 그것을 거절할 수밖에 없었다. 하기는 쓰야코의 눈치도 눈치나 여윈 나의 전신을 보이기를 꺼린 까닭도 있기는 있었지만 이러한 소극적 태도가 하기는 안전하기는 하였다. 나의 건강에도 안전하였고 두 여자의 정의에도 안전하였다. 그렇다고는 하여도 두 여자의 서로 경계하는 듯한 게염스러운 눈은 나에게 똑똑히 알렸다.

며칠이나 지났던지 그날은 마을의 운동회라고 아침부터 여관이 떠들썩하였다. 쓰야코는 새 옷을 갈아입고 기뻐하면서 경주에 상을 많이 타 올 것을 언명하였다. 운동회는 시냇물 건너 언덕 위 솔밭 속에서 거행되었다. 나도 낮쯤 해서 구경차로 시냇물의 외나무다리를 건넜다. 오목한 솔밭에는 마을 사람이 남녀노소 백여 명이나 모였을까. 닫기 싫은 하루코는 나와 같이 풀 위에 앉아 운동회를 바라보았다. 쓰야코는 번번이 일등상을 탔다. 그는 여관방에서 내가 권하는 맥주를 사양하지 아니하고 들이켜듯이 씨근씨근하고 남을 밀치고도 돌아보는 법 없이 잘 달렸다. 보고만 앉았기도 멋쩍은지 운동회가 반쯤 진행하였을 때에 벌써 하루코는 일어나서 나의 손을 끌었다. 우리는 쓰야코를 남겨둔 채 돌밭을 거쳐 마을로 건너왔다. 그러나 여관에 와서 옷을 갈아입고 기분을 가다듬었을 때에는 어느 틈엔지 쓰야코도 씨근거리며 좇아와서 두 사람 틈에 끼었던 것이다. 수건 화장품 등속의 타온 상품을 자랑하면서 둔한 척하면서도 약빠른 눈치로 하루코와 나를 관찰하였다. 세 사람의 사이는 심히도 열없고 겸연쩍은 것이었다.

신문과 잡지에도 싫증이 난 나는 하루는 날이 흐린 것도 돌보지 아니하고 조금 먼 산보를 나섰다. 하루코와 쓰야코도 물론 동행을 자청하였다. 일신에 모이는 마을 사람들의 시선이 귀치않기는 하였으나 나는 그것을 승낙하고 세 사람은 마을을 지나 산모롱이를 돌아 깊은 골 속으로 들어갔다. 담담한 심경으로 자연 풍경을 관상하려던 나의 마음은 다시 인간 관계로 돌아와서 앞서락 뒤서락하는 두 여자의 태도와 마음속을 관찰하고 살폈다. 양코스키의 별장 지대를 지날 때에 밭 가운데에서 일하던 러시아 청년이 흘금흘금 우리를 바라보았다. 그 지대를 훨씬 지나 산비알이 높게 솟은 험한 낭떠러지 밑을 걸어 그윽한 산 모양과 맑은 물소리를 들으면서 거의 십 리가량이나 산속으로 들어갔을 때에 흐린 하늘은 기어코 비를 뿌리기 시작하였다. 시남하게 솔솔 내리는 비는 도저히 쉽게 그칠 것 같지 않았다. 하는 수 없이 세 사람은 길을 돌려 뛰어내려오다가 언덕 위 조그만 초가 처마 밑에 들어서 비뻼을 하지 않을 수 없었다. 길은 멀고—별안간 비가 오고—마음에 없지 않은 여자가 있고—으슥한 초가조차 있는데—소설적 조건은 완전히 구비되어 있으나 나열된 소재 그뿐이지 관계는 그 이상 더 발전할 수 없었다—사람이 셋인 것이다. 이때에도 역시 나는 이등변삼각형의 꼭대기에서 두 여자를 점잖게 내려다볼 뿐이었다. 정지된 연애 풍경이었다.

나의 욕망이 그다지 날카롭지 않았던 탓도 있었겠지만 내가 온천을 떠날 때까지 십여 일의 여유가 있었으면서도 여전히 미적지근한 관계 그뿐이었다. 온천에 묵는 마지막 날에 하루코는 세 사람이 사진을 같이 박기를 원하였으나 마을에는 마침 사진사가 없었던 까닭에 하는 수 없이 서울 가서 나의 독사진을 부쳐달라는 그들의 간청을 나는 거절할 수 없었다. 그러나 물론 두 사람에게 똑같이 사진과 편지를 보내지 않으면 안 되겠기에 시침 떼고 아무에게도 보내지는 않았으나.

떠나는 날 그때는 새 손님이 들어 여관이 바쁠 때면서도 두 사람은 이십 리나 되는 정거장까지 나를 전송하기를 자청하였다. 마침 수중의 경제가 없는 관계로 두 사람에게 보낸 십여 일간의 사례도

얇음을 미안히 여겨 나는 그들의 청을 굳게 사절하였으나 자동차 속에 앉았을 때에는 어느 틈엔지 몰래 표를 사가지고 양편 곁에 문을 열고 들어오는 것이었다. 끝까지 변함없이 나에게 보여 주는 그들의 진한 애정을 너무도 고맙게 여겨 나는 여러 번 감사의 말을 주었다. 공교롭게 자동차 안에는 우리 세 사람뿐이었다. 일렬로 뽀듯이 앉은 나는 마지막으로 두 사람에게 보내는 균등한 애정의 표현으로 될 수 있는 대로 육체의 접촉면을 넓게 하여 필요 이상으로 몸을 흔들고 문지르고 거들거들 이야기하고 뒤슬뒤슬 웃고 하였다. 움직이는 풍경이며 상쾌한 바람이며 심히도 유쾌한 드라이브였다.

주을역 플랫폼에 우줄우줄하고 걷는 많은 사람의 시선이 나에게만 쏠렸다. 이런 경우의 행운아는 좀 거북스러운 것 같다. 나는 열적어서 두 사람과 정답게 이야기하기보다도 도리어 항구로 나가는 양코스키의 일족인 듯한 노서아 미인의 초초한 자태를 바라보는 것이 더 흥미 있는 일이었다.

내 탄 차가 떠날 때에 두 여자는 이별의 눈물을 흘렸는지 어쨌는지 차창으로 확실히 알 수는 없었으나 그러나 차가 멀어질 때까지 오래도록 손을 흔들고 선 것은 저무는 공기 속에 희끔히 보였다.

이러한 이등변삼각형의 경우를 사람들은 어떻게 처리하는지 모르겠으나 그때의 나로서는 그렇게밖에는 처리할 수 없었다. 그런고로 이 종류의 로맨스는 나의 즐기는 바가 아니다. 될 수 있다면 단 한 사람과 진득하고 면면한 로맨스를 가지고 싶다. 이런 로맨스도 앞으로 차차 경험하게 되겠지. 병상에서 금방 일어난 지금의 나의 원은 속히 건강이 왕성해져야 할 것, 좋은 글 많이 써야 할 것, 또 한 가지 사치한 생각인지는 모르겠으나 가지가지의 로맨스를 많이 많이 가져야 할 것—이 세 가지다.

6월 6일

「피서지에서 얻은 이야기」, 《월간매신》, 1934. 7.

두 처녀상

〈월광〉은 불후의 고전이다. 잊었다가 문득 우러러보고 그 아름다움에 새삼스럽게 탄복하는 것이다. 달밤의 화단은 그 운치가 또한 격별(格別)하니 달빛을 입은 화초의 색채는 확실히 현실 이상의 것이다. 그러나 아름다운 자연도 인물의 반려 없이는 거의 무의미한 것 같다. 하염없이 거닐다가 방에 들어온 후 등불을 끄고 창에 비치는 월광의 위치를 따라 달빛을 얼굴 위에 담뿍 받도록 잠자리를 이 구석 저 구석으로 끌면서 생각에 잠겼다. M과 K 두 처녀의 뒷일이 한결같이 생각나는 것이다. 달빛을 배경으로 한 그들의 자태가 기억 속에 있는 까닭인지 마치 악보와 노래같이 월광과 그들의 자태는 기억 속에서 밀접히 관련되는 것이다.

병욕(病褥)에 눕게 된 것을 기연(機緣)으로 답장을 게을리하고 있는 동안에 M과도 K와도 편지가 끊겨 버렸다. 다시 편지를 쓸 정회(情懷)도 없으므로 책상 서랍 안에는 다만 그들에게서 온 옛 편지의 묶음이 여름을 지난 해변의 조개껍질과도 같이 버려져 있을 뿐이다. 그 속에서 늘 신선한 것은 지난 가을에 두 사람에게서 공교롭게도 같이 보내온 두 장의 사진이다. 삭막한 속에서 이것이 그들을 생각하는 추억의 실마리가 되는 것이다.

M—마미코—의 것은 중형의 전신상이다. 등 뒤에는 '열아홉의 봄에 박힘'이라고 적혀 있다. 지난해는 그의 열아홉 때였다. 그는 편지마다 액년(厄年)인 열아홉의 탄식과 걱정을 나에게 피력한 것이었다. 열아홉의 처녀—처녀로서 마지막 계단까지 발육할 대로 발육한 육체가 화면을 무겁게 압박하였다. 짧게 베어서 목 앞으로 넘긴 벅실벅실한 머리, 빼뚜름하게 얹은 베레모, 기름한 투피스, 어색한 하이힐의 구두, 그 위에 한편 손으로 자연스럽게 허리 위를 고인 날씬한 양자(樣姿)—그것까지가 처녀와 여자와의 마지막 경계선에 선 선숙(善熟)한 신선미를 암시한다. 가뜬하게 죈 허리 위로 젖가슴이 둥글게 휘어 나왔고 옷섶을 죈 조그만 단추가 가뜬하게 긴장된 그의 젖꼭지의 위치를 방불케 한다. 발밑에는 식분(植盆)이 여럿 놓여 있으니 처녀상의 배경으로는 가장 적당한 것 같다. 열아홉의 액기(厄期)를 앞둔 풍만한 처녀상을 나는 줄 타는 광대를 보는 것과도 같은 일종의 괴롬과 아기자기한 위험감을 가지고 시름없이 들여다보는 것이었다. 필연코 무엇이 있으려니 짐작하고 있으려니까 지난 가을에는 터놓고 의사에 없는 연담(緣談)에 걸려 궁경(窮境)에 빠져 있음을 호소하여 왔다. 완고한 골육, 무지한 주위를 비난한 후 다시 도회로라도 나갔으면 하는 은근한 뜻을 비치어 온 것이었다. 해를 넘었으니 지금엔 그도 스물이라 일신이 어떻게 낙착되고 감정이 어떻게 정리되었는지 해를 넘은 가을 달밤에 몹시도 궁금하다. 처녀의 마음이란 파도같이 쉴 새 없이 수물거리다가도 커다란 현실에

눌리우면 신기하게 양과 같이도 그 경우에 순응하여 여리게 주저앉는 것이라고 생각하는 것은 나의 감상(感傷)일까.

또 한 장의 사진 K—김—의 소형 반신상. 가는 손가락으로 턱을 가볍게 고인 측안(側顔)의 클로즈업이 모나리자의 미소를 띠고 있다. 바른편 볼에 일부러 찍은 듯한 뷰티 스폿 영화배우같이. 옆 볼에 길게 드리운 머리카락 사치한 팔 시계 영자(英字)의 서명—이런 것이 웬일인지 처녀의 한계를 넘어 일종의 무르녹은 교태(嬌態)의 인상을 준다. 무엇보다도 그 미소—놀랄 만큼 표정이 능란한 것이다. 사진 뒤에 '3월 8일 서울에서 만 열여덟의 ×'이라고 적혔으니 그 역 M의 경우와 같이 그때가 열아홉의 봄인 것이다. 그 지난 봄 그는 편지로 동요하는 심사를 말하며 출분(出奔)의 의욕을 암시하였다. 내신(來信)은 잠깐 중단되었다가 계절을 지난 늦은 가을 돌연히 편지가 있어 그간 동경에 갔다 왔다는 것을 간단히 고백하고 마음은 여전히 적막하다는 것을 덧붙여 길게 하소연하였다. 나는 그의 동경행의 용단에 놀라는 한편 의아한 마음을 금할 수 없었다.—"누가 그를 동경까지 꼬여 가지고 갔었을고." 그의 평소의 소원이 성악공부였다. 그러나 나는 그의 불여의한 경제 형편과 그 외 뭇 사정의 난관을 잘 알고 있는 것이다. 겨울을 지나 이른 봄까지도 편지가 잦았다. 편지마다 나의 무신(無信)을 책하여 왔다. 와병 이후 너무도 무심하게 지내는 동안에 그도 지쳤는지 문득 편지가 끊어져 버린 채 지금에 이른 것이다. 그도 올에는 열아홉의 난관을 지난 스물의 연대(年代)에 들었으니 일신이 어지간히 침착되고 생애의 운명이 결정되었으려니도 추측은 되나, 그러나 또 아직도 미정의 운명의 파도에 휩쓸려 미지수의 길을 암중에서 모색하고 있을는지도 모른다. 그러나 이제 새삼스럽게 붓을 갈아들고 그의 현재의 소식을 물을 용기도 나에게는 없는 것이다. 달밤을 기회삼아 창으로 새어드는 월광에 젖어가면서 그를 생각하는 정회에 잠길 뿐이다.

생각하면 나는 M이나 K와 공교롭게도 열아홉의 액년까지를 일기(一期)로 멀리 마음의 교섭을 가진 셈이었다. 앞으로 그들이 어떠한 인생의 길을 밟아 나갈는지 그것을 관찰함이 나의 흥미일 뿐더러 의무의 일부분일는지도 모른다.

그들의 처녀상을 오래도록 보장(保藏)하여 둠도 멋쩍은 일일 것이다. 그것을 찢어버리거나 태워버려야 할 운명에 있는 나로서 한때의 그들과의 기억을 살려 두려는 수브니어(souvenir)의 한 조각으로 이 일문(一文)을 초(草)하여 두는 터이다. 그들의 다음 보고의 글을 쓰게 될 날을 기다린다.

가을날이 맑다. 오는 달의 십오야는 얼마나 아름다운 것일까.

「나의 월광곡」, 《월간매신》, 1934. 10.

성수부(聖樹賦)

― 생활의 겨울

생활의 귀족 되기는 어려우나 마음의 귀족 되기는 쉬운 듯하다. 외로움이 마음의 귀족을 만들었으나 이제는 귀족다운 마음이 도리어 고독을 즐기게 되었다. 고독에 관한 옛사람들의 명언을 적어도 십여 구를 마음속에 준비하는 동안에 고독은 짜장 품에 사무쳐서 둘 없는 동무가 되었다. 동무들에게서 오는 단 몇 장의 편지, 가끔 문학을 이야기하러 오는 같은 뜻의 벗 ― 이런 교섭 이외에는 거의 외로운 마음의 생활이 있을 뿐이다.

쓰지 않은 소설의 장면을 생각하여도 좋고 쓸 곳 없는 외국어의 단어를 기억하는 법도 있으며, 하릴없는 지도와 친히 구는 수도 있다. 보지 못한 풍경에 임의의 채색을 칠하여 봄은 마음의 자유니 그 어느 거리에다 붉은 집들과 하얀 집들을 배치도 하여 보고 언덕 위 절당에는 금빛 뾰족탑을 세워 보았다. 파랑 빛 둥근 탑으로 고쳐 보았다. 다시 거리에는 자작나무와 사시나무의 가로수를 심고 그 속에 찬 공기와 부신 광선을 느껴도 볼 수 있는 이 아름다운 특권을 둘 없이 고맙게 여긴다. 곱게 채색한 그곳은 포그라니이치나야라도 좋고 생 모리츠라도 무관하며 무우동의 교외라도 좋은 것이다. 마음의 꽃 휘날리는 곳에 혼자의 조그만 왕국이 있고 생활이 있으며 천국이 있다. 나는 그 속의 왕이다.

생활이란 무엇인가. 스스로 묻고 움직임이다. 스스로 대답하고 움직임에는 방향이 있어야 하지 않는가에 이를 때 귀치않은 생각을 집어치우면 그만이다. 나에게는 산을 뽑을 힘도 없고 바다를 잦힐 열정도 없고 별다른 지혜도 없으며 사치를 살 금덩이도 없다. 다만 가난한 꿈꾸는 재조를 가졌을 뿐이니 꿈속에서만은 장검도 휘둘러 보고 땅도 깨뜨릴 수 있고 하늘의 별도 딸 수 있다. 사람이 있어 식물적 생활이라고 비웃는다 할지라도 나는 아메니아의 거리, 낡은 성문 어귀에 웅크리고 누워 사막의 달밤을 꿈꾸는 털 빠진 낙타의 모양을 업신여길 수 없으며, 로맨티시스트의 이름을 조롱할 수는 없다. 리얼리스트이면서도 로맨티시스트—사람은 그런 것이다.

꿈을 빚어 주는 것에 아름다운 기절(期節) 기절이 있다. 여름에는 바다가 푸르고 가을에는 화단이 맑고 봄에는 온실이 화려하며 겨울에는—겨울에는 색채가 가난하다. 눈조차 풍성하지 못하면 능금나무 가지는 앙클하며 꿈은 여위어 간다.

크리스마스가 가까워도 눈이 푼푼히 오지 않았다.

나뭇가지는 엉성궂하고 벌판은 휑휑하고 차다.

일요일 아침 목욕물에 잠기면서 맞은편 예배당에서 흘러오는 찬송가를 듣기란 그것이 겨울이므로 더한층 정취 있는 것이었다. 평화로운 풍금 소리와 아름다운 합창에 귀 기울이고 있으면 천국의

'세은문'[1]이 탄탄대로같이 눈앞에 드리워 물 위에 너볏이 떠 있는 피곤한 육체에 날개가 돋혀 그대로 쉽게 천당에 오를 듯한 느낌이다. 가난한 육체를 훑어 보면서 성스러운 노래 속에 천국을 느낌은 유쾌한 일이다. 정신으로보다도 먼저 육체로 하늘을 찾고 싶은 것이다. 즐거운 노래의 여음으로 문득 크리스마스가 가까웠음을 깨닫고 아름다운 정서를 살리기 위하여 크리스마스 트리를 세우려 생각하였다.

(푸른 빛 귀한 방 안에 싱싱한 나무를 세우면 얼마나 아름다울까.)

생각만으로도 마음이 즐겁게 뛰었다.

사람을 시키니 반달 동안이나 깊은 산을 헤매인 후 두 대의 굵은 전나무를 베어 왔다.

초목이란 초목은 모두 아름다운 것이지만 전나무의 아름다움은 새로운 발견이었다. 곧은 줄기, 검푸른 잎새, 탐탁한 자태, 욱신한 향기—바꿀 것 없는 산의 선물을 넓은 방 복판에 세워 놓고 나는 무지개를 쳐다볼 때와도 같은 감격을 느꼈다. 산의 정기와 별의 정기를 담뿍 머금은 두 포기의 생명은 잎새의 끝끝 줄기의 마디마디에 가지가지의 전설과 가지가지의 이야기를—별 이야기 밤 이야기 바람 이야기 눈 이야기 새 이야기 짐승 이야기—를 가지고 있을 것이나 둔한 신경으로는 그것을 드러낼 수 없는 것만 한 된다.

크리스마스 이브에는 약간 눈이 내렸으나 땅을 덮을 정도가 못 되고 내리자 녹곤 하였다.

---

1 '좁은 문'의 의미로 여겨진다.

낮부터 꾸미기 시작한 것이 저녁때를 훨씬 넘었다. 아내는 제 일이 바쁘고 아이는 거들 나이 못 되므로 나는 나 혼자의 독창으로 손을 대었다. 멋대로의 소설을 생각하듯이 비위에 맞도록 창작하면서 좋아하였으니까.

잎새 위에 편 솜은 물론 눈을 의미하는 것이요 조롱조롱 단 금방울은 태양의 빛을 나타내자는 것이요 반짝이는 별들은 산속의 밤을 방불시키자는 뜻이었다. 방울은 바람 소리를—휘연휘연 드리운 금빛 은빛 레이스는 자연의 소리를—듣자는 것이다. 수많은 인형은 산의 정혼(精魂)들이요 나무의 모습대로 방울방울 치장한 오색의 색천지는 정혼들의 찬란한 춤이다.

가난한 책시렁과 철늦은 의자와 벽에는 옛 소설가들의 초상과 타지 않은 파이프만이 있던 방 안이 산의 정기를 맞이하자 신선한 생기를 띠고 빛나기 시작하였다. 책상 위에 오색이 어른거리고 이야기 없는 원고지가 병든 것같이 하얗다. 나는 찬란한 무지개를 느끼면서 이야기 속 사람처럼 감격 속에 앉았었다.

크리스마스 트리만이 색채만이 눈에 들어오는 것이 아니요 그 너머에 꿈이 생활이 눈앞에 어리우는 것이다. 이상한 일이다. 나무는 다만 나무로서는 뜻이 없는 것이요 인물을 배치할 풍경을 그 너머에 생각함으로 뜻이 있다. 현실은 배후에 꿈을 생각함으로 생색이 있다.

나무를 앞에 놓고도 사람들을 생각하는 것이 즐겁다. 식물이 아니요 역시 동물이 인연이 가까운 것이다.

밤 늦게 라디오를 틀고 마닐라에서 오는 노래를 듣노라면 남쪽

계집의 열정적인 콧노래가 크리스마스 트리를 휩싸면서 흥에 겨운 야릇한 광경이 안계에 방불하다. 큐라소(curaçao)의 병을 기울이며 투명한 액체를 들여다보면 춤추는 꼴이 잔 속에 거꾸로 비치인다. 라디오의 음파를 갈아 놓으면 크리스마스 캐롤의 한 장면이 들리며 스크루지가 가난한 집안의 크리스마스를 구경하고 섰는 그림이 크리스마스 트리와 더블로 떠오른다. 생활이란 더 많이 황당한 마음의 그림의 연속이다.

새벽 찬양대의 크리스마스 노래는 지극히 아름다운 것이다. 아련히 흘러오는 고운 멜로디에 잠이 깨었다. 어둠 속에 새벽 노래 줄기줄기 아름답다.

자취 없는 산타클로스는 아이에게는 양푼덩이만 한 케이크를 가져왔으나 나에게는 아무 선물도 가져오지 못하였다.

크리스마스는 적막하고 고요하고 쓸쓸하다.

전나무가 아직 싱싱한 동안 선물—이라고 할까, M에게서 편지가 왔다.

M—꿈의 한 대상이다. 나는 그의 육체의 구석구석을 모르나 알며, 그의 마음의 갈피갈피를 보지 못하나 본다. 꽃봉오리 같은 젖꼭지를 알 수 있으며 눈망울같이 영리한 마음속을 볼 수 있다. 그의 육체가 나의 생 속으로 뛰어들려고 하는 것보다는 그의 마음이 나의 꿈속에 헤매이는 편이 피차에 행복스러울 것을 나는 잘 안다. '좁은 문'으로 들어가야 할 형편이며 그것이 실상인 즉 피차에 이로운 것이다.

어스름한 저녁이 되면 시골 거리의 앞 긴 강 다리 위를 일없이 건넜다 돌아왔다 건넜다 돌아왔다 하면서 고요한 강물을 하염없이 내려다보다 지치면 강가의 돌을 집어 물 위에 던져도 보고 쓸데없이 풀포기도 뽑아 보며…….

지난 가을의 소식을 쓸쓸히 지낸 소녀는 이렇게 전하였다. 새까만 눈망울과 까스러 올라간 속눈썹과 꼭 끼는 앙상블을 입은 자태가 눈앞에 삼삼하도록 글자 사이에 정서가 넘쳤다.

소녀는 또 그가 꾼 이상한 꿈 이야기조차 거리낌 없이 고백한다.

—어디인지 문득 주위와 똑 떨어져 긴 돌층대가 뻗쳐 있다. 층대를 다 올라간 맨 위편에 내가 앉아서 층대 아래에 서 있는 그에게 손짓한다. 그는 응연(凝然)히 고개를 숙이고 한 단 한 단 조용히 층대를 올라와 나에게까지 이른다.

읽고 보면 나 역 언제인가 그런 꿈을 보지 않았던가 생각되어 그의 꿈과 나의 것이 서로 엉클어져서 어느 것이 뉘의 것인지 판단할 수 없는 착각을 느끼게 된다. 그만큼 서로의 생각이 갈피갈피인 것 같다.

그러나 이러한 꿈의 하소연은 나에게는 지나쳐 강렬한 암시요 자극이다. 큐라소를 마실 때와 같이 단 줄만 안 것이 잔을 거듭하는 동안에 함빡 취하여지고 만다. 이 단 마술을 경계하여야 할 것을 알면서도 나는 어연미연 간에 답장의 붓을 들게 되는 것이다.

나는 나의 마음이 대체 몇 갈피나 되는지 내 자신으로도 종잡을 수 없다. 한 줄기가 아니요 낙지다리같이 열 오리 스무 오리 그것이 다 거짓이 아니요 참스러운 마음이다—사람은 그런 것일까.

답장에 답장이 오고 답장에 답장을 쓰고—나무 밑에서 편지를 읽는 때가 많았다. 그러나 편지가 없더라도 꿈이 없는 것은 아니니 그렇기 때문에 편지가 문득 끊어져도 슬픈 것은 아니었다. 그의 객관을 보며 현실에 접하면 나는 도리어 환멸을 느낄 것을 생각한다. 고독하므로 나뭇잎새는 푸르고 색전기는 밝다.

소리의 마음은 하늘의 구름과 같다. 생겼다 꺼졌다 개었다 흐렸다 하며 한결같이 떳떳하지 못함이 그것과 흡사하다. 나는 그의 편지에 가끔 여름의 구름을 보나 슬픈 법도 없으며 마음은 돌부처같이 침착하다.

잎새가 시들어 떨어질 때까지 향기가 날아서 없어질 때까지 크리스마스 트리를 세워 두려고 생각하였다. 그러는 동안에 봄이 오면 온실이 있을 것이요 여름이 오면 바다가 아름다워질 테니까. 그 기절 기절을 따라 꿈도 새로워질 것이니까.

아름다운 기절들이 차례차례로 지나갔을 때 나는 다시 새로운 크리스마스 트리를 외로운 지붕 밑에 세우리라. 새로운 편지를 장식하리라. 새로운 꿈을 꾸미고 새로운 편지를 읽으리라.

생활의 겨울이 빛나리라.

6월 15일

《조선문단》, 1935. 7.

여름 삼제(三題)

고향을 잊은 지 오래다. 삼 년 살면 고향인 셈이니
사는 고향의 여름을 적음이 과제에 어그러지지
않으리라고 믿는다.

1. 일번지의 감기(感起)

일껏 뜰을 다스려 놓고 집을 옮기니 일번지이다. 양철 지붕 회벽 일망정 교회집같이 뾰죽한 문턱 지붕 꼭대기에 바람개비를 꽂은 것은 당을 세운 교부(敎父)의 독창이리라. 향나무 단풍나무 장미포기가 뜰 앞에 조촐하게 우거졌고 그늘 밑으로 딸기밭이 퍽 넓다. 능금밭 속을 버리고 딸기밭 속으로 온 셈이다.

북쪽에서는 딸기는 봄의 것이 아니요 여름의 것이다. 화단은 여름의 것이 아니요 가을의 것이다. 화단 없는 여름 아침에 이슬에 젖은 잎새 틈에 불긋불긋 엿보이는 딸기는 신선한 색채다.

교부의 식구들은 딸기를 먹고 찬송가를 불렀을까. 나는 딸기를 먹으며 가지가지의 궁리에 잠긴다. 다음에 오는 사람들은 딸기를 먹곤 무엇을 할까. 딸기에 매어달려 흘러가는 인생의 그림이 차례차례로 회벽에 때 묻어 전설의 이끼가 낄 날을 생각한다.

도서관에 간직한 만 권의 책은 만 가지의 생활을 전하여 주어 그 뒤에 다시 생활이 덕지덕지 덮쳐 무한히 괴로울 것을 생각하면 무한선 위에 한 점을 점찍고 들어붙어 사는 일생이라는 것이 짧기 짝이 없다. 기록으로서 과거를 아는 우리는 미래가 심히 궁금하다. 우리의 흥미는 온전히 미래에 걸려 있을 뿐이다. 국경의 경계선이 어떻게 변하며 여자의 복색이 어떠며 연애관이 어떻게 빗나갈까.

이것을 맞춰 말하는 이 있다면 그는 얼마나 위대한 예언자일까. 나아가 미래를 의지대로 창조하는 이 있다면 그는 다시 얼마나 위대한 창조가일까. 우리가 참으로 원하는 바는 예언자가 아니라 이러한 창작가일 것이다.

이런 생각은 여름에는 무덥다. 나는 딸기를 먹으며 향나무 그늘에 앉으며 내 멋대로의 생각에 잠기면 그만이다. 그림 속의 인물을 생각하고 작품 속의 생활을 환시(幻視)하며 마음의 세계를 창조하여 보면 족하다. 원컨대 이 그림, 작품, 마음속의 인물들이 모두 뛰어나와 뜰에서 같이 놀 수 있다면 여름이 얼마나 즐거울까.

2. 바다

자전거 — 자동차가 아니라 — 와 바다는 여름의 쾌미(快味)이다. 새 자전거는 새 구두와도 같이 마음에 든다. 모멸하던 자건거에서 미리(美理)를 발견하게 된 것은 하기는 생활의 공리의 사연인지도 모른다. 마음에 드는 것을 세라면 책, 악기, 석유등, 파이프, 자전거, 구두…….

자전거로 벌판을 달리면 바다까지 15분. 바다에서는 수평선 멀리 기선의 기적이 들린다. 뽀오오오—모양은 안 보이고 소리만이 아리숭하다. 쌍안경을 대면 붉은 홀수선(吃水線)이 보이련만 그러는 것보다는 아지랑이 같은 소리만을 듣는 것이 자연스럽고 좋다. 뽀오—.

해수욕장은 반드시 색채의 진열장만이 아니다. 여인 없는 해변은 화려하지는 못할망정 조촐하다.

바다를 그리는 화가 부처가 있다. 제전(帝展)을 목표로 하든 말든 살롱에 야심이 있든 말든 나의 알 바 아니지만 물에 헤엄치다 그림의 붓을 들었다 하며 여름을 즐기는 그들의 양이 귀엽다. 해가 그늘지면 어린것과 캔버스를 수레 속에 싣고 아내가 밀면 남편은 큰아이를 어깨에 올려 목말을 태우고 긴 모랫벌을 나란히 걸어간다. 편편치 못한 말을 탄 아이는 아버지의 고수머리를 아파라 붙들고 아내의 맨발에 걸친 하이힐 속으로 모래가 솔솔 스며든다.

나는 이 풍경을 지극히 사랑한다. 바다를 생각할 때마다 먼저 머릿속에 떠오른다. 내가 화가라면 이 한 폭을 재료로 고를 것이다. 가난한 글로는 이밖에 못 전함을 슬퍼한다. 그렇다고 화가 자신은 거울 속에 그 풍경을 비춰 보기 전에는 그 자화상이 얼마나 아름다운가를 짐작 못하리라.

3. 리어카를 탄 주부

맏아이를 소학교에 보내는 주부도 노란 해수욕복을 입고 붉은 해수욕모를 쓰니 스물 안의 소녀로밖에 안 보인다. 주부는 다리를 모래 속에 묻으면서 눈초리를 가늘게 뜨고 걷는다. 허벅지 팔다리 기름덩이 같은 가슴을 나는 보아서는 안 된다. 수평선을 바라보며 맞장구를 치는 나의 몸초리는 새다리같이 가늘다.

아무리 용감하다 하여도 여자란 소극적이어서 먼저 나서는 법 없고 대수(對手)의 적극성을 기다릴 뿐이라는 주부의 연애관을 들은 일이 있는 나는 모래 속에 다리를 묻는 주부의 거동을 여자의 소극성으로 돌려 보내는 것이 정당하다.

영문소설의 선택과 강독을 나에게 청하는 그요, 책을 빌려가곤 언제까지든지 돌려 오지 않는 그다. 밤에 찾아와서는 진한 차를 마신 후에도 독한 노주(露酒)를 두 잔쯤은 능실하며 기어이 남편의 분부가 있을 때까지 별일 없으면서 놀고 있음이 항용이다.

바다의 회화란 기억에 남지 않는 것 같다. 문학담(文學談)을 즐겨하는 주부로도 모래밭의 화제는 산만하다.

주부는 자전거를 못 타니 오리의 길도 멀다. 더구나 욕후의 피곤한 몸을 휘둘휘둘 저으며 두틈바리같이 걷기란 보기에도 우울한 꽃일 것이다.

주부의 독창에 나는 놀랐다. 가게의 머슴이 타는 리어카는 야채를 싣는 것이요—과실을 나르는 것이요 상품을 배달하는 것일 줄밖엔 모른 나의 지혜가 좁다면 좁을까. 궐녀는 그 자신의 제안으로 동행의 소년의 리어카에 오르는 것이다. 다리를 드러내 논 채 웅크리고 앉아 앞잡이를 쥐고 꽤 긴 길 동안 뭇사람의 시선 속을 뚫고 조금도 거리낌 없이 흔들리며 달아나는 꼴—나는 그의 독창에 놀라고 아울러 그의 용기에 탄복하였다. 방 안에서는 여자의 소극성을 말하였으나 벌판에서는 더없이 용감스러움을 나는 발견하였다.

나는 그의 노골적 구애를 아직껏 듣지 않았음을 행복으로 여기고 앞으로는 몸을 든든히 무장하여야 할 것을 느꼈다.

《중앙》, 1935. 8.

지협(地峽)의 가을

1. 전람회

마을은 사흘 동안 잔칫집 마당같이 웅성거렸다. 삽시간에 모여든 수만의 인총으로 말미암아 마을의 기온은 확실히 높아진 것 같다. 요소요소에는 홍백(紅白)의 문이 서고 초롱이 꽃 피고 구가(衢街)에는 연거푸 장이 서고 물가가 폭등하였다. 회장인 교정에는 다채의 만국기가 무지개를 이루었고 진열장은 신부같이 사치하게 치장하였다. — 전람회가 때 아닌 풍성한 계절을 가져온 것이다.

살롱을 목표로 하는 작품이 달이 걸려 제작됨과 마찬가지로 교육 전람회에 출품되는 작품도 달이 걸려 탄생됨은 틀림없다. 군하(郡下) 및 근읍의 전 교육기관의 각 분야를 망라한 만큼 도리어 노력은 일층 다기적(多岐的)이요 전폭적이라고 할까. 사흘 동안 전람시키는 작품과 그 준비에 삼순(三旬) 혹은 삼삭(三朔)이 걸렸을는지도 모른다. 삼일과 삼삭! 이 대조적 숫자에 신비와 가치가 있다. 삼일의 결과보다도 삼삭의 과정이 더 귀중함을 알아야 한다. 사흘 동안 보이고는 다음 날로 즉시 치우고 헐어버릴 것을 삼삭을 들여가며 공들여 쌓아 올 것이 결코 아이들의 소꿉질과도 같은 노력의 낭비가 아닌 비밀이 실로 이곳에 있는 것이다.

초등 교육을 받는 유령(幼齡)으로부터 중등 교육을 받는 건령(健齡)에 이르기까지 그들의 조그만 손에서 우러나온 각 작품에는 지혜와 재화(才華)가 빛난다. 글씨의 자획은 댓잎같이 곧고 그림의 터치는 바다같이 굳건하다. 지도를 독본같이 그리고 기차와 성문의 모습을 여실히 뜨고 학교 전경의 모형을 세밀히 축설(縮設)하였다. 인형을 만들고 바구니를 결고 짚신을 삼고 핸드백을 뜨고 인물화를 수놓고 도표를 그리고 조화(造花)를 꾸미고 고초를 호박덩이만큼 크게 가꾸었고 계란 같은 흰 가지를 심어서 얻었고 감자에 토마토를 접하여 동시에 두 가지의 열매를 맺게 하였다. 그 위에 교실이 떠나가라 합창하고 운동장이 울리게 체조하고 새 기록을 얻도록 경기한다.—자라가는 어린 영(靈)들은 못 만드는 것이 없고 못 하는 일이 없다. 이들 위에 다행이 있기를 바란다.

학예관의 건가(建架)를 담임한 젊은 교사는 운동장 한복판에 나무를 세우고 비계를 매고 막을 둘러치고 큰 액자를 걸고—무대를 만들면서 몹시 유쾌하다. 수천의 아동이 올라와 노래하고 춤추고 연설하고 연극하여 각가지의 장기를 발휘할 무대임을 생각하고 못을 울려 박고 있노라니 저절로 휘파람이 입을 새어나왔다. 행진곡을 부르면서 문득 귀를 기울이니 못을 박고 있는 것은 그 혼자가 아니요 실로 교정의 구석구석에서 울리고 있음을 새삼스럽게 알았다. 못 박는 소리. 가을 하늘에 높이 반향하는 낭랑한 소리! 그것은 확실히 창조의 소리임을 깨닫고 그는 순간 전신에 감격의 소름이 쪽 돋는 것을 느꼈다. 새삼스런 감동에 몸이 불같이 단다. 별안간 교실에서는 소녀들의 합창이 날카롭게 찢어졌다. 기뻐야 할 노랫소리가 웬일인지 슬프게 울린다. 줄줄이 켜 나오는 멜로디가 가슴속에 젖어들어 그는 모르는 결에 눈물이 푹 솟았다. 창조의 감격의 탓임을 깨닫고 교사는 여전히 못을 박는다…….

—이것은 반드시 나의 환상만이 아닐 것을 믿는다. 창조는 기쁨이요 가을은 창조의 시절이다. 못 박는 소리와 합창 소리가 가장 명랑하게 울림은 가을 하늘인 까닭이다. 아이들이 손을 꼽아가며 전람회의 날을 기다리고 늙은 부형들이 자제의 재조(才操)를 보려고 몇백 리 산협에서 모여든 것도 당연하다고 할까.

그러나 나는 이 귀중한 전람회를 볼 념도 하지 않고 모여드는 사람들과는 역향(逆向)으로 도리어 산속을 찾았다. 지협의 가을을 상주려고 함이었다. 가을은 실로 도처가 아름답다. 바다도 마을도 산협도.

2. 이국촌

눈 속에 묻힌 온보(溫堡)와 첫여름의 온보를 알고 그 속에서 가지가지의 이야기조차 가지면서도 가을의 그곳을 모름을 궁금히 여겼었다. 나는 그날 주머니 속에 라디게의 소설책을 넣고 집을 나섰다. 아직 읽지 않은 이야기와 보지 못한 경물(景物)은 나에게는 똑같은 정도의 비밀이었다. 서가에 끼워 두면서도 못 읽은 책, 가까이 두고도 못 본 곳—이 두 가지의 닫혀진 비밀에서 오는 호기심과 감동으로 가슴은 그뜩 찼으나 물론 이야기책은 펴들 겨를도 없이 차에서 내리자 마음은 조급하게 분시(分時)를 다투었다.

옛 선배 I 씨를 만나게 된 것은 심히 다행이었으니 나는 씨의 간독(墾篤)한 지향(指向)으로 서투른 오지로 발을 들여놓았다. 산맥의 기복이며 무성한 수목이 그림에서 보는 서서(瑞西) 산중의 풍경과 흡사함에 놀라고 외인이 굳이 이 지협을 피서지로 선택한 이유를 수긍할 수 있었다. 언덕과 골짝에 조그만 별장들이 은견(隱見)됨을 보고만은 외인촌임을 즉시 느낄 수도 없으나 일단 집 가까이 가서 널어 놓은 빨래의 다채함을 봄으로부터 이국정서는 시작된다.

I 씨는 도중 중국인 과물(果物) 행상인에게서 산 한 떨기의 떫은 포도를 주체스럽게 손바닥에 받쳐 들고 언덕 위로 나를 인도하였다. 언덕 위에는 지협에서 제일가는 비행기형(飛行機型) 관(館)이 서 있다. 목조 단층일망정 교회당같이 높직한 정면이며 두터운 양익(兩翼)의 의장(意匠)이 무엇보다도 독창적임이 눈을 끈다. 뜰 가운데 짧은 잠방이를 입은 중노(中老)의 주인이 주(柱)같이 우뚝 서 있다. 그늘진 한층 밑으로 물고기같이 허옇게 빛나는 콧등이 흰 조각같이 솟아 보인다. I 씨의 목례에 겨우 이쪽을 알아채고 인조인간같이 끄떡 답례를 보낼 때 어디서인지 젊은 주부가 나타나 들어오라고 문호를 개방하였다. 물론 I 씨와는 면목이 있는 까닭이었다. 이렇게 하여 나는 콜니엡 씨 부부와 동무가 되고 부인의 안내로 옥내 노대정원(露臺庭園) 온실까지를 관람할 수 있었다. 왕골 의자와 창재(窓材)까지도 하얼빈에서 반래(搬來)하여 왔음을 부인은 자랑하였다. 후원

에 이르렀을 때 콜 씨는 나무에서 익은 능금을 뜯어 이어 두 송이의 달리아를 꺾어 우리에게 선물로 주었다. 응접실에서 지리를 공부하고 있던 소녀가 어느 결엔지 뛰어나와 키 높은 해바라기를 휘어잡고 정신없이 씨를 발라 먹는 것도 진기한 풍경이었다. 부부의 연령의 차가 너무도 떨어져 보이는 까닭에 I 씨에게 이유를 물으니 제2부인이라고 귀띔하여 준다. 그제서야 모든 것이 석연히 이해된다. 응접실에 돌아가니 오찬의 식탁이 준비되는 중이므로 곧 하직하고 비행관을 나왔다. 늙은 부군과 젊은 아내—나는 나온 후에도 이 명제가 머릿속에 뱅뱅 돌며 콜 씨 부부의 경우와 같은 이야기를 일찍이 그 어떤 소설에서 읽은 듯도 하고 안 읽은 듯도 한 착각을 느꼈다.

언덕을 내려와 다음으로 야 씨(氏)의 장내(莊內)에 발을 옮겨놓았다. 여름 한철 하얼빈이나 상해 등지에서 모여드는 피서객을 목표로 일종의 객주업(客主業)을 하는 까닭도 있겠지만 놀라운 것은 생활에 필요한 자료를 구내에서 자작자급하도록 설비해 놓은 것이다. 유우(乳牛)를 길러 우유를 짜고 밀봉(蜜蜂)을 쳐서 봉밀(蜂蜜)을 얻고 과수와 소채(蔬菜)를 심어 식탁에 올린다. 여름에 쓸 얼음을 저장하는 빙고가 있고 수십 두의 사슴을 사양(飼養)함은 녹용을 팔자는 것이다. 겨울이면 심산에 수렵하여 대량의 양이(糧餌)와 수피(獸皮)를 얻는다.

운동장과 정구 코트에는 낙엽이 떨어지기 시작하였고 소형 극장은 한산하게 비어 창으로 엿보이는 무대 위를 장식한 도기의 독들이 웬일인지 희랍의 폐허를 연상케 하였다. 피서객들을 거반 보낸 피서지란 쓸쓸하기 짝 없다.

조선식 가옥 아파트의 좁은 독방에만은 아직도 사람들이 들어 있는 모양이었다. 창으로 얼굴을 번쩍 드는 여자는 아마도 침대에 누워 이야기책이라도 탐독하는 눈치요 다음 방의 앙상한 청년은 바다에 갈 준비를 하고 있었다. 아마도 상해에서 온 하급 회사원쯤 이리라.

3. 산식당(山食堂)

운동장을 건너 골짝으로 내려가니 야 씨 경영의 산의 식당이 있다.

돌층계를 내려서자 마침 당문(堂門)을 나오는 일행과 마주쳤다. 미목수려한 청년과 분면단발(粉面斷髮)의 여자, 신선한 색채에 순간 몸이 화끈 달았다. 그것은 그날 지협에서 보던 중 나에게는 가장 강렬한 자극이었던 까닭이다. 여자란 경우에 따라서는 태양과 같이도 눈부신 것 같다. I 씨의 인사에 대답하고 청년은 그날 저녁 하얼빈 병원에 맹장염으로 입원하였던 그의 모친이 돌아온다는 소식까지 전하는 눈치였다. 청년은 야 씨의 장남 와리엘 군이었다. I 씨는 다시 와리엘 군과 귓속말을 하더니 무엇인지 쾌락(快諾)을 받고는 나를 이끌고 식당으로 들어갔다. 식당에의 출입은 아무나의 임의가 아닌 것을 나는 고맙게도 I 씨의 알선으로 하여 들어감을 얻었고 식사함을 승낙 맡았던 것이다. 들어간 후에도 그러나 나에게는 아까의 여자, 남장하고 모자 쓴 분녀(粉女)의 영상이 쉽게 사라지지 않았다. 입술의 연지가 톡 터진 팟방울같이 선명하였다. 나는 그가 행여나 마도(魔道)의 창부나 아닐까 하는 외람한 상상까지 하였다.

한편을 경사진 바위를 이용한 식당은 벽과 천장에 수없이 꼽힌 새풀이 아니라도 추량(秋凉)의 기운이 서리어 있다. 많은 남녀들은 여름 동안 익은 꿈을 까가지고 도회로 달아났다. 싸늘한 당(堂) 안의 공기에는 꿈의 껍질만이 흩어져 있는 듯하다. 책상 위에는 고국의 신문이 정돈되어 있고 한편 구석 축음기는 노래를 잊었고 식탁 위에는 오후의 차(茶) 시간이 가까워 왔음에도 준비된 접시의 수효가 적다. 벽에 걸린 가족의 초상들도 웬일인지 음산하다.

때가 지났으므로 오찬의 식탁은 빈한은 하였으나 산포도의 잼과 순수한 봉밀은 확실히 진미였고 풍신한 우유도 거리의 것보다는 곱절 신선한 것이었다. 헤어지는 빵 부스러기로 식탁 위가 어지러워졌다. 나는 바로 나앉은 자리에서 음식하였을 남녀와 음식할 남녀의 수많은 계열 속에 내 자신도 넣어 생각하면서 식은 홍차를 마셨다. 급사(給仕)의 소녀들은 한편 구석에서 많은 접시를 닦아 식장(食欌) 속에 연해 간직하였다.

식후 산골짝을 내려가 계류(溪流) 위에 높게 걸린 수교(垂橋)를 걸어 보았다. 복판에 이르렀을 때에는 다리 전폭이 휘춘휘춘 휘여 몸이 허공에 뜨는 것 같다. 다리는 빙고(氷庫)와 산에 이르는 것이었다. 나는 그들의 창조적 지혜와 생활을 꾸며가는 적극적 태도에 경의를 표한 것도 사실이나 다리에 관하여 더욱 흥미 있는 것은 I 씨의 보고였다. — 지난해 여름 한 여자가 다리 위에서 잠수하다가 물속 돌에 부딪쳐 그대로 흘러내려간 것이 수일 후 하류에서 발견되어 이역(異域)의 묘지에는 붉은 십자가가 섰다는 것이었다. 이 가련한 이야기는 마치 전설과도 같이 마음속에 배어 나의 소설심을 자극하였다.

이 이야기만으로도 이날의 소득으로는 충분함을 그 위에 여러 가지 지식을 얻게 된 것은 온전히 I 씨의 후의와 친절에 인함이었다. 지협의 구석구석을 답파하고 거리로 돌아와 온수에 잠기면서 다시 문학담에 들어간 것은 이날 행락에 피리어드를 찍는 셈이 되었다. 벌써 여러 해 전에 문학을 버린 I 씨의 독시(讀詩)는 타고르와 노구치(野口)에서 그치고 있었다. 그러므로 나는 타고르와 유연(類然)인 듯한 예이츠를 이야기하였다. 대충대충 주워 내려와서 가난한 지식으로라도 콕토와 발레리를 이야기하려고 하였으나 어느덧 시간이 촉박하여 차(車) 시간 오 분을 앞두고 욕탕을 뛰어나왔다.

부랴부랴 차에 올라 마음을 가라앉히니 하루의 견학으로 말미암아 생활의 범주가 적이 풍부하여진 것을 느꼈다.

손에는 능금 상자와 달리아가 있고 머릿속에는 보아 버린 지협의 풍경이 있고 주머니 속에는 아직도 읽지 않은 라디게의 소설이 있었다.

「작가수필」, 《조선일보》, 1935.10. 5.~8.

데생

B 부인은 병오생이다.

병오생의 여자란 거개 더 많이 동적인 듯하다.

부친위독의 전보가 반드시 귀국의 전부의 이유가 아님을 나는 잘 안다. 그 돌연사(突然事)를 기회삼아 어지러운 신변과 심서(心緖)를 약간이라도 정리하자는 것이 더 일의적인 뜻이 아니었던가. 그의 생활은 너무도 어처구니없고 감정은 너무도 다단(多端)하였던 것이다. 상식적 도덕의 굴레로는 달리는 그의 감정을 제어할 수는 없다. 부인은 자유의 준마이다.

그렇다고 남편이 천국으로 간 것은 아니요 지상건재이다. 위인이 원래 펄펄은 하나 장구한 세월에 이아쳐지고 무지러져서 지금엔 돌부처요 허수아비다. 진보된 도덕관에 입각한 것이 아니라 하는 수 없는 인내적 달관이 그렇게 만들었다. 한 지붕 밑에 살면서도 두 사람의 생활은 각각 다르다. 남편이 잘 때 아내는 깨어 있고 남편이 깨어 있을 때 아내는 잠자고—이것은 남편이 매일 사진(仕進)하여야 할 처지에 있는 까닭으로라고 하더라도 부부는 식탁을 마주하는 법이 적으며, 아내가 내객을 접대하여 차를 마시며 레코드를 걸며 할 때 남편은 외딴 방에서 아이들에게 글을 가르쳐 주어야 한다. 침실이 청교도적 결벽을 지켜야 할 것은 물론이요 그렇기 때문에 이 금단을 깨뜨리려고 한 남편이 아내에게 톡톡히 욕을 당한 것은 도리어 당연하다고나 할까. 남편은 그날 밤 부인의 방에 잠자리를 펴라고 분부하였다. 안잠자기가 고지식이 자리를 만들어 놓자 부인은 안잠자기인지 남편인지 누구인지를 모르게 날카롭게 호통하며 일껏 편 이불을 들어 맨봉당에 던져 버렸다. 남편이 눈을 부릅떴는지 머리를 긁었는지는 알 바 없으나 이것은 확실히 '암탉에게 눌리운 수탉' 이상의 희극이다.

원래 남편이 전임지를 떠나게 된 것도 곡절이 결코 단순한 것 같지는 않다. 셋째 아이를 얻을 때에 부인은 잠시 임지를 떠났고 남편의 사랑이 그 아이에게 가장 엷었던 것이다.

그래서 부부는 외딴 고장으로 피신한 셈이나 이 열려진 페이지는 벌써 비밀도 아무것도 아니다. 이 뒤에 올 가지가지의 숨은 이야기야말로 부인만의 책 속에 감추어져야 할 것이나 웬일인지 벽 속의 일이란 벽 밖으로 흘러가는 운명에 있는 듯하다.

여자란 소극적이어서 대수(對手)의 적극적 움직임을 기다릴 뿐이라고 부인은 그의 연애술을 겸양하여 말한다. 그가 만약 말대로 그같이 소극적이라면 남자란 남자는 대담하고 적극적이란 말인가. 질그릇 장사도 과자점의 차인꾼도 집안에 부리는 노복(奴僕)까지도—모두 그같이 대담하단 말인가.

그는 고향의 전보를 받았다. 그는 단신 가까운 항구에서 배를 타고 바다를 건넜다. 바다를 건넌 곳이 바로 고국이며 고향이다. 간 곳마다 대수가 있게 되면 고향인들 또 적적할 리 없다.

도리어 그가 간 후로는 마을이 적적하였다. 가지가지 소문을 말하며 그는 다시 돌아오지 않으리라고들 수군거렸다. 다시 돌아오지 않음이 그 일신을 위하여서도 가정을 위하여서도 시끄럽지 않음을 사람들은 뜻함이었으나 그런 원(願)과 추측을 저버리고 부인은 몇 달 후 부숭부숭한 얼굴로 다시 나타났다. 눈썹을 가늘게 밀고 파적거리로 양재인지를 배워 가지고 아무 티도 없이 돌연히 돌아왔다. 사람들은 반가워하는 법도 없고 별반 신통히도 여기지 않으며 그렇다고 그다지 귀치않게 여길 것도 없다.

여름이 무더우니 그는 해수욕을 갈 것이요 돌아올 때에는 리어카를 탈 것이며 밤길을 거닐 때에는 콧노래를 부를 것이다. 나는 해변 모래 위에서 그를 다시 만나야 할 것이나 그의 가느다란 눈초리를 보아도 별 감격이 없다. 원컨대 다시는 영문소설의 강(講)을 청하지 않았으면 할 뿐이다.

—이런 여자도 있다.

'루루'라고나 부를까. 확실히 궐녀는 일종의 지령(地靈)임에 틀림없다.

「소품」, 《조선일보》, 1935. 12. 25.

순진한 정미를 느끼게 하는 '블랑슈' 급의 여인

조선적 현실에서는 찾을 수 없는 경지나—그러므로 이상이라고 할 수 있겠으나—르나르의 '블랑슈'나 '마르트'쯤의 여인이면 이상에 가깝다 할까. 하필 '블랑슈'나 '마르트'를 드는 것은 그들의 높은 지적 계도(階度)를 원함으로써이다.

즉 이상이라 함은 지적 이상을 가리킴이다. 의상(衣裳)이야 무엇이든 드레스와 머플러 대신에 치마저고리를 입히고 하이힐 대신에 털고무신을 신기고 갸우뚱한 베레모 대신에 맨머릿바람으로 거리를 거닐게 하더라도—무관한 것이며 보다도 지적 민첩, 고도의 이성, 심리의 비약적 거래가 바라고 싶은 것이다. "사랑하는 사람이란 피차에 끼쳐 주고받은 추억밖에는 값이 없는 것예요."하고 말할 때의 '브랑슈'의 연애적 활달과 심리적 은근성이 꾸며 보고 싶은 것이다.

고도의 지성을 우리는 더 많이 지드의 '알리사'에게서 볼 수 있으나 거기서는 도리어 과도의 이성에 질식하게 되며 편집적(偏執的) 극기 절제에 일종의 안타까운 불만조차 느끼게 된다. "제롬 씨, 우리는 언제까지든지 떨어져 있는 편이 좋아요……. 나는 당신을 멀리서 생각하고 있는 편이 훨씬 좋아요……. 사람이 가까이 가서 탈없는 것은 다만 주에게뿐예요." 하고 딱 잡아떼는 알리사의 완고한 정신에는 일률로 찬 것을 느낄 뿐이다. 반대로 누이동생 '줄리에트'의 걱실걱실한 마음씨에는 따뜻한 동감을 느낄 수 있다. "누님은 저를 뉘에게 시집보내려고 하시는지 아세요……, 당신께예요." '제롬'에게 대한 구애의 말에서도 다만 그의 꾀를 본다느니보다는 순진한 정미를 느끼게 되는 것이다.

이 정미와 고도의 지성과는 반드시 서로 배치되는 것이 아닐 듯싶다. 이 두 가지 심조(心條)를 갖춘 곳에 이상의 여인을 꾸밀 수 있을 것 같다. '가'를 말하면 '나'를 대답하고 꽃의 빛깔을 이야기하면 그 향기를 짐작하는 내포가 넓고 함축이 많고 심리적 비약적 회화를 건넬 수 있으며 연애적 모험성이 있고 그 위에 육체적 욕심을 말한다면 눈자위에 윤택이 흐르고 응시하는 초점이 확적치 못하여 나를 노리는지 내 등 너머의 죽은 석고 형상을 바라보는지 분간할 수 없는—그런 여인이면 이상에 가깝다 할까.

현실에 있어서 그런 육체적 조건의 여인은 간혹 발견할 수 있으나 그 심적 조건에 이르러서는 말을 건네보기 전에는 마음을 떠보기 전에는 알 수 없는 노릇이다.

「내가 꾸미는 여인」, 《조광》, 1936. 2.

북국춘신(北國春信)

1. 이야기의 빈곤

최근 문예지 내지 문예란의 간행 활동이 제법 발랄한 모양 같다. 양적으로 그 수효가 격증하였을 뿐더러 각지의 편집 체모(體貌)도 긴밀하고 각종의 내용 수준도 확실히 높아졌다.

문학에 대한 일반의 관심과 수요의 향상의 표상(表象)임을 생각할 때 적이 반가웁다. 그러나 한편 이 먼 곳까지 뛰어오게 되는 그 현상의 과중한 물거품은 일종의 압박감을 가지고 반가운 마음을 도리어 무겁게 눌러 문질러 버리는 듯도 하다. 2월 초부터 원고의 청탁을 받은 것이 열 군데—두 곳의 수필과 여덟 곳의 창작이었으나 하는 수 없이 두 편의 소설과 두 편의 소품과 두 편의 수필을 될 수 있는 대로 부탁 받은 차례로 이럭저럭 썼을 뿐이다. 이것이 최대한도의 정성이었다. 빈한한 머릿속을 아무리 짜내도 한 달에 열 편에 가까운 독립된 창작은 솟아날 수 없는 까닭이다. 낮을 완전히 빼앗기고 밤만을 가지게 되는 잡무의 몸에 신선한 정력도 있을 리 없지만 그보다도 더 이야기가 없는 것이다. 겨울 벌판같이 한산하고 늙은 유방같이 고갈하고—부대낄 대로 부대껴 시심(詩心)을 잃게 되는 머릿속에 윤채(潤彩) 있는 이야기가 솟을 리 만무하다. 설혹 이야기의 싹이 뾰족이 솟는다 하더라도 그것이 충분히 성장하고 발효할 여가가 없이 어느 결엔지 말라버리는 수도 있다. 시들시들한 끄트머리가 머릿속을 데굴데굴 굴다가 한 달쯤 지나면 형해(形骸)도 없이 온전히 사라져 버린다. 10월에 피었다가 순일(旬日)을 지나 서리 속에 꺼져버리는 능금꽃의 경우와도 흡사하다 할까. 동요를 잊은 아이란 생각만 하여도 측은하며 청중 앞에서 문득 말을 잊은 말꾼의 꼴이란 만화와 같이도 비참하다. 이야기 없는 작가는 확실히 노래를 잊은 카나리아보다도 더 참혹할 것이다.

회화(會話) 없는 날이 있다. 조개같이 입을 다무리고 돌같이 침묵하는 그런 날은 쓸쓸하고 막막하기 짝 없으나, 그러나 그런 때는 또 스스로 회화를 대신할 생각과 정서가 있는 법이다. 이야기 없는 작가의 잡망(雜忙)한 현실에는 생각과 정서조차 없는 때가 있다. 사상이 얼음장같이 얼어붙어 심야(心野)는 극지와 같이 차다.

이야기에 값갈 만한 특수한 생활 체험을 가지지 못한 때 작가는 불가불 그 소재를 독서, 여행, 견문, 상상, 응사(凝思) 등에서 얻을 수밖에는 없으나, 이 모든 것은 다만 심신의 안정에서만 올 수 있는 것이니 어수선한 심사에는 독서는커녕 상상의 능력조차 상실되어 버린다. 과학자가 연구실에 박혀 시험관을 노리듯이 작가도 공방(工房)에 박혀 좌우간 책상을 노리는 시간이 많아야 되니 창작은 일종의 발명인 까닭이다. 자유를 잃은 정신, 해방되지 못한 심경, 낮을 빼앗긴 처지에서 좋은 이야기가 빚어질 수 없는 것이다.

이야기라고 하여도 대체 한 사람의 작가가 한 달 혹은 일 년에 몇 편의 작품을 쓸 수 있으며 써야 옳을까. 월 열 편, 연 백여 편을 쓸 수 있으며 써야 될까. 한 마리의 누에의 입에서 한도 이상의 과잉의 실을 뽑으려는 것과도 같은 격이다. 기계를 거쳐 다량으로 나올 수 있는 상품이 아닌 이상 아무리 발버둥 쳐도 불가능사인 것이다.

조제남조(粗製濫造)의 다산을 기함보다는 차라리 소량의 가작을 요구함이 퇴보된 문학 사회의 신사도가 아닐까. 문학의 수준을 높여 감은 소수의 가작의 정점의 축척이니 그렇게 함은 곧 문학 사회를 참으로 이롭히는 소치도 된다.

한 가지의 공상이 허락된다면—세상에도 신비로운 영특한 기계가 있어 그 속에 원고를 넣기만 하면 즉각으로 가장 공정하고 정교하게 그 작품의 우열이 단정되고 따라서 그 가격—가치가 아니라—까지도 수학적으로 교묘하게 기록기(記錄機) 위에 표시되었으면 하는 허황한 생각이 난다. 그런 기계만 있다면 편견 많은 문학 사회도 스스로 교정될 것이요 작품 그것도 악의와 심술과 파벌을 떠나 순수하고 정당하게 감식될 것이며, 작가도 역량을 따라 공평하고 떳떳한 대접을 받게 될 것이다. 그때 '문학'은 참된 옹호를 받게 되는 것이다.

이런 생각은 일종의 날개 돋친 몽상인 것이나, 그러나 가령 이제 날개를 떼고 백 보를 물러서 침착하게 현실에 비추어 생각할 때 공상 속의 영특한 기계는 곧 정확한 편집자로 환치할 수 있다. 정확한 편집자의 도의적 태도로 말미암아 많은 왜곡은 바로잡힐 수 있고 문학은 공정하게 옹위(擁衛)되어 작가도 재능과 역량을 굳이 아끼지 않고 즐겨 발휘하려 하여 정진에 힘쓸 것이다.

그러나 극도로 뒤틀리고 얼크러진 현실의 토대 위에 서서 그런 명편집자를 바라는 것부터가 다시 생각하면 공상의 구역을 벗어나지 못하는 것 같다. 그러므로 이 생각은 처음부터 공상이요 잠꼬대임을 면치 못하게 되었음을 슬퍼한다. 모두가 이야기의 빈곤의 탓임을 더욱 슬퍼한다.

2. 시절의 빈곤

이야기가 빈곤한 위에 북방에서는 시절조차 빈한하다. 춘궁이란 빈농의 빈궁을 말하는 것이나 춘궁을 낳는 시절 그것부터가 빈한한 것이다. 시절이 빈곤하니까 이야기도 빈곤한지는 모르나.

삼일(三日)철을 잡아들었음에도 한란계의 수은주는 간신히 영하 4도의 영역을 방황하고 있다. 20도 이하의 극계에서 4도까지 솟은 것도 장하기는 하나 다시 영도(零度)를 솟아 따뜻한 지경까지 사지를 쭉 뻗기까지는 전도양양한 것이다. 잔뜩 주눅 든 수은주는 먼 꿈을 부둥켜안고 영(零) 너머의 상공을 별같이 까맣게 우러러보며 육신을 떨고 있다.

물을 얼리는 것도 영도요 얼음을 녹이는 것도 영도다. 영하의 온도가 눈을 녹일 수는 없음은 냉혈의 짐승이 불을 모름과도 같다.

산맥의 눈은 두텁고 들의 눈도 좀체 녹아 버릴 것 같지는 않다. 눈은 발자국부터 녹는 법이다. 밟히지 않은 눈 벌판은 처녀의 육체

같이 어느 때까지나 성스럽게 희다. 산골짜기에는 자색 그림자가 두텁고 과수원에는 푸른 그림자가 엷다. 푸른 그림자―눈 위에 떨어지는 그림자는 검은 것이 아니요 푸른 것이다. 산호수(珊瑚樹)같이 잎새 없는 가지가지가 눈 위에 거꾸로 쓰러져 한 포기의 나무의 전모(全貌)를 목판화같이 그대로 푸르게 찍어 놓는다. 흰 눈과 푸른 그림자의 조화는 애잔한 느낌을 자아내게 한다. '푸른 꽃'과 같이 푸른 나무는 일종의 신비라고 할까. 가난한 시절 속에 한 폭의 아름다운 그림은 푸른 나무의 투영화(投影畵)일 것 같다.

오랍뜰 양지쪽은 그래도 어느덧 눈이 녹고 땅이 말라 먼지가 봉긋이 솟게 되었다. 집 뒤 성벽 위 잔디밭에는 철을 가르치려는 듯이 이름 모를 새가 날아와서 아름다운 빛깔의 깃을 양명(陽明)한 잔디 위에다 편다. 앵도나무 가지에는 참새가 많이 내린다. 참새는 시절을 가리는 법 없이 언제나 까불고 말이 많다.

이십 평에 남는 뜰 안에는 그러나 아직도 봄빛은 멀다. 딸기밭과 묵은 화단은 눈 속에 깊고 해당 포기와 장미나무의 붉은 가지에도 꽃 소식은 아득하다. 돌을 덮은 솔 겨우살이의 가는 줄기와 같이 낙엽송과 살구나무의 휘추리들도 아직 물기 없이 앙상하다. 더 한층 앙상한 것은 뜰 복판의 억새의 덤불이니, 베지 않고 그대로 두었던 이 가을의 풀은 만추의 소슬한 풍채를 애잔한 줄거리에 그대로 지닌 채 해를 넘었다. 용감하다느니보다 대담스럽다. 슬근슬근 바람에 나부끼는 이파리에는 지난 가을 달밤의 추억이 묵은 전설같이 빛나며 붙었다. 다만 소나무 잣나무 향나무 전나무 등의 상록수만이 유일의 푸른 빛이나 그중에서도 향나무의 풍모가 가장 풍성하여 훌륭하고, 가령 전나무의 끝은 아직도 그대로 서방(書房)에 버려둔 철 늦은 크리스마스 트리보다도 신선한 맛이 도리어 못하다. 금빛 은빛으로 찬란하게 치장한 성수(聖樹)가 생생한 야수(野樹)보다도 도리어 신선함은 무슨 까닭일까. 예술은 자연보다도 흔히 더 아름다운 탓인가. 악마디 솔포기 위에 남은 한 덮개의 눈도 그것이 눈으로 보이기보다도 먼저 성수 위에 얹어 놓은 한 편의 솜으로 보이는 것이다. 예술은 흔히 도리어 자연을 정정(訂正)하고 규정하는 셈인가.

그러므로 일광이 풍성하게 넘치는 낭하(廊下)에 의자를 내놓고 유리 밑창으로 뜰을 내다볼 때 시절에 앞서 생각은 먼저 봄을 빚어 낼 수 있는 것이다. 옆에서는 철 늦은 아이들의 털실 편물을 뜨든 말든 마음으로는 뜰 앞의 한경(寒景)을 철 이른 봄빛으로 정정하고 채색할 수 있다. 이십 평의 앞뜰의 따뜻한 복도의 사상(思想) 앞에 순식간에 물들어 버리는 것이다. 장미와 해당이 꽃 피고 솔 겨우살이가 푸른 옷을 입고 딸기밭이 물들고 부활된 화단에는 양(洋)패랭이 꽃, 카칼리아, 플록스, 샐비어, 비연초가 화려하고 향나무가 욱신욱신 향기를 뿜는다. 이때 교회당에서 흘러오는 종소리야말로 바로 부활의 노래가 아니면 안 된다. 성수를 꾸미는 것과 똑같은 솜씨로 양일(陽日)의 사상은 눈앞의 모든 자연을 한껏 아름답게 교정(校正)하고 재창(再創)할 수 있는 것이다.

3. 빈곤 속의 준비

시절은 빈곤할망정 빈곤하면 빈곤한 대로 그 스스로의 준비는 있다. 시절을 무시하고 말살하고 역행하는 온실 안의 화려한 풍속은 말할 것도 없거니와 외기(外氣)에 주눅 든 모든 것에도 그 어디인지 밝은 양기가 돌게 되었다.

과목(果木) 가지에는 꽃눈이 붕긋이 생겨나고 얼었던 풀밭에서는 클로버의 잎새가 파랗게 녹아 나왔다.

농장의 두엄에서는 아침이면 안개 같은 김이 숨결같이 솔솔 솟기 시작하였다.

외양간에 갇혀만 있던 유우(乳牛)는 두엄 앞 양지쪽에 해방되는 날이 많아졌다. 흑백의 아롱진 등어리에서는 이 역 더운 김이 무럭무럭 솟는다. 유유히 새김질하고 서 있는 모양은 제법 느릿한 봄의 자태이다. 지난해에는 공칙히도 새끼를 배지 못한 둘암소였으나 휘엿한 잔등의 모습이 올에는 어김없이 한배쯤 생길 것 같다. 걸직한 우유를 진시(趁時) 실컷 못 먹었음이 한 된다. 올에는 우유 섬이나 날까.

계사(鷄舍)에서는 가장(家長)되는 수탉이 암탉들을 거느리고 날개를 푸득이며 길게 지동 치듯 운다. 게으른 기지개의 음성과도 흡사하다. 겨우내 알을 잊었던 암탉들도 골골골골 알을 저으며 낳는 날이 많아졌다. 몇 배씩이나 까려는지 병아리 깔 준비를 톡톡히 하는 모양이다.

우리 속의 양들도 아침부터 양지에 나와 놀게 되었다. 지난해 남양에서 가져온 그들은 한철 동안 털도 무척 자랐다. 그러나 빈지 앞에 누워 눈을 갸름직하게 감고 깜박깜박 졸고 있는 그들에게는 아직도 더운 남국의 꿈이 잊혀지지는 못하는 모양이다. 얼핏 더운 시절이나 당하면 쓸쓸한 향수도 사라져 버릴까. 그들에게는 봄이 지리하게도 먼 것 같다.

그러나 봄 준비는 비단 이들만이 하는 것이 아니니—가령 학교를 도망하고 집을 떠나 남쪽으로 실종하려던 두 소년 그들 역 봄을 준비하려던 것이 아닌가. 적어도 봄을 그리워하고 새 봄을 지으려고 한 것임은 틀림없다.

Y와 N은 18세의 동갑이요 한 학차(學差)의 학우이다. 하루는 학교로 간다고 나간 것이 학교에는 꿩 구워 먹은 소식이요 어디론지 종적을 감추어 버렸다. N의 부친이 며칠 내의 아들의 기색으로 민첩하게 눈치 채고 학교로 달려가 보았을 때에는 물론 두 아이의 꼴은 없고—그제서야 학교 당국도 실색하고 Y의 부친을 부른다. 가정과 학교 사이를 왔다 갔다 한다 하며 설렜으나 파장 후의 소동이었다. 두 소년의 실종은 확실한 것이었다. 속히 찾을 배책(配策)을 함만 같지 못하였다.

그날뿐 아니라 두 소년의 출석은 최근 오랫동안 부정(不定)하였고 실종의 전날 N은 근읍의 친척을 찾겠다고 칭탁하고 급감(級監)에게서 승차 할인권을 얻었고 집에서는 신학기 교과서대를 칭탁하고 수십 원의 찻삯을 우려냈다. 그날 아침 여전한 차림으로 집을 나와 학교와는 딴 길인 역에 이르러 남행 첫차를 탄 것이었다. 두 소년의 근래의 태도가 이완(弛緩)은 해졌으나 학교에서도 가정에서도 거기까지는 짐작하지 못하였던 것이다.

H부(府)에 Y의 형이 있다. 첫길로 즉시 그곳에 수배의 전보를 친 것이 공교롭게 들어맞아 형은 다음날로 곧 두 소년을 데리고 왔다.

그렇게 간단하고 수월한 수색도 드물 것이다. 남쪽으로 멀리 내빼려던 두 소년은 서투른 솜씨와 미흡한 계책으로 뜻도 못 이루고 중도에서 좌절당한 것이다. 소년의 봄꿈은 물거품같이도 여지없이 깨뜨러지고 말았다.

조문(調問)의 결과 실종의 동기도 손쉽게 알려졌다. Y는 N보다 1년 위 상급생으로 온순하고 우수한 소년이어서 N의 부박성(浮薄性)에 건듯하면 끌리는 경향이었으나 그렇다고 도피 계획의 원모자(原謀者)가 어느 편인지는 종시 실토하지 않았다. 두 소년은 언제부터인지도 모르게 거리의 카페에 눈을 피하여 드나들게 되었다. 차차 거듭하는 동안에 Y는 한 여급의 은근한 눈질을 입어 나중에는 정(情)의 편지까지 받게 되었다. 그 편지가 말썽거리였으니 책상 서랍에 간직한 것을 하루는 부친에게 들켰다. 그러나 부친은 모든 것을 암묵에 붙이고 일언반구의 책망도 없었다. 그것이 도리어 소년에게는 가책의 매였다. 때마침 학교에서도 자주 꾸중을 듣게 되자 그는 모든 비밀이 드디어 학교에까지 알려진 것이라고만 짐작하여 일종의 암시에 걸리다시피 되어 그때부터 부친을 대하기도 부끄러워지고 심드렁한 마음에 학교도 싫어지고 도피행의 일념이 생길 뿐이었다. 그 생각에 기름을 부은 것은 물론 N이었다. 다정하던 터에 더욱 의기투합하여 두 소년은 드디어 도행(逃行)을 결단하게 되었던 것이다.

실종 후의 구체적 생계의 성산(成算)도 없고 속세의 파도에 대한 두려운 감정도 모르고 온전히 막연한 취중의 일이었다. 확실히 봄을 생각하고 꿈에 취하였던 것이다.

철 늦은 봄이 두 소년에게는 너무도 일찍이 온 셈이었다.

3월 초 치성에서

《동아일보》, 1936. 3. 19.~21.

6월에야 봄이 오는 북경성(北鏡城)의 춘정

북위 42도와 한류의 냉대(冷帶)에서는 봄은 3월부터가 아니라 6월부터 시작된다. 저능한 늦둥이가 훨씬 자라서야 겨우 입을 열고 말을 번지듯이 철 늦은 시절은 6월에 들어서야 비로소 입을 방긋이 열고 부드러운 정서를 표백(表白)한다. 3월에는 오히려 눈이 오고 4월에는 물오른 능금나무 가지가 물오리발같이 빨갛고 5월에는 잎새 없는 진달래꽃이 산을 불긋불긋 점찍고 6월에 들어서서야 처음으로 들은 초록으로 덮이어 민들레 오랑캐꽃 꽃다지도 활짝 피고 능금나무와 앵도나무에 잎이 돋고 장다리꽃이 벌판에 노랗다. 개울가에 버들피리 소리 무르녹는 집 앞 우물터에 물 길러 오는 처녀들의 허리가 늠름히 길어 보인다. 온상에서 옮겨다 심은 뜰 앞 화초 포기에 물을 주다 모르는 결에 판장(板墻) 밖 우물께로 눈이 간다. 안 보는 동안에 도리어 이쪽을 노리고 있던 그들은 시선이 마주치자 날쌔게 외면하며 황겁결에 물속에 두레를 던진다. 봄은 피차에 같은 심서(心緖)를 일으키는 모양이다. 채 차지도 않은 물동이를 이고 급스럽게 가는 처녀들의 머리채는 길고 벗은 다리는 오리발같이 빨갛다.

그러나 그렇게까지 서로 거북스럽고 면구스럽게 피차의 자태를 훔쳐보지 않아도 좋은 것은 단옷날이다. 이곳의 단오는 남쪽의 정초 추석 이상의 명절이니 장대에서 며칠을 두고 열리는 마을 운동회에는 치장한 마을 사람들이 함빡 쏟아져 나가 자전거경쟁 씨름 궁술 추천(鞦韆) 등 각가지의 경기에 한데 휩쓸려 흥과 재조를 쏟는다. 이때에는 적어도 눈에만은 풍년이 든다. 담담한 심사로 향기를 맡고 색채를 봄은 자유인 까닭이다. 의장은 다채이며 분장(扮粧)은 욱욱(郁郁)하다. 역시 꽃보다는 사람이 훨씬 아름다운 것이다.

그네 아래에 서서 줄을 솟구는 허공의 여인을 치어다보기란 결코 겸연쩍은 짓이어서는 안 된다. 수천의 눈이 그를 노리고 있는 까닭에 줄 위의 동체(動體)는 생색이 나고 꽃다웁다. 발아래에 수천의 눈을 의식하는 까닭에 치마폭은 한결 가볍고 나부끼는 몸은 승천할 듯이 자랑스럽다. 절색이든 졸색이든 상에야 들든 말든 그네 위의 여인은 수천의 마음을 한꺼번에 잡아 쥔 공중의 여웅(女雄)이요 여왕이다. 보고 보임은 추천의 공덕(公德)이라고도 할까. 다만 한 가지 한 됨은 속옷이 겹겹으로 너무도 복잡함이다. 그것은 도리어 미덕이 아니요 숙례(淑禮)가 아니다. 봄날이 따뜻하거늘 짧은 잠방이 하나로 족하지 않은가. 수천의 마음을 피곤케 하는 불측한 생각일까. 그것도 봄인 까닭이다.

지새지 않는 안개

단오 무렵은 따뜻하고 개어야 하나 그때조차 안개 끼는 날이 많다. 아지랑이가 아롱아롱 걸리는 대신에 안개가 아물아물 끼는 것이다. 안개는 바다에서 흘러와 벌판을 거치고 성 모롱이를 돌아 마을을 싸고 골짝으로 오지로 들어간다. 그것은 거의 무진장이어서 종일 흐르고 며칠을 계속하여도 떨어지는 법이 없다. 이어 이어 오는 것이다. 엷을 때에는 벌판을 바다같이 아득하게 보이게 하고 두터울 적에는 지척도 분간할 수 없게 만든다. 그럴 때에는 만물이 모두 모양과 자취를 감추고 잠시 생활을 끊어버린 듯이도 누리는 고요하고 막막하다. 무(無)의 세계는 그런 것이 아닐까. 지구는 가끔 창조 이전의 아득한 세상을 추억하고 명상하기를 즐겨하는 듯하다. 그 아득한 세상 속에서는 사람은 창해(蒼海)의 일속(一粟)과 같이도 작고 하잘것없고 처음도 끝도 없는 한 개의 점 같은 느낌이 난다. 당장 서 있는 주위와 절연된 그 지점은 반드시 마을의 복판이 아니라고 하여도 좋으니 서반구 위의 한 지점이라고 하여도 좋을 것이며 별 위의 한 지점이라도 좋은 것이요 실로 임의의 자유로운 일점(一點)인 것이다. 짙은 안개 속을 걸을 때에는 그런 기괴한 착각이 들어 나침반을 잃은 선체와 같이 몸이 허전거린다.

북해를 건너고 동해를 넘어온 안개는 몹시 차다. 빙산과 한류를 스치고 오노라고 쌀쌀한 바다의 기운을 함빡 들여마신 까닭일까. 짙은 안개의 '조각' '조각'은 산들바람같이 소매 속에 스며들어 얼어붙은 북해의 상화(霜華)를 강요한다. 자라던 만물은 잠시 봄을 잊어버리고 시절의 역행 속에 끌려 들어가게 된다. 꽃은 움츠러들고 잎은 찬 꿈속에서 떤다. 백양나무 잎새에서는 기어코 눈물이 떨어지고야 만다.

청명하게 개인 날에는 안개는 선명한 유백색으로 변하여 줄기줄기 흘러온다. 투명한 공기와 분명히 구별되어 신록의 벌판 위를 살금살금 걸어오는 양자는 푸른 하늘을 스치는 얄팍한 구름장과도 흡사하다. 땅 위에 야트막하게 떠서 초목을 만지면서 움직이는 꼴은 확실히 동물의 모양이다. 그 무슨 반가운 기별이라도 전하려는 듯이 쉬지 않고 어디론지도 모르게 살금살금 흘러간다. 산속으로 바다의 소식을 말하러 가는 것일까. 산호수(珊瑚樹) 너붓거리고 미역 냄새 피어나고 조개 입 벌리고 고래 숨쉬기 시작한 동해의 꿈의 입김을 신록의 수목에게 전갈하러 가는 셈일까. 빈번한 이국의 사절 같이 지새지 않는 안개는 봄 내나 바다에서 벌판으로 산으로 흘러간다.

고원의 박새

바다의 사절을 맞이하려는 듯이 고원의 박새는 조촐하게 파도 친다.

해발 몇백 척의 산복(山腹)도 북방에서는 고원지대의 양기(陽氣)이니 고원의 봄을 제일 먼저 꾸미는 꽃은 박새인 듯싶다. 고사리 싹이 애잔한 주먹을 민춧이 들었을 때 양지쪽 박새는 이미 넓은 잎새에 가는 줄기를 뽑아 흰 꽃방울을 초롱같이 조롱조롱 단다.

산등에 일면으로 깔린 수천 수만의 방울은 요란히 울리는 대신에 높은 향기를 뿜어 사람을 끌고 봄을 자랑한다. 욱신한 향기로 박새를 지나는 꽃이 있을까. 꺼졌다 이어졌다 숨었다 나타났다 하며 은

연중에 강렬한 향기가 진동쳐 온다. 굵어졌다 가늘어졌다 기억의 실마리를 찰락찰락 채며 그 향기는 확실히 그 무슨 그윽한 전설을 이야기하려는 듯하나 둔한 재치로는 그것을 번역해 낼 수가 없다. 향기만으로 애끊게 호소하는 가냘픈 자태가 애달픈 전설의 여주인공의 후신임을 다만 짐작할 수 있을 뿐이다.

여학생들은 가고 오는 길에 벌판에 들어 꽃을 묶음묶음 꺾어 책 속에 넣고 화병에 꽂고 꽃묶음을 만든다. 부드러운 손에 꺾이움이 박새로서는 원(願)일까. 책 속에 간직한 것은 해를 넘어도 여전히 향기롭고 상자에 넣어 동무에게 선물로 보낸 것은 바다를 넘어서까지 향기를 전한다. 북방의 향기로는 박새가 으뜸일 것 같다.

봄은 짧다. 박새가 질 무렵이면 벌써 벌판의 고사리가 활짝 피어 쇠어간다. 그때면 바다도 푸를 대로 푸르다.

3월 경성(鏡城)에서

《조광》, 1936. 4.

발발이

'치로'는 시계같이 정확하다.

오정 때만 되면 어느 길을 어떻게 빠져 나오는지 거리를 나와 마을길을 거쳐 먼 사무실에까지 오는 것이다.

사무실에 들어오기가 바쁘게 코를 쫑긋거리고 꼬리를 흔들며 사람을 흘끔흘끔 쳐다보면서 책상과 책상 사이를 샅샅이 돌아다닌다. 점심때를 기다리는 것이다. 지치면 난로 앞에 가서 몸을 휘젓이 펴고 누워 하품을 하면서 — 따라서 눈물을 게슴츠레 흘리면서 사람들의 움직이는 눈치만 살핀다. 무료한 듯이 눈을 검실검실 감으면서도 기실은 신경이 날카롭게 일어선 것이다.

점심 그릇이 책상 위에 올라 수저 부딪치는 소리가 덜그럭덜그럭 나기 시작하면 치로는 소리도 없이 민첩하게 사뿐히 일어나 눈알을 데굴데굴 굴리고 코를 훅훅 울리면서 쏜살같이 눈앞에 보이는 책상께로 달아난다. 이때부터 그의 싸움과 벌이가 시작되는 것이다.

의자 옆에 가 쭈그리고 앉아서 끈기 있게 사람의 처분만 기다린다. 언제까지든지 기다리다가도 소식이 없고 무시를 당할 때에는 주의를 끌기 위하여 기묘한 소리를 지른다. 그래도 정 대꾸가 없으면 앞발을 넘츳 쳐들고 재주를 해 보이다가 그것도 효과가 없을 때에는 마지막으로 들었던 발로 양복바지를 쥐어뜯는다. 요행 선심을 입어 고깃저름이나 국수오리나 빵조각을 얻게 되면 게눈 감추듯 먹어버리고 다음 것을 기다린다. 그러나 오래도록 소식이 없을 때에는 벌써 그곳은 단념하여야 한다.

다음 책상으로 가서 같은 계제로 같은 거동을 되풀이하나 처음에는 재롱을 보려고 귀여워하던 것이 요사이 와서는 어느 책상이나 퍽 냉정하게 된 것을 느낀다. 무시만 하는 책상이면 오히려 수치는 아니나 어떤 책상에서는 처음부터 꾸중을 하여 붙이지 않거나 심하면 구두 끝으로 차서 쫓는 곳까지 있다.

다정하면서도 냉정한 사람의 마음을 느끼면서 치로는 하는 수 없이 주인 책상 옆으로 가나 주인은 더한층 무동작하며 때로는 성가스런 마음에 으레 문밖으로 내쫓는 것이다. 자기의 기르는 짐승이 동관들 앞에서라도 멸시를 받고 귀치않게 여김을 보는 것이 면괴스러운 것이다. 집에도 당부하여 두고 낮에는 될 수 있는 대로 발을 금하는 것이나 짐승은 어느 틈으로 어떻게 묘하게 빠지는지 오정 때면 의례히 사무실에 나타나는 것이다.

치로는 벌써 대여섯 살이 넘었으나 나무로 치면 악마디 솔같이 작고 잔망하고 마디 차다. 마을에는 그의 소생도 많이 퍼졌건만 언제나 노티가 없이 장난감 같은 몸뚱어리에 부글부글한 털을 바르르 날리며 꽃술 같은 꼬리를 휘저으면서 사무실을 찾는다. 주인은 한다하는 포수다. 따라서 여러 마리의 사냥개를 기른다. 늠름하고 허울 좋은 사냥개에 비하면 잔망한 발발이는 보잘것없는 장난감인 데다가 실제로 말하더라도 사냥개가 더 긴하므로 주인의 사랑은 그 편으로 더 많이 기우는 모양이다. 자연 치로에게는 끼니때의 차지도 적음이 사실인 것 같다. 치로는 그 벌충을 학교에서 대려는 것이다. 한가한 산보가 아니요 엄숙한 양식의 문제인 것이다.

치로는 사무실에 들어와서는 무엇보다도 먼저 주인의 책상을 바라본다. 마음이 송구스러운 까닭일까. 그날은 그때 요행히 주인의 자태가 보이지 않았다. 치로는 즉시 점심이 시작된 한편 책상께로 가서 코를 울리며 발을 들고 늘 하는 자세를 하였다. 그러나 책상 임자는 홀홀히 그의 수단에 걸리지 않을 뿐더러 개굿하게 얼굴을 찡그리고 두어 마디 호되게 꾸짖고는 옆 동관을 바라보며 목소리를 낮추었다.

"귀치않은 즘생—꼬락서니하구 똑 무엇 같지 않은가?"

옆 동관은 가련한 짐승을 바라보며 은근한 미소를 띠고 같이 얕은 목소리로 응답한다.

"아무렴, 똑 떼 붙였지. 잔망한 것이며 암팡진 것이며 발발한 꼴이 주인아씨를 붓으로 그려 놓으면 그렇겠나."

"사냥개나 발발이가 어쩌면 그렇게도 깜적같이 주인 양주의 모습을 서로 닮는단 말인가."

"하긴 즘생을 기르자면 보람 있게 그렇게 기를 것이야."

모르는 결에 깔깔깔깔 웃음이 터진다. 떨어져 있는 동관들에게도 급기야 웃음이 옮아 버렸다. 참을 수 없는 웃음은 짐승의 주인인 동관 양주의 체격과 성격의 희극적 대조에서 오는 것이었다. 물론 양주의 간특한 사교가 평소부터 동관들의 미움을 사고 있었던 것에도 원인은 있다. 웃음이 수습되기도 전에 문제의 주인공인 짐승의 주인이 들어왔다.

그는 치로를 보고 웃음을 들은 순간 거의 직각(直覺)적으로 민첩하게 그 자리의 공기를 느낀 모양이었다. 검도 삼 단의 이십 관에 가까운 유들유들한 몸집에 피가 솟아 짐승의 목덜미 같은 얼굴이 금시에 시뻘겋게 질렸다. 불쑥 돋아난 두터운 입술이 떨리고 조그만 눈이 살기를 띠더니 기어코 고함이 터져 나왔다.

"나가라. 이놈의 즘생."

분풀이는 치로에게로 쏠렸다. 겁에 떠는 짐승은 엉겁결에 책상 아래에 숨어 버렸다. 주인은 분이 머리끝까지 뻗쳐 재차 소리를 치며 책상을 차니 짐승은 하는 수 없이 그곳을 빠져 발발발발 문께로 달아가 구르는 방울같이 밖으로 사라져 버렸다.

"안된 즘생."

주인의 성은 좀체 풀리지 않는 모양이었다. 뚜벅뚜벅 책상 앞으로 걸어가 의자를 드르륵 끌고 풀썩 주저앉는—그 모든 거동이 거칠고 퉁명스럽다.

"노여할 것이 있소. 애무한 즘생을."

보기 거북하여 동관의 한 사람이 말을 걸었으나 위인은 들은 체만 체하고 입술만을 불쑥 내밀었다.

아마도 집에 돌아가 야단과 단속이 심하였던지 치로는 다음 날부터 잠시 동안은 사무실에 까딱 자태를 내놓지 않았다.

주인에게 대한 애증의 심리는 기르는 짐승에게까지 흔히 미치는 모양이다. 치로는 주인에게 대한 동관들의 미움의 감정의 희생을 당한 셈이다. 집에 가 분풀이로 흠뻑 얻어맞았을 애매한 짐승의 꼴이 가엾게 생각된다.

오정 때가 되어도 꼴을 보이지 않는다.

치로는 시계같이 정확하지 못해졌다.

「사월수필」, 《중앙》, 1936. 4.

바다로 열린 녹대(綠帶)

바다는 창공과 표정을 같이하여 흐릴 때에는 슬픈 상(相)을 지니고 개일 때에는 해명(解明)한 상을 나타낸다. 그런 날 지평선 멀리 바라보이는 바다와 하늘의 구별은 유산동(硫酸銅)의 2배 액(液)과 3배 용액의 경우와도 같이 명확하다. 때로는 바다는 유산동의 결정(結晶) 그것이다. 유동하는 액체가 아니요 고정한 광물의 조각같이 견고하고 차고 맑고 귀하고 무거웁다. 자전차로 벌판을 달리면서 나는 그 귀한 미각(벌써 시각이 아니다)의 대상을 재찬삼탄(再讚三嘆)하면서 바다를 형용할 적절한 말을 찾으려고 마음속에 곰실곰실하는 동안 종시 뜻을 이루지 못한 채 바다에 이르고는 하였다.

창공에는 구름이 조각조각 뿌려졌다. 역시 광석같이 굳고 차고 맑게 보이는 구름의 조각은 일척일척(一齣一齣)의 투명한 지혜와 같이 아까웁고 아름다웁다. 명서의 페이지마다 흩어진 빛나는 구절을 줍기보다도 그 구름을 바라보기란 더 한층 즐거운 일이다.

바다를 저변(底邊)으로 한 삼각형의 벌판은 온통 녹화하여 개울을 끼고 내려가는 유역 일대의 녹음은 욱욱(郁郁)하고 그윽하다. 물에서 나는 생물은 물을 낄 때에 가장 아름다웁게 자라는 것 같다. 새 발고사리가 꽃다웁게 펴지고 늘어선 백양(白楊)이 조촐하게 나부끼고 갯버들 숲에 이름 모를 새들이 깃들이는 것은 모두 유역 부근이다. 구름과 지평선과 백양의 유동하는 윤곽과의 조화는 한입에 삼켜버리고도 싶은 지상의 선미(鮮味)이다. 보기만으로는 부족하다. 위대하고 호담한 식욕을 느끼게 된다. 입은 사랑의 마지막 표시의 계단인 까닭이다. 사람은 지극히 사랑하는 물건을 마지막으로 입에 넣어 봄으로 최후적 만족을 얻는다. 아이는 꽃을 씹어 보고 구슬을 입에 문다. 바다로 열린 벌판에 군데군데 흩어진 떨기떨기의 녹음은 육체를 괴롭히리만큼 마음을 끄는 그리운 풍물이다. 개울 속의 고기를 건지려는 것도 아니요 수풀 속의 새둥우리를 찾으려는 것도 아니요 찾는 것이 무엇인지도 모르면서 그러나 무더운 탐구의 열정으로 혼몽 중에 유역을 들추고 벌판을 헤매이고는 하였다.

이제 그리운 것은 지난날의 그곳이다. 나는 능라도(綾羅島)의 녹절(綠節)을 사랑한다. 하는 일 없이 나무를 보고 물을 보고 하면서 반날쯤을 지내기는 쉬운 노릇이다. 그러면서도 눈앞의 이 녹향(綠鄕)을 접어 두고 도리어 먼 곳의 그것을 그리워함은 늘 현재 이외를 구하는 사람의 천성으로일까. 바람에 떨리는 백양의 잎이 눈에 보이고 바다 소리가 귀에 새로웁다.

「그리운 녹향(綠鄕)」, 《동아일보》, 1936. 6. 24.

동해의 여인(麗人)

동해안의 그는 동해의 정기를 혼자만 타고난 듯이도 맑은 여인(麗人)이었다. 시절의 탓도 있었을까. 북방의 이른 봄은 애잔하고 엷은 감촉을 준다. 그런 배경 속에 떠오르는 그도 역시 애잔하고 부드러운 느낌을 주었다. 심홍(深紅)의 저고리와 검은 치마의 조화가 할미꽃의 그윽한 색조와도 같았다. 그 빛깔을 받아 얼굴도 불그레한 반영을 띠었다. 그 모든 것이 독특한 아름다운 인상을 주었다. 눈망울의 초점이 명확은 하나 망연하다. 개물(個物)을 보는 눈이 아니요 꿈을 보는 눈이다. 그의 미는 맺힌 점의 미가 아니요 흩어진 구름의 미다. 이지미(理智美)라는 것이 있다면 그의 그런 것은 낭만미라고나 할까, 중세기의 재현. 사실 그는 드물게 보는 몇 세기를 넘어서 볼 수 있는 희귀한 여인이었다. 중세기의 왕비인 대신에 현세기의 여인은 여교원(女教員)이었다. 근심 없는 여교원이라는 것은 없을 것이니 여인의 무비(無比)의 홍안은 근심의 빛이었다. 가슴속에 병마가 근실거리는 것이다. 가엾은 일이다. (이야기는 여기에서부터 시작되어야 할 것이다.)

여인에게도 속사(俗事)가 많은 듯하다. 장성한 애제(愛弟)를 데리고 학교에 입학시키러 왔다가 미치지 못하는 재주로 낙망의 결과를 가지고 돌아갔다. 홍안이 더욱 근심에 흐렸을 것이 가엾다. 여인의 속루(俗累)만은 여의(如意)의 해결을 줌이 인류의 공덕(公德)일 것 같다. 그의 불여의를 마음 아프게 여겼다.—이야기 값에는 안 가나 이것은 구화(構話)가 아니고 실화이다. 실화란 항용 이야기 값에 못가는 법이다. 그러나 여인의 구화를 애써 꾸미느니보다는 차라리 그와의 현실에 이야기를 가질 수 있으면 오죽 다행하랴고 생각하였다. 그만큼 그는 반생 동안 기억 속에 적히운 중의 최상급의 여인이었다. 외람한 생각은 나의 죄가 아니다. 그의 성을 모름이 도리어 다행이다. '권'이니 '피'니를 들었을 때의 환멸을 생각함으로이다. 이름을 모름이 차라리 행복스럽다. '복금'이니 '봉이'니를 들었을 때의 비애를 즐기지 않음으로이다. 현실의 거리가 먼 그는 그러는 동안 일종 꿈속의 사람이 되고 말았다. 꿈속에서 이모저모 빚는 마음—역시 소설을 만들려는 마음 이외의 아무것도 아닌 듯싶다. 결국 여인은 소설의 대상인 것이다.

그의 소설은 슬퍼야 될 것 같다. 애잔한 홍안이 그것을 암시한다. 둘째로 여교원이 아니어야 할 것이다. 웬일인지 세상에 여교원같이 소설심(小說心)을 자극하지 못하는 산문적 존재는 없다. (소설 자체는 산문이나 그것을 벗는 정신은 시인 것이다.) 셋째로 데설데설 웃지 말아야 할 것이다. 여인의 웃음은 향기와도 같이 미묘한 것이어서 벌리는 입의 각도가 조금 빗나가도 시심(詩心)을 상하는 까닭이다. 넷째로 노래를 잊고 침묵해야 할 것이다. 서투른 노래란 마음의 은근성을 도리어 천박하게 하기 때문이다. 돌 같이 침묵할 때 마음의 심연은 더욱더욱 심화되는 법이다. 다섯째로…….

그러고 보니 꿈속에서 자라는 동안에 마음의 여인은 자꾸만 이상화하여가는 것 같다. 인물의 성격이 유형화만 되지 않는다면 이것은 굳이 불행한 일은 아니다. 결국 여인의 운명은 비(譬)하면 마그리트의 경우와도 흡사했으면 한다. 거기에 홍안의 여인의 완전한 표현이 있을 성싶다. 굳이 비운과 박명을 원함은 작가의 불행한 악마적 근성이라고도 할까.

잃어진 여주인공이 아니요 얻어진 여주인공이며, 소설 되다 만 이야기가 아니고 소설 되려는 이야기이다. 하기는 지금에 있어서는 결국 잃어진 여주인공이고 소설 되다 만 이야기일지도 모르나.

《신동아》, 1936. 7.

뛰어들 수 없는 거울 속 세계

호화로운 저택의 객실 같기도 하고 만 톤급 기선의 살롱 같기도 한 커다란 사치한 방이나 손님이 아닌 나는 어떻게 하여 그 속에 뛰어 들어갔는지 물론 모른다. 괴이한 것은 방 한편 벽이 전면 거울로 된 것이다. 거울이면서도 맞은편 벽과 방 안을 비추어내는 법 없이 일면 희고 투명한 거울—그러면서도 사람의 자태만은 비추어 주는 일종 무한의 세계로 통하는 야릇한 문과도 같은 그런 거울이었다. 거울 속에 뚜렷이 솟아 선 자신의 자태를 눈부신 느낌으로 바라보고 있는 동안에 그 넓은 스크린 속에는 돌연히 한 사람의 소녀가 어디선지 나타났다. 그는 비추어진 그림자가 아니요 정체 없는 그림자만의 그림자였으니 나는 아무리 방 안을 휘둘러보았어도 그의 정체를 찾을 수는 없었다. 물론 얼굴조차 알 바 없으나 그러나 희랍 신화 속의 사이키와도 같이 아름답고 귀여운 그 소녀는 거울 속에서 나에게 손짓하며 부르는 것이다. 커다란 유혹이었다. 그러나 정체 없는 그를 거울 밖 현실 속에서는 잡을 수 없는 노릇이므로 거울 속에서 그를 붙드는 수밖에는 없었다. 거울 속에서 붙든다는 것은 내가 거울 속으로 들어가야 함을 의미한다. 나는 그것을 깨닫고 두려워하면서도 결심하였다.

소녀는 한결같이 부른다. 나는 거울 가까이 가서 몸을 바짝 대어 보았다. 그러나 거울은 기체도 아니요 액체도 아닌 이상은 방패와 같이도 굳은 뜻으로 나의 몸을 거역함은 당연한 일이었다. 나의 전신과 똑같은 또 하나의 전신이 앞에 와 딱 붙어 서서 나와 똑같은 시늉과 표정을 하는 것이다. 두 육체 사이에는 투명한 백지 한 장이 놓였을 뿐이다. 나는 그 백지를 뚫고 건너편 육체와 일치하여야 된다. 먼 저편에서는 소녀가 한결같이 손짓한다.

네 활개를 펴고 거울에 붙어 서서 맞은편 육체를 바라보며 나는 힘을 썼다. 이상한 일이다. 딸깍 소리가 나며 나는 거울을 넘어 맞은편 육체와 합하였다. 물과 물이 합치는 것 같은 감쪽같은 일치였다. 거울이 부서지는 법도 없고 내 몸이 상하지도 않고 마치 일광이 투명한 유리를 뚫고 들어가듯이 나는 거울 너머 세상으로 들어간 것이었다. 구멍을 뚫고 들어간 것이 아니라 일광같이 비치어 들어간 것이다. 들어서기가 바쁘게 들어온 뒷 자취를 돌아볼 여유도 없게 사이키의 손이 날쌔게 와서 나를 붙들자 두 몸은 쏜살같이 떨어지기 시작하였다. — 거울 너머 세상은 발붙일 곳 없는 무한한 허공의 세상이었다. 눈 부시는 새파란 창공을 두 몸은 날개를 얻어 지향 없이 훨훨 날았다. 자유의 혼이었다. 바람이 가슴 아래 채이고 전신이 물같이 비었는데 오금이 녹을 듯이 근실근실한 아래로 멀리 바라보이는 것은 바다였다. 바다와 하늘이 한 빛이어서 두 눈이 뚫어 패일 듯이 푸르고 차고 아물아물한 그 무서운 단조(單調)를 깨뜨리는 것은 가끔 발아래를 스치는 흰 구름의 떼였다. 구름은 안개같이 싸늘하게 몸을 둘러싸고는 하였다.

이윽고 해변이 보였다. 구불구불 뻗친 모래불이 바다와 육지와의 사이에 외줄의 흰 선을 그었다. 갈매기의 무리가 우리보다도 훨씬 얕게 해변을 날았다. 연해를 항해하는 장난감 같은 조그만 기선이 가는 연기를 뿜으며 움직이는 눈치도 없이 벌레같이 슬금슬금 기어간다. 확실히 사람 사는 세상임에는 틀림없었다. 우리는 으늑한 해변의 한 곳을 점치고 내리기로 하였다. 낙하산으로 떨어지는 것 같이 사뿐하게 가볍게 모래 위에 내려섰다. 놀란 것은 내려서 보니 몸에 감았던 옷이 없어졌음이다. 나는 동안에 옷은 한 꺼풀 한 꺼풀 벗겨져 모르는 결에 벌거숭이가 된 것이었다. 더 이상스러운 것은 옷을 벗었음에도 부끄러운 생각이 조금도 없음이다.

해변에서 며칠을 지냈는지 몇 달을 지냈는지 헤아릴 수 없다. 첫째 그곳의 하루는 결코 이 세상의 하루가 아니었다. 그곳에서 지낸 며칠이 이곳의 몇십 년 맞잡이가 되는지도 모른다. 그곳에서는 시간도 무한 속에 녹아버려 분명한 관념과 구분이 없다.

해변 생활에 흡족한 우리는 다시 날개를 얻어 날기 시작하였다. 거울 이쪽 세상으로 돌아오자는 것이었다. 물론 무한의 세상이므로 길표도 없고 장승도 없는 왔던 길 같기도 하고 첫길 같기도 한 창공을 날고 날아 거울 있는 곳까지 이르렀다. 사이키는 거울 이쪽 사람이 아니므로 나는 눈물의 작별을 짓고 혼자 거울에다 몸을 붙였다. 들어갈 때와 같은 요령으로 나오는 뜻이었다. 몸이 무슨 조화로 광선같이 감쪽같게 거울을 새어 나오나를 아울러 관찰하려고 정신을 차리고 몸에 힘을 주었으나 거울은 그런 관찰을 거절하는드키 몸의 힘을 못 이겨 와싹 깨뜨려지고야 말았다. 요란한 소리에 잠이 깨었다.

육체와 영혼과의 지경은 사람에게는 언제든지 비밀이요 현실과 무한과의 접촉점은 열리지 않는 신비의 문인가 보다.

「한여름 밤의 꿈」, 《조선일보》, 1936. 7. 10.

모기장

수필의 출제는 득실(得失)의 상반(相半)일 것 같다. 같은 과제로도 사람에 따라서는 일어천금(一語千金)의 값있는 좋은 이야기를 가진 이도 있을 것이요 반대로 휴지통에 넣기에 마땅한 변변치 못한 재료밖에는 가지지 못한 이도 있을 것이니까.

'모기장'—호개(好箇)의 제목임에도 공교히 재미있는 이야기를 가지지 못하였음을 불행으로 여긴다.

원래 모기장을 즐겨하지 않는다. 단간방 혹은 두간방에 찰 만한 좁은 모기장 속을 답답히 여김으로다. 모기장보다도 먼저 방의 문제이나 평생의 원이 큰 방에 살고 싶음이다. 십여 간 혹은 삼사십 첩(疊) 되는 방—웬만한 강당만 하거나 요정의 넓은 자시키(座敷) 만한 방—가운데 서탁과 의자만을 달룽 놓은 그런 속에서 활달하게 지내고 싶다. 간반(間半)이나 육첩의 방이란 압착기같이 마음을 누르고 모욕한다. 십여 간 방에 치는 모기장이란 세상에 보통 없을 법하니 단간에 치는 것이라면 차라리 쓰지 않음이 마음 편한 노릇이다.

선물의 갚음으로 남에게 모기장을 사 보낸 일은 있어도 집에서 쳐본 적은 없다. 그러므로 모기장의 경험으로는 여행할 때 여관방 속에서 지낸 일과 과거 몇 해 동안 달에 몇 번씩 돌아오는 숙직실에서 자지 않으면 안 되던 일밖에는 없다. 동관(同官)들의 담배와 땀내에 절은 숙직실 모기장 속에서 자기란 괴로운 일이다. 지내던 집은 뜰에 나무 포기도 많고 화초도 무성하여 철이면 모기가 끓었건만 종시 선향(線香)만으로 몇 여름을 지냈다. 요번 집은 창과 문이 전벽(全壁)의 삼분의 이는 차지하였으나 요행 창밖에 여름 벌레를 물리치는 철사망의 덧창이 달린 까닭에 모기장 없이도 편히 지낼 수 있을 것 같다. 넓은 방을 가지게 될 때 비로소 모기장을 쓰리라고 생각한다. 고집이라면 고집일까.

그러나 그러기 때문에 다음과 같은 실수는 결코 흉내 내지 않으리라고 생각한다. 들은 이야기나 벌써 기억도 어슴푸레하다.

관사 뒤에는 공교롭게도 '부자유의 집'이 있었다. 구속의 유창(幽窓) 사이로, 사건으로 들어간 제자들은 관사 속 스승의 가정을 은밀히 관찰할 수 있었다. 교단에 섰을 때의 엄연한 꼴과는 너무도 거리가 먼 적라(赤裸)의 자태를 발견하고 눈부신 느낌을 금하지 못했을 것이 사실이다. 한 꺼풀 넘어 원숭이의 꼴에 인간된 비애를 느꼈을는지도 모른다.

무더운 무렵이라 관사의 창호(窓戶)는 해방되고 열린 방에는 모기장의 비밀이 여지없이 드러났다. 유창은 어두우나 관사의 모기장 속은 등불이 밝다. 마치 대조되는 그 두 생활의 명암과도 같이 항상 어두운 곳에서는 밝은 곳의 흠이 잘 보이는 법이다. 근심에 싸인 제자들은 모기장 속의 스승 부부—라느니보다는 원시인 자웅의 농탕치는 꼴을 손에 쥘 듯이 바라본 것이다. 잡으락 말리락 하는 자웅의 꼴이 물속에 헤엄치는 고기의 꼴 같았는지 벌판에 뛰노는 짐승의 꼴 같았는지는 알 바 없으나, 어떻든 그 요절할 엄숙한 광경이 근심 많은 사람들의 하룻밤 파적(破寂)거리는 되었을 것이다. 껄껄들 웃었는지 발을 구르며 고함들을 쳤는지 듣지는 못하였으나, 바라건대 그런 비밀을 목도할 때에는 될 수 있는 대로 숨을 죽이고 '경건한' 태도를 가짐이 인류로서의 공덕일까 한다. 모기장으로 돌아가서—그러기 때문에 차라리 선불리 모기장을 쓰지 않음이 좋으며, 쓰려거든 될 수 있는 대로 비밀을 가지기를 삼감이 옳은 것이다.

「소하수필(銷河隨筆)」, 《중앙》, 1936. 7.

수상록

일상생활에 있어서 회화(會話) 없는 날이 있다. 그러면서도 생활은 아무 지장 없이 진행된다.

가령 부부나 친우 간에 있어서 하루 동안에 참으로 몇 토막의 회화가 필요할까. 때로는 전연 필요치 않을 적이 있을는지도 모른다. 그러면서도 그들 두 사람의 사이는 지극히 원활하다. 충분히 이해하고 있는 침묵으로 눈망울의 동정과 표정과 시늉으로 넉넉히 피차의 감정을 이해할 수 있고 피차를 설명할 수 있고 그 위에 심리까지 발전시킬 수 있지 않은가.

문학에는 회화가 지나쳐 많다. 더욱이 극문학의 대화라는 것은 한 큰 근본 회의를 남겨준다. 물론 그것이 소위 '문학'이요 인생 표현의 한 형식적 약속에 지나지 않는다 할지라도 간간이 부자연의 억지가 많은 것은 한 큰 험이라 하지 않을 수 없다. 묵극(默劇)의 의의의 중대함을 알아야겠다.

슬프면 슬플수록 마음의 심연이 깊으면 깊을수록 사람에게는 말이 없어진다. 다만 돌과 같은 침묵이 있을 뿐이다. 무대 위에서의 독백이란 지극히 부자연한 것이다. 여기에도 또 하나 극문학의 힘을 본다.

인생에는 진행이 있을 뿐이요 설명이 없다. 소설에 있어서의 설명이란 무용의 것이 아닐까. 칼날로 베인 듯한 묘사가 있을 뿐이다 이런 방향으로서의 순수소설이라는 것을 생각하여 봄은 어떨까.

명사와 동사만으로의 결백한 직선적 단일적 최후적 표현.

형용사―그것은 벌써 절대적 필요의 것은 아니다.

사랑의 감정이 절대인 것과 같이 증오의 감정이 때때로 절대인 경우도 있다.

사랑보다도 성격이 더 먼저이며 더 강렬히 움직이는 때가 있다. 성격이 모든 것을 다 규정하는 것이다.

추(醜)를 사랑하는 마음―피부의 종기의 표면을 만지는 것과도 같이 일종 악마적 심사에서 나오는 것 같다.

정리―정리되지 못하는 영원의 과제.

생활 창조에의 적극성—인류 발전의 운명과 비결은 거기에 걸려 있다. 적극성만이 정리와 유쾌를 가져오는 까닭이다.

무서운 태정(怠情)의 감정이 때때로 불현듯이 머리를 쳐드는 때가 있다.

벌떡 뛰어 일어나서 창을 열고 정리하고 활동하면 질서와 유쾌가 올 것을 안다. 그러면서도 진득이 누워서 손가락 하나 까딱하지 않고 눈만을 말똥말똥 뜨고 불쾌를 인고(일종의 인고임에 틀림없다.)하고 있는 감정. 등에 땀이 배었을 때 냉큼 일어서 옷 벗고 목욕함이 옳은 것을 개짓이 참고 앉아 끈끈한 땀의 불쾌를 그대로 인고하고 있는 정감. 아편을 마시고 나타(懶惰)의 쾌감에 뼈를 흐붓이 녹이고 입을 벌리고 꼼짝달싹 못하고 누워 있는 그 타감(惰感)과도 흡사하다 할까.—모두 불칙스런 멸망의 타감이다.

부정돈(不整頓)의 미학, 난잡의 쾌감—게으른 종족의 피난소.

얼굴같이 신비로운 것은 없다. 양 얼굴, 개 얼굴, 고양이 얼굴, 원숭이 얼굴, 사람의 얼굴, 거울에 비치는 얼굴을 하루 동안 무심히 바라보는 때가 있다.

《조선문학》, 1936. 8.

C항(港)의 일척(一齣)

생각하지 않아도 저절로 언제든지 마음속에 쉽게 떠오르는 그런 선명하고 충동적인 추억은 평생에 극히 적을 듯하다. 지난 생활과 기억이란 잊혀지기 쉬운 것이며—하기는 커다란 잊음 없이 인생은 살 수 없는 것이나—기쁨도 괴롬도 봉변도 흥분도 마음속에 오래 묵지는 않는다. 지난날의 일기장이 가끔 한 개의 발견이 되고 새로운 인생의 창조같이 보이고 신선한 흥분을 가져옴은 그런 까닭이다. 그러나 나에게는 지금 공칙히 항구의 일기장이 없다. 추억의 제목으로 곰곰이 가방 속을 들출 수밖에는 없다. 풀숲의 밤송이같이 보살펴 찾아야만 눈에 뜨인다. 총중에서 나는 가장 점잖은 한 송이를 집어 올린다. 점잖음은 가끔 재미없음을 의미한다. 그러나 인생 그것부터가 결코 재미있는 것이 아니다. 산만한 소재의 의미 없는 연속인 까닭이다. 그 소재가 작가의 손에 의하여 유기적으로 정리되고 배열되고 구성될 때 비로소 재미있는 이야기가 되는 것이다. 그러기 때문에 아무리 변변치 못한 작가의 변변치 못한 소설이라도 그것이 소설인 이상, 소재의 구성인 이상 인생의 그것보다는 훨씬 재미있는 법이다. 그러나 추억의 기록은 구성 아닌 생짜의 소재의 나열이므로 소설적 재미는 처음부터 그 목표가 아닐 법하다.

C항구를 생각할 때 떠오르는 것은 좋은 언덕 위의 무선전신국과 늘어진 안테나의 그물과 골짝의 푸른 지붕과 등대의 흰 탑과 새로 된 부두와 삼천 톤급의 기선과 외줄의 긴 거리와 거리의 홀과 다시 언덕 위의 호텔과 호텔의 식당……이다. 이것은 굳이 선택된 소재들이 아니라 추억의 가지가지의 내용을 꾸미고 있는 실상의 요소들이다. 전신국의 기사는 언덕 위에서 거리를 굽어보며 바다를 손안에 잡을 듯이 바라보면서 시시로 안테나에 도착되는 연해의 소식과 먼 바다의 동정을 자랑스럽게 말하였다. 조촐한 화단을 끼고 바다의 진한 배경 속에 솟은 상아탑의 등대에서는 20해리를 비치는 48,000촉광의 프리즘의 백열등이 거의 태양과 맞서려 하였다. 바위에서도 다시 십 미터나 솟은 탑 끝은 땅 위의 태양광이었다. 그러기 때문에 등대의 기억은 언제든지 태양과 같이 눈부시게 마음을 비춘다. 새로 꾸며진 부두에는 늘 몇 척의 기선이 대어 있어 다음 항해 준비로 몸에 화장을 베풀고 있었다. 쇠사슬로 부두 돌못에 매어 있는 신세이기는 하나 바다 밖에 들릴 날을 꿈꾸고 명랑한 표정이었다. 등 뒤에서 갈매기는 물과 집적거렸다. 나는 배의 풀리는 날을 보려고 떠나는 기적 소리를 들어보려고 대상 없는 테이프라도 던져 보려고 부두 위에 우두커니 서 본 적이 많았다. 그 항구에 있는 그다지 친분도 두텁지 못한 한 사람의 영화인이 별안간 지급의 편지를 보내 제작의 시일이 급박하였으니 원작을 한 편 속히 써 보내 달라고 청하였다. 뱅크롭트가 나오는 종류의 재미있는 항구의 이야기

를 꾸며 보려고 그제서야 나는 C항구에 자주 다니며 이야기의 배경될 만한 거리를 보살폈다. 창고 어장 술집 행길……을 충실히 거쳐 보았다. 그러나 영화인에게서는 다시 소식이 없었다. 아마도 물었던 자본주를 놓쳤음이 확실하였다. 마음의 무거운 짐을 벗은 듯하여 차라리 나에게는 시원한 노릇이었다.

그러나 그 모든 기억 속에서 가장 즐거운 것은 호텔에서 먹는 과실—살구 맛이었다. 미각은 가끔 시각보다도 더 선한 인상을 주는 것인 듯하여. 그날 밤 호텔 식당에서 먹은 한 접시의 살구의 맛이란 잊기 어려운 귀한 진미였다. 철 아닌 2월에 먹은 개살구 아닌 양살구의 맛인 까닭이었을까.

그날 밤 항구의 극장에서는 바다를 건너온 유명한 재즈 가수의 독창회가 있었다. 미국 출신의 고명한 그 가수는 만주로 연주 여행을 떠난 도중에 항구에 들린 것이었다. 그 특색 있는 이국적 여류가수의 등장이 항구로서는 드문 호화로운 기대였다. 시절의 인기였다.

나는 R시의 유일의 차점 '동'의 축들과 한패가 되었다. 집에서 R시까지 이십 분, R에서 C까지 사십 분—도합 항구까지는 차로 한 시간이 걸렸다. 거리의 등불을 멀리 바라볼 수 있는 저녁 무렵의 드라이브란 유쾌한 것이었다. 한패라고 하여야 '동'의 축들 세 사람과 나와 합 네 사람이었다. 다시 말하면 한 대의 택시에 꼭 맞는 인원이었던 것이다. 부드러운 요동과 흥분으로 택시는 가벼웠다. 항구에 이르렀을 때에는 바로 극장 문 앞까지 차를 들여댈 수 있었다.

'동'의 축—허물없는 친구들이었다. 차점의 이름을 왜 하필 '동'이라고 하였는지는 모른다. 서반아의 귀족 취미를 암시하자는 것이었을까. 그러나 '동'의 취미와 풍채란 무릇 귀족 취미와는 먼 것이었다. 좁은 가가(假家) 안에 자리를 대부분 점령하는 것은 사단의 초년병과 일등졸이었으니까. 거리를 헤매이다가 귀영 시간이 임박한 하등병들은 가가 안이 메어져라 꾸역꾸역 비집고 들어와 더운 차에 황급하게 혀를 데우는 것이었다. 커피 한 잔이라도 즐겁게 마시려면 고요한 밤 기회를 탈 수밖에는 없었다. 젊은 주인은 동시에 삼류급 지방신문 지사의 기자였다. 걱실걱실 말이 헤프고 자랑이 많았으나 그만큼 속은 날탕인—그런 친구였다. 과거에 큰 투사였던 척 말하였으나 믿을 바 못 되고 다만 무산당 선거의 후원 연설을 나갔다가 톡톡히 봉변하고 고생하였다는 구절에는 약간의 진실이 보였다. 아내가 광산에서 태어났으므로 처제도 역시 광부의 아들이었다. 교육은 받을 만치 받았으나 할 일 없는 룸펜인 그는 매부를 쫓아 나와 '동'에 기식하여 말하자면 쿡 노릇을 하는 셈이었다. 매부와는 대차적인 성질이나 그러나 말이 헤픈 것은 일반이었다. 학교 때 파업을 지도하다가 반대파에게 등줄기에 칼침을 맞은 기다란 허물이 그의 큰 자랑이었다. 그의 하는 말을 아무 반문과 거역 없이 받아들임으로써 그는 나를 좋은 친구로 여기는 모양이었다. 어떻든 나는 차를 마시기 위하여, 허물없는 이야기를 듣기 위하여 친히 다녔고, 그러므로 인하여 또 그들의 친구인 한 사람의 토목기사와도 알게 되었다. 토목기사는 그곳에 올 때에는 온전히 직업을 떠나 그의 직분 외인 음악 이야기와 문학담에 열중하였다. 그러므로 물론 그와도 전혀 사귐의 인연이 없는 것은 아니었다. 그 밤의 한 축이라는 것은 즉 이 토목기사와 신문기자와 그의 아우의 세 사람이었던 것이다.

누렁둥이 조세핀 베이커는 무대에 피어난 한 송이의 그늘의 꽃이었다. 결코 화려하지 않은 조촐한 그늘의 꽃이었다. 그의 노래는 요란한 문명의 노래가 아니라 고향을 그리워하는 안타까운 노스탤지어의 노래였다. 라이트를 받아 젖은 듯이 빛나는 그의 눈은 눈물에 젖은 바로 그런 눈이었다. 허공을 향한 코 다문 입—모든 것이 그의 슬픈 노래를 효과 있게 하기에 족하였다. 훙얼훙얼 코끝을 나꾸는 노랫가락은 그대로가 바로 목 메이게 느끼는 울음소리였다. 스텝을 밟는 부드러운 장단도 마음을 애닯게 간질였다. 그를 보고 듣고 있는 동안 나는 한결같이 마음속에 형상 없는 '고향'을 느꼈다. 잃어진 '고향'이 그리웠다. 무대의 그의 자태는 '고향' 그것과도 같이 그립고 친밀한 것이었다.

이 감정은 극장을 나와 아래편 호텔에 이르러 축들과 함께 식탁을 마주 대하였을 때까지도 좀체 사라지지 않았다. 그런 때에 먹은 맛이기 때문에 그날 밤의 살구 맛은 잊기 어려운 귀한 진미였던가. 달고 아름다운 누렁둥이 살구의 맛—누렁둥이 베이커의 콧노래의 맛—그리운 고향의 맛. 살구의 맛은 바로 고향의 맛이었는지 모른다. 그렇게 아름답고 귀하였을 제는.

재즈 가수의 그날 밤의 노래도 잊기 어려운 것이지만 그 밤의 살구 맛도 잊어지지는 않는다. 그 점에서 C항구도 이제는 그리운 것의 하나가 되었다. 원컨대 다시 그런 살구의 맛을 가질 수 있기를 바란다.

적을 필요도 없는 것이나 그날 밤은 축들과 함께 늦은 차를 세내서 무사히 돌아왔다. 그러나 물론 돌아온 것은 R시까지요 늦밤은 하는 수 없어 나는 '동'에게 하룻밤 신세를 지게 되었던 것이다. 집에 이른 것은 이튿날 아침이었다.

「그때 그 항구의 밤」, 《조광》, 1936. 8.

처녀해변의 결혼

인천이나 송도원이나 주을(朱乙) 산협에도 이야기는 많으나 필연코 그 누가 쓸 법하기에 비교적 숨은 그러나 친밀히 지내온 독진(獨津)해변 이야기를 씀이 적당하리라고 생각한다.

독진해변은 수삼 년 동안 나에게는 찾아간 피서지가 아니요 제물의 제 고장의 피서지였다. 어찌 여름 한철뿐이리오. 봄, 가을은 물론 겨울철에까지라도 쉽게 찾아갈 수 있었던 정든 곳―바다에 대한 모든 나의 감정과 생각은 실로 그곳에서 자라났다.

번잡하고 화려하지는 못하나 그 대신에 맑고 조촐한 그러므로 더 값있는 순결한 처녀지. 장개고개 너머 아늑한 모래밭에는 제철이면 그래도 해수욕 패들이 물개의 떼같이 지천으로 와글와글 끓었으나 고개 이편 원수대로 뻗힌 불역에는 물새가 내리고 해질 무렵이면 잘디잔 새우의 무리가 뛰어올라올 뿐 인간의 발자취 하나 없는 맑은 모래가 아깝게 오 리가량이나 터져 있다. 내가 즐겨 찾는 곳은 물론 그곳이었다.

손수 만든 샌드위치(학교 농장에는 빵이 흔하였다.)와 식지 않는 물통에 넣은 더운 커피는 날마다 먹어도 싫은 법 없다. 그것만 있으면 해변의 하루는 언제든지 즐거운 것이었다. 식욕을 돋우는 늑준한 해초 냄새가 흘러오고 먼 바다에서 밀려왔을 미역 줄거리가 모래 위에 얹히고는 하였다. 포구의 발동선 소리가 심장의 장단을 맞춰 주고 아리숭하게 보이는 기선의 기적이 꿈을 빚어 준다. 타고르와 같이 종이배를 만들어 그 속에 이름 적어 지향 없는 곳에 띄워 보내고 싶은 생각도 났다.

가장 중대하고 긴요한 점은 그곳에서는 나는 다른 해수욕장에서와 같이 귀치 않은 해수욕복을 입을 필요가 없었음이다. 몸에 실 한 바람 걸치지 않고 유유하고 자유롭게 모래 위를 거닐었다. 바닷물에 잠겼다 하면서 긴 날을 결코 무료하지 않게 지낼 수 있었던 것이다. 무료하지 않음은 나의 결혼에서 왔던 것이다. 나는 원시적 자태로 처녀해변에서 날마다 결혼한 것이다—태양과 바다와. 태양은 전신을 빈틈없이 쪼여 주고 바다 또한 전신을 속속들이로 안아 준다. 태양도 바다도 나의 육체의 비밀을 샅샅이 알고 있다. 그렇다고 물론 나는 부끄러울 것도 없다. 태양과 결혼할 때에 나는 온순한 신부요 바다와 결혼할 때에 나는 부락스러운 신랑이다. 하기는 이것은 당치 않은 뽐인지도 모른다. 바다와 결혼할 때에도 나는 역시 한 사람의 연약한 신부에 지나지 못할 것 같으나. 날마다 결혼하는 자미로 나는 그 처녀해변을 무한히 사랑하였던 것이다.

「피서지의 하루」, 《여성》, 1936. 9.

샹송 도톤

가을을 맞을 때나 생각할 때면 웬일인지 무엇보다도 먼저 베를렌의 《샹송 도톤》이 귀에 들려온다. 그렇듯 그 노래는 심금을 울렸고 울린다. 감동을 주었고 준다. 선달(先達)들의 작품도 무던히는 읽어 가을의 묘사 상념들도 많이는 새겼으련만 베를렌의 시의 짙은 인상을 당할 만한 산문의 구절은 드디어 기억 속에 없다. 산문의 인상은 무어니 무어니 해도 더 많이 사건에 걸려 있다. 아무리 훌륭하고 잘 되었다 하더라도 자연 묘사의 한두 구절이 달을 넘고 해를 넘어 머릿속에 남음은 희한한 일일 것이다. 읽은 지 오래된 명작의 기억이란 오직 이야기의 주선(主線) 혹은 가장 충동적인 사건 내용에 걸려 있을 뿐이다. 특별한 생활적 관련이 없는 한 분위기 혹은 경물(景物)의 장구(章句)는 날을 넘어 잊혀지는 수가 많다. 운문의 승리를 말하려는 것이 아니나 단일한 정서를 일률적, 집중적으로 취급하는 시구에 있어서는 산문과는 경우가 스스로 반대되는 것 같다. 《샹송 도톤》이 마음속에 언제까지든지 생생하게 살아 있음은 그 까닭인가 한다.

레 상글로 롱	Les sanglots longs
데 비올롱	Des violons
드 로톤	De l'automne
블레스 몽 쾨르	Blessent mon cœur
뒨 랑괴르	D'une langueur
모노톤	Monotone.
투 쉬포캉	Tout suffocant
에 블렘 캉	Et blême, quand
손 뢰르	Sonne l'heure,
주 므 수비앙	Je me souviens
데 주르 장시앙	Des jours anciens
에 주 플뢰르	Et je pleure
에 주 망 베	Et je m'en vais
오 방 모베	Au vent mauvais
키 망포르트	Qui m'emporte
드싸 들라	Deçà, delà,
파레이 아 라	Pareil à la
푀이으 모르트	Feuille morte.

아름다운 음률이 마디마디 가슴을 찌른다. 부드러우면서도 결코 부드럽지 않은 시갈이 마음을 찌르는 멜로디다. 빈사(瀕死)의 여인

(麗人)이 끊어지는 마지막 숨결로 목메이게 간신히 조각조각 짜내이는 귀한 마지막 토막말과도 흡사하다. 콧등이 짜르르하고 뼈가 아프고 눈물이 푹 솟을 지경의 안타까운 쓰라린 멜로디! 현악기의 줄기줄기 떨며 길게 목메이게 느껴 우는 음률보다도 이 시구의 멜로디는 확실히 한층 더 효과적인 것이다.

가을
거문고의
긴 울음소리
맘을 찌르누나
외줄기
쓰라리게

종 울리니
목메이고
파리하여
지난 일을
생각노라
또 우노라

바람 부는 대로
나는 가노라
낙엽처럼

이곳저곳

헤매다닐

바람과 함께

이것은 물론 눈의 풍경화는 아니다. 심상풍경(心象風景)이다. 시각적 요소보다도 도리어 청각적 요소가 전편을 지배하여 그것이 놀라운 마음의 풍경을 꾸미고 위대한 동감을 자아내게 한다. 그러나 다시 이 마음의 풍경은 이번에는 거꾸로 가장 효과적인 시각적 풍경을 빚어 주고 재현시켜 주지 않는가. 우리는 이 마음의 풍경을 토대로 하고 경험 혹은 상상 속에 있는 가장 애상적인 가을 풍경의 일척(一齣)을 눈앞에 방불시킬 수 있는 것이다. 임의의 그 풍경 속에 우리는 가슴을 찌르는 외줄기의 쓰라린 사현금(四鉉琴)의 울음소리를 듣고 바람 부는 대로 지향 없이 날으는 낙엽을 보고 창백한 얼굴로 목메일 듯이 옛일을 생각하고 울고 낙엽과 같이 향방 없이 떠나는 낙망(落亡)의 혼백을 볼 수 있는 것이다.

나는 가령 베를렌이 친히 지냈을 파리나 혹은 근교의 가을 풍경을 눈앞에 떠올릴 수 있다. 거리의 군밤 장수와 굴 장수가 나타날 날도 멀지 않은 파리. 수풍금이 울고 마차가 한층 시취(詩趣)를 띠어 가고 산양유(乳) 장수가 구슬픈 피리를 불며 염소 무리를 몰고 거리에 나타나기 시작한 파리. 멀리 노트르담이 바라보이는 안개가 아리숭하게 낀 이제는 벌써 낚시질하는 사람도 드물어진 센 강—흐를락 말락한 고요한 물이 호수같이 잔잔한 배들의 그림자도 잠시간 보이지 않는 물위에 채일락 말락 한 양편 기슭의 물든 밤나무들. 바람기도 얼마 없건만 우수수 떨어져 가리산지리산 물위에 날려 뜨는 낙엽들—별안간 어디선지 뼈마디를 에일 듯이 가늘고 길게 떨려 오는 바이올린의 느끼는 소리—문득 낙백(落魄)의 가슴을 쿡 찌르고 눈시울을 뜨겁게 하여 주는 연안의 풍경—파리의 가을이 역력히 눈앞에 떠오른다. 이보다 더 아름다운 풍경도 드물 것이다. 베를렌의 시구에서 족히 이 풍경이 보여 오는 것이다.

그러나 나는 경험 속의 가장 아름다운 풍경을 가져옴이 더 적당할는지 모른다. 옛 시인을 이해함에 더 충실할 법하니까.

사실 주을(朱乙) 오지(奧地)의 가을 풍경이란 그 어느 임의의 한 폭이라도 베를렌의 가을 노래를 연상하고 이해하기에 족하리만치 맑고 아름다운 것이다.

산속은 시절에 대하여 한결 예민한 듯하다. 가을을 잡아들었을 뿐이나 나뭇잎들은 물들기 시작하였고 마을길은 쓸쓸하게 하아얗게 뻗쳐 있다. 길 위에도 나무 사이에도 별장 베란다에도 피서객 남녀의 그림자는 벌써 흔하게 눈에 뜨이지는 아니한다. 그들은 한여름 동안 기르고 익힌 꿈을 싸가지고 푸른 능금이 익으려 할 때 손을 마주잡고 하얼빈으로 상해로 달아난 것이다. 붉은 푸른 흰 지붕의 빈 별장들은 알을 까가지고 달아난 뒤의 새둥우리요 머루 넝쿨과 다래 넝쿨 아래 정자는 끝난 이야기의 쓸쓸한 배경이다. 조그만 극장 닫힌 문간에는 가을청결검사증의 표지가 싸늘하게 붙었고 홀 안에는 울리지 않는 피아노가 거멓게 들여다보인다. 벽 위의 그림이 칙칙하고 무대에 장치한 질그릇의 독들이 앙상하다. 운동장 구석의 먼지 앉은 벤치에도 때 묻은 그넷줄에도 지천으로 버려진 초콜릿

종이에도 사라진 꿈의 찌꺼기가 고요하게 때 묻었을 뿐이다. 한 잎 두 잎 떨어지는 낙엽은 이야기의 부스러기와도 같다. 남이 꿈을 깐 뒷자리를 하염없이 거닐기란 웬일인지 이야기를 잃은 초라한 거지 같은 느낌이 문득 든 까닭에 쇠를 잠근 별장 앞을 지나기도 먼지 앉은 벤치에 걸어앉기도 멋쩍어—.

하늘이 유리조각같이 단단해 보인다. 바로 산기슭의 푸른 한 폭은 때리면 깨뜨러질 것같이 맑다. 산허리의 단풍이 날이 새롭게 물들었고 그것이 고기 비늘 같은 조각구름과 아름답게 조화되었다.

한 줄기의 곧은 하아얀 마을길은 들어갈수록에 낙엽이 어지럽다. 백양나무 아카시아 다래덤불의 낙엽이 한층 민첩하고 빠른 것 같다. 머루송이가 군데군데 떨어진 길바닥에 병든 나뭇잎이 한 잎 두 잎 펀득펀득 날아 떨어졌다. 문득 베를렌의《샹송 도톤》의 구절이 가슴속에 흘렀다. 들리지 않는 비올롱의 멜로디가 확실히 걸음의 반주로 그를 아프게 긁는 것이다. 낙엽과 나—나와 낙엽!

베를렌을 생각하지 않고《샹송 도톤》을 마음속에 그리지 않고 나는 그곳의 가을을 생각할 수 없었다. 그만큼 아름다운 가을을 드물게 안다. 다시 그 가을을 볼 날에도 생각은 일반일 것 같다. 나는 그 지협(地峽)의 가을을 무한히 사랑한다.

가령—프루스트를 읽는다면 가을에 대한 정감은 달라지고 내용도 넓어질 것 같다.

화단 석양 지붕 울 돌 잡초의 향기—이런 소재가 빚어내는 독특한 향기가 있을 듯이 상상되나, 그러나 그것이 아직 미지의 세상인 지금에 있어서는 베를렌의 가을이 가장 감동적 정감을 이루어 준다.

가을 풍경은 지천이나 정감의 방향은 스스로 일정하다. 때때로 감정이 자연을 규정하는 성싶다. 명작들의 가을 풍경이 얼마든지 나의 감정을 변하여 주고 풍부하게 하여 주었으면 생각한다.

「명작상에 나타난 가을풍경」, 《조광》, 1936. 9.

청포도의 사상

육로로 수천 리를 돌아온 시절의 선물 송이의 향기가 한꺼번에 가을을 실어 왔다. 보낸 이의 마음씨를 갸륵히 여기고 먼 강산의 시절을 그리워하면서 나는 새삼스럽게 눈앞의 가을에 눈을 옮긴다. 남창으로 향한 서탁이 차고 투명하고 푸르다. 하늘을 비침이다. 갈릴리 바다의 빛도 그렇게도 푸를까. 벚나무 가지에 병든 잎새가 늘었고 단물이 고일 대로 고인 능금 송이가 잎 드문 가지에 젖꼭지같이 처졌다. 외포기의 야국(野菊)이 만발하고 그 찬란하던 채송화와 클로버도 시든 빛을 보여 간다. 그렇건만 새삼스럽게 가을을 생각지 않은 것은 시렁 아래 드레드레 드리운 청포도의 사연(使然)인 듯싶다. 언제든지 푸른 포도는 익었는지 안 익었는지를 분간할 수 없게 하는 까닭이다. 익은 포도알이란 방울방울의 지혜와 같이도 맑고 빛나는 법인 것을 푸른 포도에는 그 광채가 없다. 물론 맛도 떫었으나. 하기는 기자능(箕子陵)의 수풀 속을 거닐 때에도 벌써 긴 양말과 잠방이만의 차림은 설피고 어색하게 되었다. 머리 위에서는 참나무 잎새가 바람에 우수수 울리고 지난 철에 베어 넘긴 정정한 소나무의 교목이 그 무슨 짐승의 시체와 같이 쓸쓸하게 마음을 친다. 서글픈 생각을 부둥켜안고 돌아오노라면 풀밭에 매인 산양이 애잔하게 우는 것이다. 제법 뿔을 세우고 새침하게 흰 수염을 드리우고 독판 점잖은 척은 하나 마음은 슬픈 것이다. 이 세상에 잘못 태어난 영원한 이방의 나그네같이 일상 서마서마하고 마음 여리게 운다. 집에 돌아오면 나도 그 자리에 풀썩 쓰러지고 싶은 때가 있다. 산양을 본받아서가 아니라 알 수 없는 감상(感傷)이 별안간 뼛속에 찾아드는 것이다. 더욱 두려운 것은 벌레 소리니 가을벌레는 초저녁부터 새벽까지 줄달아 운다. 눈물 되나 짜내자는 심사일까. 나는 감상에 정신을 못 차리리만치 어리지는 않으나 감상을 비웃을 수 있으리만큼 용감하지는 못하다. 그것은 결코 부끄러울 것 없는 생활의 한 영원한 제목일 법하니까.

부족한 것이 무엇인지를 모른다. 성적일까. 이야기일까. 등장인물일까. 그 모든 것인지도 모른다. 신비 없는 생활은 자살을 의미한다. 환상 없이 사람이 순시(瞬時)라도 살 수 있을까. 환상이 위대할수록에 생활도 위대할 것이니, 그것이 없으면서도 찹찹하게 살아가는 꼴이란 용감한 것이 아니요 추접하고 측은한 것이다. 환상이 빈궁할 때 생활의 변조(變調)가 오고 감상(感傷)이 숨어드는 듯하다. 청포도가 푸른 것이요 익어도 과즉(過則) 청포도에 지나지는 못한다. 시렁 아래 흔하게도 달린 송이송이를 나는 진귀하게 거들떠볼 것이 없는 것이요 그보다는 차라리 지난날의 포도의 기억을 마음속에 되풀이하는 편이 한층 생색 있다.

성북동의 포도원. 삼인행(三人行). 배경과 인물이 단순은 하나 꿈이 그처럼 풍요한 때도 드물다. 나는 그들의 치마와 저고리의 색조를 기억하지 못하며 얼굴의 치장을 생각해 낼 수는 없으나, 그 모든 것은 이미 지나간 것이므로 꺼져버린 비늘구름과도 같이 일률로 아름답고 그리운 것이다. 누렇게 물든 잔디 위에 배를 대고 누워 따끈한 석양을 담뿍 받으며 끝물의 포도밭을 바라보며 무엇을 이야기하였으며 어떤 몸짓을 가졌는지 한 마디의 과백(科白)도 기억 속에 남지는 않았다. 산문을 이야기하고 생활을 말하였을는지도 모른다. 그러나 지금 생각하면 그것이 결코 현실의 회화(會話)여서는 안 된다. 천사의 말이요 시의 구절이었어야 될 것 같다. 검은 포도의 맛이 아름다웠던 것은 물론이다. 이 추억을 더한층 아름답게 하는 것은 총중의 한 사람이 세상을 버렸음이다. 나머지 한 사람은 그 뒤 소식을 알 바 없다. 영원히 가버렸으므로 지금에 있어서 잡을 수 없으므로 이 한 토막은 한없이 아름답다. 신비가 있었다. 생활이 빛났다. 지난날의 포도의 맛은 추억의 맛이요 꿈의 향기다.

가을을 만나 포도의 글을 쓸 때마다 이 추억을 되풀이하는 것은 그것이 청포도가 아니고 검은 포도였기 때문일까.

《조선일보》, 1939. 9. 29.

생활의 기록

—바다로 간 동무에게

별일 하는 것 없이 한여름을 거의 다 보내고 있습니다. 일도 일이려니와 올에는 바다에도 못 가고 산에도 못 오르고 더운 한 고패를 거리에서 지내게 되었습니다. 산이니 바다니 듣기만 하여도 그리운 소리니 피서라는 것을 일률로 심술궂게 조롱만 할 것은 아닌 것이, 한 철 동안 건강을 길러 새 힘으로 업을 남기게 될 수 있다면 이 역 필요하고 중한 일이라고 생각합니다. 피서를 못 간 신세의 저로서도 바다에 가신 형을 굳이 원하고 게염내지 않는 까닭이 여기에 있습니다. 가을 일을 위하여서 부디 남은 여름 햇발을 알뜰히 몸에 받아 인도 사람같이 새까맣게 타 오십시오. 바탕은 여전하더라도 빛이나 탐탁하게요. 빈약한 체질이라 하는 소리가 아니라 남의 곱절되는 몸을 가진 비대한(肥大漢)같이 우둔하고 보기 흉한 존재는 없는 것 같습니다. 곱절 되는 육체를 채우려면 아무리 하여도 생산 가치의 곱절을 소비하면 했지 덜 하지는 않을 것이니까 말입니다. 즉 한 사람을 채우기에 곱절의 노동력이 들 것이니까 말입니다. 대체 한 사람에게 얼마나 큰 육체가 필요하며 얼마만큼의 양식이 필요해야 하는지 이것도 문제 고찰의 한 조그만 조각이 되리라고 생각합니다. 어떻든 비대한 이란 신통하게도 다 같은 세기의 한 유형인 것입니다.

피서는 못 갔다 할지라도 칠십 평 남짓한 주택 속에서 그다지 무덥게는 지내지 않습니다. 뜰에는 앞뒤에 초목이 무성하고 집에는 대문까지 합하여 창과 문이 사십여 폭이 달렸습니다. 벽의 집이 아니고 창과 문의 집입니다. 초목 속에 그윽하게 가리워져 있는 창속은 제법 부러울 것 없는 피서장(避莊)입니다. 원래 푸른 집인 데다가 겨우살이가 함빡 덮쳐 붉은 지붕과 벽돌 굴뚝만을 남겨 놓고는 왼통 새파란 겨우살이의 집입니다. 푸른 널을 비스듬히 달고 가는 모기둥으로 고인 갸우뚱한 현관 차양은 바로 산비탈에 선 산장의 그것과도 흡사합니다. 이른 아침 겨우살이 잎에 맺힌 흔한 이슬방울이 서리서리 모여 아랫잎 위로 뚝뚝 떨어지는 소리를 듣기란 산골짝 물소리를 듣는 것과도 같이 금시에 시원한 산의 영기를 느끼게 됩니다. 집을 설계한 사람은 아마도 산을 무척 좋아한 사람인 듯합니다. 머루 다래의 넝쿨 없음이 서운은 하나 드레드레 열매 맺힌 포도 넝쿨로 대신할 수 있겠고, 바람에 포르르르 날리는 사시나무 없음이 한 되나 잎이 같은 탓으로 대추나무 보고 만족할 수도 있습니다. 동편으로는 기자능(箕子陵) 송림 위로 모란대와 을밀대가 우러러 보이고 그 아래에 깔린 벼밭이 보이고 옆으로는 익기 시작한 능금밭이 보입니다. 서에는 거리의 한 부분과 풀밭과 그 위에 누운 소와 말과 아귀아귀 풀 먹는 염소가 눈에 띕니다. 뜰은 그림자 깊은 기름길만을 남겨 놓고는 흙 한 줌 보이지 않게 일면 화초에 덮였습니다. 장미와 글라디올러스와 해바라기는 한철 지났으나 촉규화 맨드라미 반금초 금잔화 메꽃 제비초 만수국 플록스 달리아가 한창이며 더욱이 봉선화와 양귀비와 채송화는 가장 화려하고 찬란합니다. 코스모스도 얼마 안 가 피려니와 담장 밑 고목에 얽힌 울콩꽃이란 꽃다지같이 다작다작 달려 한층 운치를 더하여 줍니다. 옥수수 포기 호박 넝쿨도 귀한 것이어니와 가지밭 토마토 송이도 버리기 어려운 것입니다. 소나무 벚나무 버드나무 황양목 앵도나무 대추나무 능금나무 배나무 포도시렁—이 모든 것을 나는 얼마나 사랑하고 끔찍이 하는지 모릅니다. 그것은 모두 나와 같이 살아가며 나의 생활과 함께 뜻있는 것입니다. 한 포기 한 잎새가 나의 살이요 피입니다. 나는 옷을 벗고 잠방이 하나만을 걸치고 그 초목 속에 묻혀 그들과 완전히 동화되기를 원합니다. 다만 그 마지막 잠방이까지를 벗어 버리지 못하는 사람 된 비애를 불서럽게 여길 뿐입니다. 초목은 벌거숭이의 나와 함께 즐겨하며 뭇 감정을 나눕니다. 뜰의 초목은 온전히 나를 위해서 있는 것 같습니다. 마음이 한없이 즐겁고 뛰놀 제는 그러므로 시절을 따라 변하는 초목과 함께 나의 표정과 감정도 변하는 잎새. 가을바람이 불기 시작하여 초목이 물들기 시작하고 시들어 가려 할 때 나의 마음은 얼마나 애달퍼질까를 짐작할 수 있습니다. 남쪽 창에 그뜩 차 있는 오늘의 이 화려한 뜰의 내일을 생각할 때 나의 마음은 벌써 서글프게 물듭니다. 뼈를 에이는 듯한 노스탤지어를 느끼게 되는 것도 이런 때입니다.

나같이 슬픈 인간—슬픔을 많이 느끼는 인간도 적을 법합니다. 나뭇잎의 동정에도 눈물질 때가 있고 역에서 흘러오는 기적 소리에도 마음 스산한 때가 있습니다. 안정할 바를 모르고 늘 떠 있는 넋입니다. 사실 글자대로 마음의 고향이 없어요. 오늘 이 으늑한 집 속에서 초목과 함께 마음을 잡고 있으나 나뭇잎이 날리기 시작하는 날, 마음도 또한 지향 없이 날아날 것입니다. 그 어느 다른 모르는 곳에 그리운 사람이 있고 그리운 곳이 기다릴 것같이 짐작됩니다. 막상 그곳에 다다르면 도리어 이곳이 그리워지고 그리운 사람은 가장 가까운 곳에 있었던 것을 알게 될는지 모릅니다. 그러나 그것과 이 그지없는 마음의 방랑과는 늘 어긋나는 것입니다. 꿈을 찾아 정처 없이 내닫고 싶은 마음, 한정 없이 간 곳에 필연코 찾는 꿈이 있으려니 짐작됩니다. 혹은 없을는지도 모르지요. 그 잃어진 꿈을 생각하고 그 무엇이 늘 부족한 현재를 생각할 때 마음은 마치 벌레 소리가 일시에 자지러지게 울리듯 금시에 왈칵 서글퍼지며 눈물이 배짓이 솟습니다. 음악의 마지막 마디가 사라졌을 때와도 같이 마지막 손님의 발소리가 문밖에 멀어도졌을 때와 같이 애닯습니다. 사람이란 천상 외로운 물건입니다. 외로운 속에서 다 각각 자기의 꿈을 껍질 속에 싸가지고 궁싯궁싯 서글픈 평생을 보내는 것입니다.

밤이면 벌써 제법 벌레 소리가 어지럽습니다. 가을 벌레 소리같이 창자를 끊는 것은 없습니다. 먼 생각에나 잠길 때에는 구슬픈 벌레 소리는 가슴속을 암팡지게 파고듭니다. 침대 마구리를 붙들고 엉엉 울고 싶은 때조차 있습니다. 그런 때 심회란 첫사랑에 우는 어린 가슴속과도 같으나 그러나 소년시대의 감상(感傷) 이상의 그 무엇 — 태곳적부터 사람의 생활을 꿰뚫고 일종의 안타까운 심사가 가슴을 쥐어뜯는 것입니다. 현실과 꿈 사이에 거리가 있고 그 거리가 영원히 주름 잡힐 가이없는 한 이 심사는 사라지지는 않을 것입니다. 사람은 가지가지의 욕심과 감정을 이럭저럭 정리할 수 있는 것이나—가령 노염의 감정 기쁨의 감정 등을 각각 적당한 방법으로 정돈할 수 있는 것이나 이 슬픔의 감정만은 알맞게 정리하기가 거북하고 어려운 듯합니다. 감정 중에서도 가장 아름다운 이 감정—슬프니까 아름답다고밖에는 말할 수 없으나—늘 사람은 하는 수 없이 가슴을 빠지지 태우고 가만히 눈물을 흘리면서 실마리가 진할 때까지 그대로 참고 받아들이는 수밖에는 없습니다. 그 외에 어쩌는 수 없는 것입니다.

오늘 밤에도 벌레 소리는 요란한 것 같습니다. 청명한 날 밤에는 이슬이 많고 이슬 젖은 밤에는 벌레가 요란하니 말입니다. 책상 앞에서 불을 돋우고 얼마나 마음이 쓸쓸할지 모릅니다. 이 푸른 집을 떠나 마음은 한결같이 다른 푸른 집을 구하는 것입니다. 그것이 어디 있는지는 물론 모릅니다. 책상 앞을 그리는 마음과 창 너머의 푸른 하늘을 그리는 모순된 이 두 가지 마음. 책상은 탐탁하나 푸른 하늘은 찬란한 눈앞의 꽃밭보다도 더 한층 매력 있는 것을 어떻게 하겠습니까.—가을인 까닭입니다.

가을의 글이란 산만하고 두서없어 마치 걷잡을 수 없는 마음의 꼬리와도 흡사합니다. 슬픔의 명제를 말하고자 하였으나 생각의 실마리는 마음의 꼬리와 함께 푸른 하늘 너머로 사라져 버렸습니다. 해가 기우니 뜰 앞 초록은 더한층 신선해 보입니다. 붉은 꽃은 반대로 어두워지고요. 이것은 아름다운 조화라고 생각됩니다. 창밖 벚나무 가지에 참새 한 마리 날아와 갸우뚱거리며 잎새를 쪼으면서도 팔만 뻗치면 닿을 만한 짧은 거리임에도 그는 나를 돌아다보지 못합니다. 사이에 철사망의 덧창이 가리어 있는 까닭입니다. 그러나 나는 참새의 거동을 지척의 눈앞에 손에 쥐일 듯이 내다보는 것입니다. 나는 문득 한 토막의 암시를 발견합니다. 창밖 꿈을 나는 손에 잡을 듯이 내다보나 꿈은 나를 바로 들여다보지 못합니다. 여기에도 한 토막의 서글픔이 있습니다. 가을은 안타깝습니다.

바다에 계신 까닭에 뜰 이야기를 많이 적었으나 도회로 돌아오시면 거리의 이야기를 써 보내지요. 부디 남은 날을 즐기시다 건강한 몸으로 돌아오십시오. 조수 냄새와 파도 소리를 그리면서 붓을 놓습니다.

「가을바람에 부치는 편지」, 《조광》, 1936. 10.

사랑하는 까닭에

번번이 잘도 끊어지는 기타의 높은 E선을 새로 갈고 메르츠의 《바르카롤》을 익혀 갈 때 한 소절 한 소절에 열정이 담겨지고 E선은 간장을 녹일 듯한 애끓는 멜로디를 지어 갑니다. 나는 그 멜로디 속에 아름다운 뱃노래를 듣는 것이 아니라 항상 고요한 정경을 그리고 그대의 환영을 그려 보곤 하오. 그러나 이상스런 것은 가장 잘 기억하고 있어야 할 그대의 얼굴이 깜박 잊혀져 아무리 애써도 생각나지 않은 때가 있는 것이오. 애쓰면 애쓸수록 마치 익히지 못한 곡조와도 같이 얼굴의 모습은 조각조각 부서져 마음속에 이지러져 버려―문득 눈망울이 똑똑히 솟아 오르나 코 맵시는 물에 풀린 그림같이 흐려지고 턱의 윤곽이 분명히 생각날 때에는 입의 표정이 종시 떠오르지 않는구료. 코, 입, 눈, 이마, 턱, 귓불―이 모든 아름다운 것은 한군데 모여 똑똑히 조화되는 법 없이 장장이 날아 떨어진 꽃판과도 같이 제각각 흩어져 심술궂게도 나의 마음을 조롱합니다. 흩어진 조각을 모아 기어코 아름다운 꿈의 탑을 쌓아 보려고 안타깝게 애쓰나, 이렇게 시작된 날은 이지러지기 시작하는 《바르카

롤》의 곡조와도 같이 끝끝내 헛일예요. 어여쁜 님이여. 심술궂은 얼굴이여! 나는 짜증을 내며 악기를 던지고 창기슭을 기어드는 우거진 겨우살이를 바라보거나 뜰에 나가 화초 사이를 거닐거나 하면서 톡톡히 복수할 도리를 생각하지요. 요번에 만날 때에는 한시라도 그대를 내 곁에서 떠나게 하나 보지. 하루면 스물네 시간, 회화할 때나 책을 읽을 때나 풀밭에 앉아 생각에 잠길 때나 내 눈은 다만 그대의 얼굴을 위하여 생긴 것인 듯이 그대의 얼굴에서 잠시라도 시선을 옮기나 보지. 한 점 한 줄의 윤곽을 끌로 마음 벽에 새겨 놓거든—그것이 유일의 복수의 방법이라고 생각하니까 말요.

화단의 꽃이 한창 아름다울 제는 여름도 아마 거의 끝나나 보오. 올에는 그리운 바다에도 산에도 못 가고 무더운 거리에서 결국 한 여름을 다 지나게 되었소그려. 화단에는 조개껍질이 없으니 바다 소리를 들을 바 없고 뜰 가운데 사시나무 없으니 산속의 숨결은 느낄 수 없으나, 다만 그대를 생각함으로써 나는 시절 시절을 결코 무료하게는 지내지 않는 것은 그대를 그리워함으로써의 모든 안타까운 심정이지 시절의 괴롬쯤이 나에게 무엇이겠소. 그러나 가을, 가까워 오는 가을! 아름답게 빛나면서도 안타깝게 뼈를 찌르는 가을. 새어 드는 가을과 함께 그대를 그리워하는 회포가 얼마나 나의 간장을 찌를까를 나는 겁내는 것이오. 물드는 나뭇잎도 요란한 벌레 소리도 그대의 자태가 내 곁에 없고야 무슨 값있는 것이겠소. 나는 그대를 생각지 않고 자연을 그리워한 적은 한 번도 없었소. 벌레 소리 그친 찬 새벽 침대 위에서 눈을 뜬 채 나는 필연코 울 것이오. 자칫하다가는 어린애같이 엉엉 울 것이오. 이 큰 어린 아이를 달래줄

어머니는 세상에 없을 법하오. 사랑은 만족을 모르는 바다 속과도 같다 할까. 가령 나는 진달래꽃을 잘강잘강 씹듯이 그대를 먹어버린다고 하여도 오히려 차지 못할 것이며, 사랑은 안타깝고 아름답고 슬픈 것―아름다우니까 슬픈 것―슬프리만치 아름다운 것입니다. 내가 우는 것은 그 아름다운 정을 못 잊어서지요. 사랑 앞에 목숨이란 다 무엇하자는 것일까. 희망과 야심과 계획의 감격이 일찍이 사랑의 감동을 넘은 때가 있었던가. 나는 사랑 때문이라면 이 몸이 타서 금시에 재가 되어버린다 하여도 겁나지 않으며 도리어 그것을 원하고자 하오. 사랑하는 님이여! 나를 태우소서. 깨뜨리소서. 와삭 부숴버리소서. 그 순간 나는 얼마나 아름답게 빛날 것인가. 흩어지는 불꽃같이도 사라지는 곡조같이도 아름다운 것은 미의 특권. 그대의 특권같이 세상에서 장한 것이 있겠소. 그 특권의 종 됨이 내게는 도리어 영광인 것이오.

사랑을 말할 때에 수백 마디인들 족하겠소. 수천 줄인들 많다 하겠소. 고금의 시인의 노래를 다 모아 보아야 그대를 표현하고 내 회포를 아뢰기에는 오히려 부족한 것을 어찌하겠소. 나는 다만 잠자코 그대를 생각하는 수밖에는 없소. 생각하고 그리고 꿈꾸고―이것이 나의 지금의 단 하나의 사랑의 길인 것이오. 이 뜨거운 생각의 숨결은 모르는 결에 허공을 날아가 스스로 그대의 가슴을 덥히고 불붙이리라고 생각하오.

이 밤도 나는 촉불을 돋우고 한결같이 님을 생각하려 하오. 초가 진(盡)하면 다른 가락을 켜고 마저 진하면 창을 열고 달빛을 받지요. 그대를 생각할 때만은 나는 끈기 있게 책상 앞에 몇 시간이든지 잠자코 앉을 수 있는 재조를 가졌지요. 아무것도 하는 법 없이 천치같이 돌부처같이 말 한마디 없이 똑같은 모양으로 언제까지든지 앉았을 수 있어요. 나는 언제부터 이 놀라운 재조를 배웠는지는 모르오. 가난은 하나 세상에서 따를 사람 없을 이 놀라운 재조를!

청명한 품이 오늘 밤에는 벌레 소리도 어지간히는 요란할 것 같으오. 가슴속이 한층 어지러워는 질 것이나 그러나 그대를 향하여 뻗치는 생각의 열정은 공중을 달아나는 외줄의 쇠줄과도 같이 곧고 강하고 줄기찰 것이오. 생각에 지쳐 자리에 쓰러지면 부드러운 달빛이 왼통 내 전신을 적셔줄 것이니, 부디 님이여, 달빛을 타고 이 밤에 내 꿈속에 스며드소서. 그대의 날개가 자유롭게 들어오도록 나는 벽마다의 창을 모두 활짝 열어젖히리다. 뜰 앞에는 장미 포기가 흔하니 가시에 주의하시오. 꿈속에서 붉은 피를 본다면 내 얼마나 놀라서 기겁을 하고 눈을 뜰 것을 생각해 보시오.

답장은 길고 두툼하게. 우표를 두 장 석 장 붙이도록—우표를 한 장만 달랑 붙이는 사랑의 편지란 세상의 웃음거리일 것이오. 다음 편지까지 부디 안녕히 계시오. 편지 속에는 쌀 것이 없으니 또 이 눈물을 싸리다. 아무 이유도 없는 다만 아름다운 내 이 눈물을.

「순정의 편지—○○에게 보내는 글발」, 《여성》, 1936. 10.

영서(嶺西)의 기억
─내 고향의 심추(深秋)

작은 글에 서문의 구절조차 붙임이 객쩍은 짓 같으나 나는 무엇보다도 먼저 나의 고향이 어디인가를 규정하여 보아야겠기에 이 번거로운 짓을 굳이 하려 한다. 고향에 관한 시절의 글의 부탁을 맡을 때마다 나는 언제든지 잠시간은 어느 곳 이야기를 썼으면 좋을까를 생각하고 망설이고 주저한다. 나의 반생을 푸근히 싸주고 생각과 감정을 그 고장의 독특한 성격에 맞도록 눅진히 길러준 고향이 없기 때문이다. 현대인에게는 고향의 관념이 거개는 희박하고 찾아야 할 진정한 고향을 잃어버리기는 하였다. 세계주의의 세례를 받은 까닭도 있거니와 고향이 모두 너무도 초라한 까닭이다. 그러나 나에게 있어서는 그런 위에 더욱 고향의 확적한 지리적 구역과 친척조차 없는 것이다. 나는 자주 관북(關北)의 경성(鏡城)과 그 부근 이야기를 지금까지 썼으나 살고 있던 당시의 일종의 고향의 느낌을 그곳에서 발견하였기 때문일 뿐이다. 고향이라고 해야 할 곳은 강원도 영서(嶺西) 지방이나 네 살 때에 일가는 서울에 옮겨가 살았고 일단 내려가 보통학교 시절을 마치고는 나는 다시 서울에서 지금까지의 거의 전부의 반생을 지내게 되었다. 그동안의 지리적 변동이라고는 몇 해 동안 경성에 있던 일과 지금 평양에 살고 있는 일뿐이다. 잔뼈가 이토록 굵어진 것은 서울에서이나 서울에서 사람은 푸근한 고향의 느낌을 품을 수 있던가. 굳이 기억 속을 들추어 너덧 살 때의 아름다운 부분을 찾아낼 수는 있다. 저녁 무렵이면 해가 노랗게 쪼이는 넓은 거리 위에 원각사(圓覺社)의 날라리 소리가 이국적 정서(웬일인지)를 짜내었고 대문 밖 돌담 앞을 인력거가 쉴 새 없이 지나갔고 한강의 푸른 물을 귀융배로 건넜고 예배당에서 찬송가 소리에 울었고—모든 것이 전설과 같이도 멀고 아름답기 때문에 이 먼 옛일에 그리운 고향의 감정을 느낄 수 있기는 있다. 철 들어 십여 년을 학교 마당에서 지낼 때에는 드디어 고향의 느낌은 없어져 버렸다. 다시 시골로 돌아가 영서에 내려가 볼 때 거기에 또한 뿌리 깊은 둔 친척은 없는 것이다. 여남은 살까지의 들에 뛰놀던 시절과 보통학교 시절과 철든 후 서울서 가끔 내려가 한철씩 지낸 때의 일과—이것이 영서에서 보낸 생활의 전부이다. 눅진하고 친밀한 회포가 뼛속까지 푹 젖어들 여가가 없었던 것이다. 고향의 정경이 일상 때 마음에 떠오르는 법 없고 고향의 생각이 자별스럽게 마음을 눅여준 적도 드물었다. 그러므로 고향 없는 이방인 같은 느낌이 때때로 서글프게 뼈를 에이는 적이 있었다.

우연히 백석 시집 『사슴』을 읽은 것은 다행이라고 생각한다. 잃었던 고향을 찾아낸 듯한 느낌을 불현듯이 느꼈기 때문이다. 시집에 나오는 모든 소재와 정서가 그대로 바로 영서의 것이며 물론 동시에 이 땅 전부의 것일 것이다. 나는 고향을 찾은 느낌에 기쁘고 반갑고 마음이 뛰놀았다. 워즈워스가 어릴 때의 자연과의 교섭을 알뜰히 추억해 낸 것과도 같이 나는 얼마든지 어린 때의 기억을 풀어낼 수 있게 되었다. 고향의 모양은—그것을 옳게 찾지 못했을 뿐이지—늘 굵게 핏속에 맥치고 있었던 것을 느끼게 되었다. 『사슴』은 나의 고향의 그림일 뿐 아니라 참으로 이 땅의 고향의 일면이다. 소재의 나열의 감(憾)쯤은 덮어 놓을 수 있는 것이며 그곳에는 귀하고 아름다운 조선의 목가적 표현이 있다. 면목 없는 이 시인은 고향의 소재를 더욱더욱 들춰 아름다운 『사슴』의 노래를 얼마든지 더 계속하고 나아가 발전시켜 주었으면 한다. 「가즈랑집」「여우난곬족(族)」「모닥불」「주막」—모두 명음(名吟)이니 이 노래들의 '바른 방향'과 '진정한 발전' 위에 우리가 말하려는 모든 고향의 이야기는 포함되리라고 생각한다.

장백산맥은 같은 도(道)를 길이로 갈라 산맥의 동과 서는 생활과 풍습과 성벽이 심히 다르다. 대관령의 동편 영동 사람들이 영서를 부러워할 때가 있듯이 영서 사람들은 영동을 그리워할 때가 있다. 동쪽이란 늘 그리운 곳인 것 같다. 영동은 해물과 감(柿)의 고장이므로 그리워하는 것이나, 대신에 영서는 산과 들과 수풀과 시내의 고장이요 자연은 더한층 풍성하다. 영동에서는 달이 바다에서 뜨나 영서에서는 달이 영(嶺)에서 뜨므로 그 조화는 한층 복잡하다.

영서의 기억이라고 하여도 나에게는 읍내의 기억도 있고 마을의 기억도 있고 산골의 기억도 있으나, 가을 기억으로는 산과(山果)와 청밀(淸蜜)과 곡식과 농산품평회의 기억이 가장 또렷하다.

산협 약수터로 가는 사람도 뻼해지고 늦가을 볕이 쨍쨍할 때면 오대산 월정사 부근에서 여름내 아름드리 박달나무를 베어내 깎아 만든 목기류의 행상의 떼가 나온다. 함지 이남박을 두어 길 길이로나 겹쳐 쌓아 그 길고 높은 짐을 진 사람의 꼴이란 기막힌 장사가 있어 그에게 피사의 사탑을 지우면 흡사 그렇게 보일 듯도 한 꼴이다. 산삼을 얻으려고 철 내내 산에 잠겨 치성 드리고 헤매고 하던 타관 사람이 삼 뿌리나 캐었는지 못 캤는지 홀아비 살림그릇을 짊어지고 돌아오는 것도 이때이다. 들에는 벼가 익을 대로 익어서 숙였고 욱신한 들깨 향기가 살에까지 배어들고 오랍뜰에는 마른 옥수수 이삭과 익은 고추송이와 콩꼬투리가 지천으로 널려진다. 분주한 속에서도 하루 품을 타서 새댁들은 먼 산에 머루사냥을 떠난다.

익은 머루와 다래—가을의 선물로 이같이 탐스러운 것은 없다. 흔한 것이면서도 귀하게 여겨진다. 새댁들은 아침 일찍이 떠난 것이 해가 저물어야 돌아온다. 함지에는 머루와 다래가 수북이 담겨져도 좋고 그 한편 구석에 동백 열매가 한몫 차지하여도 좋다. 특히 동백을 목적하면 마을에서 몇십 리 되는 깊은 산으로 들어가야 되니, 그런 때에는 자칫하다가는 산골짝에서—노루를 만나기는 예사이나—갈가지를 만나 기겁을 하고 무서운 이야기를 가지고 돌아오는 수도 있다. 그들이 가져온 것으로 뒤주 안은 그득히 찬다. 꿀과 엿과 문배와 곡식 톨이 있던 뒤주 안은 머루 다래의 광주리로 한층 풍성해진다. 광주리가 비게 될 때까지 사람들의 입술은 자짓빛으로 물들어 있다.

머루의 시절과 전후하여 꿀을 뜨는 때가 온다. 꿀통은 대개 마을에서도 몇 리를 들어간 산 아래 양지쪽에 놓인다. 반년 동안이나 애써 모은 꿀을 얻기 위하여 그 벌떼를 연기를 뿜어 죽여야 함은 가여운 일이다. 벌집과 한데 문질러 내린 개꿀을 진귀히 여겨 마을 사람들은 산속으로 들어간다. 별로 신통하지는 못하나 나는 내 자신의 한 장의 이야기를 가지고 있다.

동행은 세 사람이었으니 총중의 한 사람은 여학교를 나와 제복을 가제 벗은 소녀였다. 그의 몸이 아무리 위대하고 가을같이 익었다 하더라도 소녀라고 부름이 허물없고 마땅할 것 같다. 먼 길이 아니므로 설핀 차림으로 아침 늦게 떠나 마을길을 더듬었다. 그렇게 세 사람인 때에 사람들은 피차에 무슨 생각을 하는지는 알 바 없으나 반드시 초조한 생각만이 아니고 때로는 유유한 평화로운 심사도 든다는 것은 그때의 나의 마음이 잘 설명하여 준다. 나는 그를 다쳐서는 안 되었으니 그것은 도덕이기보다도 먼저 나의 감정이요 흥미 문제였다. 여학교를 마친 채 생애의 길을 못 찾고 번들번들 지낼 때의 소녀의 마음같이 안타까운 것은 없을 것이니, 나는 그의 그런 마음속을 잘 볼 수 있기는 있었으나 감정은 냉정하여야 되었다. 번거롭게 보내는 그의 편지를 무시하려 하였고, 간혹 그의 방에 들어간 때에도 축음기 바늘을 공들여 꼽아 벽에 그려 놓은 감상의 글발을 보고 나는 무자비한 심사로 잠자코 있어야 하였다. 꿀을 먹으러 간다고 하필 그날에 꿀같이 단 이야기를 가진 것도 아니었으나 꿀을 먹고 싸들고 이럭저럭 해가 기울어서야 다시 길을 떠났다. 도중에서 차차 어두워짐을 깨닫고야 비로소 그날의 불찰을 느꼈다. 드디어 이등(二等)도로 갈림목에서 소녀를 맞으러 오는 그 집 머슴을 만나 나는 얼굴을 붉히지 않을 수 없었다. 집안 사람이 걱정하여 사람을 보낸 것이다. 더 일러야 할 것을 의미 없는 놀음에 시간이 공연히 너무도 치우친 것이었다. 물론 뉘우쳐야 할 것은 없었으나 벌써 지난 지 오래인 가을의 일절이다.

이야기는 더 어렸을 때로 올라가니 읍내에는 대추나무가 흔하였다. 이같이 늦게 익는 열매는 없다. 대추가 한창 익었을 때에는 들과 밭의 추수는 거의 되어 벌써 성대한 군품평회(郡品評會)가 준비되었다. 품평회는 군의 장한 연중행사였다.

백중(百中)이 터지고 사람이 들끓고 학교는 며칠씩 놀았다. 같은 반의 소녀(그야말로 소녀였으나)에게 어렴풋한 회포를 느끼고 실없이 안타깝게 지낸 것도 이런 때였다. 알 맺힌 생각은 못 되나 옆 아이들이 추스르는 바람에 모르는 결에 주인공과 여주인공이 되는 것도 생각하면 실없는 일이다. 소문이 사실을 만들고 뜻을 창조하는 수가 있는 듯하다. 그러나 자치동갑의 더 약은 아이가 있음을 몰랐다. 철이 들 대로 든 꾀바른 무서운 적수였다. 그의 출현이 소녀에게 대한 철부지의 회포를 결정적으로 불 질렀다. 두 아이 사이의 말없는 어두운 대립이 시작되었다. 품평회 무렵은 노는 날이 많으므로 만나는 때가 잦았다. 가을바람 부는 어두운 밤길을 세 아이가 거닐 때에 소녀는 응당 복판에 서야 할 것임을 자치동갑은 그를 한쪽 편에 세우고 셋은 천연스럽게 손을 맞붙들고 즐거운 듯이 걸어갈 적이 있었다. 그가 소녀를 어떻게 하였는지 알 바 없듯이 그 또한 나를 의심하였을는지 모른다. 무서운 아이들이었다. 깊은 가을의 일이었다. 후일담 같으나 나는 자란 후 서울 거리에서 단 한번 우연히 자란 소녀의 자태를 보고 큰 환멸을 느꼈다. 지난날의 베아트리체는 구름같이 사라져버린 것이다. 그를 만난 것은 한 불행이었다. 아름다워야 할 옛꿈의 한 장이 그를 만남으로 인하여 더렵혀졌으니까 말이다. 꿈에 가을이 왔으니까 말이다.

인물의 가을 풍경이 되었으나 빈약한 고향의 기억 속에서 모두 귀한 추억들이다. 고향을 찾은 지 오래여서 그리운 생각도 솟는다. 차차 늦어가는 가을에 앞 강의 물은 흠빽 줄어 마른 돌이 솟아오르고 시든 옥수수 잎에 영(嶺) 위에 뜬 달이 차게 비칠 것이다. 뜰에 서서 들깨를 베는 새댁의 손이 희고 치마폭에는 깻잎 냄새가 욱신거리렷다. 머루 먹은 마을 사람들의 입술은 점잖지 못하게 자짓빛으로 물들었으렷다.

《조광》, 1936. 11.

고요한 '동'의 밤

경성에서 나남까지는 약 십 리의 거리였으나 나는 나남을 문앞같이 자주 다니게 되었다. 경성의 마을을 사랑하는 한편 나남의 거리도 마음에 든 까닭이었다. 기차로도 다니고 버스로도 달리고 때로는 고개를 걸어 넘기도 하였다. 그곳에 간 지 달포도 못 되어 나는 거리의 생활의 지도를 역력히 머릿속에 넣어 버렸다. 빵은 카네코가 제일이요 책자는 북광관이 수수하고 찻거리는 팔진옥에 구비되었고 커피는 '동'의 것이 진짬이라는 것을 횅하게 익혀 버렸다. 빵 한 근을 사러 십 리 길을 타박거릴 때도 있고 커피 한 잔 먹으러 버스에 흔들린 때도 있었다. 빈속에 커피를 마시고 버스로 고개를 넘기같이 위험한 일도 적다. 가솔린 냄새에 속이 훑이고 금시에 뉘역질이 나는 것이다. 나는 견디기 어려운 십 분 동안을 간신히 참으면서 세상에서 제일 싫은 것이 무엇이냐고 물을 때 서슴지 않고 경성과 나남 사이를 버스로 달리기라고 대답할 것을 마음속에 준비하면서 그 지긋지긋한 고생을 꿀꺽 참을 수밖에는 없었다. 그러면서도 그 고맙지 않은 차를 먹으러 또 나남으로 가는 것이다. 차를 먹고 빵을 사들고 고개를 타박타박 걸어 넘는 때가 많았다. 고개는 시절을 따라 자태를 변하였다. 이른 봄에는 휘추리만 남은 이깔나무의 수풀이 자짓빛을 띠고 잔디밭이 보료같이 따뜻하다. 여름에는 바다가 멀리 시원스럽게 내려다보이고, 가을에는 고개 밑 능금밭에 익은 송이송이가 전설 속의 붉은 별같이 다닥다닥 나무 사이에 뿌려진 것이 상줄 만하다. 겨울에는 한층 공기가 차고 맑아 눈발이 휘날리는 속을 부지런히 걷노라면 몸이 후끈이 더워져 어느 때보다도 유쾌한 체온의 조화를 준다.

산마루턱에 올라서 바다를 향하여 더운 몸의 물을 줄기차게 깔기노라면 고개 양편의 마을과 거리가 내 것 같은 호돌스런 느낌이 난다.

나남은 넓게 헤벌어진 휑덩그레한 거리였다. 넓은 벌판에 토막집들을 달롱달롱 들어다가 붙여 늘어놓은 듯한—모두가 새롭고 멀쑥한 거리였다. 새로운 지붕과 벽돌에는 묵은 이야기도 없고 으늑한 이끼가 끼어 있을 리도 만무하다. 얄팍한 집안에는 얄팍한 생활이 있을 뿐이었다. 이 거리에 단 하나 운치 있는 것이 있었으니 한 대의 낡은 마차였다. 먼 외국 어느 거리에서라도 주워온 듯한 여러 세기 전의 산물인 듯도 한 검은 고귀한 낡은 마차. 한 필의 밤 빛깔 말이 고개를 의젓이 쳐들고 점잖고 고요하게 마차를 끌었다. 역에서 내린 손님을 싣고—라면 벌써 산문이 되어버리고 마나 안에 탄 사람이 보이지 않게 검은 휘장을 내리고 모자 쓴 늙은 마부가 앞에 앉아 말을 어거하며 고요한 거리를 바퀴 소리를 가볍게 내며 굴러가는 풍경은 보기 드문 아름다운 것이었다. 그 무슨 그윽한 옛이야기를 신고 그것을 헤쳐 보이는 법 없이 시침을 떼고 의젓이 지나가는 것이다. 애숭이 거리에는 아까운 한 폭의 그림이었다. 나는 거의 경이에 가까운 눈으로 그 한 폭을 무한히 즐겨하였다.

찻점 '동'—이것이 또한 나에게는 중하고 귀한 곳이었다. 그곳을 바라고 나는 거의 일요일마다 십 리의 길을 걸었다. 공원 옆 모퉁이에 서 있는 조촐한 한 채의 집—그것이 고요한 '동'—마차와 함께 거리의 그윽한 것의 하나였다. 붉은 칠이 벗겨진 DON의 글자가 밤에는 푸른 등불 밑에 깊게 묻혀 버린다. 나는 이 이름의 유래를 모르나 아름다운 이름으로 기억하게 되었다. 문을 밀치고 들어가면 단간방에 탁자와 의자가 꼭 들어찼다. 벽에는 시어러의 얼굴이 붙었다 탈이 걸렸다 하였다. 창의 휘장도 시절을 따라 변하여 여름에는 검은 명사의 커튼이 걸리고 철이 늦으면 아롱진 두툼한 것으로 갈려졌다. 겨울이면 복판에 난로가 덥고 크리스마스 무렵에는 한편 구석에 크리스마스 트리가 신선하게 섰다. 낮이면 사단의 초등병 상등병들이 그 속에 꼭 차는 까닭에 내가 그 속에서 보내는 시간은 어느 때나 밤이어야 한다. 마을로 가는 막차 시간 열한 시까지의 밤을 그 속에서 지우는 것이었다. 주인은 나중에는 집에서 기른 닭고기를 나에게 대접하고 진을 따라 주게까지 되었다. 커피는 처음에는 마련 없던 것이 거리에, 남양에까지 다녀와 커피 맛에 살진 친구가 있어서 그의 권고로 나중에는 모카 자바 믹스트의 세 가지를 구별해서 내게까지 되었다. 굵은 눈송이가 휘날리는 밤을 나는 그 안에서 난로와 차에 몸을 덥혀가며 이야기에 휩쓸리거나 레코드에서 흐르는《제 되 자무르(J'ai deux amours)》의 콧노래에 귀를 기울이곤

하였다. 적적한 곳에서 나는 나의 감정을 될 수 있는 대로 화려하게 치장함으로써 먼 것을 꿈꿀 수밖에는 없었다. 생활은 재료만이 아닌 것이다. 중요한 것은 그 향기다. 감정 분위기 향기를 뺏길 때 그곳에는 모래만이 남는다. 나는 늘 이 향기를 잃어버릴까를 두려워하며 언제든지 그것을 주위에 만들고야 만다. '동'은 그때의 나에게 이 향기를 준 곳이었다. 고요한 곳에서 그 향기를 찾으려고 나는 십 리의 밤길을 앞두고 눈 오는 밤을 그 속에서 지우는 것이다. 간간이 레코드 회사 출장원이 내려와 레코드 연주회를 열 때가 있었으니 그것은 늘 귀한 진미가 되었다. 꿈은 한결 풍성하였다.

물론 주인들과 문학 이야기에 잠기는 수도 있었다. 주인 S와 그의 아내와 처제 T와의 세 사람이 모두 문학에 관하여서는 제법 각각 자신의 의견과 말이 있었다. S는 지방 신문의 기자였으나 호담스런 비위에 연말이면 연대장쯤을 찾아가서 객실에 몇 시간이든지 버티고 앉았다가 기어코 금일봉의 봉투를 우려내고야 마는 위인이었다. 그것을 정당한 것으로 주장하고 봉투에 든 액수가 칠십 원밖에는 안 된다고 투정을 내는 위인이었다. 동경서 비비대다가 결국 밀려난 것이었으나 그곳에 뒹굴고 있을 때에는 정당 연설을 하다가 난투 속에 휩쓸려 얻어맞기도 하고 한동안은 좌익 시인 노릇도 해보고 사회운동에 몸을 던져도 보았다가 종시 밀려난 것이었다. 아내는 북국의 광산에서 자라난 광부의 딸이었으니 직업부인으로 산지사방 구르다가 S와 지내게 되었고 지식청년인 처제 T 역 하릴없이 그들을 좇아 나와 거북스런 식객노릇을 하고 있는 판이었다. 동맹휴교를 지도하다가 반대파에게 맞았다는 칼침의 흔적을 자랑삼아 몇 번이든지 말하고 보이곤 하였다. 그러나 그것은 지나간 꿈의 부스러기요 가가에서는 한다 하는 쿡 노릇을 하면서 커피 자랑과 단벌의 빛나는 그의 구두 자랑을 하는 것이 격에 맞아 보이는 것이었다.

같은 고향 출신의 동경에 있는 몇 사람의 신진작가 이야기를 비교적 자세히 털어 놓곤 하였다. S는 한 사람의 여류작가와의 연애사건까지 헤쳐 말하였으니 눈치로 보아 그것이 허황한 거짓말만도 아닌 듯하였다. 그 여류작가는 당시 대잡지에 등장하여 익숙한 단편을 발표하고 있었다. 북국의 광산의 음산한 공기가 방불하게 나타나 그들의 지난 생활은 그랬으려니 짐작하기에 족하였다. 어느 때엔지 신문에 발표된 어떤 우익 여류작가의 단편을 칭찬하였을 때 S 부인은 대단히 불만한 표정을 하였다. 놀라운 기술을 말하다가 범연한 그의 태도에 나는 밑천도 못 찾고 객쩍스런 느낌을 마지못하였다. 그들에게는 철없이 경박하다가도 때로는 확실히 그러한 고집스런 진실한 일면이 있었다. 거짓 장식만이 아닌 뿌리 깊은 생각이 있었다. 가령 이런 일이 있었다. 연대의 초등병 가운데에도 그들의 고향 가까운 곳 사람들이 많았다. 군영 안에서는 책을 금하는 까닭에 그중의 몇 사람은 가가를 통하여서 붉은 책을 청하였다. 거리에 나와 읽다가 귀영 시간이 되면 가가에 맡기거나 급할 때에는 길거리 풀밭 속에 버리고 영으로 돌아가는 습관인 것을, 한번은 부주의로 책자를 품에 지닌 채 돌아갔다가 기어코 발각이 난 것이었다. 당사자가 감금을 당한 것은 물론이어니와 책자의 출처가 문제되어 '동'에까지 손이 뻗쳐오고야 말았다. 하루는 T가 돌연히 집으로 찾아와서 그 일건의 전후 곡절을 이야기하고 그 하루 동안 몸을 맡아 달라는 연유를 말하였다. 손길을 피하여 있는 중이었다. 그러나 사건 내용도 그렇다는 것이 아니었으나 결국 S가 그의 지위를 이용하여 사면팔방으로 분주히 청을 넣고 하여 T의 일신이 무사히는 되었다. 당사자의 병졸이 군법회의에까지 돌았는지 어쨌는지는 그 후 못 들었으나 확실히 시끄러운 조그만 사건이었다. T들에게는 그러한 일면도 있기는 있었다.

'동'에 단골로 다니는 패에 색다른 한 사람의 토목기사와 백화점의 사무원과 거리의 관리와 남양에서 돌아온 실업자가 있었다. 토목기사와 사무원은 제법 음악에 대한 소양이 놀라웠다. 청진에 고명한 재즈 가수의 연주회가 있었을 때에도 토목기사만은 동행을 한 처지였다. 가족들과 이 모든 사람들이 어울리면 가가 안은 웅성웅성 즐거웠다.

나는 눈 나리는 여러 밤을 그 안에 휩쓸려 막차 시간을 기다리면서 정신없이 시간을 보내곤 하였다. 북국의 눈송이는 유달리 굵다. 그리고 밤의 눈이란 깊은 푸른 빛을 띠는 것이다. 창 기슭에 쌓이는 함박 같은 눈송이를 두터운 휘장 틈으로 내다보며 난로와 더운 차에 얼굴을 붉히노라면 감정이 화려하게 장식되고 찬란한 꿈이 무럭무럭 피어올라 가가 안에 차고 먼 아름다운 것이 눈앞에 보여 오곤 하였다. 그 아름다운 것이 무엇인지는 모른다. 형상도 아무것도 없는 다만 부연 안개일는지도 모른다. 그 안개가 생활에 대단히 필요한 것이다. 나는 그 안개 속에 많은 밤을 그 안에서 지냈으나 생각하면 다행한 일이었다. 안개 없이는 살 수 없는 까닭이다. 문학도 그 속에서 그것을 찾을 수 있을 때에 한층 생색 있는 것이 된다. 나는 끊임없이 내 주위에 '동'의 안개를 꾸며 내고 뱉어 내려고 애쓴다.

《조광》, 1936. 12.

전원교향악의 밤

여행 떠난 지 거의 일주일이 되었다.

훌륭하지도 못한 하숙 이층 방에서 그믐을 보내고 정초를 맞기가 그다지 서글플 것도 없었다. 달력의 음양을 물을 것 없이 제야라는 것이 그다지 특별한 정서를 자아내지 못하게 되었다. 동무를 만나고 책을 읽는 밤이 하필 제야가 아니고 다른 밤이라도 좋은 것이며, 가정의 단란과 이웃과의 사귐도 제야가 아니고 그 어느 밤이라도 좋은 것이다. 그러므로 제야를 객지에서 맞고 쓸쓸한 방에서 호올로 책을 읽음이 그다지 서글픈 것은 없다.

다만 남쪽으로 향한 이층 방이 맞은편의 호텔과 비겨 너무도 쓸쓸하고 한산함이 한이라면 한이었을까. 주인 노파가 아무리 공들여 방 안에 숯불을 넣어 주고 소제를 해 주고 저녁 목욕을 일찍이 권하여 준다 하더라도 얇은 벽과 단짝의 창을 가진 방이 호텔의 방같이 푸근하고 윤채 있을 리는 만무하였다. 이웃 방에 사는 식구들이 무엇을 하고 살아가는지도 모르고 아래층 구석방의 해산한 여자의 남편이 누구인지도 모르는 서마서마한 형편의 하숙 공기가 몸에 사무쳐서 따스할 리는 없었다.

만나는 동무도 없고 찾아올 사람도 안 오고 하기에 나는 밤이 늦도록 책을 들었다. 화로에 숯불이 튀고 이불 속에 넣은 더운 물통이 몸을 녹였다.

『이녹 아든(*Enoch Arden*)』을 읽고 『전원교향악』을 읽었다. 『이녹 아든』—있음직한 이야기요 영원의 주제이면서도 서사시의 번역같이 김빠지고 향기 없는 음식은 없다고 생각하였다. 신기하고 신선한 환영이 종시 눈앞에 솟아오르지는 못한다. 두 번 거듭 읽지 못할 것은 서사시의 번역인 것이다.

『전원교향악』은 향기로운 술이다. 과실을 한 입 한 입 베어 먹을 때의 흥과 긴장으로 한 줄 한 줄을 훑어 내려갔다. 침착한 착상, 완벽의 문장—지드의 소설에는 한 자의 플러스도 할 수 없으며 한 자의 마이너스도 아깝다. 임의의 어떤 구절을 뜯어보든 그것은 늘 최후의 것이요 최상의 것이다. 흠집 없는 구슬이라고 할까.

제르트뤼드는 뇌샤텔의 음악회에서 베토벤의 교향악을 듣고 드디어 눈 밖 세상의 아름답고 찬란함을 마음속에 황홀히 느끼고 기어코 목사에게 묻는다.

"목사님이 보시는 세상은 정말 그렇게 아름다운가요."

똑바로 대답하기를 피하고 영혼의 아름다움을 말하는 목사의 심중에는 쓰린 것이 있다.

"저는 속이지 않으시겠다고 약속하시겠지요. 자, 그럼 똑바로 말씀해 주세요.—저 고와요?"

제르트뤼드는 여자가 사모하는 사람에게 묻는 마지막 질문을 한 것이다. 여자는 마지막으로 기어코 이것을 물어보아야 되는 것 같다. 가장 중요한 진정의 질문인 것이다.

"그것을 물어서는 무엇하게."

"마음에 걸려요……. 알고 싶어요……. 무엇이라고 말할까요……. 교향악 가운데에서 제 모양이 그다지 어울리지 않지는 않은가가 알고 싶어요. 이런 것 다른 곳에 물을 분이 없으니까 말예요."

"제르트뤼드, 네가 아름다운 것은 번한 일이 아닌가."

목사는 기어코 거기까지 뙤어 주지 않을 수 없었다…….

무엇을 가지면 이 아름다운 구절과 바꿀 수 있을까. 별보다도 아름다운 이런 구절구절이 지드의 소설 속에는 도처에 흩어져 있는 것이다. 아깝다! 귀하다! 문학이여. 인류와 함께 길이길이 영화롭고 다행하라.

밤이 깊어 감을 모르고 나는 골똘히 이야기 속에 잠겨들어 갔다. 구절구절이 방울방울의 피가 되어 나의 몸을 채워 갔다. 훌륭한 소설 앞에는 한산한 방의 탄식도 서글픈 제야의 감정도 자취 없이 사라지고 다만 있는 것은 유쾌한 신경의 흥분과 마음의 도취뿐이다.

날이 밝고 해가 갈린 후 나는 찻집에 갔을 때마다 베토벤의 제6 심포니를 여러 차례나 들었으나 끝끝내 지드의 소설의 감흥은 당할 수 없었다. 그렇듯 소설에서 받은 흥은 컸다.

제야의 교향악—그것은 음악 아닌 음악 이상의 아름다운 교향악이었다.

「제야」, 《여성》, 1936. 12.

실없는 출발

로맨스랄 것이 없고 출세작이랄 것도 없습니다.

고등보통학교 일학년 때엔가 「첫눈」이라는 시를 《청년》지에 보내 실려진 것이 글이 활자화된 처음이었습니다.[1] 열네 살 때였던지요. 그 뒤 어느 때였던지는 모르겠으나 《학지광》에 「야시」라는 미래파다운 역학적인 시를 발표하였더니 주요한 씨로부터든가 독창적 수법이라는 과찬을 받은 일이 있었습니다.

소설로는 역시 고보 때 거의 매주 《매신(每新)》 일요판에 장편(掌篇)을 던져 일금(一金) 오원의 고료—가 아니라 상금을 받은 일이 있죠. 《동아일보》 신춘문예에도 두 번인가 소설을 던져 선자(選者)의 수고를 끼쳐 번번이 상을 받았습니다. 예과 때 《청년》에서 부탁을 받아 「주리면」이란 소설을 보냈더니 전영택 씨의 호평과 편집 씨의 격찬의 편지—작중의 주림의 장면을 씨는 장발장의 주림에까

1 여기서 언급된 시 「첫눈」은 1923년, 즉 이효석이 고보 3년 시절에 《청년》(2월호)에 기고한 「흰눈(白雪)」을 가리키는 듯하다.

지 비겼던 것을 송구스럽게 생각하였던 기억이 있습니다—를 받고 도리어 부끄러워하였던 일이 있습니다.

문단적으로 운위된 것은 「도시와 유령」일까 합니다. 역시 예과 때였습니다. 써서 어떤 선배를 통하여 《현대평론》에 보냈더니 그때의 편집을 맡았던 이는 지금에는 벌써 작고한 분이나 작품을 아마도 안 읽었던지 해지(該誌)에 발표되지 않았습니다. 해를 넘어서였든지 다시 《조선지광》으로 돌리게 하였더니 여름 호엔가 실리게 되었습니다. 아마도 김기진 씨가 그해 문단총평에서 특히 쳐들어 출색(出色)의 작이라고 상찬(賞讚)하였던 것을 지금까지 부끄럽게 여기고 있습니다. 번히 같은 작품이면서도 한 잡지에서 다른 잡지로 옮아가서 해를 넘어 발표된다는 것은 그 작품의 운도 운이려니와 한편으로는 잡지 편집하는 분의 태타(怠惰)에도 책임의 일부를 돌려야 할 것입니다.

그 뒤 이어 작품을 발표하여 옵니다. 뚜렷한 출발점이 없죠. 거저 이럭저럭 쓰기 시작하여 오늘에 이르고 있습니다.

「출세작의 로맨스」, 《풍림》, 1936. 12.

사온사상(四溫肆想)

제1일

언제인들 안 그러랴만 오는 시절에의 원망(願望)이 이렇듯 간절한 때는 없었다. 그것은 굳이 겨울보다 봄의 아름다움을 생각하여서가 아니라, 겨울은 겨울로서 즐기는 법도 있으련만 너무도 초라한 오늘에 싫증이 남으로다. 우울한 이 날이 얼른 가고 새봄이 왔으면 하고 원하면서 나날의 괘력을 한 장 한 장 뜯어 버리기란 휴지통에 들어가는 그 한 장의 일력에 보람 없는 하루를 영영 묻어버리는 것 같아서 유쾌도 하다. 비에 젖은 장미 포기의 푸른 줄기를 꺾어 보면 제법 진이 나고 벚나무 가지의 봉오리를 따 보면 봉곳한 속에 푸른 생기가 넘쳐 있어 그것이 가까워 오는 시절을 분명히 약속하여 주는 것이니, 제아무런 변이 있다 하더라도 이 약속만은 절대의 것이며 새 시절을 당하였을 때에는 지난 시절이란 제아무리 괴롭고 귀치않은 것이었다 하더라도 결국 지나가 버린, 거듭 올 리 만무한 과거의 것임에 틀림없을 것이다.

사온일이면 모란대 부근 긴 등에 올라 대동강을 굽어본다. 거기에도 시절의 약속은 완연하다.

양지쪽 잔등에는 욱신한 전나무의 그림자가 짙고 아까운 낙엽의 보료가 발아래 푹신하다. 강물은 차고 푸르며 기슭에는 물오리 떼가 헤엄치고 건너편 모래 가에는 흰 물새가 긴 다리를 쉬고 있다. 그 느릿하고 한가로운 자태는 아무리 보아도 봄의 것이지 겨울의 것은 아니다. 따뜻한 기름길에는 거니는 사람의 그림자가 드뭇하며 길 옆 누른 잔디 위에는 늙은 사주쟁이가 당사주책을 펴놓고 앉았다. 그의 앞에 움츠리고 서서 겸연하고 거북스런 얼굴로 두려운 운명의 판단을 기다리고 있는 젊은이를 나는 확실히 그 어디서 본 일이 있는 성싶어 곰곰이 생각한 결과, 지난 가을에 세금을 받으러 와서 서리같이 독촉이 심하던 바로 부(府)의 수세리(收稅吏) 그 사람임을 깨닫고 기묘한 상봉에 빼저린 유머를 느끼게 된 것도 웬일인지 겨울 아닌 봄 정경의 한 토막인 듯한 느낌을 금할 수 없었다.

그러나 이런 정경도 시절을 고하기에는 아직도 이른 짓궂은 착각임을 알았다. 다음 삼한에 들어가자 봄은 아직도 멀다는드키 별안간 추위가 단속되고 눈이 퍼붓기 시작하더니 잔디밭은 눈 속에 묻히고 강물은 꽁꽁 얼어 버렸다. 물새 나리던 강 위에서는 스케이트 대회가 열려 원을 그리고 둘레를 친 사람의 떼가 산 위에서 내려다보면 불개미 떼 같은 천한 미물로밖에는 보이지 않는다. 삼한을 전후하고 일어난 이 큰 변화가 너무도 삽시간의 일이어서 마치 꿈같이 여겨진다. 물새도 사주장이도 수세리도 승천이나 한 듯이 모래와 잔디의 뒷자취가 괴괴하다. 굵은 눈송이가 함박같이 퍼붓는 날은 나뭇가지는 운치를 더하고 거리는 보얗게 저물어 봄 약속은새로에 다시 겨울의 복판으로 시절은 뒷걸음질쳐 간 셈이다. 그러나 시절의 착각은 여기서 머뭇지는 않는다. 눈 오는 날 백화점의 식당에 들어갔을 때 나는 거기서 봄을 느끼지 않았는가.

훈훈한 홀 안의 모든 장치가 바로 봄의 것이었다. 정결한 식탁이며 상록수의 분이며 깨끗한 소녀들이며—더구나 식탁 위의 수선화와 시클라멘과 선인장꽃의 화분은 그것이 비록 온실산이라고는 하더라도 봄의 감정으로 주위를 장식하고 동화시키고야 만다. 화판(花瓣)과 화분의 향기와 아울러 흰 접시의 야채—상추 아스파라거스 토마토—몸을 맑게 씻어내고 세포의 구석구석을 푸르게 물들일 듯도 한 신선한 성찬의 한 묶음—새 시절의 선물이 아니면 안 된다. 식탁에 마주 앉아 있는 동안만은 적어도 사람은 겨울을 잊어 버리고 다른 시절 속에 산다. 두터운 외투들을 입고 봄을 맞이한다.

거리에 나와 눈송이를 볼 때에 문득 겨울이었던가 하고 다시 놀라게 된다. 세 번째의 착각이다. 화분과 야채의 감각에서 눈을 뜨고 별 수 없이 찬 객관 속으로 일사천리의 뒷걸음질을 쳐야 된다. 외투 섶을 세우고 눈을 맞으며 거리를 걸으면서 먼 꿈을 생각하는 수밖에는 없다.

입춘이 지나고 비가 뿌리더니 눈이 녹고 얼음도 풀리기 시작한다. 장미 줄기가 푸르고 나뭇가지의 눈이 물을 머금고 부풀어 간다. 푸근히 녹이는 날 과수원 옆 개천에서는 빨래 소리가 느릿하고 한가하다. 여러 번의 착각으로 마음을 낚던 시절의 걸음도 이제는 바로잡힌 듯싶다. 오는 시절에의 원망(願望)이 더한층 날카로워진다.

시절의 착각이란 사람을 희롱하는 품이 마치 사람의 꾀같이도 겹겹이요 고비고비며 단순한 외통길은 아닌 듯싶다.

제2일

여럿이 한 좌석에 모여 앉았을 때에 원탁을 둘러싸고 두 편으로 갈라져 노는 패노름이 있다.

재료는 무엇이든지 좋을 것이나, 가령 동전 한 닢이 한 패의 누구나의 한 사람의 한편 손에 들었다고 하면 맞은편 패는 그것이 어느 손에 있다는 것을 민첩하게 알아내야 한다. 알아낸 때에는 동전이 그 편으로 옮겨져 가고 못 알아낸 때에는 헛손을 짚은 만큼의 수효의 득점을 상대편이 얻게 된다. 맞은편 패가 '징킨스 업'을 부를 때에 이 편 패 사람들은 두 손을 모두 쳐들고 동전을 가진 손이 어느 것임을 분명히 보인다. '징킨스 다운'의 군호로 손들을 일제히 내려 원탁 아래에 모으고 비밀한 암중구수(暗中鳩首)로 동전을 한 사람의 한편 손에 은탁(隱托)한 후 알맞은 때 맞은편이 '징킨스 온 유어 테이블'을 분부하면 은밀한 약속을 마친 손들을 동시에 일제히 탁자 위에 올려놓고 어느 손에 동전이 들었나의 적발을 맞은편 패에게 맡기는 것이다. 똑바른 적발의 방법은, 즉 승패의 비결은 온전히 상대편의 민첩한 형안(炯眼)에 있음은 물론이다. 형안의 화살을 막아내고 혹은 무즈러뜨리기 위하여 귀표(鬼票)의 소유자는 갖은 꾀와 방패를 다 준비하여야 할 것이니, 따라서 양자 사이에는 잠시간 겹겹의 심리의 약동과 가지가지의 지혜의 비약이 번개같이 거래하게 된다. 사람의 마음을 나꾸어 보는 시절의 착각의 경우와 같이 여기에도 또한 두 고비 세 고비의 변법(變法)이 있을 것이 확실하다.

과녁은 적발자의 시선을 받는 귀표 소유자의 태도와 손과 얼굴의 표정에 있는 것이니 심리의 약동이 스스로 그 표정에 나타날 것이니까 말이다. 그에게는 과연 몇 고비의 심리의 전동(轉動)이 있을 것인가. 1단 2단 3단까지의 심리 도약을 생각하여 보자. 귀치않은 물건을 가지고 있음으로 말미암아 가진 체하는 초보적 1단법, 한 꾀를 내서 가지지 않은 체하고 천연스런 표정을 지니는 기만적 2단법, 한 수의 꾀를 더하여 세 고비를 뛰어 차라리 가지고 있으므로 터놓고 가진 체해 보는 환원적 3단법의 3법이다. 3단법과 1단법은 결과의 현현은 동일하나 그 심리적 용약에 있어서 단순하고 직선적인 1단법보다는 3단법이 두 층이나 윗수임은 물론이며, 다시 2단법과 비길 때에도 한 마디 더 구분한 한 단 윗꾀임이 확실하다. 꾀가 깊으므로 도리어 꾀를 보이지 않은 결과가 되었다. 무지의 지며 무기교의 기교인 것이다.

다시 4단 5단 6단……으로 거듭하여 올라갈 때 꾀는 곯고 지혜는 한없이 늘어간다. 나중에는 그야말로 별을 딸 수 있을는지도 모르나 그때에는 도리어 지혜의 과잉으로 말미암아 자멸하기 첩경 쉬울 것이다. 꾀는 곧 기만을 의미하는 것이니 원탁유희는 우리에게 기만의 교훈을 던져 주는 것이다. 탁자를 둘러싸고 앉아서 거짓을 꾸미고 허세를 보이는 그 자태들은 그대로가 바로 현실생활에 처하여 가는 자태 그것이 아닐까. 가장 천연스런 거짓을 꾸밈이 3단법을 능란하게 씀이 유희와 생활에서 이기는 비결일 것이다.

3단법과 관련되는 것에 포의 단편소설이 있다. 이야기의 기억조차 어슴푸레하나 수색 당하고 있는 귀중한 문서를 감추기에 괴벽(乖僻)한 벽 속이라든지 포도의 돌 밑을 이용하지 않고 주인공은 일부러 허수한 곳을 역용하여 눈에 가장 잘 뜨일 가능성이 많은 책상 위 철망 속에 되고말고 던져 둔 결과 도리어 수색자의 눈을 효과있게 피할 수 있었다는 것이다. 수색자는 항용 궁벽한 은밀한 곳에 눈을 보내기 쉽고 드러난 곳은 주의하지 않고 그대로 스쳐 버리기 쉬운 것이기 때문이다. 주인공은 두 고패의 꾀를 써서 감쪽같이 효과를 거둔 것이다. 위험한 3단법의 완전한 성공의 일례를 우리는 이 이야기에서 볼 수 있다.

제3일

사람의 지혜가 오늘같이 민첩한 날은 없었고 일상생활이란 지혜의 싸움이라고 하여 과언이 아닐 듯싶다. 지혜는 빛나고 아름다운 것이나 동시에 불서럽고 슬픈 것이다. 사람이 살아가는 데 과연 몇 줌의 지혜가 필요한 것일까. 현대인의 지(智)의 과잉은 행복을 가져온 한편에 확실히 불행을 낳게 되었다. 비극이 예지의 결핍에서 온 것은 과거의 일이요 현대에 있어서는 참으로 예지의 과잉에 불행과 비극은 기인되었다고 함이 마땅하지 않을까. 예지의 과잉은 시심(詩心)의 상실을 유래하고 시심이 상실된 곳에 공리와 간파(看破)와 산문의 비애가 생기는 것이니 자해를 낳는 것은 참으로 과지(過智)인 것이다.

원탁유희에 있어서 비애는 비단 귀표 보지자에게만 있는 것이 아니라 적발자의 편에도 있다. 보지자가 2단, 3단의 변법을 쓴다 하더라도 적발자가 그 변법의 심적 과정을 간파하고 진실을 맞춰 떨어뜨릴 때 비애는 도리어 더 많이 적발자 자신에게 속하는 것이다. 위장한 진실을 간파하고 음막(陰幕) 속의 비밀을 알았을 때에 오는 것은 만족보다도 비애인 까닭이다. 그 가리어진 비밀이 크면 클수록 비애도 커진다. 모르는 곳에 아름다움이 있고 알아낸 곳에 환멸을 느낌은 하기는 사람의 천성인지는 모른다.

영화를 관상할 때에 일껏 스크린 위에 흐르는 면면한 인생의 이야기에 마음을 즐기다가도 문득 그 어떤 서슬에 제작자의 입장에 몸을 두고 나타난 영화면의 각종 기술의 관점에 주의의 방향이 향하여질 때 그만 이야기의 흥미는 삭감되어 버리고 무미건조한 관조의 태도로 돌아가 한결같이 삭막한 환멸의 슬픔을 느끼게 되는 것은 항상 경험하여 오는 바이다. 그것은 물론 순진한 관상자의 태도를 버리고 어줍지 않게 제작자의 자리에 서서 그의 가리어진 막 속을 들여다보고 그의 창조의 꾀와 기교를 엿본 데서 오는 환멸이다. 소여(所與)의 인생을 담담한 심사로 맛보지 않고 쓸데없이 관조하려고 하는 데서 오는 슬픔이다.

한 간의 빈 방이 있다. 가운데 책상에 의지하여 한 여자가 어깨를 떨며 울고 있다. 남편에게 배신을 받고 마지막 결심을 하는 인생의 위기에 선 여자의 운명은 애달프고 비참한 것이언만, 한번 생각이 그 장면의 촬영의 내막으로 향하여질 때 이야기에서 흘러오는 비참한 동감은 자취도 없이 사라져 버린다. 그 여자는 자신 실상에 있어서 그런 운명에 놓여 있는 것도 아무것도 아닌 일개의 여배우에 지나지 않는 것이며, 그 방은 결코 현실의 방이 아닌 촬영소 안의 대소 도구를 모아다가 꾸며 놓은 세트 장치에 지나지 않는 것이며 방바닥도 벽도 창도 책상도 모두가 잠시간 한 자리에 모아다가 얄팍하게 붙여 놓은 가짜의 것이요 여자는 뭇시선을 피하여 그 외딴 으슥한 곳에 혼자 앉아 있는 것 같으나 실상인즉 그의 앞에는 참으로 많은 눈과 방관자가 있는 것이니 감독을 비롯하여 조감독 촬영기사 그 외 수많은 한 패가 둘러서서 그를 감독하고 격려하고 엿보고 있는 것이다. 감독은 테이프를 든 소원(所員)을 질타하여 여자의 일신으로 모이는 광선을 조절시켜서 명암의 효과를 내게 하고 여자의 표정과 자세를 고쳐 주고 한 손에 든 대본의 지시대로 독백의 대사를, 정서를 자아내도록 정정하여 준다. 여자의 눈에 고인 물은 감정에서 솟아나온 눈물도 아무것도 아니요 점안(點眼)의 약물이나 혹은 수적(水滴)인 것이다. 참으로 모든 생명은 없어지고 무기적 도구와 요소를 모아 나열하고 꾸며서 한 토막의 감정 있는 장면을 만들고 이런 여러 토막의 장면을 따로따로 촬영한 것을 순서를 따라서 끊고 잇고 편집하여 드디어 한 편의 생명 있는 유기적 이야기를 구성하는 것이니, 이 모든 비밀과 꾀를 관상(觀賞)의 도중에서 문득 생각해 낼 때에 이야기에서 오는 감정은 참혹하게도 중단되어 버리고 삭막한 진실로 돌아와 눈은 이번에는 기술의 비판으로 향하여 직책 이상의 것에 관여하게 된다. 그렇게 되면 벌써 그 이상 관상하고 싶은 흥미를 잃어버리고 관상한다 하더라도 다시 이야기 속으로 끌려들어가 갖은 기교와 트릭에 속아 넘어가는 것이 어리석게 생각될 뿐이다.

결국 비밀과 꾀를 한 손에 잡아 쥔 냉정한 관조자의 태도를 가지게 될 때 이야기의 흥미는—인생의 흥미는 그만 삭감되어 버리고 만다. 어수룩하게 속아 넘어가는 곳에 풍미의 참된 향락이 있는 것이요, 꾀와 지가 과도로 발동할 때에는 드디어 인생은 깔깔한 모래의 맛으로 변할 뿐이다. 예지의 비애는 이곳에도 있다.

제4일

모파상의 비극은 참으로 여기에서 시작되었다. 지의 과잉, 심리의 과민—그의 소위 제2 시각—이것의 그의 비참한 생애를 낳게 하였다.

작가치고 모파상같이 모든 인간의 꾀를 인생의 흑막 속을 명민하게 들여다본 사람은 적었다. 작가 특유의 제2 시각으로 그는 사람의 마음속을 역력히 쳐들어보고 날카로운 이도(利刀)로 어둡고 흉측한 그 속세상을 여지없이 난도질하여 추잡하고 악취나는 내장을 조각조각 조상(俎上)에 끌어내고야 말았다. 그것은 거의 그의 운명적인 천성이며 재조였다. 이웃 사람들의 말과 마음을 일일이 보고 짐작하고 설명하고 해석하고 그들의 감정이나 행동을 억제하는 비밀의 근원을 샅샅이 탐구해 냈다. 비록 친구나 친척의 그것까지라도 참혹하리만치 공평한 태도로 발겨 내지 않고는 안 두었으며, 심지어 사랑하는 사람의 마음속까지라도 잔인하게 해부하고 그의 언어와 행동을 즉시 자기의 마음속 저울에 달아 보고, 가령 그가 돌연히 자기의 목을 얼싸안을 때에는 그 거동의 속뜻과 계획이 무엇이며 그것이 행여나 가짜의 연극이나 아닌가 어떤가까지를 관찰하고 판단하려고 한 것이 그의 태도였다. 참으로 모파상은 자신 인생의 무대의 등장인물인 동시에 인생 연극의 한 사람의 방관자였다. 이 이중성으로 말미암아 사람의 마음과 행동 비밀은 그에게는 빤히 들여다보이는 것이었다. 그러나 그 결과는 어떤 것이었던가. 그는 보통 사람들같이 다만 단순하게 감동하고 느끼고 사랑하고 일하고 유쾌하게 살아갈 수는 없었다. 무서운 환멸과 번민과 고통이 그의 생활을 침범하고 위협하였다. 생활이 평범인에게 만족을 주는 때 그에게는 피곤과 절망을 줄 뿐이었다. 생존의 이중성과 제2 시각이 드디어 그를 발광과 죽음으로 인도하지 않았던가.

『벨아미』의 악한 뒤루아는 천품의 미모와 대담한 수완과 몰염치의 비인간성을 무기삼아 사업에 성공하고 만나는 대로의 여인을 농락하여 순조롭고 교묘하게 뜻대로 세상을 헤엄친 끝에 나중에는 주인의 아내인 자기의 정부의 질녀—순결한 처녀 '수잔'을 손에 넣어 드디어 그와 결혼까지 하게 된다. 일대의 악한이 주위를 속이고 세상을 희롱하여 갖은 세속적 성공을 거둔 끝에 몸에는 명예의 훈장을 장식하고 순결한 처녀를 속여 그와 결혼하게 되매, 석상(席上)의 인사들은 그것을 승인하고 승정(僧正)은 그를 축복하여 일세가 그를 앙시(仰視)하게 되는—그 기막히고 빠저린 장면을 그리고 인생의 무서운 진실의 한 토막을 피력할 때 작자 모파상의 마음속에는 한 줌의 눈물이 징긋이 고여 있지 않았을까. 겉으로는 냉정한 침착을 잃지 않으면서도 가슴속으로는 가만히 느껴 울지 않았을까. 괴

많은 인생의 진실이, 악착한 기만과 허위가 민첩하고 예리하며 엄격한 양심과 생활태도를 가진 그로 하여금 절망과 과피(過疲)에 빠지게 한 결과 마침내는 인생증오와 허무사상의 길로까지 내닫게 한 것은 당연하다고 하지 않을 수 없다.

설령 모파상이 아니요 혹은 그에게 비길 바 못 된다 하더라도 작가인 이상 혹은 명민한 현대인인 이상 다소의 여상(如上)의 과지(過智)는 면할 수 없는 것이다. 복잡한 일상생활의 착잡한 주위 환경에 처하고 있는 한 우리는 거의 순시(瞬時)로 심리의 과중(過重)에 헐떡거리지 않을 수 없다. 투심경(透心鏡)으로 사람의 속을 들여다보고 그 속에 준동하는 악의 과립을 똑바로 뜯어낼 때 거기에는 자살적 우울과 고정(苦情) 이외의 아무것도 없는 것이다.

현대인은 이 첩첩한 심리의 과중을 기뻐하여야 옳을 것인가 슬퍼하여야 옳을 것인가. 새삼스럽게 어리석어지고 둔감한 벌레로 전화(轉化)할 수 없는 이상 그것은 현대 지인(智人)의 피할 수 없는 운명이라고 할 수밖에는 없다. 지과(智果)의 비애를 몰아다가 흐르는 사온일의 조화에 맡기는 바이다.

《조선일보》, 1937. 2. 17.~20.

남창영양(南窓迎陽)

또렷한 봄의 실마리를, 시절의 제목을 찾지 못해서 이 짧은 글을 작정된 기한의 마지막 날인 오늘까지 붓을 대지 못하고 있을 제 우연히 문하의 학생 오륙 인의 방문을 받았다. 이렇게 한꺼번에 오륙 인씩이나 대거함은 드문 일이다. 지향 없는 젊은 이야기에 활기를 느끼고 있는 사이에 총중의 한 사람이 슬며시 자리를 떠서 밖으로 나가더니 얼마 안 되어 거리의 사진사 한 사람을 데리고 왔다. 함께 들 사진을 박자는 것이 일행의 중요한 목적임을 알고 예측치 아니한 그 갸륵한 청을 나는 고맙게 또한 반갑게 여겨 현관과 창을 배경으로 복판에 둘러싸여 섰다. 뜰 한편 구석에 카메라를 세우고 집을 배경으로 두 장, 멀리 원경의 모란대를 배경으로 한 장, 이 해의 첫 사진을 박게 되었다. 문제는 그 후에 온다. 박고 나서 사진 속에 새겨 넣을 글자를 생각하노라고 한참들이나 머리를 모으고 의논에 잠기더니 드디어 그 난산의 제목을 나에게 고하였으니 가로되 '이른 봄' 운운이었다. 이른 봄—나는 여기서 문득 홀연히 기한된 이 짧은 글의 착상과 아울러 우연히 봄 생각의 실마리를 얻게 되었다. 이른 봄과 사진—그 사이에야 무슨 관련이 있으랴마는 이른 봄의 반날을 젊은 문과생들의 문학담과 즐거운 웃음소리를 듣고 상호간의 두터운 우의를 옆에서 목격하게 된 것에 한 줄기의 감동이 솟은 것이다. 이른 봄—듣고 보니 짜장 벌써 이른 봄이 신변에 가까워 왔음을 느낄 수 있으며 젊은이들의 정과 뜻과 열정에서 봄은 한층 활기와 의미를 더하여 가는 듯하다. 봄은 물론 청춘의 시절이니 청춘의 하루에서 봄이 열린 것이 즐거운 암시이며 활기 있는 분위기 속에서 우연히 봄을 맞이하게 된 것을 더없이 기뻐한다.

손들을 보내고 장지를 활짝 열고 남쪽 창 넓은 기슭에 올라 앉으니 전폭의 벽으로 흘러드는 따뜻한 햇빛이 전신을 싸고 방 안에 새어 들고도 오히려 남는다. 기지개라도 펴고 싶은 모 없는 부드러운 햇빛이다. 창을 열어도 벌써 찬 기운이 얼굴을 찌르는 법 없이 둥글게 몸을 스칠 뿐이요, 하늘은 푸르기는 푸르면서도 가령 가을 하늘같이 새파랗지는 않고 푸른 물에 우유를 섞은 모양으로 희미하고 부드러운 빛이다. 하루도 빈 적 없는 비행기가 가까운 허공을 요란한 소리를 내며 날아간다. 아직도 수풋수풋 무죽거리는 그 어디인지 숨어 눈에 보이지 않는 봄의 생명을 속히 뽑아내려는 듯이 성급스럽게 성화하고 재촉하는 소리가 바로 비행기의 폭음인 듯하다. 그것이 지나간 후에는 그와는 아주 성격이 다른 기차의 기적 소리가 가까운 교외에서 길게 한가하게 울려 온다. 그것은 봄을 재촉하는 소리가 아니고 봄을 이미 맞이하여 버린 봄 속에서의 유창한 노래와도 같다.

봉곳이 솟아오른 양지쪽의 흙 속에는 수많은 생명의 무리가 새

기운을 한껏 준비하여 가지고 한 마디 호령만 나면 비집고 솟으려고 일제히 등대하고 섰음이 완연하다. 나뭇가지의 눈 봉오리는 날이 새롭게 불어가는 듯하며 오랫동안 자취 멀던 새의 무리가 가지 위에 퍼뜰 모여들기 시작하였다. 늘 푸른 한 포기의 황양목(黃楊木)이 새삼스럽게 눈을 끈다. 버드나무의 드리운 가지 끝이 푸른 물을 머금었음이 확실하고 먼 과수원의 자줏빛이 더한층 짙었음이 분명하다. 집 안의 봄은 새달 잡지의 지나치게 민첩한 시절의 사진에서 오고 거리의 봄은 화초 가지와 과물점(果物店)에서 재빨리 느낄 수 있었으나, 이제는 벌써 눈에 띄는 모든 것에서 봄의 기색을 살필 수가 있게 되었다. 화초 가가(假家) 유리창 안에 간직한 시네라리아, 프리뮬러, 시클라멘, 프리지어의 아름다운 색채의 분은 벌써 창밖에 해방하여도 좋을 법하며, 과실점을 빛나게 하는 감귤류의 향기와 가제 수입한 바나나의 설익은 푸른 빛같이 봄의 조미(朝味)를 느끼게 하는 것도 드물다. 닥쳐오는 봄은 붙들 수 없는 힘이며 막을 수 없는 흐름이다.

늘 오는 봄, 올 때 되면 꼭 오는 봄, 그까짓 얼른 오건 말건 하던 생각은 없어지고 봄이 점점 절실히 기다려지게 되는 것은 무슨 까닭일까. 얼른 봄이 짙어 풀이 나고 꽃이 피고 나무가 우거지고 그 속에 새가 모이고 나비가 날고 벌레가 울게 되었으면 하는 원이 나날이 해마다 늘어갈 뿐이다. 자연의 짜장 좋음이 뼈에 사무쳐서 알려지는 까닭인가 한다. 너무도 흔하고 당연하기 때문에 무관하게 지내던 것이 차차 그 아름다움을 철저하게 깨닫게 된 까닭인가 한다. 아무리 생각해야 자연같이 아름다운 것은 없다. 나는 이 심정을

결코 설운 참말을 들려줌이 시인이라면, 셸리의 시는 무엇을 의미할꼬…….[1]

《조광》, 1937. 4.

1 《조광》 출판 시 조판 페이지가 늘어나는 것을 방지하기 위해 원문을 무리하게 줄이는 과정에서 오류가 생겨 비문이 된 것으로 추정된다.

호텔 부근

하숙 이층에서는 호텔과 후원의 팔각당이 정면으로 바라보인다. 호텔의 창호는 늘 닫히었고 굴뚝에는 연기가 끊일 새 없고 팔각당 근처에는 수목이 푸르다. 저녁때이면 소복소모(素服素帽)의 보이가 나무 사이에 희끗희끗 어른거리며 당 주위를 휘돌아치며 새 둥우리라도 들쳐내려는 듯한 눈치였다. 노간주나무와 은행나무 가지가 흔들렸다. 지붕 기와 틈에 앉았던 검은 새가 푸드두 날곤 하였다. 그 아름다운 한 폭의 풍경을 나는 사랑한다. 확실히 그 어느 화가의 그림에 비슷한 구도가 있었던 듯이 기억된다. 그 귀한 한 폭을 하염없이 굽어보며 생각에 잠기곤 하였다. 호텔의 창은 늘 닫히었고 여인의 그림자 한번 어리는 법 없으므로 나는 그 속의 생활을 알 바 없다. 그들이 이쪽 이층의 생활을 모르는 것과 일반이다. 방이란 한량없이 신비로운 것이니 그 속의 생활은 언제든지 외부에 대하여서는 닫혀진 비밀이다. 세상에는 수십 억의 방이 있겠으나 그 많은 방들은 그 속의 공기와 채광과 색조가 다르듯이 감정과 성격과 인생도 다 각각 스스로 다르며 동시에 비밀인 것이다. 즉 세상에는 수십 억의 방의 비밀이 있다. (수십 억의 소설이 있어야 할 것은 물론이다.) 비밀—사람은 반드시 한두 조각의 비밀을 가지고 있는 법이니 아무리 거리가 가까운 눈앞의 호텔이라 할지라도 나는 그 속에 갈피갈피 숨었을 수많은 비밀을 단 하나라도 알 길은 없는 것이다. 호텔은새로에 같은 이층 이웃 방 주민의 생활조차 모른다.

우리는 날마다 거리에서 수많은 사람들을 만난다. 걸음걸이를 보고 시늉을 관찰하고 회화를 엿들을 수 있다. 그러나 그뿐이요 그 이상 그들에게 관하여 아무것도 알 수는 없는 것이다. 탁자에서 열정을 보이고 주의(主義)를 말하고 계획을 세우나 그것과 그의 생활의 비밀은 스스로 다른 문제이다. 베레를 쓰고 루주가 진한 것만을 보고 어찌 그 여자의 속심을 알 수 있으리오. 거리에서 빚어지는 화려하고 안타깝고 상기되는 생활의 표면과 그들이 각각 방으로 돌아갔을 때의 생활의 속과는 스스로 다른 것이다. 흥분되고 감동되는 접촉면과 한 꺼풀 막 너머의 현실과는 딴판이다. 가령 날마다 같은 곳에서 같은 시간에 만나는 알 바 없는 여인(麗人)의 현실 속에 우연한 기회로 참가할 수 있었을 때 우리는 얼마나한 놀람과 꿈의 차이와 신비와 때로는 서글픔을 느낄 것인가. 우리는 드디어 아무것도 모르는 것이다. 두렵다고도 할까. 다른 사람에 관하여서는 백치의 상태에 있을 뿐이다. 거리란 방 속의 세상은 따로 제쳐두고 다 같이 잠시 동안 모여들어 뛰고 춤추고 흥분하고 장식하고 꿈을 주고받고 하는 가짜의 회장(會場)과도 같은 곳이다.

슬프고 안타까운 일이나 할 수 없는 노릇이다. 우리는 별 수 없이 소여(所與)의 생활만을 침착하게 해 가는 수밖에는 없다. 방에 돌아가면 자신의 알맞은 비밀이 기다리고 있을 터이니까.

하숙의 이층은 나의 여우(旅寓)에 지나지 못하나 나의 생활의 결코 무의미한 페이지가 아니다. 그 방은 가난은 할망정 나에게는 그립고 친하다. 열어젖힌 창으로는 이웃 공장들의 연기와 그을음이 들어왔으나 밤늦게 불을 끄면 월광도 새어 들었다. 달빛에 젖으면 팔각당은 한층 신비롭게 보였다. 한가한 아침이면 양편 창으로 근심 없이 뜬 경기구가 방울방울 가볍게 바라보였다. 구름과 하늘이 산속 같이 맑은 날도 있다.

겨울과 여름에 따라서는 방의 조망도 다르거니와 방의 생활도 다르다. 내용과 감정과 성격이 변천한다. 그 변천의 역사가 스스로 방 어느 구석엔지 남아 벽 위에 때 묻고 손톱자국 나는 것을 나는 안다. 육안에 보이지 않는 상형문자로 내용의 기록이 벽 위에 덕지덕지 적힘을 안다. 등장인물은 사라져도 때는 남는 것이다. 나 이전에 그 방에서 살았을 수많은 사람들의 때도 남았으려니와 나 이후에 살 사람들의 생활도 그 위에 때 묻을 것이다.

차례차례로 이어갈 그 많은 생활 내용은 물론 다 각각 은밀한 것이다. 단순한 한 간의 방은 참으로 비밀의 도가니요 신비의 계열(系列)이다. 이웃 방도 그렇고 그다음 방도 그렇고 층 아래 여러 방도 물론 그렇다. 방은 인생의 항구랄까. 항구 항구에 이야기를 남기고 인생은 또 다른 항구에서 항구로 흘러간다.

겨울 동안 이웃 방에 들었던 식구들—장성한 딸과 어미 없는 어린것들을 데리고 유행가를 배우던 아버지는 간 곳 없다. 같은 층 끝방의 치과 학생도 없고 가제 해산했던 아래층 여점원도 가 버렸다. 그들은 이 여름을 어디서 허부적거리며 헤엄쳐들 건널까. 그들 대신에 하숙에는 낯모를 주민들이 방방에 찼다. 세면장에서 만나면 짧은 아침 인사를 건네고 식당에서 부딪히면 농담의 두어 마디를 주고받을 뿐이요 그들의 정체는 물론 알 바 없다. 교원이요 회사원이요 직인(職人)들임을 알 뿐이지 이웃 방이 고요할 때 그들이 방에 있는지 없는지조차 모른다. 남의 생활이란 피차 관여할 바가 아니며 다 각각 각자만의 것인 까닭이다.

겨우 내가 치운 방 이불 속에 더운 물통을 정성껏 넣어 주는 주인 노파는 목욕물이 더우면 나에게 제일 먼저 일러 주고 아들에게서 편지가 오면 자랑삼아 피봉을 보이곤 하였다. 아들은 올림픽대회에 출장한 중거리 선수였다. 편지는 서서(瑞西) 호텔에서 왔다. 노모의 자랑은 하늘을 찌를 듯도 하였다. 그는 많은 아들의 사진과 오려낸 신문기사의 조각조각을 내보이기까지 하였다. 나는 선수를 칭찬하고 성공을 빌었다.

하숙은 생활의 전람장이나 일일이 방 안을 엿볼 수 없음이 유감이다.

이층에서의 전망은 또한 얼마나 풍부한가. 호텔도 호텔이려니와 바로 눈 아래 근경을 나는 더한층 사랑한다.

부근은 철공장에서 오는 소음으로 늘 요란하다. 철판 끊는 소리, 기관 도는 소리에 멀리서 오는 시가의 해조(諧調)가 섞여 부근의 어지러운 생활대(生活帶)에 끊임없는 한 위대한 반주를 이룬다.

층 아래는 바로 넓은 공지를 이루어 그곳으로 향하여 각 가호의 생활의 문이 열려 있다. 공지의 생활상은 아침저녁으로 변하고 조그만 사건이 뒤를 잇는다. 거의 하루 한 차례씩 싸움도 일어났다.

아침에 제일 일찍이 공지를 지나는 것은 장사치요 다음은 출근하는 직인들이다. 낮이 되면 근처 직공들이 모여들어 소한(小閑)을 이용하여 캐치볼을 하였다. 야채 행상은 빈 하차(荷車)를 끌고 와 그늘에 세우고 그 속에 웅크리고 낮잠을 잤다. 인물이 가장 풍성한 것은 저녁 무렵이다. 쓰레기통 옆에서는 아이들이 자리를 펴고 놀고 골목쟁이에서는 이웃집 주부들이 모여 수군수군 소문들을 귀띔하는 눈치였다. 하는 일 없이 날마다 거의 무시로 나타나 주부들에게 인사하며 하염없이 돌아다니는 것은 무직의 노인 같다.

서향 편에는 중국 가호가 두어 채 있어 문 앞에는 늘 식구들이 나와 거닐었다. 묘령의 여자는 아무리 보아도 이웃집 사내와 남이 아닌 눈치였다. 집 모퉁이에서 만나다가도 인기척만 나면 슬금슬금 골목으로 꺼지고 하였다. 서마서마하고 멈칫거리고 어색하고 그러면서도 대담하고 서투른 꼴이 틀림없이 사랑에 갈팡질팡하는 사람의 꼴이었다. 청복(靑服) 사이로 종아리가 허옇게 드러나도 그것을 여밀 염도 하지 않고 우두커니 생각에 잠겼다 흘깃흘깃 이쪽 창을 쳐다보는 때가 있었다. 내가 그를 수상히 여기듯이 그 역 불규칙하게 창에 어리우는 나의 꼴을 수상히 여겼을는지도 모른다.

하루는 남향 쪽이 왁자지껄하였다. 또 싸움인가 하고 내려다보니 한 사람의 여인이 집 널판지를 향하여 바라지게 떠들며 욕지거리였다. 보고 섰는 사람들도 웃고 맞장구를 치며 부추겼다. 비난의 상대자가 누구인지를 몰라 시비의 곡절을 판단하지 못하고 있을 때 반지문이 열리며 창백한 소년이 겸연쩍은 얼굴로 나왔다. 벽에 붙은 조그만 측간이었다. 여인은 측간의 사용을 그렇게까지 까다롭게 책망하였던 것이다. 차인꾼인 듯한 소년은 낯도 쳐들지 못하고 세웠던 자전차를 끌고 사람 숲을 헤치고 슬금슬금 사라져 버렸다. 웃음소리는 한동안 한층 더 요란히 터졌다. 뒷골목 인정은 박하고 야속도 하였다.

호텔 부근은 어수선하고 이층의 전망은 무한하다.

떨어져 생각하면 모두 그립다. 또다시 그 가난한 이층에서 지낼 날이 기다려진다. 원컨대 헌 벽도 낡은 방바닥도 고쳐지지 말고 있던 그대로 남아 있기를 바란다. 그곳에 올 나의 다음 생활의 정감은 어떤 것일까. 전망의 풍경은 어떻게 변하여질까.

7월 18일 여행에서 돌아와서

《사해공론(四海公論)》, 1937. 4.

마음에 남는 풍경

삼월의 풍경같이 초라한 것은 없다. 아직 봄도 아니요 그렇다고 겨울도 아닌 반지빠른 시절이다. 풀이 나고 꽃이 필 때도 아직은 멀고 나뭇가지의 흰 눈은 알뜰히 사라져 버렸고 이것도 아니고 저것도 아닌 반지빠른 풍경이 눈앞에 있을 뿐이다. 초라한 가운데에 한 가지 아름다운 것이 있으니 하아얀 백양나무의 자태이다. 아침 일찍이 출근하는 날이면 나는 대개 신문실 창기슭에 의지하여 수난로(水煖爐)에 배를 대고 행길 건너편 언덕 위의 백양나무의 무리를 바라봄이 일쑤다. 희고 깨끗하고 고결한 그 자태는 아무리 바라보아도 싫어지지 않는다. 그 무슨 그윽한 향기가 은은히 흘러오는 듯도 한 맑은 기품이 보인다. 나무치고 백화(白樺)나 백양만큼 아름다운 나무는 없을 법하다. 이 두 가지 나무를 수북이 심어 놓은 넓은 정원을 가진 집에 살아 보았으면 하는 것이 원이다. 아직 원대로 못 되니 학교 창으로나 맞은편 풍경을 실컷 바라보자는 배짱이다.

이 며칠째 백양나무 아래편 행길 위를 낯설은 행렬이 아침마다 지나간다. 불그칙칙한 옷을 입고 사오 명씩 떼를 지어 벽돌 실은 차를 끌고 어디론지 가는 형무소의 한 패이다. 아마도 소(所) 안의 작업으로서 구운 벽돌을 주문을 받아 소용되는 장소까지 배달해 가는 것인 듯하다. 한 줄에 매인 그들이언만 걸음들이 몹시 재서 구르는 수레와 함께 거의 뛰어가는 시늉이다. 행렬은 길고 바퀴 소리는 아침 거리에 요란하다. 군데군데 끼어 바쁘게 걷는 간수들은 수레를 모는 주인이 아니요 도리어 수레에게 끌리는 허수아비인 셈이다. 그렇게도 종종걸음으로 그 바쁜 일행을 부지런히 좇아가지 않으면 안 되는 듯이 보인다. 아침마다 제때에 그곳에는 그 긴 행렬이 변함없이 같은 모양으로 펼쳐지곤 하였다. 하루 아침 돌연히 그 행렬에 변조(變調)가 생겼다. 구르는 수레 바로 뒤에 섰던 동행의 한 사람이 어찌된 서슬엔지 별안간 걸어가던 그 자리에 폭삭 고꾸라지는 것이 멀리 바라보였다. 창에 의지하였던 나는 무슨 영문인가 하고 뜨끔하여서 모르는 결에 고개를 창밖으로 내밀었다. 그가 고꾸라졌을 때에 간수는 바로 그의 곁에 있었다. 원체 구르는 수레는 빠른지라 고꾸라진 그는 미처 일어나지도 못하고 쓰러진 채 그대로 수레에게 끌려 한참 동안이나 쓸려 갔다. 아마도 몸이 처음부터 수레에 매어져 있었던 모양이다. 이상스러운 것은 곁에 섰던 간수가 끌려가는 그를 좇아 재빠르게 달려가는 것이었다. 그 시늉은 마치 쓰러진 사람을 거들어 일으키려는 것도 같았다. 어찌된 서슬엔지 쓰러졌던 사람은 별안간 벌떡 일어서게 되어 여전한 자태로 수레를 따라가게 되자 간수는 이번도 또한 그의 곁에 가까이 서게 되었다.

변이라는 것은 그것뿐이나 이 삽시간의 조그만 사건은 웬일인지 마음속에 깊이 박혀 사라지지 않는다. 이상스런 것은 쓰러진 사람과 간수와의 관계이다. 간수의 조급한 거동은 단순히 쓰러진 사람을 일으키자는 것이었던지 그렇지 않으면 도리어 그를 문책하자는 것이었던지, 아니 당초에 그가 쓰러지게 된 것조차도 실상인즉 간수의 문초의 탓이 아니었던지 도무지 알 바는 없는 것이다.

의아하고 있는 동안에 행렬은 어느 결엔지 벌써 시야의 범위를 지나가 버렸다. 이상스런 한 폭의 풍경이었다. 어찌된 동기의 사건인지 그 까닭을 모르겠음으로 말미암아 그 풍경은 더한층 신비성을 더하여 가고 수수께끼를 던져 준다. 아무리 생각하여도 곡절을 모를 노릇이다.

그 조그만 풍경이 오래도록 마음속에 남아 쉽사리 꺼지지 않는 까닭이다.

《조선문학》, 1937. 5.

쇄사(瑣事)

큰 일에는 크고 작은 일에는 작게, 사람은 누구나 항상 일종의 두려움을 일상생활에 있어서 허다하게 경험하게 되니 그런 경험은 생활을 꾸며가는 정감의 한 요소가 된다. 두려움은 긴장을 가져오고 긴장이 풀린 후에는 안심이 와서—여기에 비범한 생활의 흐름이 있다. 무사태평한 생활보다는 그 편이 한결 보람 있는 생활이 되지 않을까.

병이 잦았던 까닭에 근대 의료의 세례를 알뜰히도 받은 나였만은 치과의를 찾게 되었을 때 나는 어지간히 겁을 집어먹고 미리부터 친구들에게 탐문하여 명의를 수소문하고 치료 받을 때의 아픈 정도를 헤아리곤 하였다.

짜장 병원 문 안에 발을 들여놓게 되었을 때에는 참으로 여러 날의 이러한 준비 공작을 거친 뒤였다. 나는 나를 뛰어나게 담대한 사람이라고는 생각하지 않지만 그렇다고 유달리 겁쟁이라고도 생각하지는 않는다. 비록 겁쟁이가 아니라 하더라도 사람에게는 누구나 아무리 사소한 일상생활의 체험에도 복잡한 심리의 움직임이 있고 정감의 유동이 있음을 말하고자 함이다.

어금니 한 대가 쏘기 시작한 지 여러 달 되었다. 벌레가 침범한 것이었다. 아마도 신경의 갈래가 겉으로 솟아나왔음인지 우연한 서슬에 혀로 조금만 다쳐도 찌르르 아프고 날이 차면 또한 그편 일대가 몹시 쑤시곤 하였다. 찬 과실을 먹을 때에도 조심되고 레몬 스쿼시를 마실 때에는 입 한편 구석만으로 머금지 않으면 안 되었다. 그래도 찬 기운은 어느 결엔지 그편으로 옮겨져 가서 아픈 이를 사정없이 위협하였다. 레몬의 향기는커녕 단맛도 똑똑히는 알려지지 않았다. 음식의 구미는 줄어버리고 생활의 흥미는 탕감되었다. 그러면서도 그대로 몇 달을 참은 것은 신변이 분주도 하려니와 역시 두려운 생각이 용기를 방해함이었는지 모른다. 이러한 생활적 소극성을 극도로 미워하면서도 실상에 있어서 가끔 그 지배를 받게 됨을 한되게 여긴다. 병으로 말미암아 반생 동안에 거의 삼사백 대의 주사를 맞아왔고 잦은 때에는 양편 팔 정맥에 구멍이 숭숭 뚫린 때조차 있었으나, 그러나 그것으로써도 오히려 근대 의료법에 대하여 익숙하여지고 대담하여졌다고 자랑할 것은 못 되는 모양이었다. 어떻든 치과병원 문 안에 들어서서 높은 의자에 걸어앉을 때까지도 흥분이 좀체 사라지지는 않았다.

정미(情味)라고는 조금도 없이 보이는 후리후리하고 무뚝뚝한 선머슴 같은 의사는 미소 한 조각 띠지는 않았다. 더한층 언짢은 것은 맞은편 벽에 걸린 그의 사진이니, 그 사진은 웃음을 띠기는 하였으나 두 줄의 뻰은 이빨을 드러내놓고 탄구대소(綻口大笑)하는 그 얼굴은 결코 정미를 자아내게 하는 류의 것은 아니고 벽 이곳 저곳에 붙인 이빨의 도해(圖解)와 함께 징그럽고 섬찟한 것이었다. 핀셋 집게 바늘 주걱 등의 도구를 갖추어 놓더니 이를 검사하려 들었다. 윗줄 맨 구석의 어금니였다. 반 이상 벌레의 밥이 되어 버린 이는 주걱이 닿을 때 유심히 저렸다. 나는 모르는 결에 꿈틀꿈틀 몸을 요동하였다.

저작(咀嚼)에는 아무 도움도 못 되는 소용없는 이임을 알았다. 신경을 죽이고 치료함에는 약 이주일이 걸리므로 차라리 빼어버림이 나음을 의사는 말하였다. 애틋한 생각도 나고 두려운 생각도 나서 치료를 단념하고 빼기로 결심할 때까지에는 약간의 주저가 있었다. 결심을 듣고 의사는 비로소 빙그레 웃음을 띠고 장기를 갖추더니 주사기에 마취제를 조합하여 넣었다. 닛검의 부드러운 점막이므로 팔의 정맥과는 스스로 경우가 다르다. 바늘 끝에서 약즙이 다 잦을 때까지 나는 몸을 징긋이 틀고 있었다. 잠간 동안을 두었다가 의사는 이윽고 집게로 이를 흔들기 시작하였다. 마취가 철저하지 못한 탓인지 아프기는 일반이었다.

별것이 아니다. 집게와 이와 겯어가지고 씨름을 하는 셈이었다. 집게 가는 대로 나의 이는, 얼굴은, 전신은 질질 끌렸다. 흔들리는 이뿌리에서는 쓴 약즙이 새어서 입안에 고였다. 양치를 하고나서 씨름은 계속되었다. 마지막 힘으로 불끈 겯었을 때 이는 드디어 빠지고 말았다. 소독하고 양치하고 탈지면을 징긋이 물고 있는 동안 피는 여전히 솟아 입안에 그득 엉겼다. 나는 벌써 안심하고 눈을 감고 고요히 앉아 있었으나 나머지의 아픔이 전신에 우렷이 파도쳐 흘렀다. 위대한 경험을 겪은 뒤 같았다. 몇 분 동안의 침통에 지나지 않았건만 긴장되고 흥분된 전신에는 그것이 실상 이상으로 과장되어서 육신과 정신을 얼근하게 뒤흔들었다. 그 짧은 동안에 여러 가지 기구한 생각이 솟아올랐다. 별안간 원시시대에 칼을 불려가지고 종기를 쨌을 때의 광경이 떠올랐다. 침통에 잠겨 있는 산부(產婦)의 모양이 떠올랐다. 전쟁의 잔인함이 생각났다. 모든 고통의 뜻이 새삼스럽게 음미되었다. 산부의 고통이나 살육의 고통에 비겨 이의 고통쯤은 참으로 하잘것없는 것임을 짐작할 때 잠간 동안에 겪은 공포의 염과 비겁의 양자가 부끄럽게도 생각되었다. 그러나 고통이 지난 후의 안심이 커다란 만족을 일으켰음은 사실이었다. 세상에서 가장 싫은 것이 고통임을 절실히 깨달은 것도 사실이었다.

고통의 심도는 다르다 할지라도 치통이나 전쟁이나 고통임은 일반일 것이다. 치통에는 치통의 괴롬이 있는 것이니 이것은 결코 수월한 것이 아니요 전쟁에는 전쟁의 괴롬이 있으니 이것은 물론 말할 수 없이 무섭고 끔찍한 것이다. 그러나 전쟁에 나가는 용사라고 치통의 괴롬을 느끼지 않을 바 아니요 치통을 두려워하는 겁쟁이도 막상 그 경우를 당한다면 전쟁에 못 나갈 바도 아닐 것이다. 그때 그때에 닥쳐오는 고통은 그 대소를 물론하고 다 같은 성질의 다 같이 귀치않은 것임에 틀림없다. 고통이 물결쳐 올 때 이를 악물고 그것을 징긋이 참아나가는 뱃심과 담이 있으면 족한 것이다—이런 생각도 났다.

다음 날 다시 한 번 찾기를 약속하고 새 탈지면을 입에 물고 병원을 나왔을 때 피는 여전히 입안에 고여 자주 걸음을 멈추고 뱉지 않으면 안 되었다. 그러나 이제는 벌써 떳떳한 미각을 가지고 과실을 먹을 수 있고 밀수(蜜水)를 마실 수 있고 레몬 스쿼시를 맛볼 수 있음을 생각할 때 마음은 말할 수 없이 개운하였다.

《백광》, 1937. 5.

에돔의 포도송이

—오월 여인의 머리

여인의 눈을 지혜의 샘이라고 하고 입을 열정의 보금자리라고 한다면 머리는—삼단 같은 검은 머리는 무엇이라고 형용함이 옳을까. "그대의 머리털은 포도송이. 에돔 나라, 에돔 포도원에 드레드레 드리운 검은 포도송이다. 그대의 머리털은 레바논산의 전나무. 낮에도 오히려 사자와 산적이 와서 숨을 만한 으슥한 레바논산의 전나무다."

—살로메는 요한의 머리털을 이렇게 야단스럽게 형용하고 칭찬하였으나 오늘에는 벌써 산발한 예언자의 자태는 찾아볼 수 없는 것이니 살로메의 머리털이야말로, 여인의 머리털이야말로 이 형용을 받기에 족한 것이다. 기름을 발라 곱게 빗어 내린 머리같이 운치 없는 것은 없다. 씻은 채로 말려서 수북이 일어선 머리—그야말로 에돔 나라의 포도송이요 레바논산의 전나무요 신비의 수풀이다. 머리털의 미의 극치는 여기에 있다. 한때 천대받던 단발미(斷髮美)의 재생을 이 점에서 바라고자 한다. 늘 깨끗이 씻어져 있는 파도치는 긴 단발—에돔의 포도송이. 아름다운 수풀 속.

그 검은 포도송이의 배경으로 오월만 한 때가 없다. 색채의 시절인 까닭이다. '무지개 속에서 에메랄드의 부분만을 오려 온' 듯도 한 신선한 신록을 배경으로 하고 선 여인의 검은 머리야말로 일사천벽(一絲千碧)의 값있는 것이 아닐까. 검은 머리, 흰 얼굴, 초록의 나뭇잎, 색색의 꽃, 여기에 금청(金靑)의 하늘을 배치하고 한숨의 부드러운 남풍을 더하여 오리오리의 검은 머리카락을 간들간들 나부끼게 한다면 오월의 풍경으로 이에 지남이 있을까. 그 여인의 눈에보다도 입에보다도 무엇에보다도 먼저 나그네의 시선은 그의 머리다발 위로 솔리지 않을까.

「오월의 여인」, 《여성》, 1937. 5.

화춘의장(花春意匠)

미(美)의 변(辯)

오랑캐꽃이 시들고 개나리와 살구꽃이 한창이요 이어 벚꽃의 만발이 날을 다투고 있다. 모란대 일대는 관화(觀花)의 준비로 아롱기둥에 등을 달고 초롱을 늘이고 초초(楚楚)한 치장으로 화려한 날을 등대하고 있다. 해마다의 관화의 풍속이 풍류스럽다느니보다 이제는 벌써 일종의 퇴색적 속취(俗臭)가 먼저 눈에 띄게 된 것은 사실이나 그러나 시절의 꽃을 대할 때 즐겨하고 상(賞) 줌이 사람의 상정(常情)인 이상 역시 일맥의 아치(雅致)를 부정할 수는 없으며 이 습속을 일률로 야속시(野俗視)할 수만은 없는 것이다.

꽃은 무슨 꽃이든 간에 다만 꽃이라는 이유만으로 충분히 아름다운 것이며—가령 발아래 밟히우는 미천한 한 송이라도 노방의 돌멩이나 흙덩이의 유(類)는 결코 아닌 것이다. 아름다운 것을 아름다운 것으로 인정하여 시절 시절의 꽃을 반기는 마음으로 맞이하고 나아가 사랑하고 완미함이 떳떳한 마음의 통리(通理)가 아닐까. 꽃이 아름답다고 생각될 때 비록 그것이 홍진(紅塵)의 속이라고는 하더라도 속중(俗衆) 속에 휩쓸려 천치 같은 얼굴을 지니고 꽃길을 밀려가며 잠시 흥겨워하기를 인색하게 하지 않는 곳에 너그럽고 넉넉한 아량이 있을 뿐 아니라 그렇게 함이 참으로 아름다운 것을 아름다워 하는 소이(所以)가 아닐까. 아름다운 것을 다만 아름답다고 생각하는 것과 아름다운 것을 참으로 아름다워 하는 것과는 뜻이 다르다. 방 속에 묻혀 들밖의 꽃을 아름다우려니 환상만 하고 있는 것보다는 몸소 들밖에 나가 그 꽃을 구경함이 나으며, 팔짱을 끼고 다만 꽃을 바라보는 편보다는 손수 한 포기를 떠다가 뜰 앞에 옮기거나 꺾어다가 책상 위에 꽂는 편이 몇 층이나 더 보람 있는지 모른다. 그까짓 꽃 누가 아름다운 줄 모르랴 하고 꾀바른 얼굴로 단마디 비웃어버리는 사람과 묵묵히 그것을 뜰 앞에 가꾸는 사람과의 사이에는 동일에 논할 바 아닌 거의 종족의 차이가 있는 것이다. 전자의 소극성에 비하여 후자의 적극성 건설성이야말로 사람으로서 바라야 할 바이며, 이 길만이 인류의 생활을 승양(昇揚)시키고 문화를 진전시키는 동력이 되는 것이다. 시절 시절의 꽃은 될 수 있는 대로 알뜰히 맛보고 즐겨하여 우리의 생활권 내에 탐스럽게 섭취함이 옳은 길이며, 그것이 소여(所與)의 생활을 충분히 영위하는 까닭이 된다.

대체 봄에서 시작되어 여름 가을까지 연달아 오는 시절의 미의 태반은 참으로 꽃과 수목에 기인한다. 화훼와 초목의 색채와 훈향(薰香)과 음영 없이 시절의 미는 없다. 백화(百花)가 요란(燎爛)한 동산에 나비와 벌이 모이고 수목이 우거진 곳에 아름다운 새들도 날

아든다. 꽃 그림자를 받고 나무 그늘에 설 때 여인(麗人)은 한층 향기를 더한다. 세상에 아름다운 것은 많으나 식물의 인식을 떠나 홀로 초연히 빛나는 것은 드물다. 하늘과 바다가 한층 아름다운 것은 푸른 수목의 풍경을 상대로 가질 때요 달과 별은 수풀을 비출 때 풍성한 생각이 나고 강물은 버드나무 선 연안을 흐를 때 곱절 윤택 있는 것이다. 여인의 붉은 저고리는 꽃빛을 물들인 것이요 로브데콜테는 나비의 날개를 흉내 낸 것이다.

꽃이 피고 싹이 나기 시작한 때부터 참으로 모든 것이 아름다워 간다. 가벼운 의장(衣裝)의 여인들의 눈동자를 보라. 그것은 확실히 겨울의 그것은 아니다. 분홍으로 물든 것은 아마도 꽃빛을 비추었음이리라. 그것이 사람이든 꽃이든 나무이든 간에 걸음을 멈추고 잠간 그 미에 취함은 시인만의 풍속이어서는 안 된다. 비록 한 조각의 구름이나 한 마리의 양이라 할지라도 머물러 서서 그 미를 완미하고 섭취하여 써 생활 내용을 풍부하게 함이 누구나가 뜻하여야 할 삶의 길이 아니면 안 된다.

> 미의 특권같이 큰 것은 없다. 미는 미를 인정하지 않는 사람까지 감동시키고야 만다.

굳이 콕토의 말을 빌려 올 것도 없이 미의 위력같이 큰 권위를 나타냄은 없다. 미는 말하지 아니하고 자랑하지 아니하고 뽐내지 아니하나, 스스로 무언의 위력과 침묵의 권위를 발휘하여 접근하는 대상으로 하여금 모르는 결에 매혹케 하고 찬미케 하고 복종케 하고야 만다. 세상에서 미 이상으로 지배적인 것은 없으니 제아무리 위대한 지상(至上)의 것이라도 미의 앞에서는 숨결이 어지러워지며 말이 없어진다. 미는 말을 뺏고 항의를 용납하지 아니하고 도전의 의사를 미전(未前)에 말살소진(抹殺消盡)시켜 버리는 까닭이다. 가령 힘 앞에는 잠시 굴복하는 한이 있더라도 마음까지 뺏기는 법은 없으나, 미에의 굴복은 절대적이어서 혼연무구(渾然無垢)의 진정이 있을 뿐이지 울적한 반의(反意)를 마음속에 내포할 겨를을 주지 않는다. 산을 뽑을 웅사(雄士)라도 미의 앞에서는 무장을 풀기를 부끄러워하지 않으며 드디어 그 노예가 되기를 자원한다. 미는 결정적이고 운명적이고 따라서 때때로 비극적이다. 구름의 미는 구름에만 부여된 것이요 장미의 미는 장미 이외의 것에서는 구할 수 없으며, 꾀꼬리의 미는 꾀꼬리만이 가지는 것이요 사람의 미 또한 그러하다. 갑의 미는 을의 미와 구별되며 병의 미가 아무리 탄식한대야 정의 미를 뺏을 수는 없다. 삼각의 한 귀퉁이에서 사랑에 울고불고하는 가련한 이의 비극은 뉘 알랴. 벌써 잔인하게도 미의 신이 결정해 버린 것이다. 미의 신은 냉정하고 고집쟁이어서 이런 비극에는 구원의 도리조차 없다. 미는 그것이 가져오는 기쁨이 무한히 큰 반면에 그것이 요구하는 희생도 또한 크다.

그러나 사람이 요구하는 것은 항상 그 기쁨이므로 음산한 희생의 이야기는 여기에서는 금물이다.

아름다운 물건은 영원의 기쁨. 그것은 결코 사라지는 법 없이 갈수록 귀여워지며 우리에게 축배를 주고 안식을 주고 꿈을 주고 건강을 주고 편안한 호흡을 주고…….

너무도 유명한 키츠의 이 노래는 미의 덕을 말하여 남김이 없다. 아름다운 것이 주는 기쁨 가운데에서 가장 큰 것은 꿈과 건강과 감격이며 이것을 얻을 때 비로소 생명의 보람이 난다. 미는 참으로 사람의 영원의 추구의 대상이며 낮이나 밤이나 한결같이 염두(念頭)를 지배하는 영원의 제목이다. 하루 한때라도 자신의 미의 의식과 자각 없이 호흡하는 여인이라는 것을 우리는 상상하기 어렵다. 미는 생명의 동력이요 무상(無償)의 보배요 지상(至上)의 특권인 것이다. 미를 말할 때 반드시 경제를 설명하고 역사를 캐야 한다면 치열(稚劣)의 비웃음을 면하지 못할 것이다. 역사는 객관을 변경하고 객관이 주관을 규정하기는 하나 몇 세기쯤의 시간이 미의식의 기준을 그렇게 호락호락하게 뒤집어 엎을 수는 없다.

천 년 전의 여인(麗人)은 오늘에도 여인일 것이며 오늘의 기계미는 고인(古人)의 또한 찬탄할 바 되겠고 한 송이의 장미는 고금의 시재(詩材)로 쓰이지 않았던가. 미는 향기여서 감동만을 요구하고 비판을 거부하는 것 같다. 굳이 비판을 시험할 때에는 향기는 그만 사라져 버린다. 고전미나 낭만미나 현실미나 각각 그 미의 본질에 관한 한 근본적 차이는 개재하지 않는 것이며, 필요한 것은 그 감상의 태도요 중요한 것은 될 수 있는 대로의 감동을 탈취함이다. 소포클레스의 비극미에 몸을 떠는 사람이면 햄릿의 낭만미에 감동할 것이며 내려와 살로메의 퇴폐미에 구태여 눈썹을 찌푸릴 것 없이 솔직하게 취하여 봄도 일흥(一興)일 것이다. 이 영역에서 감동한 사람이

다시 내려와 고리키의 어머니의 거동에 가슴을 죄인다고 하여도 결코 모순은 아니며 쵸로호프의 아크시냐에게 끌려도 무관한 것이다. 미에 관한 한 일률로 역사를 고집함은 고루하고 천박하게 보일 뿐이다.

역사보다는 차라리 지리를 생각함이 미의 관찰을 도울 것 같다. 지리적으로 살펴볼 때 아무래도 미의 부여가—미 조건의 분배가 균등하지 못함은 웬일일까.

우리는 우리의 주위와 생활 속에 얼마나의 미를 보고 가졌는가. 미의 인식은 오로지 마음의 문제라고만 뻗대지 말라. 미를 받아들임은 마음이나 객물(客物) 자체의 미를 거부할 수는 없는 것이다. 주위를 살필 때 아무리 옹호의 정을 가지고 보려 하여도 아름다운 것이 흔하지는 못하다. 편견과 고집을 가지고 없는 것을 억지로 과장하려고 하고 회고(懷古)의 감상에 잠김은 무의미한 일이요 차라리 없는 것은 없다고 솔직하게 털어놓고 허심탄회로 새로운 아름다운 것을 꾸미려고 애씀이 창조적인 바일 것이다. 여윈 땅에서 무엇이 아름답게 자랄 수 있으랴마는 바탕조차 아름답지 말라는 법은 없는 것이다. 한 떨기의 꽃 한 포기의 풀은 그만두더라도 자연 전체가 결코 풍부하지 못함을 어찌하랴. 그 속에서 자라는 사람과 생활에 또한 아름다운 것은 유심(愈甚)히도 결핍하다. 이 미의 빈곤은 대체 무엇에 기인한 것일까. 역사의 사연(使然)을 전연 부정할 수는 물론 없으나 그러나 바탕의 빈곤에 이르러서야 역사의 스스로 간연(間然)할 바는 못 되는 것이다. 지리적 천연적 거의 숙명적의 것이 아닌가 한다.

가령 임의의 하루를 생활하는 동안에 우리는 대체 몇 차례의 미의 감동에 사로잡히는가. 집에서 기동하고 직장에서 일하고 거리를 왕래하는 동안에 문득 미적 감동에 숨을 죽이고 감격에 잠김이 몇 번이나 되는가. 진귀한 나뭇가지를 바라보고 우두커니 섰다든가 아름다운 눈동자를 발견하고 가슴을 수물거리게 하였다든가 따뜻한 인정의 일면에 접하여 마음을 녹였다든가 하는 경험은 평일에 있어서 극히 드문 것이요 대개는 삭막한 날의 연속이 있을 뿐이다. 기회가 있어 아름다운 음악을 듣거나 소설의 흥미 있는 페이지를 펴거나 묘한 상념에 잠기거나 할 때에 우리는 미감에 잠겨 생명의 약동을 느끼게 되나, 돌이켜 보아 그 음악이나 소설의 재료가 누구에게 속하는 것인가에 생각이 이를 때 마음은 무거워진다.

그 모든 아름다운 것은 외래의 것이요 이곳의 것은 아닌 것이다. 이곳의 것으로 참으로 아름다운 것이 얼마나 있고 풍윤(豊潤)한 것이 얼마나 되는가. 수목이나 자연의 풍물을 제외하고 인간적의 것으로 가령 서반구(西半球)의 아름다운 것을 당할 만한 무엇이 이 땅에 있는가.

서국(西國)의 미에 비하여 우리의 것이 너무도 초라하게 느껴지는 것은 편견도 아무것도 아니다. 인간이나 생활의 미에 있어서 이곳의 것이 그곳의 것에 비길 바 못 된다고 말하여도 그것은 반드시 독단과 편기(偏嗜)에서 나오는 말만이 아닐 듯하다. 생활의 미를 말할 때에 나는 반드시 그곳의 문명과 발달된 자본주의를 가리키는 것이 아니다. 원형 그것 바탕 그것이 이미 충분히 아름다운 것이며, 이 점에 있어서 우리는 한 큰 특권을 운명적으로 당초부터 잃어버리고 있는 셈이다. 미의 특정의 기준이라는 것은 없겠으나 바닷빛 눈과 낙엽빛 머리카락이 단색의 검은 그것보다는 한층 자연율(自然律)에 합치되는 것이며 따라서 월등히 아름다움은 사실이다. 색채만을 말하더라도 그들은 생활의 제반 양식에 자연색을 대담하게 모방하여 생활을 미화하니, 일례를 들어 각인각색의 다채의 의상은 그대로가 바로 화단의 미를 옮긴 것이 아닐까. 나아가 그들의 예술에 대하여서도 같은 말을 할 수가 있다.

바탕이 빈한한 우리의 길은 될 수 있는 대로 미의 창조에 힘씀에 있다. 자연에 대한 미의식을 왕성히 배양하고 자연물의 형상 색조 의장을 생활양식에 알뜰히 이용하며, 나아가 독창적 발명을 더하여 생활을 재건함에 있다. 적어도 초옥의 토벽에는 칡덩굴을 캐어다 올리고 의상에 일층(一層)의 색채를 이용할 만한 대담성과 비약이야말로 소원(所願)의 것이다.

행(行)의 변(辯)

집 뒤 터에 주택지대로서는 드물게 오십 평가량의 집 아닌 밭이 있다. 시절이 되면 야채와 화훼가 가득히 우거져 회색 벽과 붉은 지붕만이 전후로 들어선 이 구역 안에 있어서 스스로 한 폭의 신선한 풍물을 이루어 옆길을 지나는 사람으로 하여금 잠시 발을 멈추게 한다. 붉은 튤립의 열(列) 옆으로 나무장미의 만발한 이랑이 늘어서고 달리아가 장성하며 한편에는 우방(牛蒡)의 활엽(闊葉)이 온통 빈틈없는 푸른 보료를 편다. 가구(街區)에서는 좀체 얻어 볼 수 없는 귀한 경물(景物)이니 아침저녁으로 손쉽게 그것을 바라볼 수 있는 나는 자신을 행복스럽게 여긴다. 그 한 조각의 밭을 다스려 아름다운 꽃을 보이는 사람은 놀라운 재인(才人)도 장정도 아니라 별사람 아닌 한 사람의 육십을 넘은 노인인 것이다. 봄에 씨를 뿌려 꽃을 피우고 가을에 뒷거둠을 마치고 다시 갈아엎을 때까지 그 밭을 만지는 사람은 참으로 그 육십 옹 단 한 사람인 것이다. 씨를 뿌리기 시작한 날부터는 하루도 번기는 날이 없이 아침만 되면 육십 옹은 보에 쟁기를 싸가지고 어디선지 나타난다. 살수(撒水) 중경시비(中耕施肥) 제초 배토—그때그때를 따라 일과에는 조금의 소홀도 없으며, 일정한 필요의 과정이 오십 평의 구석구석까지 알뜰히 미쳐 이윽고 제때에 아름다운 성과를 맺게 한다. 옹은 허리가 휘고 기력이 부실하나 서두르는 법 없이 지치는 법 없이 말하는 법 없이 날이 맞도록 묵묵히 일하며 그의 장기(匠器)가 미치는 뒷자취는 나날이 면목이 새롭고 아름다워진다. 침착하게 움직이는 그의 양을 바라볼 때 거기에는 고로(苦勞)의 의식의 표정은 조금도 눈에 띄지 않으며 도리어 한 이랑 한 이랑의 흙을 아끼고 사랑하는 그 거동에는 만신(滿身)의 희열이 드러나 보인다. 때때로 얼굴이 마주칠 때의 아이같이 방긋 웃어 보이는 동심의 표정을 읽으면 그는 괴롭게 노동하고 있는 것이 아니라 그 오십 평 속에서 천진하게 장난하고 예술하고 있는 것이라고 번역된다. 참으로 오십 평 속에서의 그의 생활은 싫은 노역이 아니라 즐거운 예술이라고 보여진다. 근로와 예술을 동시에 가진 생활—생활의 미화, 노동의 예술화—진부한 어투인지는 모르나 노동의 참된 경지를 그 구체적 실례를 나는 그 육십 옹에게 보는 것이다.

생산만이 아니라 미를 겸했으며 미만이 있는 것이 아니라 생산의 열매가 아울러 온다. 반드시 꽃밭을 가꾸게 됨으로써의 미를 일컬음이 아니라 만족스런 노동의 표정의 미를 말함이다. 옹의 모양을 일 년 동안이나 방관한 나의 관찰에는 그릇은 없을 것이다.

봄을 맞이하여 다시 옹의 아용(雅容)을 나날이 바라보게 된 이때 나는 이 생각과 감동을 다시 마음속에 일으키게 되었다. 해가 저문 때 일을 마치고 글거리를 모아 밭 가운데 불을 피워 향기로운 연기 속에서 몸을 쪼인 후 옆 개울에서 손발을 씻고 쟁기를 수습하여 가지고 돌아가는 그의 모양—그것이 솔직하게 나의 마음을 울리고 기쁘게 한다. 한편 그의 착실한 자태를 바라볼 때 나는 그 허리 굽은 육십 옹의 여일한 생활의식에 비겨 자신의 그것이 때때로 월등 저하되고 소침(消沈)됨을 깨닫고 부끄러운 생각을 마지 못한다. 주기적으로 생활의욕이 급거히 저락되고 침체된 일종의 플래토(plateau)의 지대에 다다르게 될 때 주위가 어둡고 진퇴가 귀치않고 우울, 저미(低迷)되어 결과는 생활력조차 감퇴하여 버린다. 욕심이 없고 희망이 없는 탓이라면 육십 옹의 앞에 너무도 보람 없고 비굴하여 얼굴이 붉어질 지경이나, 솔직하게 말하여 그 대체 희망이라는 것이 어떤 내용 어느 정도 어느 거리(距離)의 것인가를 생각할 때 역시 답답해지는 것이 당연하며 뜻 없는 명랑은 도리어 천치의 소위로밖에는 생각되지 않는다. 같은 세대의 젊은이들에게 그대는 생활의 신조를 어떻게 세웠느냐고 묻고 싶은 때조차 있다. 빈틈없는 이론으로 든든히 무장을 해본다 하더라도 행동이 없는 이상 갑을흑백을 어떻게 가린단 말인가. 참으로 웃을 수 있는 사람은 웃어 보라고 다시 청해 보고 싶다. 우울을 말할 때가 아닐는지는 모르나 때때의 생활의식의 저조에는 너무도 절실함이 있다.

할 바를 모르는 것이 아니라 길이 없는 것이다. 여기에 좀체 구하기 어려운 저미의 근인(根因)이 있기는 있는 것이나 그러나 그렇다고 허구한 날 상을 찌푸리고만 지낼 수도 없는 노릇이니 가까운 손잡이를 잡고 억지로라도 플래토를 정복하고 식물 이하의 무기력에서 식물 이상의 행(行)의 생활로 애써 솟아올라야 할 것이다. 적어도 육십 옹에는 지지 말아야 할 것이니 그의 생활의 법도와 행의 신조를 알뜰히 배워 자신의 행(行)의 영위를 생색 있고 보람 있게 하려고 힘씀이 옳은 길이 아니면 안 된다. 미 의식을 왕성히 북돋아야 할 것은 물론이요 그것을 넘어 먼 광명이나마 아련히 바라보려고 애써야 할 것이다.

나는 가끔 지난해 가을의 하루를 마음속에 떠올리고 그것을 생각할 때마다 한 줄기의 생기를 느끼곤 한다. H에게 끌려 근교의 고적(古蹟) 지대에서 보낸 늦은 가을의 반일—아마도 그때 나는 마침 생활의 플래토의 시기에 걸려 있었던 탓인지 웬일인지 그 반일이 의외에도 큰 뜻을 가지고 마음을 사로잡은 까닭에 그 반일을 소설로 표현해 보려고까지 생각했던 것이다. 고적 지대에 가서 폐허를 돌아보고 사진을 찍고 옛날을 생각하고 감회에 잠기고 기왓장을 줍고 한 정도의 행(行)쯤에 그다지 감격할 것이 있느냐고 비웃음을 받을는지도 모르나 중요한 것은 그 동무의 진지한 태도인 것이다. 그가 그 반일 이전에 어떻게 지냈으며 반일 이후의 열정이 어느 정도로 지속되는지는 알 바도 아니고 문제도 아니며 다만 그 반일에 보인 그 열정 그것만으로도 나의 마음을 울리기에 족하였던 것이다. 그 열정의 내용과 종류와 방향 여하를 시비함은 어리석은 일이니 흡연(翕然)한 일반적 침체 속에서 그만한 열정도 귀한 것임을 알아야 한다.

그날 오후 그 전날 기차로 왔다는 동무의 돌연한 방문을 받고 잠간 동안 잡담을 건네다가 권고에 그를 좇아 나가 모란대의 수풀 속을 지나 흥부리를 거쳐 산 위 고적지에 이르렀을 때까지도 나는 다만 산보의 뜻인 줄만 알았다. 그때까지의 그를 나는 다만 한 사람의 저널리스트로 알고 음악비평가로 기억하였을 뿐이므로 고적 연구차로 그곳을 찾은 줄은 미처 짐작할 수 없었던 까닭이다. 그의 속뜻을 차차 나에게 알리게 한 것은 그의 심상치 않은 열심스런 태도였다.

그곳 일대의 토성이 천삼사백 년 전 고구려 장수왕의 도읍하였던 뒷자취라는 것도 물론 나에게는 초문이었으나 그의 가지가지의 전문적 설명은 오로지 나를 놀라게 하고 눈을 다시 뜨게 하였다. 돌을 집어 올려 모양을 살피고 기와를 집어 올려서는 무늬를 연구하였다. 기괴의 느낌을 마지못한 것은 풀을 뜯어 굵은 새끼를 바로 꼬고 외로 꼬아서는 기와의 무늬에 맞춰보는 것이었으니 그것으로써 옛날 종족의 유별(類別)을 가릴 수 있다는 설명을 듣고 그 간단한 거동에도 나는 가볍게 감탄하는 수밖에는 없었다. 연구의 주제는 그때의 종족이 어느 방향으로 몰려왔는가의 점에 걸려 있어서 그는 허다한 설명을 아끼지 않았으나 고고학에 대하여 백지인 나에게는 그 많은 지식을 완전히 새겨들을 힘이 부침을 어쩌는 수 없었다. 다만 저무는 해를 붙들어서 조급하게 성지(城址)의 모양을 사진에 수습하고 밭 기슭에 섰을 때에 나에게는 스스로 다른 감회가 솟아올랐다. 밭 기슭에는 소와 산양이 매어 있고 초가에서는 저녁 연기가 솟아올랐다. 유유한 강산을 굽어보고 옛 종족의 후예임이 틀림없을 마을 주민의 생활을 생각하고 다시 옛일을 추상할 때 스스로 유구한 역사의 감회가 유연(油然)히 솟아 동무의 하는 일의 속도 그렇듯이 짐작되고 거기에 새삼스럽게 한 뜻을 발견할 수 있었다.

한 닢의 기왓장을 기념으로 논아서 받아가지고 같이 산을 내려와 마을을 지나 벌써 어두워가는 긴 등을 느릿느릿 걸어서 요양원께에 이르렀을 때에 그 섬돌 위에 벗어 놓인 초록빛 하이힐의 아름다운 모양을 멀리서 바라보고 보지 못한 그의 주인공을 상상하고 타진하고 짐작하면서 그 실없는 짓에 껄껄 웃으며 일종의 멋대로의 애정(哀情)을 그 파랑 구두의 임자에게로 보냈으니, 그것은 그 유쾌하였던 반일의 한줄기 아름다운 여운인 셈이었다.

《조선일보》, 1937. 5. 4.~8.

시를 찾는 마음

부질없이 리얼리즘이니 현실이니 생활이니를 부르짖고 찾는 동안에 현대인은 시를 잊은 지 오래이다. 생활이 없는 곳에 시가 있느냐고 눈을 부릅뜨지만 말고 생활이 주(主)라 하니까 도리어 시를 찾을 수 있고 찾아야 함을 생각하라. 피를 뿌린 싸움의 시 물론 좋으나 가볍고 맑은 한 편의 경물시(景物詩)나 서정시가 족히 마음을 씻어 주는 때가 많다. 나는 요새 산문보다 시를 읽는 날이 많아졌고 시에 실망하고 산문가가 되려고 하는 젊은이에게 시에 정진하기를 권하곤 한다. 무엇을 즐겨 반드시 어려운 시, 기괴한 구(句)를 시험하랴.

다음의 단순한 몇 줄의 시가 도리어 나의 마음을 잡는 것이다. 시를 잊은 현대인이여, 나와 함께 다음 한 조각을 맛보라. 평범한 시라고 비웃으려거든 시를 모르는 그대의 마음을 탄식하고 아예 시독(詩讀)을 단념하라.

그 옛날 날 길러 준 먼 서쪽 나라 내 잘 아는 못가에 백양나무

늘어서 떨리노나…….

「단평(短評), 직언(直言), 감상(感想), 수감(隨感)」, 《조선문학》, 1937. 6.

나의 수업 시대

— 작가의 '올챙이 때' 이야기

1. 엄마 품에 안겨서 『추월색』을 탐독 — '낭만'의 꿈이 깨지긴 십사세 때

일곱 살 전후하여 가정과 사숙에서 소학을 배울 때 여름 한철이면 운문을 읽으며 오언절구를 짓느라고 애를 썼다. 즉경(卽景)의 제목을 가지고 오로지 경물(景物)을 묘사할 적당한 문자를 고르기에만 골몰하였으니 시적 감흥이라는 것보다는 식자(植字)에 여념이 없었던 셈이다. 오늘의 문학에 그다지 도움된 바 못 되나 그러나 표현의 선택이라는 것을 배웠다면 이 시절의 끼친 공일는지도 모른다.

열 살 남짓해서 신소설 『추월색』을 읽게 되었으니 이것이 이야기의 멋을 알고 문학이라는 것을 생각하게 된 처음인 듯하다. 추운 시절이면 머리맡에 병풍을 둘러치고 어머니와 나란히 누워 『추월색』을 번갈아 가며 되풀이하여 읽었다. 건넌방 벽장 속에는 『사씨남정기』 『가인기우(佳人奇遇)』 등속의 가지가지 소설책도 많았건만 그 속에서 왜 하필 『추월색』이 그다지도 마음에 들었는지 모른다. 병풍에는 무슨 화풍인지 석류, 탁목조(啄木鳥) 등의 풍경 아닌 그림이 폭마다 새로워서 그 신선한 감각이 웬일인지 『추월색』의 이야기와 어울려서 말할 수 없이 신비로운 낭만적 동경을 가슴속에 심어 주었다. 정임과 영창의 비극이 시작된 것은 동경 상야공원(上野公園)이었으나 웬일인지 그 상야공원이 마음속에서는 서울로만 자꾸 짐작되었다. 어렸을 때에 본 어렴풋한 서울의 기억과 아름다운 이야기가 한데 휩쓸려서 멋대로의 꿈을 빚어 낸 것이었다.

네 살 때에 가친의 뒤를 따라 일가는 서울로 옮겨 왔다. 약관(弱冠) 전에 고향을 떠난 가친은 서울서 수학한 후 이어 조그만 사관(仕官)의 자리에 있으면서 벤저민 프랭클린의 전기 등을 번안 저술하고 있었다. 그 뒤를 따라 수백 리의 길을 가마 속에서 흔들린 것이다. 이십오륙 년 전의 서울—지금으로부터 돌아보면 순전히 이끼 낀 전설 속의 거리로밖에는 기억되지 않는다. 푸른 한강을 조그만 귀융배로 건넜다. 예배당에서 찬미가를 부르던 앙크란 양녀(洋女)의 얼굴이 유난히도 인상적이었다. 저녁때이면 원각사(圓覺社) 근처에서 부는 날라리 소리가 이국적 환영(幻影)을 싣고 찬란하게 흘러왔다. 모든 객관을 옳게 받아들일 능력이 없고 다만 경이의 눈만을 굴리게 된 어린 마음에 모든 것이 이상한 것으로만 보였다.

이런 네 살 때의 어렴풋한 기억에다 낙향한 후 어머니에게서 가지가지의 이야기를 듣는 동안에 마음속에 아름다운 꿈의 보금자리가 잡히게 되었으며 그 꿈의 보금자리에 『추월색』의 아름다운 이야기가 들어와서 말할 수 없는 낭만적 동경을 싹트게 한 것인 듯하다. 정임과 영창의 애끊는 이야기는 서울 안에 얼마든지 흩어져 있을 것이요 그 이야기의 배경 되는 가을 달빛에 비친 상야공원의 풍경 또한 서울의 구석구석에 있으려니 생각되었다. 참으로 『추월색』이야말로 이야기의 아름다움을 가르쳐 주고 어린 감성에 낭만의 꿈을 부어 준 문학의 첫 스승인 셈이었다.

물론 그 후 열네 살 때에 수학하러 서울로 다시 왔을 때에는 이런 어린 때의 동경의 꿈은 조각조각 부서져 버리고 점차 산문 정신에 눈뜨게 되었다. 서울은 결코 가을 달빛에 비친 상야공원이 아니었으며 정임과 영창의 기구한 이야기 또한 길바닥에 흔하게 떨어진 이야기도 아니며 그다지 아름다운 것만도 아니었다. 환멸이 있고 산문이 있을 뿐이었다. 하기는 그때부터 현실을 알게 되고 리얼리즘을 배우게 되었는지 모른다. 고등보통학교에 들어갔을 때 처음 읽기 시작하고 또 통독한 것이 우연인지 어쩐지 다 제쳐놓고 하필 체호프였다.

2. 머릿속에 새겨진 세계 문호의 인명부(人名簿) — 비교적 나는 조숙한 편

십사오 년 전 조선 신문학의 초창기였던 것만큼 일반으로 문학열이 지극히 높았던 모양이다. 학교 기숙사 안에도 전반적으로 문학의 기풍이 넘쳐서 자나 깨나 문학이 아니면 날을 지우기 어려우리만큼한 기세였다. 학교의 학과에도 시달리는 형편이면서도 누구나 수삼 권의 문학서를 지니지 않는 사람이 없었으며 모여만 들면 문학담에 열중하였다. 사(舍) 안에는 학교만 나가면 반드시 훈도가 되어야 할 필정(必定)의 의무를 띤 사범과생이 거의 전수(全數)였고 그들의 목표는 이미 고정된 것이었건만 문학열은 오히려 그들의 독차지인 감이 있었다. 우연히 한 개인의 문학에 능숙한 교유(敎諭)의 지도와 영향을 받았던 탓도 있었겠지만 더 많이 당시의 그러한 필지적(必至的) 조세(潮勢)에 놓였던 것이 사실이고, 루소의 『에밀』을 탐독을 한 것은 오히려 교육적 관심에서 나왔다고 하더라도 허다한 노문학서(露文學書)의 섭렵, 각국 번역시의 애독은 비교적 높은 문학적 관심 없이는 못할 노릇이다. 때마침 동경 문단에서는 시가 전성이어서 신조사(新潮社) 판이었던지 하이네, 괴테, 휘트먼을 비롯하여 트라우벨, 카펜터에 이르기까지 세계의 시인을 거의 망라하다시피 하여 출판한 '수진시집(袖珍詩集)'이 유행하여 왔었으니 그 수많은 시집들은 애독서 중에서의 가장 큰 부문이었다. 조금 특수한 부문으로는 에머슨과 니체를 거의 전공하다시피 하는 이도 있었다. 소설로는 하디, 졸라 등 영불의 문학도 읽히지 않는 바는 아니었으나 노문학의 열을 따를 수는 없었다. 푸슈킨, 고골리를 비롯하여 톨스토이, 투르게네프 등이 가장 많이 읽히어서 『부활』이나 『그 전날 밤』 등의 이야기쯤은 입에서 입으로 옮겨져서 사내(舍內)에서는 거의 통속적으로 전파되게 되었다. 전체적으로는 섭렵의 범위가 넓어서 기숙사는 참으로 세계문학의 한 조그만 문고였고 감상의 정도로 하여도 다만 제목만 쫓으매 수박 겉만 핥는 정도가 아니요 음미의 정도가 상당히 깊어서 거개 소인(素人)의 경지를 훨씬 뛰어난 것이었다. 진귀한 현상이었다. 지금에 문필로 성가한 분은 불행히 총중

(叢中)에 한 사람도 없기는 하나 특수한 편으로는 그 후 동경 모 서사(書肆)에서 장편소설을 출판한 이도 있었다. 이상한 것은 그들은 대개 관북인(關北人)이어서 관북과 문학—특히 노문학과의 그 무슨 유연(類緣)관계나 있는 듯이 보이게 하였다. 당시 문단적으로는 관북인으로 파인(巴人)이 시인으로서 등장하였고 서해(曙海)의 이름이 아직 눈에 뜨이지 않았을 때였다.

이러한 분위기에 휩쓸려 지내게 된 까닭에 문학적으로 자연 조숙한 감이 없지 않았다. 처음으로 알뜰히 독파한 소설로는 소년소설 『쿠오레』였다. 구로이와 루이코(黑岩淚香) 번안의 『레미제라블』에서는 파란중첩한 이야기의 굴곡에 정신을 못 차렸고 하이네 시에서는 서정에 취하였고 그의 번역자인 이쿠다 슌게쓰(生田春月)에게서 감상주의를 배웠다. 문학잡지로서 도움이 된 것은 역시 신조사 간행이었던가의 월간지 《문장구락부》였다. 처음 습작은 시여서 기숙사에서 지낸 몇 해 동안 조그만 노트에 습작시가 가득 찼었다. 사(舍)의 앞과 옆에는 수풀과 클로버의 풀밭이 있어서 늦봄부터 첫여름까지에는 거기에 나가 시집을 들고 눕기도 하고 새까만 버찌를 따서 입술을 물들이고 하였다. 때마침 거리에는 가극단이 와서 『레미제라블』의 몇 막을 무대로 보이고 연구 극단에서는 톨스토이의 『산송장』 등을 상연하여 문학심을 더한층 화려하게 불질렀다. 어떻든 주위의 자극이 너무도 세었던 까닭에 십육칠 세경에는 세계 문학의 윤곽이 웬만큼 머릿속에 잡혔고 세계 문호들의 인명록이 대충 적혔었다. 그러나 지금 생각하면 그러한 숙학(夙學)이 도리어 화된 듯도 하다. 선불리 윤곽을 짐작하게 되고 명작들의 경개(梗槪)를 기억한 까닭에 소성(小成)에 안심하고 그 후 오래도록 많은 고전을 다시 완미숙독(玩味熟讀)할 기회를 얻지 못했던 것이다.

3. 교훈만 찾은 것이 그 시대의 괴벽: 심취하기는 체호프의 제작(諸作)

체호프의 작품을 거의 다 통독한 것이 고등 삼사 년급 때 십육칠 세경이었으니 무슨 멋으로 그맘때 하필 체호프를 그렇게 즐겨했는지 모른다. 미묘한 작품의 향기나 색조까지를 알았을 리는 만무하고 아마도 개 머루 먹듯 하였을 것이나 어떻든 끔찍이도 좋아하여 검은 표지의 그의 작품집과 그의 초상화를 몹시도 아껴하였다. 좀 더 철 늦게 그를 공부하였던들 소득이 많았을 것을 잘 읽었든지 못 읽었든지 한번 읽은 것을 재독할 열성은 없어서 지금까지 그를 숙독할 기회를 못 얻은 것은 한 손실이라고 생각한다. 퇴직 육군 사관 알렉세이 세르게이비치 무엇 무엇 무엇은……식으로 첫머리가 시작되는 그의 소설을 당시에는 얼마간 어설프고 지혜 없는 시고법(始稿法)이라고 생각하였으나 지금으로 보면 그것으로서 충분히 훌륭한 것이다. 이 정도의 당시의 문학안(文學眼)이었으니까 감상에 얼마나 조루(粗漏)가 있었던가를 짐작할 수 있으나 그러나 그에게서 리얼리즘을 배운 것은 사실일 것이다. 체호프가 리얼리즘의 대가임은 사실이며 그의 작품이 극도로 사실주의적이기는 하나 그러나 그의 작품같이 소설로서 풍윤(豊潤)한 것은 드물다. 아무리 '지루한 이야기'라도 소설로서는 무척 재미있는 것이 그의 문학이다. 리얼리즘이라고 하여도 훌륭한 예술일수록 그 근저에는 반드시 풍순

(豊醇)한 낭만적 정신과 시적 기풍이 흐르고 있는 것이니 체호프의 작품이 그 당시의 것으로는 그 전형인가 한다. 그러기 때문에 체호프의 작품에 심취하는 마음과 투르게네프의 『그 전날 밤』이나 혹은 위고의 제작(諸作)을 이해하는 마음과의 거리는 그다지 먼 것이 아니다.

체호프를 읽기 전후의 한 가지의 기벽은 웬 까닭으로였던지 작품에서 반드시 모럴을 찾으려고 애쓰고 교훈을 집어내려고 초조하였던 것이다. 어디서 배운 버릇이었던지 모르겠으나 이 또한 문학 완미(玩味)에는 큰 장해였으며 당시 문학안의 저열을 말하는 예증 이외의 아무것도 아니었다. 『햄릿』을 읽으면 무엇보다도 먼저 그 작품의 중심 되는 모럴이 무엇인가를 알려고 헛되이 애썼으며 『베니스의 상인』을 읽을 때에는 우정미를 고창(高唱)하려고 한 것이 제작의 동기가 아니었던가 하고 생각하였다. 체호프의 작품을 읽을 때에도 또한 그러하여서 『사랑스러운 여인』에서는 사랑의 본능적 욕구라는 훈의(訓意)를 찾아내고서야 마음이 시원하였다. 그러나 이런 태도로 자여(自餘)의 많은 체호프의 작품을 옳게 이해하고 감상할 수는 도저히 없었던 것이다. 제작의 동기가 반드시 교훈적인 것이 아니며 보다 더 중요한 것은 여러 가지의 예술적 요소라는 것을 안 것은 물론 훨씬 후의 일이었다.

예과의 수험을 준비하던 마지막 학년 십팔 세 때 준비 관계를 겸하여 영문으로 셸리의 시를 탐독하게 된 것이 다시 시에 미치게 된 시절이었다. 글자대로 미쳤던 것이니 그의 단시를 기계적으로 모조리 암송하였던 것이다. 진짜 멋을 알고 하였던지 모르나 술에나 취한 듯이 그의 시에 함빡 취하였었다. 기괴한 것은 그 심취는 그의 문학으로부터 든 것이 아니라 그의 용모에서부터 든 것이다. 셸리의 초상화에 반하고 그의 전기에 흥미를 느꼈던 까닭에 그의 문학에 그렇게 열정적으로 들어갔던 것이다. 우스운 사실이나 그런 법도 있는가 생각된다. 셸리에게서 열정을 배웠다면 다음에 아름다운 꿈꾸는 법을 배운 것이 예이츠에게서였다. 그에게 기울인 열(熱) 또한 셸리의 경우에 떨어지지는 않아서 수십 행 수백 행 시를 따로 외우곤 하였다. 예이츠의 꿈같이 아름다운 것은 없어 시인다운 시인으로 참으로 그는 고금독보(古今獨步)의 감이 있다. 예이츠의 다음에 찾은 작가는 싱(John Millington Synge)이었으니 그에게서 다시 아름다운 산문을 발견하게 되었다.

이렇게 시에서 산문으로, 다시 시에서 산문으로 옮기는 동안에 문학이 자랐으며 꿈과 리얼리티가 혼합된 곳에 예술이 서게 된 듯하다. 아무리 리얼리즘을 구극(究極)하여도 그 속에는 모르는 결에 꿈이 내포되는 법이니 그것이 인간성의 필연이며 동시에 예술의 본질인지 모른다. 조선문학에서는 『추월색』 이후 오랫동안 잊었던 낭만의 꿈을 빙허(憑虛)의 『지새는 안개』에서 다시 찾았던 것이다. 그 작품에서 받은 인상은 유심히도 아름다웠다.

예과에 들어서부터 창작기가 시작되었으나 오랫동안 혼자 궁싯거렸지 문단과의 인연을 맺을 길은 당초에는 생각지도 못하였다.

《조선일보》, 1937. 7. 25.~29.

피서지 관북통신

제1신 인물보다 자연이 나를 더 반겨주오

뜰에 꽃포기를 알뜰히 심고 가지와 토마토까지 가꾸어 놓으면서 꽃도 꽃이려니와 열매는 손에 대지도 못한 채 떠날까 말까 망설이다가 별안간 사정도 생기고 하여 불시에 이곳으로 떠나왔습니다. 서울에는 들르지도 못하고 역의 폼을 밟았을 뿐 팔 분 동안에 부랴부랴 경의선에서 함경선을 갈아타고 침대차로 주을(朱乙)까지 택시로 경성(鏡城)까지 스물여섯 시간 동안 일로직행(一路直行)하여 왔습니다.

일단 와 놓고 보니 오기를 잘했다고 거듭 생각하게 되었습니다. 벌판의 자연도 활달하려니와 바다와 온천이 가까운 곳에 있어서 언제든지 손쉽게 이를 수 있는 까닭입니다. 오래간만에 전원에 와 볼 때 항상 그 속의 인물보다도 자연이 더 반갑게 생각되는 것은 웬일인가 합니다. 그 자연 속에서 쇠잔한 건강을 회복시킬 것을 생각하고 이번 길을 기쁘게 여깁니다.

건강이라면 올 여름같이 건강을 잃었던 해도 적었습니다. 무더운 도회에서 창백한 피부에 땀을 빠지지 흘리며 지친 기관차같이 개신거렸습니다. 무엇보다도 식욕이 지지리도 없는 것입니다.

원래 여름을 타는 체질이기는 하나 어떻게 된 위(胃)인지 하루에 두어 공기의 밥조차 거부하는 것입니다. 사람마다 이렇다면 한철 동안 식량 문제는 제물에 해결되지 않겠습니까.

아침저녁으로 버찌 냄새 나는 달콤하고 씁쓸한 약즙을 마시고는 뜰 앞을 거닐며 푸른 꽃을 바라보고 하늘을 우러러보고 가벼운 비행기 소리를 들으면서 육체를 쉬이고 아껴도 헛일이어서 거리에서 외식을 하고 와서는 게우고야 말고 차를 마시고 와서는 반드시 구역질을 하곤 하였습니다.

건담가(健啖家)를 대하면 용감한 병정이라느니보다도 실례의 말이나 짐승같이밖에는 보이지 않았습니다. 짐승이건 무엇이건 좋으니 그런 튼튼한 위를 얻어 갈아 넣었으면 하는 쓸데없는 공상까지 해보았습니다. 바다니 산이니 피서니 하는 것이 전에는 주제 넘은 소리로밖에는 안 들리더니 이제 와서 그 필요가 절실히 느껴지는 것은 그만큼 건강이 부실해진 모양입니다.

도대체 도회생활의 문화면이라는 것에 대하여 의혹을 품게 되었습니다. 문화의 보급향상(普及向上)은 인류로서 물론 소망의 것이기는 하나 그것이 반드시 인간 본연의 뜻에 맞는지 안 맞는지는 의문인가 합니다.

공연한 병적 감상(感傷)일런지도 모르고 혹은 도리어 건전한 생각일는지도 모르기는 하나 가끔 가다가 야생적인 단순생활이라는 것을 생각하게 됩니다. 얇수룩한 소위 문화생활같이 인간 생장에 도리어 해가 되는 것은 없을 듯하니까 말입니다. 식욕 없는 위 속에다 밥 대신에 우유를 댓 홉씩 부어넣어야 헛것입니다. 가는 철망으로 날벌레의 침입을 막고 사흘돌이로 목욕물을 끓이고 야채를 반드시 칼크에 씻고 과실 칼을 일일이 알코올로 소독하는 것이 도무지 소극적 필요에서 오는 것일 뿐이지, 그렇게 한댔자 건강을 적극적으로 초치(招致)하는 방법만은 못 되는 것입니다.

그렇게라도 하지 않으면 건강은 더 볼 나위 없어지겠으나 솔직하게 말하면 나는 이러한 일상사에 지쳤습니다.

여름 한철이라도 이용하여 좀 다른 방식으로 살아볼까 한 것이 이번 길의 한 가지 목적도 됩니다.

몸에는 될 수 있는 대로 간단한 것을 걸치고 음식도 단순하게 — 마늘, 파를 생채로 씹고 고기도 될 수 있는 대로 날것을 먹고 조개와 성게는 바다에서 뜯어온 채로 삶고 — 음식과 피복과 거처를 될 수 있는 대로 단순하게 하여서 바다와 일광 속에서 몸을 태우고 위장을 단련시켜 보려는 것이 이 여름의 계획입니다.

이런 단순 생활을 하기에야 어디인들 부적당한 곳이 있겠습니까마는 첫째, 바다가 가까운 탓으로 이곳은 가장 알맞은 곳인가 합니다.

9월에 만날 때 증좌(證左)로 내 탄 얼굴을 보아 주시오.

날이 밝아서부터 차창으로는 바다가 보이기 시작했습니다. 동해의 조망으로는 그 어느 포구 그 어느 구비나 한 곳도 흠잡을 곳이 없으나 특히 기암(奇巖)과 회문용현(會文龍峴) 부근의 풍치가 절승(絕勝)인가 합니다.

오전의 바다 좋고 정오의 바다 좋고 오후의 바다 또한 가경(佳景)이어서 그 어느 것 놓칠 것이 없습니다. 백사(白沙) 저편에 무겁게 침전된 바닷빛은 도라지꽃과 쪽잎을 한데 쥐어짜서 담아 놓은 듯한 농벽(濃碧)이어서 불현듯이 식욕을 일으키게 하는 그런 건강한 색조입니다. 그대로 보고 스치기는 참으로 아까워서 내려가서 철벙거리거나 물을 휘저어 놓고 싶은 암팡진 욕심조차 일으켜 줍니다.

식당차에서 받은 아침 식탁 위에 데친 야채에 호도(胡桃)를 갈아서 넣은 접시가 있어서 그 호도의 풍미와 푸른 바다 사이에는 일맥의 공통되는 감각이 있는 듯도 하여 푸른 바다는 범할 수 없는 호탕(浩蕩)한 것이기는 하나 그대로 떠다가 임의의 곳에 옮기고도 싶은 그런 귀여운 감동을 주는 것이었습니다.

제2신 계절을 다시 역행하는 듯하오[1]

연선(沿線)의 자연은 아직도 철수가 어려서 수목은 활짝 퍼지지 못하였고, 풀이나 곡식 포기도 푸른 빛깔이 엷어서 전체로 선명한

1 이 글은 1937년 8월 4일자《동아일보》에「오월동주격의 송전음학회」라는 제목으로 발표되었으나 편집진의 실수로 작자가 김문집이라 되어 있었다. 8월 5일자 정정 기사에는 "작일의 본란의 〈송전해변 제3신〉은 이효석 씨의『관북통신』제3회입니다."라고 되어 있는데, 실제로는 제3회가 아니라 제2회째에 해당한다. 이 글에 붙인 제목은 편자 임의로 정한 것임을 밝혀 둔다.

초록색의 인상을 줍니다. 여름에 함경선을 북행할 때에는 번번히 느끼는 것인데 일단 관북 지방에 들어서면 한 번 경험한 계절을 다시 역행하는 듯한 기괴한 착각을 일으키게 합니다.

남쪽과는 거의 한 달 동안의 철수의 차이가 있어서 무성하고 활짝 피어난 자연을 보던 눈이 북진함을 따라 점차 완전히 발육하지 못한 자연을 보게 됨으로 일어나는 착각이나 어떻든 젊은 시절을 다시 한 번 되풀이하는 셈이어서 유쾌하고 신선한 맛을 자아내게 합니다.

초목뿐 아니라 대기 그것부터가 일종 청선미(淸鮮味)를 날려서 전체적으로 시원한 감동을 줍니다.

시절의 과실로 말하더라도 도회에서는 버찌와 살구 시절이 벌써 끝나고 오얏 복숭아 참외 수박—비록 온실산이라고는 하더라도—까지를 먹고 왔으나, 이곳에서는 봄 과실이라고 할 만한 양딸기가 이제 겨우 끝물이요 자연의 과실은 아직 이름부터 꿈속에 있습니다. 결국 딸기를 거듭 먹게 됩니다. 재봉춘(再逢春) 하는 셈이어서 몹시 유쾌는 합니다.

그러나 과실의 철이 늦다고 계절조차 늦은 것은 아니니 지금은 이곳도 역시 7월이어서 중복 대서까지 지냈습니다마는 여름은 여름이라도 그 어디인지 시원한 맛이 있는 것입니다. 그 시원한 여름 속에서 자연이나 사람이나 철수대로 정도를 따라 자라가는 것입니다.

유치는 하나 신선한 곳에—어리니까 신선하게 보이는 곳에 관북의 성격이 있지 않은가 합니다. 유독 자연뿐만이 아니라 생활 문화 산업 기타 제반 인간적 분야에 있어서 그런 듯합니다. 장래의 도시 계획이니 임업 기업 공장과 비행장 설립 계획이니 등으로 인하여 산업 기업 방면에 발자한 움직임이 보이고 여파(餘波)를 입어 거리는 늘어가고 불과 일 년 만에 항구(港衢)에는 상가의 수가 훨씬 늘었습니다. 놀라운 것은 어느날엔지 조그만 거리에 제법 악기점이 생긴 것입니다.

한철 지난 저급한 유행가의 레코드가 밤 이슥할 때까지 쉴 새 없이 돌아가고 돌아가서 거리를 왼통 요란하게 휘저어 놓습니다. 구민(衢民)들의 취미에 맞는 요구라면 그도 하는 수 없기는 하나 생각하면 이 철 늦은 속악(俗惡)한 유행가의 취미—이것이 이곳의 지금 계단이 아닌가도 합니다. 물론 이 작은 일례로 문화 전반을 유추 단정함은 위험한 일이니 지식 교양이 높은 면은 또한 다른 곳에 밑지지 않는 것입니다. 일반으로 독서열이 높은 듯하여 서사(書肆)의 발전에는 괄목할 만한 것이 있습니다.

문학 예술 방면에 뜻 두는 사람 많음은 어디나 마찬가지여서 줄기차게 정진하고 있는 분이 눈에 뜨입니다. 특히 시 방면이 왕성하여서 시인들의 모임이 가끔 있다 함은 기쁜 소식이라 하지 않을 수 없습니다.

제3신 관북의 평야는 황소 가슴 같소[2]

마을의 소재야 늘 같은 것이지만 시절을 따라 약동하는 듯합니

2 제3신과 제4신의 제목이 바뀌어서 이를 바로잡았다.

다. 두 살밖에 안 되는 농장의 유우(乳牛)는 벌써 새끼를 낳고 남는 우유를 집집마다 배달하게 되었습니다. 양의 우리 안에도 식구가 늘었고 계사(鷄舍)에서는 대낮이면 닭이 알을 낳습니다. 울콩이 장하고 호박꽃이 피고 옥수수수염이 자랐습니다. 갑진일(甲辰日) 낮에 붕긋거리던 뜰 앞의 백합이 진홍으로 피어나고 산월(産月)을 한 달이나 넘은 태모(胎母)에게는 드디어 한 관 무게에 가까운 남아가 탄생하였습니다 — 이것이 이 시절의 관북(關北), 전원 풍경입니다.

건전한 자연 속에 묻혀서 순박한 시인은 저널리즘에 물들지나 아니하고 옳다고 생각하는 길을 마음껏 걸어갑니다. 약질이 아니고 건강하고 육중하여서 철철이 수십 편의 시를 쓰고 백여 매의 시고(詩稿)가 붙은 것을 묵묵히 말합니다. 편마다 건강이 넘치고 관북의 기질이 흐르고 있습니다. 이곳 기질을 설명하는 대신 수중에 들어온 편 중에서 몇 절을 뽑아 보는 것도 무관할까 합니다.

모래밭은
푸른 꿈을 꾸었고
푸른 꿈은
푸른 장미를 낳았고

푸른 장미는
빨간 꿈을 보았고
빨간 꿈은
빨간 꽃을 게웠다.

빨간 꽃은

사랑의 열매를 맺었고

열정의 열매는

가시 울타리 속에서

새로운 꿈을 키운다.

새로운 꿈을—

그러나 벌써

그 행복한 꿈은

이 황소 같은 가슴에

몰래 감추어 넣었다.

길이길이 기르고저.

월파(越波), 「장미」에서

자연의 정열을 알뜰히 뽑아다가 제 것을 만들고야 마는 것이 이곳의 기질인가 봅니다. 그러기에 황소 같은 가슴을 가지게 되는 것입니다. 황소 같은 가슴—이 시인의 시보다도 무엇보다도 나는 이것이 부럽습니다. 나의 가지고 있는 모든 것을 던져서 이것과 바꿀 수 있다면 선뜻 바꾸겠습니다. 수만 틀리면 부서져라 하고 책상을 치며 자기가 매어 있는 교장(校長)쯤은 호되게 해내고도 아무런 영향도 받지 않은 그런 호담스런 기질도 결국 그 황소 같은 가슴에서 나오는 것인가 생각할 때 부럽기 짝 없습니다.

유월의 맑은 허공에 소리 없이
떨어지는
꽃입술
한 잎 두 잎 흩어지는 꿈 조각 위에
시들은 인생 시(人生詩)를 실어서 보내노니
가슴에 진 잎엔 '회의(懷疑)'라 썼고
머리에 진 잎엔 '고뇌'라 썼고
손바닥에 내린 잎에 '가난'을 적고
땅에서 주워선 '병'이라 적었나니
건드리는 춘풍아 몰아가거라
지는 꽃잎아 물고 가거라

계절은 배꽃처럼 맑게 웃고
계절은 배꽃처럼 향기롭고
뻐꾹새 목 놓아 신생(新生)을 찾고
내 돌배나무를 응시하나니
건강한 생리는 새로운 도덕을 낳을 게다.
명랑한 웃음은 행복의 열매를 맺을 게다.
오오 돌배꽃은 향수를 모르도다.

월파(越波), 「돌배꽃」에서

회의와 고뇌를 다 떨쳐버리고 향수를 모르며 지내는 마음, 얼마나 건강합니까. 물론 이것은 다 '황소 같은 가슴'의 생리에서 나오는 것인가 합니다. 관북, 그것이 '황소 같은 가슴'인지도 모르겠습니다.

제4신 관북의 평야는 황금 가슴 같소

낡은 자전차를 수리시키고 머리를 한 치가량이나 무질러 버렸습니다. 바다에 다니려는 준비입니다. 벌판 저편으로 빤히 바라다 보이는 바다까지는 자전차로 십 분 남짓이 달리면 됩니다. 내의 바람에 잠방이를 입고 긴 양말을 신고 마치 가게의 차인꾼 같은 차림으로 사람들의 체면도 불구하고 맨머릿바람으로 날마다 바다에 나갑니다. 이런 꼴은 전에는 질색이었으나 차차 마음에 들게 되었으며 자전거로 벌판을 달리기란 말할 수 없이 상쾌한 것입니다.

독진(獨津) 바다는 깊고 파도가 세어서 해수욕장으로 완벽한 곳은 못 되나 물이 맑고 모래가 깨끗한 까닭에 부근에서는 역시 가장 좋으며 날이나 맑아 나남(羅南) 등지에서까지 모여들 때에는 백여 명의 나체가 모래 위에서 와글와글합니다.

그 숲에 섞일 때도 있고 따로 떨어져 외딴 해변에서 혼자 지울 때도 있습니다. 해수욕복도 오히려 주체스러운 때가 있습니다. 마지막 꺼풀까지 벗어 버리기는 쉬운 노릇이 아닌 모양입니다. 외따로 떨어져 있으면 그것이 자유롭습니다. 옷만 벗으면 사람의 꼴은 다 같은 것을 옷을 입기 시작한 때부터 계급과 차별이 생긴 듯합니다.

처음으로 옷을 벗었을 때에는 꼭 이태 만이어서 희멀건 피부가 사람들 총중에서 겸연쩍더니 며칠 동안 다니는 동안에 벌써 어지간히 탔습니다. 흔히 말하는 밀(蜜)빛이 아니라 처음에는 물에 젖은 모래빛이었다가 차차 구리쇠빛으로 변합니다. 바닷물에 젖었다가 더운 모래 위에 나와 엎드리면 피부가 근실근실 가렵고 아립니다. 바다와 태양의 정기가 세포 구석구석으로 함빡 스며듦인가 합니다. 가슴을 벌리고 바닷바람을 숨껏 들여쉬면 바다가 그대로 가슴속에 들어와 앉는 듯합니다.

바다 냄새―무엇 무엇으로 되었기에 그렇게 시원하고 눅진한지 모르겠습니다. 조수 냄새 소금 냄새 미역 냄새 해초 냄새 성게 냄새 바람 냄새 오존 냄새―그 위에다 아마도 먼 육지의 냄새까지를 합쳐 품은 듯합니다. 그러기에 그렇게도 복잡하고 신비롭지요. 불란서 시인은 여인의 수풀 속에 복잡한 신비의 향기를 맡았으나 바다 냄새에도 또한 말할 수 없이 복잡한 요소가 숨어 있는 듯합니다. 창생(創生) 이래 오늘까지 녹아들고 잦아들은 우주의 냄새가 바로 바다의 냄새가 아닌가 합니다. 여인의 수풀 속에 조그만 우주가 숨어 있듯이 바다에도 확실히 우주가 축소되어 들어앉은 듯합니다. 바다 냄새를 맡으며 먼 하늘을 우러러보면서 유구한 것을 느끼고 있으면 이 조그만 육체 안에도 또한 한 우주가 숨어 있음을 깨닫습니다.

바다 뒤에는 바로 길 하나를 격하고는 산이 솟아서 길바닥에는 해당화가 피었고 산허리 풀밭에서는 벌레 소리가 흘러와서 요란한 속에서도 고요한 정회(情懷)를 자아냅니다. 메뚜기의 찌익찌익 소리 찌르레기의 찌르르르르르 소리는 벌써 재빠르게 가을의 애상(哀想)을 암시합니다.

산머리에 해가 뉘엿뉘엿할 때 하늘을 우러러보면 물비인지 오존인지 자옥이 끼어 햇발에 아롱아롱 날리는 것이 보입니다. 흰 모래와 붉은 해상(海裳)과 애잔한 벌레 소리와 바다와 하늘과—그대로 옮겨 가지고 싶은 해변 정경입니다.

때때로 기러기 떼같이 해안선을 헤엄쳐 오는 제주도 해녀가 연안에 보인다 합니다. 광주리를 이고 헤엄치면서 잡은 고기를 먹고 팔고 한 시절의 벌이를 해 가지고는 다시 해안선을 헤엄쳐서 고향으로 돌아간다 합니다. 이 또한 한 특이한 풍경일까 합니다.

어선이 돌아오고 발동선이 요란하게 가까워 올 제는 해가 다 진 모양입니다. 몸이 개운한 품이 저녁에는 식욕이 더한층 새로울 듯 합니다.

(이 원고는 대부분을 바다에서 씁니다. 글자가 뒤흔들리고 문맥이 어지럽기는 하나 원고지 장장에다 바닷바람과 조수 냄새를 실어서 바다의 선물로 멀리 도회의 책상 위로 보냅니다.)

《동아일보》, 1937. 7. 30.~8. 8.

주을(朱乙)의 지협(地峽)

똑바로 치어다보기 외람한 성모의 옷자락 같은 푸른 하늘에 물고기 비늘 양(樣)으로 뿌려진 조각구름의 떼 — 혹은 바닷가 모래밭에 널려진 조개껍질을 그대로 거꾸로 비추어 낸 듯도 한 하늘바다의 조각구름의 떼 — 세상에서 가장 아름다운 것을 찾을 때 서슴지 아니하고 그것을 들 수 있는 그 아름다운 구름의 떼는 한때라도 마음속에서 잊어진 일 있던가.

고달픈 마음을 풍선같이 가볍게 하여 주는 것은 그 구름이어늘.

가벼운 바람에도 민첩하게 파르르 나부끼는 사시나무의 수풀 — 밤하늘에 떨리는 별의 무리보다도 지천으로 흩어져 골짝 여울물같이 쉴 새 없이 노래하는 — 자연의 악보 속에서 가장 귀여운 곡목만을 골라낸 그 조촐한 나뭇잎 — 그의 아름다운 음악이 잠시라도 마음속을 떠난 적 있던가.

피곤한 마음을 헤어 주는 것은 그 음악인 것을.

살결보다도 희고 백지보다도 근심 없는 자작나무의 몸결 — 밝은 이지를 가지면서도 결코 불안을 주지 않는 맑고 높고 외로운 성격 — 그러기 때문에 벌판과 야산에 사는 법 없이 심산과 지협에만 돋아나는 고결한 자작나무의 모양이 — 그 어느 때 마음의 눈앞에서 사라진 적 있던가.

때 묻은 지혜와 걱정을 잊게 하여 주는 그 신령들이.

지친 마음에 내 늘 생각하고 바라는 것은 그리운 지협의 조각구름과 사시나무와 자작나무. 산문에 시달려 노래를 잊은 마음을 비추어 주는 것은 그 거룩한 풍물이다. 쇠잔한 건강에 어간유(魚肝油)를 마시다가도 문득 코를 스치는 물고기 냄새에 풀려 나오는 생각은 개울과 나무와 지협의 그림이다.

마음을 살릴 것은 거리도 아니요 도서관도 아니요 호텔도 아니요 일등 선실도 아니요 여객기도 아니요 어간유도 아니오.

다만 지협의 어간유 — 개울과 구름과 나무와 — 그것을 생각할 때만 나의 마음은 뛰고 빛난다.

구름을 꿈꾸고 나뭇잎 노래를 들을 때만 마음은 날개를 펴고 한결같이 훨훨 날아난다. 날아난다.

《숭실》, 소재(所載) 졸시 「지협」에서

지난해 한여름을 거리에서 지내면서 피서 못 간 한을 한 편의 시 「지협」으로 때웠다. 지협의 풍경을 말하고 사모할 때에 나는 항상 주을 협지의 그것을 마음속에 떠올린다. 시의 성불성(成不成)은 모르나 상념만은 간절한 것이며, 그렇듯 그곳의 풍물은 나의 마음을 끈다. 피서지찬(避暑地讚)을 쓰려 할 때 또한 먼저 떠오르는 곳이 그곳이다.

바다로 말하더라도 송도원(松濤園)이 훌륭하고 송도가 기승(奇勝)이요 용현(龍峴)이 맑고 같은 동해안의 그다지 이름은 나지 못하였으나 독진(獨津) 해변이 조촐하다. 해변은 활달하여서 시원스럽기는 하나 바닷물이 산협의 개울물만큼 깨끗할 수는 없는 것이며, 주위로 말하더라도 넓고 헤벌어진 바다보다는 아늑하고 감감한 산속이 고비고비에 신비를 감추어서 잔 맛이 한층 더 있기는 하다. 그러나 산과 바다를 한꺼번에 코앞에 드리울 때에는 똑같은 진미를 대하는 것과도 같이 취사선택을 대뜸에 선뜻 결정할 수는 없다. 그렇다고 과도의 욕심을 차릴 수도 없는 까닭에 역시 한 가지를 취할 수밖에는 없으나 주을을 취함에는 반면에 이러한 아까운 제여(除餘)의 분이 희생을 당하는 셈이 된다.

주을을 말할 때에 그 문구(門口)의 가네다지구(金田地區)는 그다지 흠욕(欽慾)의 지(地)는 못 된다. 비록 유원지가 되어서 못 속의 양어(養魚)의 떼가 탐스럽고 풀에서는 헤엄을 칠 수 있고 배를 저을 수 있고 한편 사욕(砂浴)의 설비까지 있기는 하나, 전체적으로 지협이 바라지고 협착한 데다가 제반 시설이 날림이어서 그윽하고 유준(幽峻)한 맛이 없어 스스로 주을 지협에 비길 바 못 된다.

사시나무(山楊木)와 자작나무(白樺)와 개울이 있는 것은 하필 주을의 오지만은 아니겠으나 그곳의 것같이 유수(幽邃)하면서도 현대적 감각을 갖춘 곳은 드물다. 한 포기의 사시나무나 자작나무가 섰으면 그 아래에 대개 흰 모래가 깔려서 다만 그 한 포기의 수목으로서 초초하고 깨끗함이 비길 바 없다. 산양목은 그 잎이 돈짝만큼씩 잘고 동글고 흔하여서 아무런 미풍에도 민감하게 파르르르 나부껴 한 가지의 요동이 족히 만곡(萬斛)의 청량미를 자아낸다. 당초부터 노래하려고 태어난 수목 중의 악인(樂人)이 산양목이다. 깨끗하게 정돈된 별장의 뜨락에 섰을 때에만 아름다운 것이 아니다. 그 어느 임의의 곳에 설 때에도 한 포기의 산양목은 참으로 복잡하고 다채한 변화를 보인다. 산속에는 갈피갈피에 그 무엇이 숨어 있어서 골짝으로 들어가면 새 꽃이 발견되고 둔덕을 넘으면 또 다른 나무가 눈에 띄어 뒤를 이어 변화의 미가 온다. 그런 속에서 군데군데에 백화나 산양목의 포기 포기를 찾아내기란 우거진 다래 넝쿨이나 한 떨기의 싸리꽃을 찾아낸 때와 함께 마치 숨은 술래라도 찾아낸 듯이 마음 뛰노는 노릇이다. 좁은 기름길 사이에 피서 중의 외국녀의 화려한 옷맵시가 보이지 않는다고 하여도 좋은 것이며, 우거진 활엽 사이에 산장의 붉은 지붕이 엿보이지 않아도 무관한 것이다. 모든 인위적인 것과 떠나서 산속의 경물은 그 자체가 충분히 아름답다.

개울가로 내려가면 청렬(淸冽)한 산골 물이 바위와 고비를 따라 푸른 웅덩이를 이루었다 급한 여울이 되었다 하면서 굽이쳐 흐른다. 폭포가 되어 소를 이룬 고비에서는 물연기가 서리고 이슬이 뛴다. 그 기슭에 도라지꽃이나 새발고사리가 피어 있어서 이슬을 맞고 흔들림을 볼 때 시원한 맛 이에 지남이 없다. 사람의 그림자가 뜸할 때 노루나 사슴의 떼가 내려서 가만히 물 마시는 곳은 아마도 그런 곳일까 한다.

그런 개울가 산 식당에서 보낸 몇 시간을 나는 잊을 수 없다. 창밖에는 안개가 서리었고 요란한 물소리에 방구석에 꽂은 새풀의 이삭이 흔들흔들 떨렸다. 푸른 그림자 속에 사무친 방 안은 마치 몇 세기를 묵은 지하실 같고 벽에 걸린 인물들의 초상들도 묵은 세기의 것인 듯한 웅장하고 낡은 맛이 있었다. 그런 곳을 내놓고 어떤 곳에서 선경(仙境)을 구할 수 있을까.

지협의 소요(逍遙)에 지쳤을 때 오 리 길만 걸으면 다시 거리에 내려와 여관 온천물에 잠길 수 있다. 지협의 지지(地誌)는 안내기의 말 아니라도 온천가의 기록은 자세할 것이니 여관의 선택쯤은 수고로울 것 없다. 피서 때에도 온욕(溫浴)은 필요한 것이니 주을 온수의 쾌미(快味)는 또한 각별한 것이 있다. 넓은 욕전(浴殿)에서 홀로 몸을 쉬이면서 개울로 향한 창으로 바로 창밖 느티나무와 개울과 건너편 산허리를 바라보노라면 하루의 피곤도 자취 없이 사라진다.

만찬의 식탁에 산어(山魚)와 산채의 진미가 놓임을 잊어서는 안 되고, 방 안 화롯전에는 언제든지 라듐과(菓)와 진한 녹차의 준비가 있음이 또한 반가운 일이요 두툼한 다다미와 이불의 잠자리의 맛 또한 온천가 독특의 것이다.

고요하고 적막하고 사색적인 점에 요란한 해수욕장과는 스스로 다른 맛을 가진 곳이 주을의 온천이요 지협이다. 지협의 어간유—개울과 구름과 나무와—그리운 소원의 것이다.

「피서지찬(避暑地讚)」, 《조광》, 1937. 8.

마치 빈민굴에 사는 심정

작가로서 창작상으로보다도 먼저 한 사람의 현대인으로서 현대에 대하여서 과연 얼마나 참다운 매혹을 느낄 수 있을까. 터놓고 말하면 커다란 세계적 빈민굴 속에 처하여 있는 셈이 아닌가. 겉으로뿐 아니라 마음으로도 겹겹의 고난의 빈민굴 속에 살고 있는 것이다. 옷을 헐벗었을 뿐이랴. 마음도 헐벗고 품격조차 남루한 것이다. 이 누굴(陋窟) 속에서 대체 무슨 매혹을 느낄 수 있을까. 감수적(甘受的) 순시적(殉時的) 매혹일까. 수난적 비극적 쾌감에서 오는 통절한 매혹일까. 아울러 다 병적이요 역설적 아이러니에 지나지 못하리라.

하기는 빈민굴 위에도 달빛은 비치니 찌그러진 지붕 차양 아래에 누더기를 떨쳐입고 웅크리고 앉은 빈민의 자태는 월광이 그 위에 비낀 까닭으로 소주관인(小主觀人)[1]만이 아니다. 누구의 눈에도 속일 수 없이 아름답게 어리우는 것은 사실이다. 월광 아래에는 회화가 있고 목가가 있으며 도시(都是) 밤은 요술적이어서 아무리 초라한

1 의미를 알 수 없다.

뒷골목에라도 새빨간 상화(想華)가 피고 검측한 신비가 둘러치고 야릇한 요지경이 엿보인다. 술에 취한 피에로는 찡그린 얼굴 위에 일부러 웃는 면(面)을 쓰고 가짜로 즐거운 춤을 추어 보이는 그 사이로 악의 꽃이 새빨간 버섯같이 점철하고 있는 것이 빈민굴의 밤이다.

그러나 굴에는 월광면(月光面)이 있을 뿐이랴. 가혹한 일광면이 있는 것은 물론이니 날이 밝아 대낮 아래 드러난 굴 안의 풍경은 앙상하고 참혹한 것이다. 뼈 가생이만 남은 현실에 지쳐 사람들은 노여워하고 울고 싸우고 들볶으면 보기에 딱한 구세군은 몇 소대씩 거리에 흩어져 북을 울리며 대도연설(大道演說)을 하다가는 도리어 퉁방을 받고 말을 빼앗긴다. 구세군 가운데에는 자칫하다가 자기 인식을 과대(誇大)히 하고 민심을 계산한 나머지에 헛되이 수다한 말만으로—참으로 말만으로 구세군이 아니다—메시아의 구세주로 자임하는 소극(笑劇)도 낳는다.

《조선일보》, 1937. 8. 18.

인물 있는 가을 풍경

삼십 평가량의 화단이나, 씨값 품값 합해서 십 원 남짓이 먹인 것이 지금 한창 만발한 것을 바라보면 도저히 십 원쯤으로는 바꿀 수 없음을 새삼스럽게 느끼며 만족을 금할 수 없다.

아름다운 화단은 하루를 보아도 좋고 한 달을 두고 보아도 좋으며 하루를 보면 하루만큼의 보람이 있다. 단 하루를 보더라도 들인 품은 아까울 것이 없다. 초목과 사는 기쁨—인간사에 지쳤을 때 돌아올 곳은 여기밖에 없는 듯하다. 한 송이 한 송이의 꽃에는 표정과 동감이 있는 듯하다. 일제히 만발하고 보니 제철 제철의 성격을 가릴 수 없기는 하나 실상인즉 각각 철을 생각하고 심은 것이다. 마가렛과 양귀비는 봄에 피라는 것이었고, 캘리포니아-포피 채송화 봉선화 플록스 석죽 달리아 글라디올러스 백일홍은 여름을 의미하였고, 카칼리아 비연초 불란서-국화는 가을에 피어 달라는 뜻이었다. 그런 것이 카칼리아는 벌써 한 고패 지나고 비연초가 한창이요 불란서-국화도 포기 포기 피기 시작하였다. 꽃이 시절을 재빠르게 당겨 온다.

가을꽃으로 비연초 이상 가는 것을 나는 모른다. 대체 푸른 꽃이라는 것이 그다지 흔한 것이 아니니 도라지꽃 시차국(矢車菊) 비연초—촐촐한 것으로는 여기에 그치는 듯하다. 누르고 붉은 꽃들이 모두 여름까지의 것이라면 푸른 꽃이야말로 바로 가을의 것이어야 될 듯하다. 푸른 꽃 중에서 비연초만큼 가을다운 조촐한 꽃은 없다. 송이송이 맑고 투명한 그 푸른 빛은 그대로가 바로 가을 하늘의 빛이요 가을 바다의 빛이다. 그 흔한 푸른 떨기 속에 붉은 카칼리아의 애련한 몇 송이를 듬성듬성 섞어 놓고 그 배경으로 새풀이나 군데군데 심어 놓으면 가을 화단으로는 거의 만점이요 가을 풍경으로 그 한 폭에 미칠 만한 것이 드물다.

가을 풍경이라고 하여도 이것은 아직도 첫가을의 따뜻하고 귀여운 풍경이요 가을이 짙어갈수록에 풍경은 더 차지고 쓸쓸하여 간다. 저녁 바다를 등진 야트막한 풀언덕 위에 활짝 피어난 억새 이삭이 바람에 간들간들 흔들리는 정경이란 이슬같이 찬 느낌을 준다. 자작나무 백양나무의 잎도 거의 다 떨어진 수풀 속 물이 잦아들어 돌이 불쑥불쑥 솟아난 개울녘을 한 쌍의 남녀가 하염없이 거닐고 있는 풍경—에는 더한층 찬 것이 있다. 낙엽이 뒤숭숭하게 휘날리는 강변에 안개가 자욱이 낀 속으로 햇밤 굽는 냄새가 솔솔 흘러오는 한 폭도 가을의 풍경이어니와 별안간 바람이 불어와 떨어지는 낙엽을 휩쓸어 걸어가는 여인의 치맛자락이 던지는 풍경도 가을의 것이다.

인물을 배치한 가을 풍경으로 나는 가장 인상적이고 대립되는 두 작품을 생각한다. 닐센의 영화《가을의 여성》과 부닌의 소설『가을』

이다. 가을은 차고 이지적이면서도 그 속에는 분화산(噴火山) 같은 열정을 감추고 있어서 그 열정이 이지를 이기고 기어코 폭발하는 수도 있고 이지 속에 여전히 싸늘하게 숨어 있는 수도 있다. 열정과 이지가 무섭게 대립하여 폭발의 일선을 위태스럽게 뻗치고 있는 것이 가을의 감정이요 성격이다. 열정이 폭발되고 마는 곳에 부닌의 『가을』이 있고 안타깝게도 이지의 등 뒤에 자취를 감추는 곳에 닐센의 《가을의 여성》이 있으니 가을을 그린 작품으로 이 두 개같이 선명한 인상을 주는 것은 드물다.

바람 불고 소슬한 늦가을 저녁때 나뭇잎 휘날리는 병원 뜰 앞을 비련의 쓸쓸한 가슴을 부둥켜안고 호올로 초연(悄然)히 걸어가는 여인의 자태—이것이 쓰라린 '가을 여성'의 풍경이다. 젊어서 남편을 여의고 홀몸으로 상점 조각부의 일을 보면서 베라 홀크는 다만 두 사람의 딸을 기르기에만 정성을 들이며 십오 년의 장구한 세월을 쓸쓸하게 살아 왔다. 딸들은 각각 자라서 이제는 벌써 어른 구실을 하게 되고 베라도 겨우 생활의 안정을 얻게 되자 오래간만에 이 사십 줄의 여인은 자기 자신의 신세와 생활이라는 것을 돌아보게 되었다. 오로지 생활과 싸우느라고 누르고 눌러만 왔던 열정이 드디어 조각가 슈타인캄프에게로 불길같이 뻗치게 되었다. 그러나 불행한 것은 슈타인캄프에게는 이미 조강지처가 있었음이다. 다만 남편만을 믿고 그의 사랑에 의지하여서만 살아가는 그 부인의 자태를 볼 때에 베라는 안타까운 번민에 빠질 뿐이었다. 남을 희생해서까지 자기 자신의 사랑을 살려야 옳을까 그렇지 않으면 불측한 열정을 죽여야 옳을까. 무서운 싸움 끝에 불붙는 열정을 드디어 싸늘한

이지의 발끝으로 짓밟아 끌 수밖에는 없었다. 바람 불고 소슬한 늦가을 저녁때 나뭇잎 휘날리는 병원 뜰 앞을 비련의 쓸쓸한 가슴을 부둥켜안고 베라 홀크는 처연(悽然)히 떠나는 것이다.

그러나 애타는 감정을 참혹하게 죽여버리는 것만이 가을의 성격은 아니니 부닌의 여주인공은 드디어 파도가 요란히 수물거리는 깊은 밤 가을 바닷가에서 사랑하는 사람에게 열정을 바치고야 만다. 희미한 별빛 아래에서 그의 연백(蓮白)한 행복의 향기에 숨찬 피곤한 얼굴이 불멸의 천녀(天女)의 얼굴과도 같이 맑고 아름답게 보인다. 여기에 나타난 가을 풍경은 장엄하고 깊고 어둡고 처량하면서도 무덥다. 언덕 아래에서는 바다가 무섭게 수물거리고 건너편 바위 위의 울창한 백양나무 숲이 소란하게 웅성거리며 푸른 빛을 띤 별들은 검은 구름 사이에 명멸하고 있다. 바다가 차차 훤하게 수평선을 드러내게 되자 모진 파도는 요란하게 언덕을 물어뜯으며 흰 물결을 날린다.

그날 밤 거의 자정이 되어서 그 집 객실을 나올 때에 '그 여자'의 눈동자 속에 간직한 열정의 불꽃을 보고 온 '나'는 마침내 '그 여자'와 손쉽게도 뜻이 맞게 되었다. 처음으로 사랑을 알기 시작한 소녀와도 같이 서먹서먹한 표정을 띤 여자는 밖으로 나왔을 때 벌써 사흘 밤이나 집을 비워서 남편에게 미안하다는 뜻을 말하면서도 '내'가 바다로 가자고 권고하였을 때 첫마디에 응낙하고 마차를 탔다. 어둠 깊은 가을밤의 열정이다. 여자는 남편이 있으나 넘치는 열정을 어쩌는 수 없이 그도 모르는 곁에 어둠 속에서 정리(整理)의 길을 찾는 것이다.

오래전부터 두 사람의 마음을 잡아 흔들던 그것이 그날 밤 돌연히 두 사람 앞에 나타난 것이다. 마차 속에서 두 사람은 때때로 얼굴을 마주칠 뿐 별로 말도 없이 '그 여자'의 손을 집어 올려 '내' 입술에 대었을 때 그는 말없는 가운데에서 굳은 악수 속에 은근히 감사의 뜻을 보냈다.

남풍이 불고 와사등이 떨리는 거리를 지나 인기척 드문 행길을 달릴 때에 마차 바퀴 밑에서 별안간 행길의 널판이 부서지며 그 서슬에 마차가 출렁거렸다. 흔들리며 쓰러지는 '그 여자'를 '나'는 모르는 결에 팔 안에 안았다. 한참이나 앞을 노리더니 이윽고 '나'에게로 향하였다. 두 얼굴이 마주쳤으나 그의 눈에는 벌써 조금도 수물거리는 표정은 없고 다만 긴장된 미소에 서먹한 빛이 약간 드러나 보일 뿐이었다. '나'는 거의 무의식 속에서 그의 입술을 구하였다. 그 또한 '내' 손을 굳게 잡은 채로 번갯불같이도 날쌔게 '내' 입술에 대꾸하였다.

어느덧 멀리 바다가 짐작되며 근처에는 모진 바람이 불어 메마른 옥수수 잎새를 요란하게 울렸다.

어디로 가요, 묻는 눈동자가 밝게 빛나며 행복의 표정이 넘쳤다.

"등대 저쪽 별장으로." 대답하고 '나'는 말을 잇는다.

"당신을 사랑합니다. 당신과 단 둘이 숫제 이 어둠 속에 꺼져 버렸으면……. 어떻게 된 연유로 대체 이렇게 이런 사이가 되었을까."

"그것보다도 꼭 들려주실 것이 하나 있어요—지금까지도 오늘 밤 이전에도 저를 생각해 주신 적 있으세요—아니 그것보다도 우리는 대체 어디로 가는 것인가요. 내일은 모레는 대체 어떻게 되나요. 당신은 어떤 분이며 어디서 오셨어요. 저는 지금 초면으로 대하는 것 같어요. 그렇듯 마음이 즐겁고 마치 꿈꾸는 듯도 해요."

'나'는 모진 바람을 한껏 마시며 그 깊은 밤과 어둠이 대담한 용기를 줌을 깨닫는다. 어둠과 바람 속에 그 무슨 큰 위력이 숨어 있었다. (이것이 두 사람의 열정에 뜻밖에도 불을 지른 가을의 마력인 것은 물론이다.) 두 사람은 드디어 바다로 와서 별장을 지나 높은 언덕에 이르렀다. '나'는 그의 손을 붙들고 위태한 언덕을 내려가 파도 전(前)에 선다. 단 두 사람뿐이다. 내일, 내일이야 어떻게 되거나 말거나.

"저는 어릴 때에 한없이 행복이라는 것을 꿈꾸었지요. 그러나 한번 결혼해 본즉 날마다 날마다가 똑같고 모든 일이 싫증이 나서 견딜 수 없게 되었어요. 제 평생에 꼭 한 번의 기회인 오늘 밤의 행복이 그러기에 도리어 죄 많은 것으로 생각되어요. 내일이 되면 오늘 밤 일이 얼마나 무섭게 생각날까요. 그러나 지금은…… 그까짓 아무렇게 되거나 말거나…… 이렇게 당신을 사랑해요."

먼 하늘에서 별이 깜박거렸다. 바다는 점점 훤해지면서 수평선이 드러나고 모진 파도가 요란하게 수물거린다. 여자의 창백한 행복의 향기에 숨찬 피곤한 얼굴이 별빛 아래에서 불멸의 천녀의 얼굴과도 같이 맑고 아름답게 보였다.

순전히 폭발된 사랑이다. 한 번 폭발한 열정은 물도 불도 헤아리지 않는다. 그 무더운 열정 앞에 이지는 조각조각 부서진 창백한 파편이다. 그 열정이라는 것이 참으로 마음의 탓이다. '어둠과 바람의 위력'에서 솟은 것이다. 늦가을의 열정은 처량하면서도 무덥다.

부닌의 『가을』은 가을의 성격의 무더운 면이며 어두운 바다를 배경으로 하고 선 '그 여자'의 자태는 유난하게도 인상 깊은 것이다.

「추창어(秋窓語)」, 《조광》, 1937. 9.

구도(構圖) 속의 가을

1.

도회에서는 가을은 신경으로부터 드는 듯하다. 아직도 낮 거리는 무덥고 가로수는 물들지 않았건만 그 어디인지 가을을 느끼게 되는 것은 도회인으로서의 민첩한 신경 때문이다. 하기는 초목이 드문 속에서도 언제부터인지 아침저녁으로 벌레 소리가 요란해졌고 과실점에는 분가루를 쓴 포도가 송이송이 탐스럽기는 하다. 아침 교실에서 맑은 정신으로 강(講)을 받던 학도의 주머니 속에서 무슨 실책으로인지 붉게 물든 능금 한 개 또르르 굴러내려 별안간 교실 안의 미소를 자아내게 한 그 허물없고 귀여운 한 폭의 정경 속에서도 첫가을의 호흡이 보이지 않는 바는 아니다. 그러나 이렇게 드물고 빈약한 소재보다는 역시 재빠르게 가을을 느끼는 마음 그것이 도회의 가을을 실어오는 듯하다.

지금 벽 속에서 느끼고 있는 가을은 거의가 기억 속의 가을이다. 한여름을 지내고 온 시골의 들—늦은 볕이 쨍쨍 쪼이던 수수밭 조이밭, 베인 후의 글거리만 남은 옥수수밭. 그 옥수수 단을 실은 술기를 끌고 오 리 장간이나 되는 곧은 벌판길을 타박타박 걸어가는 망아지보다도 작은 당나귀. 별안간 사람의 그림자가 줄자 굳게 옴츠러든 듯한 바다……. 싸리꽃 피고 다래 넝쿨의 아래편 잎새 두어 잎 누르게 물들었던 지협(地峽)의 길가—닫는 차 속에 바라보이는 고원 일대에는 잡초 속에 쭉 뽑아난 새풀 이삭이 간들간들 흔들렸다. 덕원(德源)에서 올랐다가 고산(高山)에서 내려 멀리 바라보이는 산밑 뾰족 교회당을 향하여 길을 찾던 흑의(黑衣)의 법사의 뒷모양에도 그 어디인지 가을의 기색이 흘렀고……, 의정부에서 오르는 산책객의 손에는 각각 까스런 가시 밤송이가 들렸었고 관서 평야에서는 무거운 벼이삭이 기름지게 누웠었다……. 기억의 가을이 눈앞에 방불하여 두말없이 그것이 도회의 가을의 감각을 돕는다. 늘 같은 건축 같은 길 같은 구도의 도회—가을의 소재가 결핍한 거리의 복판에서는 별수 없이 기억 속에서 가을의 인상이 올 수밖에는 없다.

대양을 건너온 신간 희곡서 속에서 먼저 계절을 찾으려고 애쓰는 마음—역시 도회의 것이 아닌가 한다.

3막의 희곡 『여름도 마지막』에서는 제1막과 2막의 여름 후에 3막의 가을이 온다.

북부 메인(Maine)에 있는 프로딩햄 가(家)의 여름 별장 베이카테지의 베란다 방. 고풍의 아름다운 가구로 곱게 치장한 방. 방 안을 꾸민 보풀무명 보재들이 약식(略式)의 기분을 준다. 아름다운 5월의 오후. 후원으로 열린 창으로는 막 잎 피기 시작한 백화(白樺)와 단풍나무가 보인다. 칡과 담쟁이넝쿨이 자연석 돌담으로 뻗었다. 멀리 바다가 바라보인다.

이 여름의 첫 막이 있기 때문에 셋째 막의 가을은 인상적인 것이다.

늦가을 나무들은 물들었다. 붉나무(sumac)가 찬란하고 붉은 가을꽃을 달았다.

물든 나무와 붉은 꽃의 인상이 얼마나 선명한가. 이 선명한 인상은 신록의 백화와 단풍나무와의 대조에서 오는 것이다. 1막에서 3막으로의 비약에서 오는 것이다. 눈앞에 무대 면이 보이는 듯도 한—가을의 묘사로 이 한 토막 정경은 거의 완벽에 가깝다. 이 희곡에 있어서 참으로 중요한 것은 이 계절의 인상이니 사건의 내용은 계절을 따라 제물에 생기는 것이다. 사건이 계절을 규정하는 것이 아니라 계절이 사건을 필요로 하는 것이다. 인물이 가을을 지배하는 것이 아니라 가을이 인물로 하여금 사건을 가지게 하는 것이다.

2.

수목과 화초의 뜰을 버리고 잠시 항간(巷間)의 독거에 몸을 던지고 있는 까닭에 당금 가을의 정감이란 별수 없이 신경을 가지고 기억과 서책에서 알뜰히 수입하여 오는 것뿐이다. 인물을 배치한 가을의 풍경에 이르러서는 더한층 그러하다.

굳이 신변의 가을을 구하려면 방에서 조석으로 내다보이는 눈앞의 한 폭을 들 수밖에는 없다.

전폭의 창으로 내다보이는 행길 건너편 집의 후원―아마도 이름 있는 요정인 듯이는 짐작되나 확실한 것은 밝혀지지 않음이 운치 있는 것이므로 나는 아직도 그 정체를 모른다. 단청이 날아간 고풍의 후문으로 들여다보이는 조촐한 후정의 모양은 그대로가 한 폭의 그림과도 같다. 단청의 대문과는 반대로 내부의 의장(意匠)은 근대적이어서 푸른 돌에 흰 돌을 박은 아롱진 포도(鋪道) 맞은편으로는 좌우를 연결하는 회랑이 가로 허공에 둘렸고 그 건너편이 짜장 후원인 듯이 넓은 뜰로 짐작된다. 포도 옆으로는 조약돌을 편 속에 분재의 상록수와 청죽이 있고 등롱(燈籠)이 달리고 석탑이 섰고 회색 벽에는 담쟁이가 뻗어 올라 두서너 잎새가 불그스름하게 물들었다. 다른 것은 다 그만두고라도 이 물든 담쟁이와 푸른 댓잎과 불빛이 유난히도 붉은 등롱은 확실히 초가을의 것이다.

저녁때가 되어 동자가 포도를 물로 씻고 조약돌과 상록수에 물을 끼얹은 후 저녁 불이 들어와서 살구씨 형상의 문등(門燈)이 제물에 켜지고 이윽고 등롱마저 불이 달리면 쇄락(洒落)한 뜰 안은 항간의 것 아닌 듯이 맑고 푸르게 빛난다. 바라만 보아도 시원한 가을의 특수경(特殊境)이다.

말할 것 없이 대문의 액(額) 속에 그려진 깨끗한 한 폭의 구도요 장치된 무대 면이다. 무대 면이라면 그렇게 꼭 짜인 무대 면은 드물 듯하다. 안팎 뜰과 덩그런 회랑과 회랑의 좌우에 숨은 보이지 않는 방들과—그 복잡하고 은근한 구석구석에 인물을 얼마든지 등장시켜 농간을 부릴 수도 있고 이야기를 꾸밀 수도 있는 것이다. 연출가에게는 참으로 수연(垂涎)의 장면일 듯하다.

그러나 연극이라는 것이 도시 극작가의 발명으로 되는 것인지 현실에 있어서는 그렇게도 짜인 무대 면을 준비해 놓았음에도 아기자기한 연극이 눈앞에서 좀체 일어나 주지 않는 것이다. 날마다 저녁만 되면 허다한 인물들이—특히 여역(女役)들이 수많이 등장하면서도 종시 사건이 일어나지 않는다.

이루 한두 사람이 아니요 다섯 열 수많은 분장(粉粧)의 여인들이 아마도 빈객을 보내고 맞이함인지 회랑을 중심으로 빈번이 움직이는 것이 보이나 끝내 이렇다 할 감동적 대목에는 이르지 않는다. 각색 의상으로 단장한 여군(女群)—끌리는 옷자락이며 드러난 목덜미며 하얀 발목이며 깨끗하고 아름답지 않은 것이 없다. 검은 머리에는 구슬이 희고 연지의 교소(嬌笑) 속에 또한 구슬을 머금었다. 그 아태(雅態)로도 사건을 빚어내지는 않는다. 가령 회랑 저편과 이편에 한 쌍이 마주 서서 그들만의 그 무슨 언약을 한다든지 상록수 아래 서서 속삭여 본다든지 하는 정도의 건도 없는 것이다.

바르뷔스의 『지옥』에서 가난한 은행원이 여관 방 벽 틈에서 이웃 방의 군상의 동향을 은밀히 바라보는 그런 심사로는 아니나 나는 눈앞의 한 폭의 움직임을 흥미를 가지고는 바라본다. 될 수 있는 대로 가을이 그 속 인물들로 하여금 놀라운 사건을 빚어내게 하기를 기대하며 그 구도가 생생하게 발전하기를 바란다. 이 기대가 어그러지지 않을 때 이 과제의 답안도 완전할 것이나 지금은 아직도 미완성의 것임을 슬퍼하여 우선 무대로 향한 창을 닫는다.

「인물 있는 가을 풍경」, 《동아일보》, 1937. 10. 17.~19.

국화분

집 한 채를 온채로 빌려가지고 있을 때에는 뜰에 나무도 있고 꽃포기도 흥성하던 것이 하숙생활을 하면서부터 초목이 그립기 짝 없다. 가끔 시외에 나갈 때 물든 가을 수목이 어찌도 아름다운지 아이다운 감격을 느낀다. 집을 가졌을 때는 화분의 필요조차 없어 겨울이면 백화점에서 꽃을 사다 화병에 꽂으면 그만이던 것이 요사이는 경우가 조금 다르다. 요행 하숙 노파가 국화 한 분(盆)을 사서 하필 내 방 책상 위에 놓아준 것이 얼마나 고마운지 모른다. 총총한 대륜(大輪)의 흰 국화가 방 안에 일맥의 향기를 부어 준다. 시골서 온 과실을 논아주고 한 내 호의에 대한 갚음인 듯하나 어떻든 노파의 유다른 고마운 뜻과 함께 그 국화분을 나는 그지없이 사랑한다.

「내 집의 화분」, 《조광》, 1938. 1.

밀른의 아침

교실의 가을도 역시 능금에서 시작되는 듯하다. 이른 아침 첫 시간 강의가 막 시작되려 할 때 학도의 주머니 속에서 별안간 익은 능금 한 개 어떻게 된 서슬엔지 솟아나와 비스듬히 경사진 교실을 굴러나려 교탁 앞까지 이르자 학도는 기급을 할 듯이 일어나서 그 주책없는 가을의 앞잡이를 황급하게 주머니 속에 수습하고 겸연쩍은 얼굴로 자리에 앉았다. 교실 안에는 웃음이 터지고 어린아이 아닌 그 학도의 얼굴은 약간 붉어졌다. 길게 자란 그의 머리와 안경과 가까이 보면 수염까지 있을는지 모를 그의 얼굴이 새삼스럽게 바라보였다. 허물없는 그 한 폭의 정경은 문과 교실만이 가질 수 있는 것인지도 모르나 어떻든 교실의 가을과 가을의 웃음이 그 한 개 능금에서 온 것도 한 아름다운 시절 인연인 듯하다.

창밖에는 가을 하늘이 맑고 누렇게 물든 백양나무가 깨끗하다. 후정(後庭)에는 반세기나 자란 아름드리 사탕단풍의 가을 풍채가 풍준하고 시들은 잔디 속에 푸른 목초가 선명하고 먼 운동장 기슭에서는 풀 먹는 양의 자태가 희고 외롭다. 학교 문제가 어지러운지 벌써 해를 거듭하였다. 근심이 있고 파란이 있고 곡절이 굽이쳤다. 그러나 지내놓고 보면 결국 모든 것이 마음의 문제였고 객물(客物)은 아직까지 그대로 남아 있을 뿐이다. 마음의 설렘을 비웃는 듯이도 모든 것이 그대로다. 수목도 그대로요 교실도 그대로요 수업도 여전히 계속된다. 마음에 비길 때 객물은 항상 침착하고 냉정하고 더디다. 문밖에서 아무리 설레든 간에 가을 교실에는 가을의 수업이 있을 뿐이다.

능금과 웃음으로 시작된 교실에서 읽을 가장 적당한 교재는 밀른의 수필인가 한다. 혹은 밀른의 수필 그것이 그 정도의 마음의 준비로 읽어서 족한 것이라고 하여도 좋을는지 모른다. 불손한 말이 아니라 그의 문학적 성격이 그것을 암시하는 것이다. 계절을 말하고 생활을 적을 때에 그는 투명한 필치와 정리된 문장 속에 항상 가벼운 웃음과 명랑한 재기를 준비한다. 지나쳐 험살궂고 엄숙하고 심각하지 않은 부드럽고 간명한 유머 속에 인생의 진실을 찾으려고 하는 것이 그의 문학적 태도인 듯싶다. 바다를 말하고 여름을 말하고 과실을 말하고 가을을 이야기하고 노변(爐邊)의 정서를 이야기할 때 그 어느 구절에도 가벼운 생활의 실감이 있고 웃음의 매력이 있음을 본다.

가을을 적을 때에 그는 굳이 단풍과 이른 아침의 싸늘한 감촉과 안개 끼인 저녁을 말하지 않는다. 간밤의 식탁에 놓였던 한 대의 셀러리에서부터 가을 이야기를 풀어낸다. 흰 접시에 푸른 셀러리를 담고 그 속에 한 조각의 빵과 한 덩이의 버터와 한 모설기의 치즈를 담은 풍취를 말하고 겹겹으로 펼쳐진 셀러리의 아취 고술고술한 흰 싹이 이 사이에 바작바작 씹히는 감각과 그 풍미에 그는 가을의 진짬 맛을 느낀다. 셀러리의 풍취가 있기 때문에 그는 벌써 즐거운 여름이 지나가는 것을 슬퍼하지 않는다. 가을을 즐기고 이어 닥쳐올 겨울을 침착하게 기다리겠다고 장담한다. 맑은 날과 긴 저녁과 즐거운 노변을 찬미한다.

투명한 행문(行文)에서 우러나오는 가을의 감각으로 아침 교실은 맑고 즐겁다. 문밖이 아무리 설레든 간에 교실 안만은 항상 침착하고 성스럽다. 밀른의 수필과 함께 요란한 속에 있는 교실의 운명이 더욱 즐거워 가고 길이길이 영광스럽기를 빈다.

> …… Life shall be lived well. The end of summer is not the end of the world. Here's to October — and, waiter, some more celery.

《삼천리문학》, 1938. 1. 1.

채롱

시골

우거진 여름 나무 그림자가 아니라 잎이 떨어지고 가지만이 앙상하게 남은 겨울 나무의 그림자라는 것을 사람들은 그다지 생각해 본 적이 없을 듯하다. 우거진 나무 그림자라는 것은 으슥한 낮잠의 터는 되어도 겨울 나무 그림자의 외롭고 아름다움은 없다. 겨울 나무가 푸른 그림자를 처녀설(處女雪)의 흰 막 위에 던지고 있는 그림은 쓸쓸하면서도 깨끗하고 아름다운 것이다. 그런 아름다운 그림을 나는 겨울에 함경선(咸鏡線)을 지날 때에 가장 흔히 본다. 과수원이나 혹은 낙엽송림이 눈이 쌓여 아직 밟히지 않은 그 백지 위에 나뭇가지 혹은 수풀의 그림자가 푸른 목판화같이 또렷하게 박혀져 있는 풍경은 아무리 상 주어도 오히려 부족하다. 차창에서 눈을 떼지 않고 지나가는 그 한 폭을 아깝게 여기며 다음 올 것을 기대하는 수밖에는 없다.

조출하면서도 쓸쓸한 나무 그림자를 볼 때 나는 시골의 생활이라는 것을 생각하게 된다. 차가 한적한 역에 머물러 눈에 싸인 마을을 바라보면서 고요한 길을 걷노라면 대체 마을에는 사람이 살고 있는가 없는가, 그 속에도 생활이 있나 없나 의심하게 된다. 별것 아니라 겨울 나무 그림자 같은 생활이 그 속에 있음을 깨닫게 되고 이상한 것은 그런 생활에 곧 또 익어져 감이다. 화려한 곳에서와 마찬가지로 지극히 쓸쓸한 곳에서도 사람은 살 수 있는 것이요 살라는 마련인 듯하다.

무료한 속에서 나는 C 의원을 찾는 날이 많았다. 응접실에서 난로를 쪼이면서 한가할 때의 닥터 B와 이야기를 하며 시간을 지운다. 밤이면 난로가 달아서 한구석이 과실같이 새빨갛게 익은 것을 둘러싸고 앨범을 뒤적거리고 《우울한 일요일》의 레코드를 듣다가 이웃방에 준비되어 있는 늦은 만찬을 시작한다. 식탁의 진미는 인읍(隣邑)에서 주인이 손수 사온 도미, 굴과 식혜, 수정과, 부인이 손수 만든 아이스크림—더운 온돌방에서는 이 이상의 선미(鮮味)는 없다. 식사가 끝나면 윷놀이를 하고 상품을 나눈다.

그러나 시골의 살림은 나무 그림자같이도 호젓하고 쓸쓸하다. 난로를 끼고 창으로 눈을 내다보고—너무도 단조하면 젊은 B 박사는 인읍으로 영화 구경을 종용한다. 삼십 몇 년 형인지의 조금 낡은 자가용 차를 손수 운전해 가지고 집 앞까지 맞으러 온다. 같이 타고 몇 마장을 채 못 가서 발동이 머뭇거리고 속력이 없어진다. 간신히 몰아 가지고 온 길을 되돌아 어디로 가는고 하고 의아해 하노라면 차는 도로 병원으로 들어가 차고 앞에 선다. 여러 날 쓰지 않았던 차에 물을 넣은 지가 오래된 까닭에 어느 결엔지 얼어버려서 발동에 지장이 있다는 것이다. 하는 수 없이 굳은 눈이 구두 밑에서 빠작빠작 울리는 밤거리를 걸어가서 차부(車部)에서 버스를 타면 아무래도 인읍까지는 십 분이 넘어 걸린다. 늦은 영화관에 들어가면 이어 게이블과 콜베르의《어느 날 밤에 생긴 일》이 시작된다. 낡고 망측한 토키(talkie)를 끝까지 듣고 나면 골이 띵하다. 거리의 찻집 '동'에서 이것도 망측한 커피를 마시며 한 시간쯤 쉬다가 이번에는 택시를 세내서 고개를 넘어 집으로 돌아온다.

이튿날 한낮 되어서 B 씨를 찾으면 그는 망간 조반이 끝났다고 하면서 피곤의 빛을 띠고 나타난다. 들어 보면 놀라운 곡절이다. 새벽 네 시는 되어서 촌에서 난산의 급한 환자가 있다고 사람이 뛰어온 까닭에 십 리나 되는 원수대까지 차를 몰고 가 사경의 산부(産婦)를 수술하고 태아를 조각조각 오려서 낸 후 집에 와서 잠간 잠이 들었다가 늦은 조반을 먹고 나니 그때라는 것이다. 아무렇거나 간에 단조를 깨뜨린 셈이기는 하나 그러나 의실(醫室)의 흥분은 지나쳐 처참하다.

중요한 것은 산부의 뒷소식인데 며칠 후에 들으면 그는 참혹하게도 세상을 떠났다는 것이다. 십팔 세의 애잔한 소부(少婦)가 마을의 젊은이와 눈이 맞아 만주에까지 뛰었다가 다시 마을에 돌아와 살림을 시작했으나 마을 사람들의 눈에 나서 그가 위독할 때에 누구 한 사람 위문 오는 사람도 없고 수술을 시작할 때에는 물 끓여 주는 사람조차 아쉬워서 곤란이었다는 것이다.

말하는 B 씨의 낯에도 피곤의 빛이 없다고는 말할 수 없다. 쓸쓸하고 외로울 뿐만 아니라 비참한 이야기다.

시골의 생활이 겨울 나무 그림자같이 적적하고 외로운 것이기는 하나 그러나 나무 그림자의 푸르고 아름다운 점만은 이 산부의 이야기와 인연을 붙여서 말하고 싶지는 않다.

소설

B 씨에게서 나는 여러 차례나 만찬의 대접을 받고 어간유(魚肝油)의 선물을 받고 했으나 그가 거리의 내 집을 찾아오기 전에는 똑같은 형식으로 갚아 줄 도리는 없다. 찻집에서 마시는 차가 아니라 집에서 손수 만든 차를 낼 수 있으며 손수 요리한 도미와 굴과 아이스크림을 대접할 수 있는 것이다. 비록 자가용 차는 없어도 영화 구경만은 부자유롭지 않게 동행할 수 있는 것이다. 그러나 이것도 그가 직접 나를 찾기 전에는 어쩌는 수 없는 것이며 옷가지나 과자 상자쯤을 소포로 보낸댔자 별반 신통한 것이 아닐 것이요 차라리 그렇다면 소설책을 보냄이 더 뜻있는 일이 아닐까 생각한다.

B 씨는 소설을 유난히 좋아한다. 난로 전을 싸고 앉아 늦도록 이야기한 것도 말하자면 대부분이 소설 이야기와 문학 이야기였다. 광범한 그의 소설 지식에는 놀랄 만한 것이 있으며 신문소설을 등한히 보는 나로서 부끄러울 때가 많다. 그 대신 나는 고전으로 그를 이기며 그의 지식에 그 무엇을 첨가하여 줌을 기뻐한다.

소설책이라고 해도 자신의 것은 초라하니 훌륭한 내용의 훌륭한 책—가령 해외의 것이라면 맨스필드의 단편집쯤이 적당할 듯하다. 이와나미판(岩波版)쯤으로는 체재가 너무도 빈약하니 좀 더 고가의 호화판이나 나오면 한 부 보내리라. 그의 단편집은 확실히 B 씨의 시골 살림에는 윤택과 위안을 줄 것이며 특히 「행복」 같은 걸작은 기어이 추천하고 싶은 일편이다. 물론 그 내용보다도 예술적 향기를 그에게 띄워주고 싶은 것이다. 남편 해리와 미스 펠튼, 아내 영과 에디 웨렌의 두 쌍의 미묘한 관계를 나는 즐겨하지 않는다. 다만 해리와 영 부처의 행복스런 가정적 윤곽—집 뜰 앞에 선 한 포기의 만발한 배꽃으로 상징되는 아내의 행복감—그것이 그들에게 들려주고 싶은 주제이다.

배꽃이라는 것이 그렇게 아름다운 것임을 사실 나는 이 작품에서 처음 알았고 그것의 행복감의 상징이 이 작품에서같이 여실하게 울려온 적은 없었다.

……저쪽 편 담으로 향해 한 포기의 밋밋한 배나무가 가지가지에 그뜩 꽃을 달고 있었다. 마치 구슬같이 푸른 하늘에 고요하고 화려하게 뻗히고 있다. 아직 피지 않은 봉오리가 한 개나 있을까. 시들어 버린 송이가 한 송이나 있을까—한창 깨끗하고 흐붓하게 활짝 피어 있는 것이 멀리 서 있는 퍼어사에게 완연히 보여 왔다…….

……그 나무는 고요하게 그러나 타는 촉(燭)불의 불꽃과도 같이 하늘로 뻗히고는 아름답게 떨리고 있다. 볼 동안에 자꾸만 높아져서 금시에 하늘 위 둥근 달에 채일 듯도 하다.

몽실한 꽃송이가 바로 행복감 그것이다. 능금꽃과는 달라서 배꽃은 일률로 희다는 점에 작자가 특별히 배꽃을 든 비유와 암시가 있지 않은가 생각한다. 만발했을 때의 능금꽃이라는 것도 물론 아름다운 것이기는 하나 지금까지에 능금꽃의 아름다움만이 눈에 띄고 배꽃의 미를 등한시했음은 무슨 까닭이었던가 의심한다. 어떻든 나는 배꽃을 맨스필드의 단편에서 처음으로 발견한 셈이다.

하기는 하필 맨스필드만이 아니다. 이곳의 젊은 시인 중에도 배꽃을 노래한 사람은 이미 있으니 그의 시구가 나의 배꽃의 인상을 도와주었을 것도 사실이다.

돌배꽃 필 때면 뻐꾸기 울고
뻐꾸기 울면 하늘이 파아랗나니
배나무 그늘이 가슴에 푸르고
연두색 잎새 햇볕에 손뼉치고
우거진 가지마다 쭉 펴진 가지마다 웃음 또 웃음…….

영화

수입 제한에서 오는 양화(洋畵) 결핍으로 말미암아 요사이 거의 어느 상설관에서나 한번 상연했던 영화의 재상연을 빈번이 본다. 여간한 예술품이 아니고는 두 번 이상 감상하고 싶은 흥이 솟지 않는 것이나 영화의 감상은 짧은 시간을 요하는 것이요 한번 기억에 남았던 일편(逸篇)에는 식욕이 동하지 않는 바도 아니어서 두 번째 보러는 간다. 그러나 세상에 좋은 영화라는 것은 그다지 흔한 것이 아니다. 대개는 처음에 느꼈던 감흥이 반감되고 품고 있던 아름다운 환상까지 도리어 부서져 버리고 마는 것이 통례다. 한 절 한 절의 컷의 구성에는 간혹 치밀한 수법과 자연스런 연기가 보여 그 이상의 표현 방법은 없으리라고 감탄되는 대목도 있으나 전체로 흠이 보여 오고 결함이 드러나게 되어 겨우 이 정도의 영화였던가 하고 환멸을 느끼게 된다. 감독과 연기자들이 인생을 여실히 그려 내겠다고 땀을 뻘뻘 흘리며 눈물겨운 노력을 하나 나타나는 화면이 — 불과 몇 센티 평방의 셀룰로이드 딱지가 종시 말을 안 듣는 것이다. 연기의 부족으로 허덕거리는 장면을 대할 때에는 꾸며 놓은 세트 장치 앞에서 상을 찡그린 감독이 메가폰으로 고함을 치며 삼군(三軍) — 이 아니라 삼문(三文) 배우들을 질타하는 목소리가 가엾게도 귀에 들려오는 듯하다. 그러나 문제는 배우뿐만이 아니다. 참으로 감독자 자신의 두뇌와 천분에 더 많이 달렸으니 그가 가장 옳다고 생각하고 연기자에게 가르쳐 주는 표정과 동정(動情)이 과연 진실을 포착한 것이어서 만인을 똑같이 감동시킬 수 있는가 없는가 — 에 걸려 있다. 슈탄벅이나 크레엘이나 뒤비비에가 아무리 능청맞다고 하더라도 그들 역 각각 한 개의 형(型)이 있는 것이요 결국은 자기류의 발휘에 지나지 못하는 것이다.

예술이란 개성의 조작이니 물론 그것으로써 족할는지 모르나 — 문제는 그 자기류로써 어느 정도 리얼리티를 잡았고 보다 더 많은 사람을 감동시키는가 하는 것이다. 참으로 여간한 천재를 가지지 않고는 벌써 현대인의 눈을 속일 수는 없게 되었다. 한다 하는 천재도 까딱하다가는 일개 무명의 관객에게서 퇴임을 받고 계발(啓發)을 입게 될는지 모른다. 거리의 구석구석에 할거(割據)하고 있는 군웅(群雄)은 말할 것도 없고 누가 그래도 가장 많은 사람을 속여 왔을 것인가 — 페데일까 르누아르일까 채플린일까.

《제7천국》을 보려니 성탄제 때의 아동 연극의 정도밖에는 못 되어서 는적거리는 남배우의 낯짝에다 정신이 번쩍 들게 물을 끼얹고 싶은 충동이 났다. 《장군 새벽에 죽다》도 두 번째는 지루하고 《유령 서(西)으로 가다》는 장난과 꾀가 너무도 드러나 보였다. 《미모사관(館)》, 《춘희》, 《다드워스》, 《대지》 등이 아무리 힘을 들였다고 해도 이 역 두 번 본다면 같은 느낌을 받을 것이며 비교적 솔직하게 감상할 수 있는 것은 《마리아 샵들렌》과 《야성의 부르짖음》이었다. 제작자들이 교묘한 꾀를 피웠다 하더라도 그것은 다 작품의 품격에서 받는 감동 속에 숨어 버려서 순진한 눈으로 끝까지 볼 수 있었던 것이다.

그러나 이 두 편도 영화보다는 원작인 소설 편이 한층 우수함은 웬일일까. 훌륭한 영화라고 해도 그것이 소설의 풍미와 암시를 항상 덜어버리는 것은 일단 시각화된 화면은 아무리 우수한 한 폭이라고 하더라도 벌써 결정적 운명의 옷을 입고 나타나는 까닭에 소설이 주는 풍순(豊醇)한 환상을 옹색하게 한 가달로 규정해 버리고 이지러뜨리는 까닭이다. 그러기에 영화란 아주 잘된 영화가 영화이지 선불리 되었을 때에는 가장 졸렬한 소설보다도 더욱 졸렬한 운명에 놓이게 된다. 소설은 그래도 참을 수 있는 것이나 영화는 참을 수 없는 것이다. 영화난(映畵難)은 이 점에도 있다.

차라리 《미완성 교향악》이나 《악성 베토벤》을 허물없이 본 것은 음악의 덕이었고 《모던 타임스》에서 끝까지 진진한 흥미를 느낀 것은 풍자 — 보다도 웃음의 덕이었다. (이 작품의 풍자란 너무도 진부하고 상식적이다. 채플린의 독창적인 교태(驕態)와 거기서 솟아 나오는 웃음이야말로 이 작품의 생명이라고 봄이 마땅한 듯하다.) 선불리 본격적으로 겨루다가 실패하는 편보다는 차라리 웃음과 음악으로 흥미를 지속시키는 곳에 영화의 다른 길이 암시된다.

근래의 쾌작(快作)은 《아베일족(阿部一族)》이었고 앞으로 기대되는 것은 봐이에 주연의 《마이야 링크》다.

하기는 봐이에의 연기도 벌써 코에 냄새가 맡아질 지경으로 되고 말았다. 대체 배우의 생명이라는 것이 그다지 긴 것이 못 되어서 아무리 명우라고 해도 작품을 사오 편 거듭하면 연기의 형이 결정되어 버린다. 아리, 볼이나 폴, 무니, 가르보나 다리유가 아무리 차례차례로 변기(變技)를 보인다고 해도 신축자재(伸縮自在)의 애교가 아니고 사람인 이상 어느 정도에 이르러 고정해 버림은 하는 수 없는 노릇이다. 디에너 더빈 첫 작품이 항상 맘에 남음은 웬일일까. 가령 — 애수가 얼굴에 잔뜩 서리어 보기만 해도 눈물이 뚝뚝 떨어질 만한 특이한 종류의 배우는 나타나지 않는가.

국외자의 욕심이란 한량이 없는 것인 듯하다.

우유

《모던 타임스》에서 채플린이 고다드와의 가정생활을 공상하는 대목이 있다. 물론 집이 교외에 있는 탓도 있겠지만 바로 문밖에 열린 포도를 따먹고 우유는 문간에 걸어온 소에게서 직접 짜서 그 자리에서 마신다. 이 목가적 아취(雅趣)는 아마도 현대인의 누구나가 환상하는 것일 듯하다.

목가적 아취의 사치한 치장은 그만두고 그저라도 우유를 풍족히 먹고 싶다는 원부터가 위선 급할 듯하다. 나날의 곡량(穀糧)은 물론이어니와 시민마다가 우유를 풍족히 마실 수 있다면 얼마나 행복된 사회일까. 만반 문제의 출처인 요점을 이렇게 간단히 말해 버린다면 어리석은 잠꼬대가 될는지는 모르나 여기에서 말하고자 하는 것은 어떻든 우유를 중요한 양식으로 삼고 그것을 때마다 흡족하게 마시는 습관과 처지에 있는 서방인이 확실히 우리보다는 행복되다는 것이다.

우리가 우유를 마시는 풍습은 물론 근래의 것 — 적어도 피유리(彼留理, Perry)가 흑선(黑船)으로 동방에 시항(試航)해 온 이후에 속한다. 그 이전에는 그것을 대신할 만한 것이 없었던 것이 사실이며 그만큼 불행했던 것도 사실이다. 한 극동인이 인도에 여행하였을 때에 간디는 인도의 세민층(細民層)의 생활을 생각하고 두부 만드는 법을 물었다고 한다. 영웅으로서 오히려 이러한 면밀한 세려(細慮)가 있음은 하치않은 식물(食物) 한 가지의 보편화가 족히 백성 전부에게 큰 복지를 가져오는 까닭이다. 백성 전체가 우유를 흡족하게 마시는 나라야말로 두말할 것 없이 이상사회일 것이다.

학교 농장에서 아침저녁으로 배달해 오던 우유를 흔하게 마실 때에는 아무 걱정 없던 것이 농장의 우유가 끊어진 후로는 크게 공황을 느끼게 되었다. 질과 값으로 거리의 우유가 도저히 농장의 것을 감당할 수 없는 것이다. 아침에 일어나 현관문을 열면 그 어느 날이나 번기는 법 없이 마치 성탄옹(聖誕翁)의 선물과도 같이 어김없이 듬직한 오 합(合)들이 쿼트(quart) 병이 유회색 문틀 아래편 시멘트 바닥 위에 놓여 있었다. 로이드 영화에 나오는 커다란 그 병이다.

여름에는 담쟁이의 이슬을 맞고 겨울에는 언 채로 오뚝 놓여 있는 그 풍모부터가 위선 상줄 만하다. 물론 새벽에 가제 짠 생우유다. 냄비에 붓고 표면에 얇은 유막(乳膜)이 앉을 때까지 끓여서 식후에 숭늉 대신으로 벌떡벌떡 켜는 것이다. 겨우 한 잔의 우유를 혀를 데일까봐 고양이같이 홀짝홀짝 핥는 것과는 운치와 격이 다르다. 특히 겨울에 얼어서 살얼음이 잡힌 것을 끓여서 흡사 풋옥수수 삶은 냄새 나는 눅진한 액체를 입안에 그뜩 머금었을 때—우유의 진미는 그 한 모금에 있다. 해외를 돌아 온 학자가 서서(瑞西)에서 먹었다는 우유 자랑을 하나 농장에서 오는 우유가 결코 그에 밑지지 않을 듯하다. 한 홉에 실비로 삼 전, 한 쿼트에 십오 전, 하루에 두 쿼트라도 삼십 전, 한 달에 서 말의 우유를 위 속에 부어도 구 원이면 족하였다.

그것이 요사이 와서는 사정이 너무도 달라졌다. 농장이 없어진 까닭에 당장에 우유기근을 만난 셈이다. 한 홉 칠 전의 거리의 우유라 하루에 한 되를 마시려면 한 달에 이십 원을 넘는다. 미곡과 신탄대(薪炭代)를 합한 액보다도 많다. 농장에 있던 배달부가 K 목장으로 고용을 간 날로 구면이라고 즉시 주문을 맡으러 왔다. 하는 수 없이 하루아침에 세 홉씩을 부탁해서 식구들과 나누게 되었으나 당초에 부족한 양일 뿐이 아니라 아무래도 협잡물이 든 것 같아서 농도가 엷고 맛이 덜하다. 아침에 일어나 현관문을 열면 전과는 달리 아치형의 좁은 홍예문(虹霓門) 아래편 시멘트 바닥 위에 가느다란 한 홉 병이 세 개 졸로리 늘어서 있는 것이 쿼트 병의 위용과는 엄청나게 빈약하게 보인다. 겨울보다 체중이 반 관이나 준 것을 우유 부족의 탓으로 돌린대도 과장은 아닐 듯싶다.

어떻든 농장의 우유는 생각할수록에 행복스런 선물이었고 지금 우유는 그래도 나으나 더 못한 악질의 우유를 찾는다면 함경선 식당차에서 파는 바로 그것이다. 세상에 우유치고 이보다 더 못한 것을 구하려면 지옥으로 가야 할 수밖에는 없을 것이다.

우유를 넉넉히 먹을 수 있는 세상이 지금에 있어서는 가장 원하는 세상이며 바라건대 거리의 복판마다 냉장의 우유 탱크를 세우고 오고 가는 시민에게 자유로 마시게 하거나 혹은 수도와 마찬가지로 지하에 우유도(牛乳道)를 묻고 각 가정에서 나사만 틀면 적량(適量)의 신선한 우유가 언제든지 콸콸 쏟아지게 하는 설비가 국가 경영으로서 하루바삐 생겨질 날을 공상—이 아니라 충심으로 원하는 바이다.

향연

일각이 천금의 값 간다는 봄날 저녁 거리의 향연에 감은 옛날 아가톤의 집 축하연에 모여 가는 기쁨보다 못할 것은 없다. 모이는 사람들이 반드시 희랍시대의 철학자들일 필요는 없는 것이다. 그러나 일단 가서 모여 든 면면(面面)에 접하였을 때에는 놀라지 않을 수 없었다. 팔십여 명의 소위 거리의 지명(知名)의 사(士)를 망라한 대연이었으니 팔십여 명에서 겨우 팔십 분지 삼사 명밖에는 구면이 없음이다. 육십 옹 오십 객 사십 줄 삼십 대—의 각 영대(齡代)에 뻗쳤고 종교가 교육가 법률가 도규가(刀圭家) 조고가(操觚家)를 쓸어 왔으니 희랍시대의 초대객보다는 확실히 다채인 셈이다. 물론 그들의 지혜가 아가톤의 집에 모였던 옛사람들에게 미치는지 못 미치는지 그들에게 비겨 자라 격(格)에나 갈는지 못 갈는지는 별문제다. 그들에 의해서 반드시 거리가 운전된다고도 할 수 없으나 그들이 거리의 한 계열의 사회의 대변자들임은 사실이다. '지명의 사'래야 얼굴들이 별로 신통할 것은 없는 것이요 어떻든 이것도 저것 같고 저것도 이것 같아서 아물아물 그 수가 퍽도 많은 것이다. 도회의원도 많거니와 의사도 퍽은 많다. 인사 받은 몇 사람을 구면의 분에게 조용히 물어 볼 때 "그 사람은 상당한 지식인이오.", "그 사람은 그다지 좋지 못한 사람이오." 대답하고는 좌석을 군데군데 짚어서 설명한다—"저건 돈푼이나 있죠.", "저건 고리대금업자요.", "저건 술주정꾼이오……."

잡동사니요 오월동주이기는 하나 잔치가 시작되었을 때에는 잠연(靄然)한 식욕으로 향해서 화기애연(和氣靄然)하게 통일되었고 술이 돌았을 때에는 운명의 배멸미에 취한 듯 흐느적거리며 당(堂) 안이 낭자하였다. 십여 명의 명기가 틈틈에 끼어서 술 시중—뿐만이 아니라 이야기 시중에 여념이 없다. 청초한 맑은 자태들이 점홍(點紅)—이 아니라 점백(點白)의 청취(淸趣)를 나타냈다. 사람은 항상 무슨 말들이 그렇게도 많을까. 아가톤의 집 연회에서는 연애를 논의하고 사랑의 원리를 이야기들 하였다. 잔치 마당에서는 그것이 가장 격에 맞는지도 모른다. 나도 이날 밤의 한구석의 회화를 번역해 본다. 연애론이 아니고 치정론이라면 결국 현대인은 그만큼 고대의 희랍인보다 타락했다는 증명일 뿐이요 내 허물은 아닌 것이다.

"요새 까딱 안 오실 젠 신문사 일이 바뿌신 모양이죠."

"바뻐서 안 가는 줄 아나."

"그럼 아직두 그걸 노여 하구 계시나요. 내 곡절을 얘기한다 하면서 못했군요. 오늘밤에는 기어이 얘기해 드리죠."

"발명은 왜. 뻔히 아는 노릇을 이제 새삼스럽게 발명할 테야."

"세상 소문이란 대개 사실과는 다르거든요. 말이란 양편 말 다 들어야지 외편 말만 가지군 아나요."

"암만 그래 보지, 곧이 듣나."

"그날 밤, 같이 우리 집까지 오셨던 건 아시죠. 얘기는 게서부터 시작되는데 선생이 가신 뒤 군이 자꾸 쉬구만 가시겠다는군요. 손님 대접이라 하는 수 없이 이불을 펴 주구 전 어머니 방에 가 잤죠—그뿐예요."

"그 군의 말관 다르거든."

"그건 이렇죠—아침에 일어나 그 방엘 갔을 때 노여노여하면서 내 겨드랑을 들추겠나요. 변탠가 봐요. 보인 건 그뿐이에요."

"흥 그걸루 설명이 다 됐다구 생각하나."

"그러믄요. 그 이상 아무것두 없는 걸 어떡해요—그 뒤 다시 시골서 왔을 때엔 아침부터 허덕거리고 와선 보구 싶어 왔다는구먼요. 문제는 그날 밤인데 여기저기 불리면서 늦도록 놀다가 좋은 사람과 같이 돌아가서 자리에 누웠죠……."

"요것 봐, 새롱새롱 말 막 한다."

"이렇게 된 바에야 막 하지 않구 어떻게 해요. 그래두 믿지 않으시면서—대문 거는 걸 깜짝 잊었던 것이 불찰이었죠. 별안간 문소리와 발소리가 나더니 주추 앞에서 부르는 목소리가 바로 그이의 목소리겠나요. 벌써 자리엔 누웠구 하는 수 있어야죠. 불을 탁 끄구 시침을 떼면서 몸이 고달프니 가라구만 졸랐죠. 들어 줘야 말이죠. 이러쿵 저러쿵 실레기를 치던 끝에 기어코 마루에 뛰어올라 문을 열라는군요. 그래서 결국 터지구 말었죠. 방 안의 군이 이불을 홱 차구 일어나더니 고래 같은 소리루 누구야 하구 고함을 쳤던 거죠. 그 한 마디에 밖이 별안간 조용해지구—그뿐이었어요. 생각하면 미안두 하구 부끄럽기두 하구."

"천연스럽게 말하는 품이 영물(靈物)인가 요물인가."

"자 이젠 오해 다 풀어 주세요. 어쩌나 사람들이 벌써 어느새 이렇게들 헤졌네. 이 길루 우리 집에 가시지 않겠어요. 오래간만에."

"……글쎄 가 볼까. 요것 봐 웃긴 왜 웃어. 사내라는 게 다 만만하단 말인가—나두 실상 사내면서두 사내 맘 모르겠다."

《조선일보》, 1938. 4. 28.~5. 5.

늪의 신비

노루목 고개를 바로 넘은 곳에 산비탈을 끼고 기다란 늪이 있었다. 이끼 낀 푸른 물이 언제든지 고요하게 고였고 골과 잔버들이 군데군데 모였고 넓은 진펄이 주위를 둘러쌌다. 부근에는 인가가 없어서 가랑비나 오는 진날이면 근처 일대가 더한층 깨끔하고 무서웠다. 봉평까지는 이십 리요 대화까지는 삼십 리요 진부까지는 오십 리의 지점에 있는 늪이었다.

늪 속에는 이심이가 있다는 것이었다. 뿔이 돋고 여의주를 얻으면 비오는 날 검은 구름을 타고 하늘에 오른다는 이심이를 본 사람도 없고 잡은 사람도 없었으나 이 이야기는 기괴한 상상으로 가슴을 눌렀다. 제일 큰 뱀장어보다도 제일 큰 구렁이보다도 더 큰 괴물이 늪 속에 꿈틀거리고 잠겼을 것이니 그믐밤에는 물속에서 고개를 들고 길 가는 사람을 후려가지 않으리라고야 누가 장담하랴.

깊고 우중충한 늪 속에는 비록 이심이가 아니라도 확실히 두려운 그 무엇이 있을 것은 사실이다. 보이지 않는 곳에 반드시 그 무엇이 없을 법은 없다. 늪은 신비의 못이요 전설의 도가니다. 확실히 어둠 속의 여인의 눈 속 이상의 신비를 간직한 것이 곧 늪이다.

《조광》, 1938. 6.

일기일절(日記一節)

이층 병실 창밖 기슭에 손바닥만 한 화단이 있어 코스모스 대궁이 간들거리며 가을을 알리나 방 안은 무덥다. 화병의 글라디올러스가 너무 화려한 탓인지도 모른다.

여러 차례나 앓은 사람에게 빙낭(氷囊)을 갖다 주면서 남은 라디오 소설의 고(稿)를 마치는 데 오후까지 걸렸다. 「가을과 산양」—17매 소설에 이틀이 넘어 걸린다. 묘향산 다녀온 노독이 남은 데다가 별안간 아내의 입원—거듭 오는 번뇌사(煩惱事)에서 피곤이 좀 해 낫지 않은 까닭이다. 탈고 후 저녁때까지의 시중을 마치고 궁금해 집으로 오다.

뜰의 국화(애스터)가 만발. 가을이 짙다. 저녁을 마치고 아내를 데리고 다시 병원에 들렀다. 영화 구경을 떠나다.

간호를 맡기고 내 깐에는 유유(悠悠)한 심사를 발양(發揚)하려는 것이었으나 천연색 영화는 지리하고 더욱 고달파지다. 피곤 피곤. 인생은 늘 그 모양. 신기한 감동은 없는가.

9월 어떤 날

《동아일보》, 1938. 9. 16.

Miss 다니엘 다리유

다리유! 나는 지금 할리우드 벨에어의 주택에서 자유로운 아메리카의 공기를 한껏 마시며 참새같이 기쁘게 날뛰고 있을 그대의 자태를 생각하면서 이 글을 적는다. 깨끗한 주택 앞에는 나무가 있고 꽃밭이 있고 장미 문이 섰고 나무 그늘 아래에는 넓은 풀까지 설비되어 있을 그 속에서 생활이라는 것이 얼마나 즐겁고 명성이라는 것이 얼마나 화려한 것인가를 느끼면서 지내 갈 그대를 공상해 본다. 밝은 캘리포니아의 태양과 하늘과 공기와 초목 속에서 미국은 얼마나 명랑한 동산인가를 생각하면서 고국 구라파에 대한 노스탤지어를—그대가 남편과 동행인지 어쩐지는 알 바 없으나—적어도 당분간은 잊어버리고 있을 그대를 상상해 본다. 미국! 구라파의 예술가들, 그 가운데서 특히 영화배우들은 본국에서 어느 정도의 명성을 얻으면 반드시 미국으로 뽑히어 가는 것이 오늘에 와서는 한 풍속이 되었다. 신대륙의 시원한 공기 속에 활개를 펴고 젊은 문명의 혜택에 고전 이상의 매력을 느끼면서 아울러 돈벌이도 되는—일거양득의 이익이긴 하다. 여배우로만 말하더라도 가르보, 디

트리히를 비롯해서 얼마나 많은 사람이 차례차례로 미국으로 시집을 갔으며 불란서로 말하더라도 아나벨라, 시몬느 시몽 그리고 그 다음을 이은 것이 다리유 그대가 아닌가. 나는 반드시 그대들의 미국행을 비웃고 조롱하는 것은 아니나, 다만 구라파인은 구라파인으로서의 자랑과 절도가 있을 것이니 그대들이 어느 정도까지 그 자랑과 절도를 각각 굳게 가지고 있느냐는 것을 물어보고 싶을 뿐이다. 영화 감상인으로서의 솔직한 고백을 하면 나는 미국 영화보다는 구라파에서 제작되는 영화를 한층 높게 평가하는 자이며 이 생각은 옛날이나 지금이나 달라지지 않는다. 즉 미국 영화의 내용과 사상이 전보다 그다지 변하고 발달했다고는 볼 수 없다는 말이다. 그렇기 때문에 구라파를 버리고 건너간 그대들이 그런 미국 영화 속에서 대체 어떤 역할을 맡아보고 있느냐 말이다.

다리유! 지금 내 수중에 있는 그대의 몇 장의 그림 속에는 망측한 한 장이 있다. 벨에어의 주택 지붕 위에서 그대가 발가벗고 엎드려 일광욕을 하고 있는 장면이다. 아마도 플라타너스의 잎같이 짐작되는 굵은 낙엽이 흩어져 있는 기왓장 속에 보료를 펴고 그 위에 구두만을 신고 길게 엎드린 그대의 자태—허리에서 신다리 위까지를 담요로 가리우기는 했으나—그 무례한 자태 속에 나는 '미국'이라는 것을 백 마디의 설명 이상으로 느끼며 그대가 지금 완전히 그 미국의 성격 속에 살고 있다는 것을 느낄 때 그 어떤 감개가 없지는 않은 것이다. 그야 보이지 않는 지붕 위에서 사람이 무엇을 하든 알 바 아니며 알 수도 없는 것이지만 그것을 일단 사진사가 찍어서 세상에 공포할 때에는 뜻이 스스로 달라진다. 다리유! 그대가 그것을 한 곳에 '미국'에 물든 흔적이 있는 것이며 나더러 말하라면 결코 유쾌하지 않은 그 무엇이 있다는 것이다. 그대가 영화의 나라 미국에서 맡아보는 역할의 인상이 역력히 눈에 보인다는 것이다.

그러나 내가 대체 무어라고 그대에게 이런 싫은 소리를 쓰게 되었는지는 모른다. 편집 씨가 내게 그대에게 주는 편지를 쓰라고 분부한 것조차가 무슨 뜻인지를 알 수 없다. 사랑의 편지를 쓰란 말일까. 아무리 그대가 아름답고 유명하다기로 무턱대고 사랑의 편지를 쓴다는 것도 쑥스러운 짓이며, 도시 스타니 무어니 해 가지고 팬—팬이란 말부터가 내게는 싫은 것의 하나이나—이니 법석을 하고 편지질을 한다는 것부터가 속되고 상스러운 것이다. 팬이면은 팬의 자랑과 프라이드라는 것도 있는 법이지 그렇게 소락소락 여배우라면 덮어놓고 아무나에게 사족을 못 쓰고 미친 짓을 할 사내라는 것도 없을 법하다. 그러나 가령 편집 씨가 내게 사랑의 편지를 쓰라고 했다고 가정하고 그렇다면 하고 많은 여배우 중에서 왜 하필 그대를 내게 짝 지어 주었느냐는 의문이다. 그대를 가장 아름답다고 생각하고 여배우의 선봉으로 내세우자는 뜻에서 온 것일까. 그러나 이것도 실례의 말이나 내가 만약 사랑의 편지를 쓴다고 한다면 그대보다도 먼저—노여워하지 마라—얼마든지 사람이 있다는 것이다. 독일 계통의 라 야아나나 말타 에카르트에게 썼을 것이며 혹은 앤 드보락이나 조안 블론델도 그대보다는 먼저 가는 사람들이다. 감초를 먹든 고초를 먹든 다 제멋이어서 이런 일이란 설명이 없는 것이다. 그러나 편지니 열광이니 생각할수록에 우스워만 진다. 대체 그대들의 얼굴을 한번 만나 면대해 본 적이 있었던가. 그대들의 꾸미지 않은 인격에 잠간이라도 접촉해 본 일이 있었던가. 얼굴도 모르거니와 그대들의 실제의 인물에 대해서 그 무엇 한 가지도 아는 법 없이 다만 종이나 은막에 나타난 검고 흰 그림자만을 가지고 좋으니 싫으니 하고들 시비요 법석인 것이다. 이 얼마나 어리석은 짓들이랴. 종이 위에 나타난 흑백의 그림자만으로는 그대들의 얼굴 빛깔이 어떤 것이며 감정과 이지의 조화가 어느 정도며 인격의 향기가 어떤 것이라는 것을 알 바는 없는 것이다. 그러면서 무슨 예찬이며 무슨 편지랴. 내가 그대에게 처음부터 이런 싫은 소리를 늘어놓는 것은 물론 이런 세속적 풍속에 대한 한 줄기의 항의라고 보아주면 좋은 것이다.

다리유! 그대의 그림을 보고 나도 처음에는 미상불 놀라고 탄복하지 않은 바는 아니었다. 맨 처음 본 영화가 《여인구락부(금남의 집)》였으니 그때의 그대의 인상이란 참으로 신선하고 매력 있는 것이었다. 대체로 그 영화는 일종 육체의 진열장인 감이 있어서 고기 무리같이 생기에 넘쳐 뛰노는 수많은 육체에 숨이 막히는 지경이었으나 그 수많은 속에서 역시 그대가 가장 빛나고 아름다웠음이 사실이다. 몸도 알맞고 얼굴도 빈틈없고 신선한 애티와 허물없고 착한 교태가 백 사람 가운데에서 가장 먼저 눈에 띄는—그런 선명한 인상을 준다. 그대가 레뷰 극단의 하층 여배우로 있을 때 포스터 한 장을 얻어 가지고 와서는 출연자의 이름들 속에서 끝에서 두어 번째 되는 그대의 이름에다 연필로 줄을 치고 옆에다 'MOI'라고 적을 때의 그 허물없는 어린 자태—인상적이고 귀여운 한 장면이었다. 그대의 격에 꼭 맞는 그대가 아니고는 어색하게 보였을 그런 역할이었으나 생각하면 또 여기에 그대의 예술적인 풍격이 있지나 않은가 한다. 그대는 아직 젊고 그대의 예술의 전도는 양양해서 앞으로 어느 정도로 발전하고 그 무슨 역할인들 못하게 되랴마는—나는 그것을 바라는 바이며《여인구락부》의 조그만 귀여운 예술만이 그대의 예술의 장기라면 나는 그대를 위해 슬퍼하는 자이다. 그대는 귀엽고 아름답고 얼굴만을 뜯어보더라도 이마며 코며 입이 조각같이 정리되어서 한 점 나무랄 곳이 없다. 그 위에 파들파들한 생기와 명랑성까지를 갖춘 그대이다. 따뜻한 정미를 보이다가도 곧 쌀쌀하고 냉정해지는 것도 그대의 매력의 하나이다. 그러나 이 모든 아름다운 소질을《여인구락부》정도의 예술에만 담는다면 그대를 위해서 결코 치하할 일은 못 된다. 가령 그대는 그 같은 작품 속에서 자살하게 되는 한 여자를 기억하는가? 그대의 자태와 함께 아니 그 이상으로 인상 깊은 것은 내게는 그 여자의 자살이었다. 원래 추물로 태어나 자연의 혜택을 못 입었던 그는 풀에서 다른 모든 동무들이 육체와 청춘을 자랑하면서 한껏 기쁘게들 놀 때 홀로 풀 전에 앉아 슬픈 마음으로 그들을 부럽게 바라보며 조물주의 불공평을 저주하다 나중에는 드디어 물에 몸을 던져 자진(自盡)하지 않았던가. 가엾은 일이나 위대한 예술이었다. 나는 그 한 사람의 불행한 여자의 행동에서 참으로 위대한 그 무엇을 발견하고 옷섶을 바로잡았다. 다리유! 그대의 용모와 인품이 어떠한 것이든 내가 그대에게 요구하는 예술은 참으로 이런 아프고 쓰리고 위대한 예술인 것이다. 그대의 타고난 미모의 은혜가 도리어 화 되어 이런 예술의 길을 막아 놓는다면 내 또 스스로 무엇을 말하랴만 그대의 길은 앞으로 긴 것이니 부디 위대한 예술의 길로 고삐를 잡아달라는 것이다. 이것만이 참으로 그대를 살리고 길이길이 빛나게 할 길인 것이다. 그대는 지금 미국에서 루비치나 그 외 고명한 감독들과 만나고 있지 않는가. 제작자에게 다만 기계같이 쓰이지 말고 원작과 역할에 대한 자기의 의견과 주장이라는 것도 가져 보아야 참으로 자기의 길을 걸을 수 있지 않은가. 하기는 이것은 나의 쓸데없는 노파심인지도 모른다.

《포트 아서(*Port Arthur*, 여순함)》에서 그대는 동양 여자로 분장해 보았으나 무표정한 목석에 그치고 말았다. 동양인이라고 반드시 그렇게 기괴한 차림을 하고 무언의 표정을 할 법은 없다. 생기와 약동이 더 있어야 할 것을 너무도 관념적인 표현에 그쳐서 그대로서는 아까운 실패였다. 역시 그런 역할은 격에 맞지 않는 것일까. 《불량 청년》, 《연애 교착점》 등에 있어서는 다시 《여인구락부》의 연장을 보였을 것이다. 그대의 파들파들한 명랑성 속에 이미 술에 취해서 한들한들하고 지붕 위에서 날뛰고 법석을 할 만한 소질이 제물에 숨어 있었던 것이다. 그 경박하고 무의미한 그림을 볼 때 사람들은 고것 잘두 까분다 별 재주를 다 부리거든 하고 허물없는 웃음으로 그 자리를 한바탕 웃어버릴 뿐이지 그 이상의 아무것도, 가령 훌륭한 예술이라든지 위대한 천품이라든지 하는 것은 느끼지 못했을 것이다. 이것은 그대를 위해 결코 반가운 일은 못 된다. 토막토막의 조그만 잔재주를 버리고 더 큰 재주를 위해서 그 모든 것을 통일시키는 곳에 위대한 예술도 나올 것이니 말이다.

그 외의 그대의 작품을 많이 보지 못한 까닭에 내 말에는 편벽된

점이 있을는지도 모르기는 하다. 가령 보와예의《마양 링크》에 그대가 나왔든지 어쨌든지 지금 내 기억에 없고 만약 나왔다면 어떤 심각한 역할을 하였는지 알 바 없기는 하나—어쨌든 대체로의 그대의 지금까지의 예술의 풍격은 이상에 내가 지적한 한계를 넘지는 못한 듯하다. 그렇기 때문에 그대의 발전은 차라리 앞날에 속하는 것이다.

그대는 파리에서 태어났고 파리에서 자라난 순수한 파리내기—파리지엔이 아닌가. 파리의 감상(感想)의 예술적 표현이라는 것을 더러 생각해 본 적이 있는가 없는가. 나는 파리에 관해서는 무지는 하나 먼 이국에서 파리의 감상이라는 것을 때때로 공상해 보며 그 표현을 생각해 본다. 벌써 낚시질하는 사람들의 그림자도 드물어진 센 강 언덕의 가을! 안개가 자욱이 낀 속으로 단풍 든 수목이 울창해 보이고 간간이 낙엽이 날아와서는 강물 위에 떨어지는 가을—어디서인지 군밤 굽는 냄새가 흘러오는 강 언덕을 검게 입은 여인의 외로운 그림자 걸어오는 강가의 가을—이런 파리의 그림을 생각할 때 그것을 배경으로 한 파리의 애끊는 이야기가 반드시 있을 법하며 그것의 표현이 하나의 아름다운 예술의 길이 아닐까. 이 길에 있어서 다리유 그대야말로 가장 적당한 표현자가 되지 않을까. 물론 나는《파리의 지붕 밑》이나 크레엘이 그린 그 외의 파리의 감상이라는 것을 맛보아 왔으나 대개는 지나쳐 요란해서 고요한 정서의 맛이 적은 것이 유감이었고, 프랑수아 로제나 아나 베라의 감상도 보아 왔으나 그들에게서도 촉촉한 정서의 맛—눈물이 푹 솟을 만한 애끊는 겨자씨의 맛을 느끼지는 못했다. 이런 방면의 빈 것을 채워주고 불만을 기워줄 만한 작품의 출현이야말로 나의 지금 가장 바라서 마지않는 것이며 다리유! 나는 그대에게서 그것을 속히 완성할 만한 소질을 보는 것이다. 그대의 앞으로의 영화의 한 가지 길은 여기에도 암시되어 있지 않은가. 지나친 명랑성을 버리고 파리의 감상—감상이란 말을 오해하지 말라—을 회복할 때 거기에 밋밋하게 자랄 미래성이 있지 않을까. 속히 고향으로 돌아가라. 구라파로 돌아가라. 거기서 다시 그대의 길을 찾으라.

이 충고로서 나는 이 편지를 막으려는 것이나 돌아보면 쓸데없는 소리도 많으나 그 싫은 소리도 퍽은 적었다. 그러나 이것도 따져보면 그대를 귀히 여김으로 그대의 소질을 아깝게 여김으로다. 그대를 참으로 경멸하고 문제 삼지 않는다면 아예 붓도 들지 않았을 것이다. 이 글이 그대의 눈에 뜨일 리도 없는 것이나 그러나 이것을 쓰는 동안 적어도 그대의 귓속이 무던히는 가려웠을 것이다. 지금 이곳은 낮을 막 지난 시간이니 미국의 시간으로는 밤중일 것이며 따라서 그대는 침대 속에서 단잠에 잠겼을 것이다. 어렴풋한 꿈속에서 행여나 동양의 이 어리석은 나그네를 보지는 말라. 아무리 내 마음의 생활이 가난하거니 굳이 그대의 꿈속에까지 뛰어들려고는 생각지 않는다. 그보다도 귓속이 가렵다고 발끈 이불을 차고 침대 위에 일어나 앉아 혀를 차고 악담이나 하지 말라. 그것으로써 내 원은 족한 것이다.

그러면 역시 귀 가려운 것을 무릅쓰고 고요히 잠들어 있는 그대의 얼굴을 상상하면서 붓을 놓는다. 이마가 조금 불룩 나오기는 했으나 잠든 그대의 얼굴은 또 얼마나 아름다운 것이랴. 눈망울이 또렷하고 입술을 꾹 다문 그대의 깨어 있을 때의 얼굴을 볼 때에는 너무도 영리한 모습인 까닭에 그대의 입김이 그대로 흘러오는 것도 같아서 공연히 이쪽이 피로해지고 마음이 어려워진다. 그러나 그대가 잠든 얼굴이라면 아무리 들여다보더라도 이쪽이 피곤해질 리는 없다. 왜 그러냐 하면 그대는 그대의 민첩한 영혼을 감아버린 눈 속에 잠간 간직해 둔 까닭이다. 꼭 감긴 눈 아래로 속눈썹이 둥그런 무지개를 그려서 윗눈썹과 대하고 그것이 불룩 솟은 이마와 코 사이에서 깊은 골짝을 이루었으며 그 콧등을 넘어 다시 입 위로 경사를 짓고 목을 건너 가슴 위로 흘러간 부드러운 곡선을 생각할 때 그대의 잠든 모양이라는 것은 이 또한 평화롭고도 성스럽고 범하기 어려운 것으로 느껴진다. 가라앉은 방 공기에 손톱만큼의 파문을 일으킬 고요한 숨결이 들려오는 듯도 하다. 그럼 내일을 위해서 편히 쉬라. 아침이 올 때 새로운 경영을 바라오며 기쁜 낯으로 잠을 깨어라. 동양식으로 키스를 보내지 않노라. 이만 아듀!

「스크린의 여왕에게 보내는 편지」, 《조광》, 1938. 9.

남방비행 기타(南方飛行 其他)

영화 예술의 발달은 최근 날로 놀라운 것이 있다. 물론 영화는 영화, 소설은 소설이나 하루나 이틀을 걸려 소설 한 권을 떼는 노력보다 불과 시간 반에 단정하게 정리된 한 편의 이야기를 보는 편이 얼마나 경제적인가도 생각된다. 영화에는 심리 묘사가 결핍되나 이 난관도 차차 극복되어 가는 듯이 보이며 앞으로는 소설보다도 도리어 한 수 앞선 수법까지 발명될 듯이 짐작된다. 문장이 주는 매력은 영화의 한층 적확한 시각적 요소와 그것이 빚어내는 특수한 분위기가 충분히 건져 준다. 생활의 한 폭의 단면을 그렇게도 수월하게 눈만으로 감상할 수 있음이 새삼스럽게 경이로 느껴진다.

작금 연중으로 본 영화 가운데에 기억에 남는 것이 허다하다. 현대적 사상을 얼마간 구체화시키고 극적 혹은 무대적 요소를 다분히 띤 것에 《화석의 수풀》과 《목격자》가 있으니 미국 현대 희곡작가의 기질과 특징을 여실히 갖춘 점과 영화와 연극과의 유연교통성(類緣交通性)을 암시한 점에 양 편의 공통된 흥미가 있다. 현대 영화에는 우선 이 정도의 사상의 표현도 필요한 것이며 허름한 가무의 속편

(俗篇)이 범람하는 미국에서 도리어 이런 영화를 낳은 것이 일종의 비꼼이라고도 할까.

인생의 관조니 무어니 하는 심각한 주름살을 펴고 천치같이 앉아서 우두커니 바라만 보기에 족한 것이《여인구락부》《잃어진 지평선》《아름다운 친구들》등이었다. 여인의 육체의 군상에 혼을 뺍히우고 서장(西藏)의 오지라고 일컫는 분지의 자연을 꿈꾸고 불란서 전원의 풍광을 만끽하면 족하다. 비슷한 아름다운 것을 보이면서도 그대로 보아만 넘겨 아까운 것은《마리아 샵들렌》《아라아의 화원》《외로운 소나무 그림자》등이다. 사람의 그림자 귀한 흰 처녀지 위에는 건질 수 없는 인생의 애감이 흘렀고 채색한 사막 위에는 무더운 열정이 넘쳤고 소나무 선 수풀 속에는 태곳적부터 시작된 인생의 싸움이 끊일 새 없었다. 실버, 시드니의 하늘빛으로 물들인 새파란 치마폭에는 그대로 마을의 싸움의 역사가 적혀 있는 듯도 하였다.

《펜션 미모사》《베토벤의 위대한 사랑》《안나 카레니나》《남방비행》—이 일련의 영화는 무슨 항목 아래 분류함이 적당할까. 무릇 다소간에 애욕을 취급하지 않는 작품이라는 것은 없으나 이 일련의 작품에 있어서는 그 주제가 바로 애욕이다.

미모사 관(館)에 서리운 욕망같이 야릇하고 기괴한 것은 드무니 양자에게 대한 양모의 애끓는 회포에는 옷섶을 바로잡게 하는 측은하고 절절함이 있다. 육체로나 정서로나 로제는 양모로서 완전한 적역이며 그의 연기에는 거의 흠잡을 곳이 없다. 번민하는 육체, 수수께끼의 눈초리를 통해서 은근한 숨은 애정이 눈앞에 생생하게 보여 온다. 이런 류의 애욕의 주제와 이 감독의 수완에 다시 생각이 이를 때 한 가지 몽상이 솟는 것은 콕토의 『레 장팡 테리블(*Les Enfants Terribles*)』—이것을 영화로서 재현시킬 수 없을까 함이다. 참으로 일종의 몽상일는지도 모르니 이 미묘한 심리적 갈등의 어려운 작품을 영화화함은 지금으로서는 아직 지난의 업일 것임으로다. 이 지난사를 담당함직한 사람은 역시 미모사 관의 감독자쯤일 것이며 그가 작자 콕토와 협력한다면 어느 정도까지 삭여서 표현시킬 수 있을 것이 짐작된다. 물론 가까운 장래의 일일 것이다. 기괴한 애욕의 주제라면 이 외에도 가령 고대의 『오이디푸스 왕』이나 근대의 『느릅나무 아래의 애욕』 같은 것은 적호(適好)의 재료이며 적어도 이런 것에 착안할 만한 높은 예술적 형안(炯眼)을 앞으로의 영화인은 가지게 되어야 할 것이다.

《베토벤의 위대한 사랑》에 있어서는 작품의 주제보다도 더 많이 음악적 효과에 압도를 당하게 되나 주제가 선명하면서 비슷한 것이 《안나 카레니나》와 《남행비행》이며 이 두 작품이 성공한 것은 물론 완전히 원작의 덕이다. 두 작품의 장점은 모두 바로 원작의 장점이며 원작의 묘미가 이렇게 역연히 드러나는 작품도 드물다. 너무도 유명한 《안나 카레니나》는 고사하여 두고 《남행비행》의 일편은 최근의 가장 큰 매력이었다. 감독의 수완이라는 것보다도 원작자 생텍쥐페리의 의도와 의장이 너무도 명료하게 들어나서 그것이 작품으로서의 큰 매력을 빚어낸다.

원작자의 의상(意想)은 물론 인간 생활에 있어서의 행동의 필요성 불가피성을 말하려는 곳에 있으나 그 행동이라는 것이 반드시 주인공 짝 베르니스가 폭풍우의 밤 위험한 항로를 건너 비행기를 조종하는 그 야단스런 거동을 통하여서만 나타난 것이 아니라 참으로 여주인공 주느비에브와의 사랑을 완성시키고야마는 그 중대한 전기와 결의에 더 일의적(一義的)으로 나타난 것은 물론이다. 비행기의 폭음이 아무리 요란하고 험한 사막과 토병과의 싸움의 장면이 아무리 허다하게 나온다고 하여도 참으로 아름다운 행동의 장면은 베르니스와 주느비에브가 드디어 대사의 관저를 떠나 도피행을 감행하는 그 시간의 일장(一場)인 것이다. 불의니 배덕이니의 용훼를 허락하지 않는 순간의 중대한 행동이다. '미래? 미래는 우리가 창조하는 것이다' — 떠나는 순간 베르니스가 주느비에브를 격려한 말이 바로 이것이다. 인간 생활에 있어서 중요한 것은 반드시 행복의 타산과 계량만이 아니요, 그런 것을 건너서 행동의 의욕은 마치 육중한 수레와도 같이 사랑의 등줄기를 앞으로 밀어버리고야 만다. 성공 여부가 문제가 아니요, 다만 참을 수 없는 수행이 있을 뿐이다. 베르니스는 사랑에도 최후적으로 성공하였다고는 볼 수 없으며 비행기의 항로에서도 실패하고야 말았다. 그러나 그의 뜨거운 의욕 앞에 그런 실패쯤이 무엇이랴. 그는 용감히 행동하고 흔연히 가버린 것이다. 그는 확실히 아름답게 산 한 사람이다.

이러한 행동의 상념도 아름다운 것이지만 그 구체적 표현으로 주인공 두 사람의 핍박한 애정의 경우를 선택한 곳에 이 작가의 재화(才華)가 보이며 두 사람의 거동은 전 화면을 통하여 가장 아름다운 부분이어서 웬일인지 아무리 찬양하여도 부족을 느끼게 된다. 《안나 카레니나》에 나타난 사랑의 형태도 이와 같은 것이지만 그보다도 이 편이 더 단적이고 인상적임은 웬일일까. 윌름과 올토의 연기도 각각 적역적연(適役適演)이며—어떻든 《남방비행》의 일편은 근래의 쾌편이었다. 한 가지의 욕심을 말하면 주인공 두 사람의 사랑의 무대와 배경으로 좀 더 아름다운 자연을 배치하였다면 하는 것이다. 물론 이야기 자체의 지리적 제약이 있었던 것은 사실이나 자연 묘사가 확실히 너무도 빈약하였다. 문득 생각나는 것은 《아름다운 친구들》에 나오는 전원의 풍경이니 수풀과 시내와 수목과의 그 아름다운 그림을 두 사람 뒤에다 그려 놓았던들 얼마나 한층 이야기에 생색이 있고 인상이 더 아름다웠을까 생각된다. 그러나 이것은 지나쳐 과한 욕심일는지도 모른다.

「예술가와 영화」, 《삼천리》, 1938. 10.

여성의 매력

"어떻게 하란 말씀예요. 너무 괴롭히지 마세요. 제 처지도 좀 생각해 주셔야죠. 어린애같이 자꾸 그렇게 보채기만 하시면 어떻게 해요. 낸들 당신이…… 그야 첨부터 싫었던들, 싫어졌던들 오직 좋았겠어요. 차라리 죽어 버릴까요. 뜻대로 안 되는 놈의 세상, 살어선 무엇해요. 아, 괴로워, 답답해……." 하면서 두 손으로 얼굴을 가리우고 한 줄기 눈물을 흘렸을 때의 여자같이 아름답고 매력 있는 것이 또 있을까. 그 외의 백태천양(百態千樣)의 미와 매력은 다 이 다음에 가는 것이다. 물론 이때의 여자란 백 사람 가운데에서 한두째 가는 용모미와 교양미를 가져야할 것은 말할 것도 없거니와.

《여성》, 1938. 10.

감명 깊은 서적 소개

다키자와 게이이치(瀧澤敬一) 저 『불란서통신』과 『속(續) 불란서통신』 두 책—천 엽(頁)에 가까운 기행문집—이 새로 책사(冊肆)에서 배달되어 가을 서재를 장식하고 있다. 저자는 불란서에서 오래 지내는 사람인 듯 책 가운데에 삽입한 아들 남매의 사진이 혼혈아의 모습을 띠었다. 아마도 불란서에서 결혼하고 그곳에서 영주하는 사람인 듯하다. 불란서 백반(百般) 사정에 치밀한 시찰과 정확한 숫자와 동정(同情)에 넘치는 감상(感想)이 신선한 문장과 사치한 문체로 잘 나타났을 뿐 아니라 거의 페이지마다 삽입한 무수한 사진이 실감을 가지고 만화경같이 불란서의 전모를 헤쳐 보인다. 자자구구 여정(旅情)을 북돋아 주는 호저(好著)이다. 이런 종류의 서적으로는 백미편(白眉篇)이 아닌가 한다. 요새 우리에게는 뼈에 사무쳐지게 인연 깊은 책도 없거니와 그다지 인연이 엷은 책도 없다. 불란서의 만문집(漫文集)이 또한 전연 없는 것은 아닌 것이며 서적으로 나는 이것을 사랑한다.

《여성》, 1938. 11.

낙엽을 태우면서

가을이 깊어지면 나는 거의 매일과 같이 뜰의 낙엽을 긁어모으지 않으면 안 된다. 날마다 하는 일이언만 낙엽은 어느덧 날으고 떨어져서 또다시 쌓이는 것이다. 낙엽이란 참으로 이 세상의 사람의 수효보다도 많은가 보다. 30여 평에 차지 못하는 뜰이언만 날마다의 시중이 조련치 않다. 벗나무 능금나무—제일 귀치않은 것이 벽의 담쟁이다. 담쟁이란 여름 한철 벽을 온통 둘러싸고 지붕과 연돌의 붉은 빛만을 남기고 집안을 통째로 초록의 세상으로 변해 줄 때가 아름다운 것이지, 잎을 다 떨어뜨리고 앙상하게 드러난 벽에 메마른 줄기를 그물같이 둘러칠 때쯤에는 벌써 다시 지릅떠볼 값조차 없는 것이다. 귀치않은 것이 그 낙엽이다. 가령 벗나무 잎같이 신선하게 단풍이 드는 것도 아니요, 처음부터 칙칙한 색으로 물들어 재치 없는 그 넓은 잎이 기름길 위에 떨어져 비라도 맞고 나면 지저분하게 흙속에 묻혀지는 까닭에 아무래도 날아 떨어지는 쪽쪽 그 뒷시중을 해야 한다.

벗나무 아래에 긁어모은 낙엽의 산더미를 모으고 불을 붙이면 속에 것부터 푸슥푸슥 타기 시작해서 가는 연기가 피어오르고 바람이 나 없는 날이면 그 연기가 얄게 드리워서 어느덧 뜰 안에 가득히 담겨진다. 낙엽 타는 냄새같이 좋은 것이 있을까. 가제 볶아낸 커피의 냄새가 난다. 잘 익은 개금 냄새가 난다. 갈퀴를 손에 들고는 어느 때까지든지 연기 속에 우뚝 서서 타서 흩어지는 낙엽의 산더미를 바라보며 향기로운 냄새를 맡고 있노라면 별안간 맹렬한 생활의 의욕을 느끼게 된다. 연기는 몸에 배서 어느 결엔지 옷자락과 손등에서도 냄새가 나게 된다. 나는 그 냄새를 한없이 사랑하면서 즐거운 생활감에 잠겨서는 새삼스럽게 생활의 제목을 진귀한 것으로 머릿속에 떠올린다. 음영과 윤택과 색채가 빈곤해지고 초록이 전혀 그 자취를 감추어버린, 꿈을 잃은 휜칠한 뜰 복판에 서서 꿈의 껍질인 낙엽을 태우면서 오로지 생활의 상념에 잠기는 것이다. 가난한 벌거숭이의 뜰은 벌써 꿈을 배기에는 적당하지 않은 탓일까. 화려한 초록의 기억은 참으로 멀리 까마득하게 사라져 버렸다. 벌써 추억에 잠기고 감상에 젖어서는 안 된다. 가을이다. 가을은 생활의 시절이다. 나는 화단의 뒷자리를 깊게 파고 다 타버린 낙엽의 재를—죽어버린 꿈의 시체를—땅속 깊이 파묻고 엄연한 생활의 자세로 돌아서지 않으면 안 된다. 이야기 속의 소년같이 용감해지지 않으면 안 된다.

전에 없이 손수 목욕물을 긷고 혼자 불을 지피게 되는 것도 물론 이런 감격에서부터이다. 호스로 목욕통에 물을 대는 것도 즐겁거니와 고생스럽게 눈물을 흘리면서 조그만 아궁으로 나무를 태우는 것도 기쁘다. 어둠컴컴한 부엌에 웅크리고 앉아서 새빨갛게 피어오르는 불꽃을 어린아이의 감동을 가지고 바라본다. 어둠을 배경으로 하고 새빨갛게 타오르는 불은 그 무슨 신성하고 신령스런 물건 같다. 얼굴을 붉게 태우면서 긴장된 자세로 웅크리고 있는 내 꼴은 흡사 그 귀중한 선물을 프로메테우스에게서 막 받았을 때의 그 태곳적 원시의 그것과 같을는지 모른다. 나는 새삼스럽게 마음속으로 불의 덕을 찬미하면서 신화 속 영웅에게 감사의 마음을 바친다. 좀 있으면 목욕실에는 자옥하게 김이 오른다. 안개 깊은 바다의 복판에 잠겼다는 듯이 동화의 감정으로 마음을 장식하면서 목욕물 속에 전신을 깊숙이 잠글 때 바로 천국에 있는 듯한 느낌이 난다. 지상 천국은 별다른 곳이 아니라, 늘 들어가는 집안의 목욕실이 바로 그것인 것이다. 사람은 물에서 나서 결국 물속에서 천국을 구하는 것이 아닐까.

물과 불과—이 두 가지 속에 생활은 요약된다. 시절의 의욕이 가장 강렬하게 나타나는 것은 이 두 가지에 있어서다. 어느 시절이나 다 같은 것이기는 하나 가을부터의 절기(節氣)가 가장 생활적인 까닭은 무엇보다도 이 두 가지의 원소의 즐거운 인상 위에 서기 때문이다. 난로는 새빨갛게 타야 하고 화로의 숯불은 이글이글 피어야 하고 주전자의 물은 펄펄 끓어야 된다.

백화점 아래층에서 커피의 낟을 찧어가지고는 그대로 가방 속에 넣어가지고 전차 속에서 진한 향기를 맡으면서 집으로 돌아온다. 그러는 그 내 모양을 어린애답다고 생각하면서 그 생각을 또 즐기면서 이것이 생활이다고 느끼는 것이다.

싸늘한 넓은 방에서 차를 마시면서 그제까지 생각하는 것이 생활의 생각이다. 벌써 쓸모 적어진 침대에는 더운 물통을 여러 개 넣을 궁리를 하고 방구석에는 올 겨울에도 또 크리스마스 트리를 세우고 색 전기로 장식할 것을 생각하고 눈이 오면 스키를 시작해 볼까 하고 계획도 해보곤 한다. 이런 공연한 생각을 할 때만은 근심과 걱정도 어디론지 사라져 버린다. 책과 씨름하고 원고지 앞에서 궁싯거리던 그 같은 서재에서 개운한 마음으로 이런 생각에 잠기는 것은 참으로 유쾌한 일이다.

책상 앞에 붙은 채 별일 없으면서도 쉴 새 없이 궁싯거리고 생각하고 괴로워하고 하면서, 생활의 일이라면 촌음을 아끼고 가령 뜰을 정리하는 것도 소비적이니 비생산적이니 하고 멸시하던 것이 도리어 그런 생활적 사사(些事)에 창조적 생산적인 뜻을 발견하게 된 것은 대체 무슨 까닭일까. 시절의 탓일까. 깊어가는 가을 이 벌거숭이의 뜰이 한층 산 보람을 느끼게 하는 탓일까.

『조선문학독본』, 1938. 12.

낙랑다방기

운동 부족이 될까를 경계해서 학교에서 나가는 시간을 이용해 다방까지 걸어가고 다방에서 다시 집까지 걸어가는 이 코스를 작정하고도 날씨가 추워지기 시작하면서부터는 여행(勵行)의 날이 차차 줄어져 간다. 집에서 학교까지 십 분, 학교에서 다방까지 이십 분, 다방에서 집까지 삼십 분가량의 거리 — 이만큼만 걸으면 하루의 운동으로 족하리라고 생각한 것이다. 동경서 온 소설 쓰는 이에게서 일일 두 시간 산보설을 듣고 착상한 계획이었으나 그의 반인 한 시간 산보도 여의치 못한 것이다.

다방에를 간다고 해도 오후 네 시 전후 시각에는 먹을 것도 만만치 않다. 반지빠른 때라서 이 시각에 배를 채우면 저녁이 맛없어진다. 커피에다 핫케이크나 먹고 나면 저녁 구미는 아주 똑 떨어져 버린다. 공복에 커피는 위험한 것이나 홍차를 마시자니 향기 없는 뜨물이 속에 차지고 레몬 스쿼시를 마시자면 날마다의 음료로는 지나쳐 사치하다. 대체 요새의 다방이라는 것이 커피의 미각에는 섬세한 주의를 베풀면서도 홍차는 아주 등한시해 버린다. 홍차의 진의(眞意)라는 것은 립톤의 새 통을 사다가 집에서 우려내는 근근 수삼 일 동안에 있는 것이지 아무리 저장에 주의해도 그 시기를 지나면 풍미는 완전히 달아나 버린다. 호텔에서 먹는 것이나 다방에서 청한 것이나 집에서 우린 것이나 다 같이 들큼한 뜨물이 되어 버리고 만다.

평양에 다방이 생기기 시작한 것이 요 수년간의 일이다. '히노토리'와 '마주르카'만이 있을 때에는 적막의 감이 없지 않더니 별안간 올을 잡아들면서 '야마토' '세르팡' '브라질'의 세 집이 우후의 죽순같이 솟아나 다객(茶客)의 목을 적시어 주게 되었으나 아직도 그 어느 곳이나 설비, 의장 등 부족한 점이 많다. 들으니 연내로 또 두 집이 생긴다는 소식이다. 그렇게 되면 합 일곱 곳의 다방이 앉는 셈으로 일 년 동안에 이렇게 수다스럽게 늘어가는 장사는 이 외에 볼 수 없는 것이나, 당업자(當業者)끼리는 피차에 눈의 적일는지 몰라도 다객의 편으로 볼 때에는 다방의 격식도 점점 나아질 터이니 이런 반가울 데는 없다. 일곱 곳 아니라 칠의 칠 배가 는다 하더라도 좋은 것이 각각 특색을 나타내고 풍격을 갖추어 간다면 다객의 유별도 저절로 나누어지고 각각 갈 곳이 스스로 작정될 것이다. 사실 지금 같아서는 꼭 가고 싶은 한 곳이라는 것이 아직 없다. 그만큼 모든 범절이 설피다.

음악에 자신 있는 다방은 방 안이 휑뎅그레해서 기분이 침착해지지 못하고 안온한 집이라도 찾아가면 음악이 설피고 다랑(茶娘) 있는 곳에 들어가면 언제나 속배(俗輩)가 운집해 있고 도무지 마땅한 곳이 없다. 그러나 역시 음악을 안목에 두고 '세르팡'을 찾는 것이 가장 유익한 듯하다. 네 시 전후면 다객의 그림자가 빠일 뿐 아니라 때로는 혼자 앉게 되는 적도 있다. 차 한 잔을 분부하고 삼사십 분 동안 앉아 있노라면 웬만한 교향악 한 편쯤은 완전히 들을 수 있다. 차이콥스키의 《파테티크》도 좋고 베토벤의 트리오 《대공》 같은 것도 알맞은 시간에 끝난다. 대곡(大曲)이 너무 세찰 때에는 하와이안 멜로디도 좋은 것이며 재즈 음악도 반드시 경멸할 것은 못 된다.

어떻든 이 산보의 시각 전후가 다방을 찾기에는 가장 고요하고 적당한 때이지 밤에는 아예 갈 곳이 못 되는 것이 사람들이 웅성거리는 데다 까딱하다가는 문하의 학생들을 만나기가 일쑤다. 개중(介中)에는 한 탁자에 청해 와도 좋은 사람도 있기는 하나 거개는 저쪽도 거북스럽고 이쪽도 편편치 못하다. 서울서는 학생들의 다방 출입을 금한다는 소문이나 평양에는 아직 그런 엄격한 율도(律度)는 서지 않았고, 사각모패라야 단 두 교뿐이니 관대하게 취급은 하나 그만큼 그들의 자태는 더 눈에 띄게 되고 한 다방에서 마주칠 때에는 피차에 편안치 못한 느낌을 가지게 된다. 그러기 때문에 차라리 밤에는 다방 출입을 삼가게 된다.

다방행(行)에도 이 정도의 조그만 수난은 있는 것이다. 세상에 편편한 일 한 가지나 있으리. 속히 이곳에도 서울만치 다방이 자꾸자꾸 늘어서 좋은 음악 많이 들리고 좋은 차 많이 먹게 하고 웬만한 구석목 다방에 들어가서쯤은 학생의 그림자 눈에 안 띄게 될 날을 기다린다.

《박문》, 1938. 12.

수선화

내가 만약 신화 속의 미장부(美丈夫) 나르키소스였다면 반드시 물의 정(精) 에코의 사랑을 물리치지 않았으리라. 에코는 비련에 여위고 말라 목소리만이 남았다. 벌로 나르키소스는 물속에 비치는 자기의 그림자를 물의 정으로만 여기고 연모하고 초려(焦慮)하다가 물속에 빠져 수선화로 화(化)하지 않았던가. 애초에 에코의 사랑을 받았던들 수선은 세상에 태어나지 않았을 것이다.

이른 봄에 피는 꽃으로 수선화에 미치는 자 없으나 유래와 전신(前身)이 슬픈 꽃이다. 애잔한 꽃판(瓣)과 줄기와 잎새에 비극의 전설이 새겨져 있지 않은가. 이왕 꽃으로 태어나려거든 왜 같은 빛깔의 백합이나 그렇지 않거든 장미로나 태어나지 못하고 하필 수선이 되었을까. 쓸쓸하고 조촐하고 겸손한 모양. 기껏해야 창기슭의 화병에서나 백화점 지하실 꽃가게에서 볼 수 있는 것이지만 그 어느 때 본들 화려하고 찬란한 때 있으리. 언제나 외롭고 적막한 자태. 서구의 시인들같이 벌판에 만발한 흐붓한 광경을 보지는 못했으나 그 역 그 빛깔 그 자태로는 번화하고 명랑할 리는 없다. 원래가 슬프게 태어난 꽃이라 시인들은 자꾸 슬프게만 노래한다. 수선은 자꾸자꾸 슬픈 꽃으로만 변해 간다.

어릴 때 벌판에서 수선화를 뜯고 놀던 마이클과 라이온은 자라자 한 사람의 소녀 메어리로 말미암아 수선화 핀 그 벌판에서 드디어 사생을 결(決)하려다가 두 사람 다 자멸해 버린다. 슬픈 노래 중에서도 이 《수선화 피는 벌판》같이 슬픈 시도 드물다. 수선화 자신의 허물이기는 하나 슬픈 인상만을 더하게 해가는 데는 이런 시인의 죄가 또한 큰 것이 아닐까.

사랑하는 사람에게 보낼 양으로 수선화의 묶음을 사들고 나서는 소녀같이 가엾은 소녀는 없을 것이며, 병들어 누운 그리운 사람에게 수선화의 분을 선사하는 사람같이 어리석은 사람은 없다. 같은 값이면 백합이나 장미나 프리지어를 선사함이 옳은 것이다. 하필 수선을 고를 필요는 없는 것이다. 백화점 지하층에서 운명의 유래에 떨면서 뉘 손을 거쳐 뉘 방으로 가게 될까를 염려하고 있을 수선화의 묶음을 상상해 보라. 자신의 신세가 애처롭기는 하나 그러나 굳이 비극을 사갈 사람은 없을 법하다.

다행으로 아직 수선의 선물을 보낸 적도 받은 적도 없었거니와 앞으로 받게 된다면 신경의 관념에 사로잡히지 않을까를 두려워한다. 언제인가 오랜 병석에 누웠을 때 시네라리아의 화분을 선사한 이 있었다. 나중에 이 이야기를 듣고 병석에 꽃은 대기(大忌)라고 펄쩍 뛴 동무가 있었으나 시네라리아 화분은 수선화의 묶음보다는 그래도 낫지 않을까 생각한다.

세상의 젊은 남녀들이여 수선화의 선물을 삼갈 것이다.

스스로 비극을 즐겨하고 전설의 환영을 사랑하는 이는 예외이나 슬픈 병에다 수선화를 꽂아 놓고 차이콥스키의 《파테티크》를 들으며 멸망의 환상에 잠기는 것은 비참한 아름다움이다. 수선화는 참으로 그때의 소용인 것이며 그때의 빛나는 꽃이 아닐까.

《여성》, 1939. 1.

포화(飽和)된 배열

뒤를 이어 끝없이 제작되는 소설 기록이언만 벌써 그다지 신기한 자극과 감동을 그 어느 편에서나 발견할 수 없는 듯하다. 전쟁소설들을 자꾸만 써도 별로 신통한 대문이 그리 없는 것이다. 회화나 음악에 관해서도 같다. 고야나 세잔이나 피카소도 너무 눈에 익었고 베토벤도 싫증이 나고 쇼팽의 치밀한 신경도 졸업해 버리면 신통한 것이 없다. 뒷사람들이 신 발명을 하려고 애들을 쓰나 결국은 그들의 요소를 되풀이하고 되풀이해서 앞으로 신기한 분야를 얼마나 더 남겼는지 의문이다. 같은 요소의 배열, 또 배열 — 일상 먹는 밥같이 언제나 새롭다고 생각한다면 별문제나, 확실히 벌써 예술은 포화된 상태에 있다.

「방파제(防波堤)」, 《조광》, 1939. 1.

인물 시험

소년 시대로 돌아가서 인생의 출발을 고쳐 할 수 있다고 한들 나는 반드시 그 재출발의 길을 원하지 않을 듯싶다. 무수히 거쳐 온 뭇 시험의 자취를 생각하면 진저리가 난다. 학교 시대의 입학, 학기, 학년, 각 시험을 합하면 아마도 거의 백 번에 가까운 수효(數爻)를 지나왔을 것이요 중(中)에는 충분한 자신과 자랑을 가지고 겪은 시험도 있기는 있으나 거개가 귀치않고 무거운 것이었다. 물론 그것으로써 인생의 시험이 끝난 것은 아니요 앞으로도 수많은 시험의 고개가 등대(等待)하고 있을 것이나, 붓대를 꼼지락거리며 답안지를 어지럽히기에 정신을 쏟거나 구술시험원 앞에 서서 눈총을 맞는 행사는 평생에 다시 두 번 오지 말기를 원한다.

이런 원을 가진 몸으로 도리어 그 반문(泮門)인 시험관이 되어서 사람을 시험하게 된 모순을 생각하면 인간율의 풍자란 심술궂기 한이 없는 모양이다. 반생 동안 받아온 고달픈 시험의 분풀이로 요번에는 후생들을 마음껏 괴롭히고 복수해 보라는 자연의 명령일까. 여러 해 동안의 교원 생활로 허물없는 후배에게 괴롬도 퍽은 끼쳐

준 셈이나, 다른 시험은 다 고사하고 입학 시험 때 영어 문제의 까다로운 단어와 행문(行文)을 번역하면서 힘에 부치는 친구들은 얼마나 나를 원망했을까를 생각하면 율연(慄然)해진다. 학술 시험 성패의 항의는 그래도 실력주의 본위를 방패삼아 물리칠 수 있으나 인물 시험에 이르러서는 참으로 그 임(任)을 맡기에 자신 있는 사람이 누구랴. 인물 시험의 시험관 된 것을 나는 대단한 불행으로 여기지 않으면 안 되었다. 사양하다 못해 하는 수 없이 주임 교수와 수신(修身) 교수 속에 한몫 끼어 시험실 소파 속에 폭신히 묻히게 되었던 것을 생각하면 부끄럽기 짝이 없다. 현재 맡고 있는 어학의 교수가 정신 교육, 정서 교육의 계열 속에 섰다고 보여진 까닭에 참가를 권고 받은 것이다. 조금도 고맙거나 자랑스러울 것이 없는 것은 영화회사의 여배우의 채용 시험이란들 반반한 낯을 끌어낼 자신이 없는 것은 아니나, 얼굴보다도 더 중요한 것을 보아야 한다는 입학 시험에서 소홀한 인상 채점으로는 공정을 잃을 것이 첩경 쉬우니 말이다. 주임과 문답하는 수험생의 태도를 옆에서 보고 인물의 갑을 흑백을 숫자로 기입하는 것이다. 세상에서 이보다 어려운 일이 있으랴. 앞에 와 서서 부동의 자세로 명확하게 응답하는 그들의 태도는 일률로 다 조심성스럽고 겸손해서 그것과 이것과의 차이는 거의 없는 것이다. 그야 내 딴의 채점의 표준과 격식이 있기는 하나 그것으로 반드시 정곡을 맞혔다고는 볼 수 없는 것이며 까딱하다가는 의외의 착오를 범할는지도 모른다. 제 요량대로 들여다본 심리란 소설 속에 우여곡절을 다해서 쓸 때 허물없는 것이지 입학 시험부 속에 기록할 것은 못 되니 소설의 명장(名匠) 모파상이나 도스토옙스키나가 반드시 명시험관이 되리라고는 생각할 수 없는 것이다. 하루 동안의 인물 시험은 격렬한 투쟁이어서 속을 뽑으려거니 안 뽑히우려거니 긴장된 순간의 연속으로 해서 육신이 말할 수 없이 피곤할 뿐 아니라, 나중에는 안계(眼界)에 무수히 아물거리는 단정한 대상들의 초점이 착각으로 말미암아 채점이 준거가 뒤틀리고 표준이 어그러져 모두 착해도 보였다 모두 악해도 보였다 하는 것이다. 시관(試官)의 말을 들은 즉 그중 아물거리는 착각에는 하는 수 없어 결국 문을 들어서는 수험생의 순간의 자세에다 준거를 두는 등 별별 고심을 다 했다는 술회이다. 사람을 시험하기가 얼마나 어려운 일인가를 깨달았으며 인생에 미흡한 몸으로서 그 임에 당함이 얼마나 위험하고 부끄러운 일인가를 느꼈을 뿐이다.

도시 시험이라는 것이 현명하면서도 어리석은 것이어서 다만 국한된 부문 안에서의 한 방편에 지나지 못하는 것이지 시험의 결과 완전무결한 재단을 내리기는 인간 능력에 소속되는 것이 아닐 듯싶다. 급락(及落)의 판정이란 한 기회에 지나지 못하는 것이요 입학 인물 시험의 급락이 반드시 인간으로서의 급락은 못 될 것이다. 사회의 급제생 속에도 기실 열등생이 많으며 낙제생 속에 도리어 얼마나 많은 뛰어난 사람이 있을지는 이루 헤아릴 수 없다. 고식적인 방법에 지나지 못하는 시험의 관문을 들었다고 신입생은 반드시 기뻐할 것이 못 되며 낙제생이라고 슬퍼할 것은 없는 것이다.

「일인일인(一日一人)」, 《매일신보》, 1939. 4. 1.

행복의 부부
—명작에 나타난 아름다운 가정

영국의 유명한 여류작가 캐서린 맨스필드의 단편소설에 「행복」이라는 것이 있습니다. 세상의 부부치고 「행복」 속의 부부같이 행복스런 부부는 드물 것입니다. 남편 해리와 아내 버사(Bertha)의 부부는 마치 뜰 앞에 배꽃같이 아름답고 행복스럽습니다. 집으로 잘 놀러오는 친구 중에 연극에 취미를 가지고 있는 나이트 부처(夫妻)와 젊은 시인 워렌과 아름다운 여자 펄들이 있습니다. 이들은 가끔 집으로 놀러와서는 만든 만찬도 같이 하고 이야기도 하고 시도 읽고 해서 집안에 한층의 생기와 재미를 돋아주는 것입니다. 시인 워렌은 아내 버사와 각별히 친밀하고 아름다운 여자 펄은 남편 해리와 다정한 듯이 보입니다. 부부는 원체 의가 좋고 행복스런 까닭에 그 행복의 행복됨을 모르고 잠시 밖에서 온 그런 친구들에게 정신을 뺏기는 것이나, 실상에 있어서 남편이 다른 여자 펄을 사랑하는 것도 또 아내가 다른 남자 워렌을 사랑하는 것도 아닙니다. 하기는 한동안 버사는 워렌의 정에 끌려도 보고 남편 해리가 짜장 펄을 생각하고 있는 것이 아닌가 하고 걱정도 합니다마는, 결국은 그런 잡된 생각을 말끔하게 씻어버리고 자기는 남편 해리를 극진히 사랑하려고 결심합니다. 밖을 헤매이고 생각해야 거기에 행복이 있는 것이 아니고 참된 행복은 언제든지 가장 가까운 곳에 즉 집안에 있는 것입니다. 버사도 다른 생각을 일절 하지 않고 참된 행복은 집안에 있다는 것 지금 남편 곁에 있음으로 말미암아 자기는 충분히 행복스럽다는 것을 깨닫게 됩니다. 부부는 다시 행복으로 돌아갑니다. 뜰에 핀 하아얀 배꽃같이 아름답고 행복된 가정을 꾸미게 됩니다.

《家庭の友》, 1939. 5.

만습기(晩習記)

삼십 줄을 겨우 잡아든 주제에 나이를 거들기가 낯간지러운 일이나 늦게 배운 끽연의 습관을 생각할 때 나는 나이와의 관련을 생각하지 않을 수 없는 것이 삼십에 겨우 담배를 익혔다는 것이 끽연의 습성으로서는 결코 이른 편이 아니고 만습(晩習)의 감이 없지 않기 때문이다. 삼십과 끽연―삼십에 담배 맛을 안 것이다. 그 쓰고 떫고 향기로운 맛을 비로소 안 것이다. 향기롭다고 해도 꽃의 향기도 아니요 박하의 향기도 아니요 소년의 향기도 아닌 어른의 향기―어른의 맛을 비로소 알고 어른의 세계에 비로소 들어온 것이라고나 할까.

어릴 때 담배의 세상과 아주 멀리하고 지낸 것은 아니나 종시 두려워서 그 곁에 이르지 못했고 진짬 맛을 익히지 못했다. 동갑짜리들이 맛을 알고선지 모르고선지 제법 권연을 앙돌아지게 꼽아 물고 헤죽대는 것을 보면 그것이 장한 일만 같이 보여서 얼마나 부러웠는지 모른다. 사탕은 먹을지언정 담배는 기어코 붙이지 못한 재주의 미흡을 얼마나 탄식했는지 모른다. 그 장한 경지에 지금에야 이르러 맛을 알고 나니 어릴 때 그까짓 무엇을 그닥 탄식했던고 하는 생각조차 나면서 이제는 제법 활연(豁然)한 해오(解悟)의 길을 잡아든 듯싶다. 밀른(Alan Alexander Milne)의 수필을 읽으면 그는 여덟 살 때 처음으로 담배를 시험했고 열여덟 살 때부터 정식으로 그 관습을 시작했던 듯하다. 담배도(道)로서는 비교적 숙성한 편이요, 그에게 비하면 우리 같은 것은 만성(晩成)의 축에 들지 않을 수 없다. 그러면서도 아직도 그의 소위 파이프당(黨)에 속해서 자연(紫煙)과 파이프의 미술적 효과를 더 사랑하는 편이니 사도(斯道)의 대성적(大成的) 도달의 길은 요원한 듯은 하나, 그만한 정도의 선후는 덮어버리고 어떻든 쓴맛의 터득을 하고 보면 오십보백보 흡연당(吸煙黨)이라고 하지 않을 수는 없게 되었다.

냄새만 맡아도 질색이던 것이 식후에도 한 대 그리워졌고 무료할 때 두어 개쯤은 연거푸 태우게 되었다. 입과 몸에 배이는 냄새는 결코 좋은 것은 못 되나 이 흠만을 제한다면 어지러운 법이나 두통이 나는 법은 없다. 단것에 대한 식성이 확실히 줄었으며 그렇게 즐기는 당과류가 도무지 눈에 들지 않는 대신 술의 진미와 커피의 도미(道味)를 깨달은 것과 함께 담배의 맛을 즐기게 된 것이 사실이다. 어린 세계를 솟아나 한층 위로 솟아난 것을 느끼며 굳이 반갑지는 않으나 그렇다고 슬프지도 않다. 자연의 성장에도 당연한 과정이지만 생각하면서 닥쳐온 현재를 향락할 따름이다.

즐기는 담배와 숭상한 문학과를 관련시켜 생각해 봄이 망발은 아닐 듯싶다. 문학이니 무어니 요새 그것이 자꾸만 화제가 되고 사회와 세대의 한 제목이 되어 가니 우리가 하고 있는 것도 문학인가 보다 하고 도리어 깨우치게 되지 사실 지난날의 우리의 문학을 들추어서 말할 때 낯이 뜻뜻해지지 않는 문학인이 하나나 있을까. 오늘 현재의 문학에 대해서도 같은 말을 할 수 있는 것이나, 오늘 이전의 문학을 가령 담배 이전의 문학이라고 한다면 그 된 품과 성적이 스스로 밝아질 듯하다. 내 남 없이 담배를 익히기 이전의 문학이었던 것이요 쓰고 떫고 향기로운 인생의 진미를 알기 전의 연습의 경지였던 것이다. 이제부터는 경도(境道)가 달라졌다. 담배 맛을 익힌 것은 나 한 사람이 아니요 같은 세대의 동배(同輩)들도 이제야 겨우 그것을 익힌 때가 아닌가 한다. 쓴 문학, 어른의 문학이 나올 것도 지금을 경계로 시작될 듯싶다. 이 문학에 있어서의 만습의 처지도 굳이 슬퍼할 것도 없거니와 기뻐할 것도 없는 것이 이 역 자연의 성장이요 당연한 과정이니 말이다. 자라는 것은 결국 자랄 대로 자라고야 마는 법이다.

「일인일인(一日一人)」, 《매일신보》, 1939. 5. 19.

오월의 불만

1. '미라구리[1]'의 노래

올같이 오월이 고르지 못한 해는 없는 듯하다. 달이 다 가도 바람이 불고 비가 오고 날이 차서 풀리던 절기가 되돌아서 뒷걸음 치곤 한다. 난산하는 탄생의 고통같이 괴로워하고 무죽거린다. 3월에 바람이 불고 4월에 바람이 불고 워낙 바람이 많은 고장이긴 하지만 오월에 들어서까지 바람이 분다. 남풍도 아니요 동풍도 아니요 서풍이 분다. 셸리가 노래한 억센 서풍은 아니거니와 메이스필드의 따뜻한 서풍도 아니다. 응당 이 따뜻한 서풍—서쪽 나라 좋은 나라에서 불어오는 새 노래와 꽃향기와 피곤한 마음을 위안하는 향유를 실은 그 바람 소리 들으면 눈에 눈물 어리우는 그런 서풍—이어야 할 것을, 이것은 까슬까슬하고 메마르고 지저분한 서풍인 것이다. 이 음산한 소마(小魔)가 낮과 밤을 헤아리지 않고 어디선지 쉴 새 없

1 평안도에서 특정한 새에 붙이는 향명(鄕名)인 듯하다.

이 거리에 쏟아져서는 질서를 어지럽히고 먼지를 쓸어다가 허공을 보얗게 휘저어 놓는다. 먼지는 이 소마의 동무 노릇을 하는 조그만 요물이어서 이것같이 질색인 것이 없다. 아무리 궁한 시인이라도 이 요물을 노래해 줄 시인은 없을 듯하다. 저주받을 요물의 침입을 막기 위해서는 문을 봉하고 창틈을 면밀하게 단속하지 않으면 안 된다. 그래도 그림자같이 숨어들어 책상 위에 쌓이고 방바닥을 더럽히는 이 요귀 때문에 부질없이 신경을 피곤케 하고 심서를 상하고 있는 동안에 오월은 거의 다 지나려고 한다. 바람과 먼지와 싸우는 동안에 지는 오월—이런 불결한 오월은 다시없다. 시절조차 제 정신을 못 차림은 대체 웬일인가. 오월의 찬(讚)은커녕 오월의 저주를 쓰고도 싶다.

그런 어느 틈으로든지 나뭇잎들은 피어나서 제법 신록을 이루고 소마의 도량이 뺌한 날이면 해가 쪼이고 천지가 훤하게 밝아지니 이런 날이 오월이다. 바람 불고 먼지 이는 미치광이 날은 오월이면서도 오월이 아닌 것이다. 장미 봉오리가 피려고 하고 버들꽃이 날아드는 그런 날만을 골라서야 나는 비로소 오월을 느낀다. 오월의 노래가 들리는 것은 그런 날이다. 노래는 나뭇잎 속에서 들린다. 무슨 새인고 하고 3층 위의 창을 열고 나무속을 살피는 것이나 자태는 보이지 않으며 유창하고 낭랑(琅琅)한 소리만이 흘러온다. 백양나무의 키는 어찌나 큰지 벽돌 3층의 길이를 넘고도 훨씬 위로 솟아 눈앞에 보이는 것은 나무의 목덜미께밖에는 안 된다. 단풍나무까지 섞여 위에서 굽어보는 나무숲은 초록의 수해(樹海)를 이루어 그윽한 세상 어느 구석에서 나는 것인지 자태는 아득하면서 노래는 종일토록 들린다. 꾀꼬리 같은 영롱한 품격은 없으나 두견같이 단조한 굴곡이 있고 마디를 넘는 격이 역시 꾀꼬리에 가까워 그 일종인 듯 짐작하면서 창을 살며시 열어 놓고는 노래를 귀한 것으로 듣게 되었다. 시름없이 듣고 있으면 몸은 흡사 산중이나 협곡에 있는 듯이 생각되면서 한가로운 선율에 오월을 흠뻑 느끼게 된다.

이 미라구리의 노래와 함께 오월은 틀림없이 온 것이며 그것을 들을 때 무줏거리는 시절도 물속에 푸르게 맥(脈)쳐 온다. 기자묘 모란봉까지 나가지 않아도 시가의 복판에서 이 자연의 노래를 들을 수 있음은 수목의 덕인 듯하다. 새는 수목을 즐겨 거리까지 오는 것이지 사람을 좋아해서 항간으로 날아드는 것은 아니다. 거리에서는 미라구리가 오월의 선구자일 듯하다.

2. 강의 유혹

시절은 원래가 자연의 배경 속에 숨어드는 것이어서 녹음이 없고 미라구리의 노래가 없다면 사실 어떻게 해서 밀려드는 오월의 숨결인들 느낄 수 있으랴. 거리는 오월의 거리나 삼월의 거리나 매일반—백화점의 의상부가 아무리 빛 엷은 시절의 옷감을 내걸고 자랑을 한대야 거리에 왕래하는 여인들의 맵시란 거개가 휘줄그레하고 시원치 못하다. 미색(美色)의 곳으로 이름만이 높을 뿐 이렇게 졸색(拙色)들이 흔한 곳도 처음 본다. 몇 해를 있어야 수려한 여인을 보았든지 못 보았든지 기억에 없다. 결국 아름다운 것이란 극히 귀한 것인 듯하며 그러기에 값이 있는 모양이다. 거리의 여인도(女人

圖)같이 옹졸하고 빈한한 것이 없다. 교양의 윤택이 없고 독창의 발견이 없는 그들의 맵시는 기껏해야 가가(假家)의 축음기에서 흘러나오는 레코드의 노래격에밖에는 못 간다.

대로상에 범람하는 이 저열하고 시끄러운 노래 등줄기를 간지르고 신경을 쑤시는 이 요란한 노래—시청은 왜 그것을 취체(取締)하고 금지하지 못하고 그대로 버려두는지를 모르겠다. 이 열등한 소리판은 민중의 미의식과 감식안을 저하시킴이 막심하다. 시중에 대청결을 베풀 듯이 이런 종류의 음가(淫歌)는 모름지기 거리에서 일소해 버려야 할 것이다. 취체리(取締吏)의 손이 부족하다면 위생과(衛生課) 감독쯤으로도 족하다. 집집의 불결한 것을 들어가듯 그런 레코드를 모조리 압수해 가기를 바란다. 그 속에 사는 시민의 한 사람으로서 나는 그것을 원한다. 그렇게 품이 높고 살기 좋은 거리가 어디 있으랴만 현재 거리의 규모라는 것은 저급하기 짝이 없다. 공공연히 허락되는 것으로 시민의 감성을 상하고 해하는 것은 이루 한두 가지가 아니다. 그 첫 것으로 나는 레코드의 숙청(肅淸)을 드는 것이며, 다음으로 마음에 걸리는 것은 다방이나 음식점을 좀 더 청결하게 했으면 하는 것이다. 바람과 먼지가 오월의 날이 아니듯이 불결한 것은 다방이되 다방이 아니며 굴속이나 창고 속인 것이다. 아무리 자원해서 들어가는 손님이기로 이를 컴컴한 굴속에다 가두어 놓고는 잔돈푼을 우려내는 것은 시민 도덕으로서도 공죄(公罪)가 아닐 수 없다. 일부러 컴컴하게 해 놓고 대낮에도 불을 켜 놓는 데가 다방이 아닌 것이다. 깨끗하고 밝고 건강하게—오월을 잡아들었으면 탁자에 정한 보도 펴 보고 때 묻은 의자에 흰 덮이도 씌워 보고 화분에 꽃도 갈아 보고 해서 부단의 계획과 노력이 있어야 할 것이며 이것은 호의가 아니요 의무이다. 이 정도의 각자의 윤리성을 전제로 할 때 거리의 문화는 참으로 향상해서 거리는 활기 좋은 곳이 될 것이다. 때마침 어수선한 부회의원 선거 풍경에다가 불결한 휴식소 저열한 음악 등등으로 거리는 진저리나는 곳이다. 요행 거리 앞에 맑은 강을 끼고 있게 망정이지 이런 자연의 혜택조차 벗어난다면 세상은 얼마나 살기 삭막한 곳일까. 강에는 물이 흐르되 고요하고 수목이 우거져서 물위에 푸른 그림자를 던졌고—유유한 그 자태가 살아 있는 즘생 같아서 마주만 서도 흐르는 물은 감정 문답을 걸어오는 듯싶다. 조급한 축들은 군데군데에서 보트를 젓기 시작했고 강의 시절이 좀 있으면 시작되려고 한다. 여름이 되면 많은 시민들은 하루의 대부분을 강과 함께 살며 거기서 근심을 씻고 건강을 얻고들 한다. 불행한 오월이 얼른 지나 불결한 가두에서들 해방되어 강과 함께 살게 될 날이 오기를 바란다.

「향토앙신(鄕土柳信)」, 《조선일보》, 1939. 5. 27.~28.

유경식보(柳京食譜)

평양에 온 지 사 년이 되나 자별스럽게 기억에 남는 음식을 아직 발견하지 못했습니다. 생활의 전반 규모에 그 무슨 전통의 아름다움이 있으려니 해서 몹시 눈은 살피나 종시 그런 것이 찾아지지 않습니다. 거처하는 집의 격식이나 옷맵시나 음식 범절에 도시 그윽한 맛이 적은 듯합니다. 이것은 평양 사람 자신도 인정하는 바로 언제인가 평양의 자랑을 말하는 좌담회에 출석했을 때 들어 보아도 그들 자신으로도 이렇다 하는 음식을 못 들었습니다. 가령 서울과 비교하면—감히 비교할 바 못 되겠지만—진진하고 아기자기한 맛이 적고 대체로 거칠고 담하고 뻣뻣스럽습니다. 잔칫집 음식도 먹어 보고 요정에도 올라 보았으나 어디나가 다 일반입니다. 요정에 올라서 평양의 진미를 구하려 함은 당초에 그른 일이어서 평양의 진미는커녕 식탁에 오르는 것은 조선 음식이 아니고 정체 모를 내외 범벅의 당치 않은 것들뿐입니다. 그리고 음식상이라기보다는 대개가 술상의 격식입니다. 술을 먹으러 갈 데지 음식을 가지가지 맛보러 갈 데는 아닙니다. 차라리 요정보다는 거리의 국숫집이 그래도 평양의 음식을 자랑하고 있는 성싶습니다.

평양냉면은 유명한 것으로 치는 듯하나 서울 냉면만큼 색깔이 희지 못합니다. 하기는 냉면의 맛은 반드시 색깔로 가는 것은 아니어서 관북 지방에서 먹은 것은 빛은 가장 검고 칙칙했으나 맛은 서울이나 평양 그 어느 곳 것보다도 나았습니다. 그러나 평양 온 후로는 까딱 냉면을 끊어버린 까닭에 평양냉면의 진미를 아직 모르고 있습니다. 그렇다고 다시 시작해 볼 욕심도 욕기(慾氣)도 나지는 않습니다. 냉면보다는 되려 온면을 즐겨해서 이것은 꽤 맛을 들여 놓았습니다. 그러나 이것도 장국보다는 맛이 윗길이면서도 어복장국보다는 한결 떨어집니다. 잔잔하고 고소한 맛이 없고 그저 담담합니다. 이것이 평양 음식 전반의 특징입니다만 육수 그릇을 대하면 그 멀겋고 멋없는 꼴에 처음에는 구역이 납니다. 익숙해지면 차차 나아는 가나 설렁탕이 이보다 윗길일 것은 사실입니다.

친한 벗이 있어 추석이 되면 노티를 가져다 줍니다. 일종의 전병으로 수수나 쌀로 달게 지진 것입니다. 너무 단 까닭에 과식을 할 수 없는 것이 노티의 덕이라면 덕일 듯합니다. 나는 이 노티보다도 차라리 같은 벗의 집에서 먹은 만두를 훨씬 훌륭한 것으로 생각합니다. 호(胡)만두보다도 그 어떤 만두보다도 나았습니다. 평양의 자랑은 국수가 아니고 만두여야 할 것 같습니다.

동무라면 또 한 동무는 이른 봄에 여러 차례나 손수 간장병과 떡주발과 김치 그릇을 날라다 주었는데 이 김치의 맛이 일미여서 어느 때나 구미가 돌지 않을 때에는 번번이 생각납니다. 봄이언만 까딱 변하지 않는 김치의 맛—시원한 그 맛은 재찬삼미(再讚三味)해도 오히려 부족합니다. 대체로 평양의 김치는 두 가지 격식이 있는 듯해서 고추양념을 진하게 하는 것과 엷게 하는 것이 있습니다. 거의 소금만으로 절여서 동치미같이 희고 깨끗하고 시원한 것—이것이 그 일미의 김치인데 한 해 겨울 그 동무와 몇 사람의 친구와 함께 휩쓸려 늦도록 타령을 하다가 곤드레만드레 취한 김에 밤늦게 그 동무의 집으로 습격을 가서 처음 맛본 것이 바로 그 김치였던 것입니다. 단 두 간밖에 안 되는 방에 각각 부인과 일가 아이들이 누워 있었던 까닭에 동무는 방으로는 인도하지 못하고 대문 옆 노대(露臺)에 벌벌 떠는 우리들을 앉히고 부인을 깨워 일으키더니 대접한다는 것이 찬 김치에 만 밥, 소위 짠지밥(김치와 짠지는 다른 것임을 평양에서는 일률로 짠지라고 일컫습니다.)이었습니다. 겨울에 되려 아이스크림을 먹는다더니 찬 하늘 아래에서 벌벌 떨면서 먹은 김치의 맛은 취중의 행사였다고는 해도 잊을 수 없는 것입니다. 북쪽일수록 음식에 고초를 덜 쓰는 모양인데 이곳에서 김치를 이렇게 싱겁게 담그는 격식은 관북 지방의 풍습과도 일맥 통하는 것이 있습니다. 요새 의학박사 양반이 고초 가루의 해독을 자꾸만 일러주는 판인데 앞으로의 김치는 그 방법에 일대 개혁을 베풀어 이 평양의 식을 따르면 어떨까 합니다. 나는 가정의 주부들에게 이것을 적극적으로 권하고 싶습니다. 단지 의학박사가 아닌 까닭에 잠자코 있을 뿐입니다.

잔칫집에서 가져오는 약과와 과줄은 요릿집 식탁에 오르는 메추라기알이나 갈매기알과 함께 멋없고 속없는 것입니다. 약과는 굳고 과줄은 검습니다. 다식이니 정과니 하는 유는 찾을래야 찾을 수 없습니다. 없는 모양입니다.

중요한 음식의 하나가 야키니쿠인데 고기를 즐기는 평양 사람의 기질을 그대로 반영시킨 음식인 듯합니다. 요리법으로 가장 단순하고 따라서 맛도 담백합니다. 스키야키같이 연하지도 않거니와 갈비같이 고소하지도 않습니다. 소담한 까닭에 몇 근이고 간에 양을 사양하지 않는답니다. 평양 사람은 대개 골격이 굵고 체질이 강장하고 부한 편이 많은데 행여나 야키니쿠의 덕이 아닌가 혼자 생각에 추측하고 있습니다. 다만 야키니쿠라는 이름이 초라하고 속되어서 늘 마음에 걸립니다. 적당한 명사로 고쳐서 보편화시키는 것이 이 고장 사람의 의무가 아닐까 합니다. 말이란 순수할수록 좋은 것이지 뒤섞고 범벅하고 옮겨 온 것은 상스럽고 혼란한 느낌을 줄 뿐입니다.

마지막으로 어죽을 듭니다. 물고기 죽이란 말이나 실상은 물고기보다도 닭고기가 주장이 되는 듯합니다. 닭과 물고기로 쑨 흰죽을 고초장에 버무려 먹습니다. 여름 한철의 진미로서 아마도 천렵의 풍습의 유물로 끼쳐진 것인 모양입니다. 제철에 들어가 강놀이가 시작되면 반월도(半月島)를 중심으로 섬과 배 위에 어죽놀이의 패가 군데군데에 벌어집니다. 물속에서 철벅거리다가 나와 피곤한 판에 먹는 죽의 맛이란 결코 소홀히 볼 것이 아닙니다. 동해안 바닷가에서 홍합죽이라는 것을 먹은 적이 있는데 그 조개로 쑨 죽과는 맛이 흡사한 데다가 양편 다 피곤한 기회를 가린 것이라 구미 적은 여름의 음식으로 이 죽들은 확실히 공이 큰 듯합니다.

《여성》, 1939. 6.

마리아 막달라

신약을 통독해 가는 동안에 마리아 막달라의 사적에 가장 흥미를 느끼게 된다. 마리아 개인도 개인이려니와 집안의 상태, 누이 말타와 동생 나사로와의 세 식구의 단란, 마리아와 예수와의 사이—모두 흥미의 초점이다. 백천(百千)의 인물이 등장하고 동원되는 서중(書中)에서 인간적인 점으로나 애정과 동감을 일으키는 점으로 마리아같이 주의를 끄는 인물이 없다. 집안이 빈한했던 것은 마리아의 신분으로 추측할 수 있으나 말타와 나사로는 각각 무엇을 하고 있었던지 그 기록이 명료치 않음이 섭섭하다. 가령 나사로는 목양자(牧羊者)였다든지 혹은 천막업자였든지의 전기(典記)가 있었더라면 얼마나 공상을 더욱 만족시켜 주었을까 생각된다.

마리아가 예수 앞에 처음으로 무릎 꿇은 것은 그들의 일가가 살고 있던 베다니 촌(村) 바리새 교도 시몬의 집에서였다. 예수가 초대를 받아 식사를 할 때 죄 많은 한 여인이 들어와 예수의 발 아래에 무릎을 꿇고 눈물 흘리며 발에 접문(接吻)하고 머리카락으로 발을 닦고 향유를 바를 때 그것을 허물하지 않는 예수를 보고 시몬은

은근히 저 죄 많은 여자로 하여금 몸을 다치게 하누나 하고 불만한 바 있었다. 예수는 시몬의 심중을 살피고 오백 냥과 오십 냥의 부채의 비유로서 죄가 깊을수록 주는 더 용서하신다는 것, 마리아의 죄도 다 씻어 주셨다는 것을 말하매 마리아는 예수의 자애를 깊이 감사하게 되었다.

두 사이가 가까워진 것은 이때부터라고 생각된다. 물론 마리아의 예수에 대한 정성은 정신적인 공경과 두려움이고 예수의 사랑은 위대한 자비의 정신에서 나온 것이기는 하나 다른 한편 좀 더 인간적인 사모의 발로로 볼 수 있는 표징이 보이며 그렇게 보는 편이 흥미도 깊다. 한번은 방 안에서 마리아와 예수의 이야기 소리가 너무도 자별스러운 것을 보고 부엌에서 일하는 말타가 샘을 내어서 마리아를 책할 때 예수는 마리아에게는 마리아의 맡은 일이 있다고 대답하면서 마리아를 막아 주었다는 대문이 있다. 예수가 특히 이 일가를 사랑해서 예루살렘으로 내왕하는 길에 자주 들르게 되어 거래가 잦았던 것이 사실이며 그 사이의 인간적 심정의 교섭을 생각할 수 있고 그것으로서 예수의 다른 일면을 해석할 수 있을 것 같다.

유월절(踰越節)을 앞둔, 즉 예수가 예루살렘에서 십자가에 오를 엿새 전 나사로를 살리러 찾아온 것이 일가를 찾은 예수의 마지막 걸음이었다. 마리아의 청으로 집에 다다르니 나사로는 죽은 지 벌써 나흘, 무덤에 이르러 "돌이여 물러나라, 나사로여 살아나라!" 외치니 죽었던 나사로는 살아나게 되었다. 그날 밤 축복의 만찬을 베풀게 되었을 때 마리아는 예수의 은혜에 지극히 감동되어 전에 시몬의 집에서 한 것과 같이 예수의 발 아래에 무릎을 꿇고 고가(高價)

한 나드의 향유 한 근(斤)으로 예수의 발을 씻고 자기의 머리카락으로 훔치니 기름의 향기로운 방향이 집 안에 그득 찼다. 이스카리오테의 유다는 그것을 즐기지 않아 삼백 냥어치나 되는 기름을 아깝게 발에 바르다니 하고 게정을 부렸으니 그가 예수를 배반하게 되는 심적 동기가 여기서도 한 줄기 포태되었던 듯하다.

예수가 예루살렘에 들어간 후까지도 마리아는 그림자같이 그의 뒤를 좇아 예수를 마지막까지 모시는 한 사람이 되었다. 예수가 십자가를 등지고 골고다에서 갈보리 언덕으로 이른 때 요한들 모인 다섯 사람 속에 마리아는 한 사람이었고 사흘 후 부활의 아침 그 곁에 모신 것도 예수의 모(母) 마리아와 마리아 막달라의 두 사람이었다.

경서에 나타난 것은 이 정도의 기록밖에는 안 되나 이 작은 소여(所與)의 재(材)로 나는 갈피갈피의 공상을 하고 그것이 즐거운 일의 하나가 되었다. 인간의 한 소중한 기록이 마리아를 둘러싸고 숨어 있을 것 같으면서 그것을 탐구하려는 것이 요사이의 의욕의 하나가 되었다.

《매일신보》, 1939. 8. 3.

소하일기(銷夏日記)

○월 ○일

열시는 되어서 일어나 사랑문을 여니 손님도 잠이 깬 지 오래던지 침대에서 일어난다. 피곤이 풀리지 못한 모양 같다. 간밤에 들어온 것이 세시를 넘은 때—이것이 이 며칠 동안의 버릇이어서 기침(起枕)은 자연 열 시를 넘어 아침 시간의 표준이 대개 오정을 기점으로 하게 되었다. Y는 서울서 온 손님. 며칠 동안의 그를 동무해 주기 위해 K와 C와 나 세 사람이 함께 어울리게 되었다. 각각 생활에 변동이 생겨 시간의 계산이 착란되게 되었다. 어제는 박물관을 찾았던 것이 월요일이어서 휴관, 그 길로 뱃놀이를 떠난 것이 밤이 되어서야 거리로 들어오게 되어 또 몇 집 돌아다니는 동안에 오전 세 시를 맞이해 집으로 오는 길에 별안간 조록 같은 소낙비를 만나 아래통을 한바탕 적시고 돌아왔다. 그 까닭인지 오늘은 한층 피곤하다. 길을 떠나면 별 하는 일 없이 피곤해지는 법, 자유로운 휴식의 시간이 거의 없다. 이날은 좀 늦게까지 손님에게 휴식의 기회를 주려고 했으나 그것도 헛일, 오정이 되자마자 아침 식사를 막 마치고 나니 K와 C가 벌써 찾아들 왔다. 박물관에 가자는 약속이었던 것이다. 차를 마시고 나기가 바쁘게 피곤한 채로 한패는 또 집을 나섰다. K와 C는 각각 집을 떠난 자유스런 사람들, 시간이 무진장인 것이요 Y와 나도 여름 휴가를 잡아든 몸으로 한가하기는 하다.

그러나 놀면서도 항상 마음이 편안하지 못함은 웬일인지 모르겠다. 무거운 것이 마음을 조이면서 되려 불안스럽다. 소심익익(小心翼翼)하지 말고 참으로 유유자적할 만한 넉넉한 심지(心地)의 수양이 필요하다고 알면서도 그것을 얻기가 힘들다. 사실인즉 휴가 되는 즉시로 Y와 함께 만주와 북지(北支) 여행을 떠나기로 했던 것이 Y의 사정으로 연기하게 되어 Y는 그 대신 이곳으로 며칠 놀러오게 된 것이다. 계획이 어그러져 버리니 방심이 되면서 일이 손에 잡히지 않는다. 한동안 무위로 지냄도 유유자적의 한 수양이거니만 생각하나 심중이 편편하지 못함이 슬프다.

평양 온 지 4년에 박물관 구경이 처음이다. 필요 없음이 사람을 게으르게 한 셈이나 부지런해야 필요가 생기는 법인 모양이다. 낙랑과 고구려 시대의 유물과 유적, 고분 등을 보아 가는 동안에 찬란한 환상이 솟으면서 가지가지의 의욕을 느끼게 되었다. 낙랑의 문화는 결국 한인(漢人)의 소산이었던 듯이 짐작되며, 고구려의 유물은 낙랑의 그것에 비기면 기품, 성격이 훨씬 거칠고 굳건하면서 여기서부터 선조의 독창이 시작되지 않았나 한다. 어떻든 이 두 시대의 고인의 업적은 놀랍다. 회화 등에 나타난 품격으로 보면 애급(埃及) 문화보다는 훨씬 윗길이며 로마 초기 문화에 비겨 손색이 없다.

색상자의 색 모양이며 고분의 벽화는 그 색채의 전아함과 의장의 탁월함이 하나의 경이이다. 이런 유물을 볼 때면 이 땅에 태어난 자랑이 유연히 솟는다는 Y의 말이 절실히 가슴에 흘러온다.

관을 나와 고금의 문화를 이야기하면서 거리에 내려가 별수 없이 한낮부터 또 술타령이 시작되었다. 술을 구해서가 아니라 그런 수단으로밖에는 거리에서는 시간을 지울 수가 없는 것이다. 이 집 저 집으로 자리를 바꾸기가 삼사차 어느 곳이나 그다지 신기한 곳은 없으며 자리를 옮기는 것도 일종의 버릇일 뿐이다. 이런 곳에의 출입도 점점 흥미가 없어져 가면서 여기에서도 영대(齡代)의 변화를 느끼게 된다. 어느새 영대의 변화를 느낀다는 것이 망발일는지는 모르나 벌써 좀체 흥미를 끄는 여자가 없는 것이며, 이 흥미의 감퇴가 곧 영대의 변화를 의미한다고 볼 수 있지 않은가. 여간한 여자가 아니고는 눈을 끌지도 않는다. 슬픈 일인지 반가운 일인지는 알 수 없으나.

그래도 이럭저럭 객담(客談)을 건네는 동안에 밤이 깊어 너른 거리에 나왔을 때는 두 시를 넘은 때, 강잉히 Y를 끄나 K가 좀체 놓지 않아 결국 Y는 또 하룻밤 K의 집으로 가게 되었다. C와도 작별하고 혼자 걷는 길이 피곤하고 헙헙하다.

○월 ○일

Y를 기쁘게 할 일이 생겼다.

L—시골서 온 한 사람의 문학 부인이 마침 이곳 동무를 찾아왔

던 길에 Y의 소식을 듣고 Y와 나와 한 좌석에서 이야기를 하고 싶어 한다는 소식을 아내가 동무의 집에서 듣고 와서 전해 준 것이다. Y를 데리고 와 집에서 만나거나 그렇지 않으면 다방에서 만나게 할 작정으로 낮쯤은 되어 K를 찾은 것이나 Y는 없다. 아침 여덟 시 차로 떠났다는 것이다. 거듭 의아한 감이 돈다. 전해 주는 명함에는—암만해도 오늘은 귀경해야겠고 이렇게 해서밖에는 형들의 호의를 물리칠 수 없으므로—라는 해명의 구절이 읽힌다. 오늘은 저녁때 함께들 양덕 온천까지 가자는 언약도 있었는데 여중(旅中)의 몸이라 집이 퍽은 궁금했던 모양이다. 나로 보면 섭섭한 일이요, Y로 보면 아깝게도 발이 빨라 모처럼의 문학 부인과의 면담의 기회를 놓친 것이다. 득실은 두고 보아야 알 일이기는 하나 하루의 흥분을 물리쳐 버린 것이 Y가 후에 들으면 아마도 통분해 할 일 같다.

집으로 갔다가 다시 피서지로 떠나 소설을 쓰겠다는 것이 Y의 계획이었다. 더위를 무릅쓰고 소설을 써야 한다는 것—그 속에 버리지 못할 의미가 있는 듯하다. 연전(年前)만 해도 소설을 쓰느니 무어니 하던 유어(類語)가 아희(兒戱)에밖에는 값가지 못하는 귀에 거슬거리는 것이더니 요새 와서는 뜻이 적지 아니 달라졌다. 이곳의 문학이 뭇시선의 대상이 되고 인식이 달라지자 건설의 뜻이 새로 덧붙여졌다. 결코 안이하게 문학을 생각할 수 없게 되었고 어렵고 준엄한 것으로 고쳐 생각하지 않으면 외부의 조소를 헛입게 되었다. 문학의 수양은 바야흐로 본격의 대도(大道)를 내닫게 된 것이다. 이때 소설을 쓰느니 창작을 하느니 한다는 말이 비로소 격에 맞고 품에 어울리게 들리며 소홀하지 않은 뜻을 그 속에서 길러낼 수 있다.

태작(駄作)을 쓴다는 말이 아니라 걸작을 쓴다는 말이요 그 일편으로써 문학 전체를 대표할 만한 역량 있는 것이라야 한다. 문학의 길이 대단히 어려운 것이 되었으며 따라서 문학인 된 보람도 느끼게 되었다. 좁은 우물 속의 문학이 넓은 외계의 조명을 받게 된 까닭이다. 여름 문학인들의 입 자중을 바라며 Y의 계획의 성공을 비는 마음 간절하다.

K를 찾아왔던 C도 Y를 놓쳐서 헛걸음, 별수 없이 세 사람이 차리고 나서 다방행, 더울 때에는 집에 있기도 거리에 나가기도 다 곤란한 일이나 집에 모이면 자연 걸음이 밖으로 향한다. 간단한 점심을 마치고 다방에 앉았어도 확적한 언약을 안 준 문학 부인이 나타날 리도 만무해서 가가를 나와 K는 실망해서 집일을 보러 들어가고 C와 나는 영화관을 찾다. 알리바바의 고담과 근대 면을 혼합한 에디 캔터의 소극이 예상 외로 재미가 덜하다. 나체의 군상을 보러간 것이 이야기의 해학미를 주안으로 한 것이어서 실망하다. 이런 종류의 영화라는 것은 음악이 풍부하든지 나상의 난무가 있든지 하지 않으면 흥미가 적은 것은 관객의 감상의 안목은 이런 일면에 의외로 큰 구미를 가지고 있기 때문이다.

관을 나와 지하실에서 목을 적시고 K 식당에서 저녁을 마치고 나니 날이 어두워지면서 금시 소낙비가 쏟아질 것 같다. 아니나 다를까 전차로 두어 정거장 지나는 동안에 비가 퍼붓는다. 하는 수 없이 중도에서 내려 H 백화점 식당에 올라가 비뻼을 하게 되었다. 그 우연한 비가 인연 되어 거기에서 의외의 인물을 맞게 되었다. 아침부터 시작된 실의의 봉창을 거기에서 대라는 계시였던 듯도 하다. 그들도 역시 무죽거리는 모양, C와 함께 그곳을 나와 결국 하루 저녁 무료한 그들의 동무를 해준 셈, 맥주를 한 타(打)나 마시는 동안에 세시 가까워서야 집을 나오게 되었다.

○월 ○일

연일 타령에 몸이 말할 수 없이 피곤하다. 피곤한 것은 나뿐이 아니련만 K와 C의 멀끔한 기력에는 한 수 접히울 수밖에는 없다. 오정 넘어 두 사람 내방, 그들을 대하면 피곤도 간 곳 없고 나도 세력이 소생된다. K는 간밤의 탐정담(探征談)을 듣고 수연삼천장(垂涎三千丈)―그러나 중도에서 떨어진 것이 불찰이었으니 한할 곳도 없어 기회의 재래를 원할 뿐 강으로 나가자는 것이었다. 두 사람에게는 벌써부터 강의 일과가 시작되었던 것이 Y가 왔던 까닭에 잠시 끊겼다. 이제 다시 일과가 계속되매 나도 한몫 끼이게 된 셈이다. 거리에서는 소하법(銷夏法)으로는 이 수밖에 없는 것이요 하루 동안에 나도 완전히 그 진미를 득하게 되었다. 단골집에서 찬 맥주 반 타와 통조림 등을 사가지고는 이것도 단골 뱃집에서 삼인승 보트를 세내어 타니 '보트 속의 세 사람'이 되었다. 앞강을 건너 반월도 옆 여울로 배를 끌어올려 뒷강에 이르니 반날 동안의 납량터가 된다.

앞강과는 달라 물이 맑고 얕은 데다가 바닥에는 전면 흰 모래가 깔려 호젓한 수영터이다. 보트를 강심에 띄우고 물의 뜻대로 맡겨두고 방향도 목적도 없이 뱃전을 붙들고 이리저리로 유익(遊弋)하노라면 그것으로 흐뭇하고 족하다. 물은 왜 그리 흔하고 즐거운 것인지 여름철의 자연의 혜택으로는 물이 아무래도 으뜸일 듯하다. 이 풍부한 쾌미가 왜 누구나의 자유가 되는고 생각하면 신기하기도 하다. 사람이 한평생에 이렇게 흡족한 다른 무엇을 차지해 볼 수 있을까. 아무리 생각해도 이것은 과분의 혜택인 것 같다. 머리만을 물 위에 내놓고 수평선을 바라보면 수목의 일선과 구름과 그리고 물과—이것뿐이다. 지저분한 협잡물 속에서 선택된 이 깨끗한 재료만이 안계(眼界)에 꽉 차면서 선열(鮮烈)한 감이 전신에 흐른다. 구름과 수목과 물은 좋은 것, 지성을 동심으로 환원시키는 것, 이런 자연을 대할 때 영탄밖에는 더 응대의 길이 없다. 부질없이 영탄만 하는 것이 감상주의일 듯하나 그러나 이 영탄의 동심을 잃어버렸을 때의 비참을 생각해 보라. 평생을 영탄으로 지낼 수 있는 인생은 두말 없이 행복된 것이며 야박스런 마음속에 지혜만을 감추고 한 줌의 영탄조차 잃어버린다는 것은 위험하고 불행한 일이다.

영탄조를 한층 발휘해 세 사람의 나상이 강을 헤엄쳐 건너 언덕 위 마을에 이르러 풋옥수수통과 감자를 바구니에 그득히 사 담아 가지고 배에 이르렀으나 그 전원의 향기를 만끽했을 뿐 배 속에서는 그것을 익힐 수단 없음이 섭섭하다.

해가 그늘 있을 때 병속의 여향(餘香)을 정복하고 배를 끌고 강을 올라가다. 올에 들어 겨우 수영을 터득해 실력이 10미터 거리에 이르게 된 것도 유쾌한 일의 하나—강물이 범연히 보이지 않는 것도 실상은 이 까닭인지도 모른다. 능라도 기슭에 배를 세우고 아래편에 무수히 떠 있는 유선(遊船)들의 유흥의 광경을 바라보고 포류(蒲柳)의 채색의 군상을 관상함도 일흥(一興)이다. 한가할 때의 화제는 의례히 『데카메론』이나 『캔터베리 테일즈』이어서 이 두 편의 고대의 문학은 그 동기에 있어서 인간의 성미를 갈파해서 또 남음이 없다. 그때나 지금이나 일반 사람들은 줄레줄레 모여만 들면 그 이야기인 것이다. 그러나 나는 한 귀로 이야기를 들으면서 다른 귀로 흘리지 않으면 안 된 것이 조그만 일감을 가지고 나갔던 까닭이다.

교정의 일같이 급하면서도 흥 없는 일이 드물다. 몇백 엽(頁) 되는 교정고(校正稿)를 며칠 동안 틈틈이 보아 와도 쉽사리 끝나지 않는다. 하는 수 없이 배에까지 가지고 나간 것이다. 물이 튀어 군데군데 붉은 상처를 남긴 재교고를 가지고 집으로 돌아오니 일곱 시를 넘은 때이다.

○월 ○일

내가 K들에게로 가고 K들이 내게로 오고 해서 3, 4일 동안 강의 일과를 계속했더니 얼굴과 몸이 어느 결엔지 새까맣게 그을었다. 피곤하지 않은 것은 아니나 물속에서 엄벙하게 지내는 동안에 피곤인지 무엇인지를 모르며 지내게 되었다. 그러나 어느 때 끝내자고 약속한 일과도 아니어서 한정이 없는 것으로 오늘도 또 두 사람이 찾아왔다.

점심 전이라고 먼저들 나간 뒤 반 시간가량이나 있다가 나가서 늘 타는 보트 집에 이르러 한참이나 기다려도 두 사람의 나타나는 기색이 없다. 웬일인가 하고 의아해 하는 동안 거의 한 시간이 넘어서야 나타났는데 이건 보트 놀음이 아니라 웬 것의 매생이 하나를 타고 물 위로 나타난 것이다. 노상에서 우연히 친구를 만나 그의 매생이를 빌렸다는 것이다. 날마다의 보트 사냥에도 조금 싫증이 난 판에 우리들은 한 번쯤 매생이 놀음을 원해 왔던 터이었다. 두 사람은 벼락으로 그것을 구해 냈다. 배 위에는 나뭇단과 솥과 쌀과 기타 제반 조미료가 준비되어서 어죽(魚粥)놀이의 장만이 제물에 되어 있다. 한 가지의 부족은 닭이다. 어죽은 물고기로 쑤는 것이 아니라 닭고기로 쑤는 것, 절대로 필요한 닭이 없는 것이요 물 위에서는 그것을 구함이 고생고생이다.

강을 저어 올라가다 우연히 보트를 탄 B를 만나 네 사람이 한패가 되어 닭 사냥을 나선 것이 어죽의 본제(本第) 부선(浮船) 장경관에서 실패, 강을 건너 그 본관에 이르나 그곳도 야박스럽기 짝 없다. 한 사람의 선부(船夫)가 민망히 여겨 자청해서 저자에 들어가 닭과 술과 조미료를 구해 왔기에 망정이지 이 의부(義夫)의 출현이 없었더라면 이날 천렵은 엄두도 못 냈을 것이다.

백은탄(白銀灘) 옆 반월도 기슭에 터를 잡았을 때는 벌써 다 저문 저녁때였다. 강의 습속(習俗)은 그렇게 유유하고 무신경하고 활량(濶量)한 것이다. 낮 천렵이 밤에 이르러도 좋은 것이며 닭 한 마리 구하기에 여러 시간이 걸려도 무관해서 시간의 관념이 거리와는 온전히 도착(倒錯)되어도 조바심을 일으키지를 않는다. 거기에 강의 수양이 있는 것이요 그 맛에들 강을 찾는지도 모른다. 천렵은 일종의 분업이어서 쌀을 이는 사람 불을 때는 사람 다 각각이나 닭의 살생이 극난사여서 그것을 맡은 K는 죽을 지경이다. 결국 S의 조력을 받아서 간신히 토벌해 솥에 안친다. C와 S의 솜씨가 놀라워서 죽은 진미이다. 아전인수가 아니요 분풀이가 아니다. 사실 장경관의 어죽보다는 곱절 훌륭하다. 소주와 풋고추—어죽에는 이것이라야 격에 맞는다는 것이다—가 속에 들어가니 얼근해지면서 강상의 쾌미는 어죽놀이인 듯싶다. 보름의 만월이 누르스름하게 솟기 시작한다. 『적벽부』의 구절들을 외우면서 강면을 바라보니 파도 일지 않는 물 위에 맑은 바람이며 건너편 청류벽(淸流壁)의 창흘(蒼屹)한 것이며가 그대로 적벽강의 운치인 듯싶다. 모란봉의 독고(獨高)한 자태며 강기슭으로 길게 뻗쳐 내려간 등불들이며 강 위에 뜬 무수한 흥겨운 배들의 풍경은 적벽강 이상의 것이요 못 본 서구의 수도(水都) 베읍(邑)의 풍치인들 이에 더할 것 같지 않다. 조수가 들어와 호수같이 고요한 강심(江心)을 저어 내려 갈 때 참으로 수향(水鄕)이라는 느낌이 든다. 달 그림자는 길게 강기슭에서 뱃전까지 연했다.

놀던 중 이 밤의 운치가 가장 아름다웠다. 너무도 아름다운 품이 강 놀이의 마지막일 듯한—아닌 게 아니라 마지막이 될지도 모르는 것은 K는 내일 십여 일 작정으로 양덕(陽德)으로 떠나겠다는 것이다. 가서 좋은 일이 있으면 편지로 우리를 부르겠다는 것이나 어떻든 그가 빠지면 강 놀이도 잠간 중단되지 않을 수 없다. 하기는 지친 판에 얼마 동안의 휴식도 필요하기도 하고 몸도 너무 탔다. 멀끔하게 벗어지려면 또 이 해가 다 가야 될 것 같다.

《매일신보》, 1939. 8. 7.~10.

상하의 윤리

이웃집이 석조 이층이자 층 위에 남북으로 넓은 노대(露臺)가 달려 있어서 집안사람들의 조망의 터가 되는 까닭에 층 아래의 거주자인 이편으로는 여름철이면 단층의 비애를 절실히 느끼게 된다. 더운 김에 노대에 의자를 내놓고 바람을 맞으며 사방을 굽어보고 하계(下界)를 조망함이 그편으로 보면 마땅도 하고 쾌적한 일이다. 조망의 대상이 되는 하계의 주민으로 보면 이같이 불유쾌한 일이 없어 아침저녁으로 사람의 그림자가 높은 곳에 어릿거릴 때 무시로 신경의 자극을 받게 되어 부질없이 제 몸을 살피게 된다. 여름의 습속은 다 마찬가지—집안에서는 문을 열어젖히고 옷을 벗어부치고 기탄없는 해방의 방법으로밖에는 더위를 물리칠 수 없는 것이나 그 방일(放逸)의 습속이 외계의 시선에 부딪히고 있음을 알 때 몸에 거미나 와닿은 듯 소름이 끼친다. 한번은 아이가 오른 것을 호되게 꾸짖어 주고 불쾌의 의사를 노골적으로 표시해 두었던 까닭에 그 후로는 얼마간들 겸양하는 눈치이기는 하나 그래도 지각없는 젊은 축이 아직도 해뚱해뚱 자태를 보이며 철난간에 의지해서 때로는 말을 걸어온다. 행여나 방구석에 숨어 쌍안경으로 거리의 수많은 방안에 다 초점을 맞추면서 악질의 장난이나 치지 않을까 아닌 걱정이 나며 층위의 그들을 결코 친밀한 낯으로는 대하지 못하게 되었다. 뒷집에서는 언제인가 노대의 시선에 마주쳐 크게 봉변을 당했다 해서 담 위에 높은 함석판장을 세우고 노대의 시선의 지경을 막는 둥 고심을 했다는 것이 남의 일 같지 않게 들린다.

가진 사람이 가진 것을 부끄러워한 적이 있었으나 오늘에는 그들은 자기의 유산(有産)을 터놓고 자랑하고 뽐내게 되었다. 있어도 없는 척 그것이 마치 하나의 유행인 듯 일부러 궁태를 지니고 가난을 말하고 확실히 그 무엇에 위협을 당하고 있는 듯이 전전긍긍 움츠리고 있었던 시대가 전설같이 멀다. 오늘은 벌써 아무도 그러지 않는다. 위협하는 마귀가 없어진 것이다. 친구 간에는 돈 있는 것이 자랑이 되었고 문화인이 거리에서 행세를 함에는 항산(恒産)의 다과(多寡)가 기준이 되고 큰 저택을 가진 사람은 그것으로써 사회의 자격이 커지고 옷섶이 넓어졌다. 그들에게는 안전하고 좋은 시절이 온 것이다. 부질없이 떨고 걱정하고 대중의 낯빛을 살피지 않아도 좋게 되었다. 이층의 거주자가 옷자락을 헤치고 노대에서 거들거려도 좋은 것이며 행여나 그들을 욕주고 돌총을 던질 사람은 없다. 그런 계급은 몰싹 주저앉아 버리고 대중은 양같이 순하게들 되었다. 그러나 이것이 노대의 종족의 발호의 이유라면 나는 그들을 두 겹으로 경멸하려는 것이다. 때가 변했어도 종족의 구별은 더욱 엄연한 것이며 때의 그림자에 숨어 숨을 크게 쉬는 자라면 우(嵎)를 등진 범같이 더욱 얄미울 뿐이다. 층 위의 범들의 버릇없는 꼴들을 보며 이것을 느낌은 개인적인 반감에서 오는 편견만은 아닐 듯싶다. 그러나 어떻든 노대의 시선을 무엇으로 막아낼까가 내게는 초미의 문제이며 여름철에 아닌 신경의 낭비는 원(怨)되는 바 크다.

음지도 양지 되는 때 있어 지난해 늦여름의 한철을 층 위에서 지낸 일이 있었다. 식구 한 사람이 입원한 까닭에 간호를 겸해 그 이층 병실에서 아침저녁을 보내게 된 것이다. 복도에 서면 안뜰이 내려다보이고 뜰 맞은편이 바로 의사의 살림집이어서 열린 문으로 방 안의 정경이 무시로 들여다보인다. 일부러 보려는 것이 아니다. 지척의 사이인 까닭에 자연히 시선 속에 들어오고야 만다. 그러나 한번도 어지러운 꼴이 눈에 띄지 않았음은 젊은이보다도 늙은이와 아이들의 세상이었던 까닭인지도 모르나 집안사람들의 점잖은 태도에 도리어 감동하게 되었다. 식탁들을 대했을 때나 이불 위에 드러누웠을 때에나 조금도 어지러운 자태 없이 단정하고 의젓한 것이다. 그들의 심성과 교양이 마음속에 울려오면서 나는 하나의 암시를 받은 듯도 했다.

사람이 숨은 방 안에서 자유로운 시간을 가질 때 그들의 몸 지니는 자세와 태도는 천차만별 다를 것이나 개중에는 가령 별안간 네 쪽의 벽을 살며시 뜯어놓고 본다고 해도 여전히 의젓하고 점잖은 자태라는 것이 있을 법하다. 벽을 대해서 부끄럽지 않듯 사람을 대해도 부끄럽지 않은, 보기에 훌륭하고 아름다운—그런 태도가 있을 것이다. 이들은 천연의 명배우여서 꾸미지 않으나 몸가짐은 일거일동에 알 수 없는 매력이 넘친다. 아름다운 심성의 표현이요 교양의 발로일 것이다. 열정과 초조에 사로잡힐 때 표정과 자세는 이지러진다. 맑은 이성과 안정에서 우러나오는 단정한 자태는 아름다운 것의 하나이다. 노대의 시선을 맞을 때 아무 태도를 가지던 그들을 허물할 바 안 되겠지만 이편의 태도의 훌륭함은 그들의 시선을 막아내는 최상의 방법이 아닐까. 시선을 겁낼 것 없이 자기 발로(發露)의 충실을 꾀할 수밖에는 없는 것이다. 급기야 내 생각은 여기에 이르러 몸의 수양을 명념(銘念)하게 된 것이나 생각하면 극기의 수양이라는 것같이 뜻 없는 것이 없는 듯도 하다. 고대의 성철(聖哲)이나 군자가 될 것도 아닌 것을 책상 앞에 단좌(端坐)하고 마음의 수양을 쌓는다는 것이 쑥스럽기 짝 없는 일이다. 타고난 천성과 반생 동안 배워온 몸짓을 새삼스럽게 거북스러운 골 안에 우겨 넣고 불린다는 것이 어리석은 것으로만 여겨진다. 그러게 이층의 시선을 물리칠 아직도 좋은 도리를 찾지 못하고 있는 중이다. 여름이 무더운 이유는 여기에도 한 조목 있다.

7월 18일

《문장》, 1939. 9.

첫 고료

신문소설 고료의 규정이 어느 때부터 어느 정도로 정연하게 섰던지는 모르나 잡지문학의 고료의 개념이 확호하게 생긴 것은 사오 년 전부터라고 기억한다. 《조광》《중앙》《신동아》《여성》《사해공론》 등이 발간되자 소설로부터 잡문에 이르기까지 일정한 고료를 보내게 되었고, 이후부터 신간되는 잡지도 그 예를 본받게 되어 어떤 잡지는 종래의 관습을 깨뜨리고 새로운 개념을 수립하기 위해서 원고를 청하는 서장(書狀) 끝에 반드시 "사(社) 규정의 사례를 드리겠습니다"의 한 줄을 첨가하게 되었다. 이 한 줄이 문학의 새 시대를 잡아들게 된 첫 성언(聲言)이 아닐까도 생각된다. 이 일군(一群)의 잡지 이전에도《해방》《신소설》 등에서 고료라고 이름 붙는 것을 보내기는 했으나 극히 편파적인 것이었다. 그 이전《개벽》 시대의 경우는 알 바가 없으나 어떻든 불규칙하고 편벽된 것이 아니고 본식(本式)으로 고료의 규정이 생긴 것은《조광》 등 일련의 잡지로부터 비롯해진 것이며, 그런 의미로만도 차등지(此等誌)의 공헌은 적지 않다고 본다.

두말할 것 없이 문학의 사회적 인식이 커지자 수용(需用)이 더하고 상품가치가 는 결과 작품에 처음으로 시장가격이 붙게 된 것이니, 이런 점으로 보면 고료의 확립이 시대적인 뜻을 가진다. 한 좌석의 술이나 만찬으로 작가의 노고를 때워버리는 원시적인 방법이 청산되고 원고의 매수를 따져 화폐로 교환하게 된 것이니 여기에 근대적인 의의가 있고 발전이 있다. 고료의 확립을 계기로 해서 문학 성과에 일단의 진전이 시작되었다고는 볼 수 없으나, 작품이 작품으로서 취급되게 되고 그것을 창작하는 작가의 심정에 변화가 생겼음이 자연의 이(理)일 때 문학에 격이 서고 문단의 자리가 잡힌 것도 사실이다. 이 고료 확립의 일행(一行)이 조선문학사의 측면적 고찰의 한 계점(契點)이라고도 볼 수 있다.

물론 현 삼십대 작가의 고료의 경험은 반드시 사오 년 전, 즉《조광》등의 창간부터 시작되지는 않으며 좀 더 일찍이 — 가령 나의 예로 말하더라도 첫 고료의 기억은 십오륙 년 전까지 올라간다. 고료라기에는 격에 어그러질는지는 모르나 원고지에 적은 조그만 소설이 화폐로 바뀌어진 것은 사실이다. 중학 사오 년 급의 시절《매일신보》에는 일주일에 한 번씩 증간되는 2면의 일요부록의 문예면이 있었다. 거의 일요일마다 사백 자 오륙 매의 장편(掌篇)소설을 투고해서 그것이 번번이 활자화되는 것이 주간마다의 숨은 기쁨이었다. 근 반년 동안에 수십 편의 소설을 던졌고 그것이 거의 모조리 실리어졌다. 상금제도였던 듯 갑상(甲賞)이 10원, 을상(乙賞)이 5원 —「홍소(哄笑)」라는 1편이 을상에 들어 5원을 얻었을 때 이것이 최초의 고료의 기억이었다. 가난한 인력거꾼이 노상에서 돈지갑을 줍게 되어 그것으로 술을 흠뻑 먹고 친구들에게도 선심을 쓰는—조그만 장면을 그린 소설이었다. 발표된 지 며칠 만에 문예부 주임 이서구(李瑞求) 씨가 오 원을 들고 일부러 무명의 학동의 집을 찾아 준 것이다. 마침 밖에 나갔던 관계로 그를 만나지는 못했으나—따라서 지금껏 씨와는 일면식이 없으나—집에 돌아와 그 소식을 듣고 송구스런 마음을 금하지 못하며 그 첫 5원의 값을 대단히 귀중한 것으로 여겼다. 동(同) 부록에는 시와 소설을 무수히 보내었으나 고료로 바뀌어진 것은 단 그 한번이었고 외(外)는 실어 주는 것만으로도 고맙지 않느냐는 눈치였다.

이 실어 주는 것만으로도 고맙지 않느냐는 눈치는 그 부록뿐만이 아니라 그 전후의 잡지가 다 그래서 그 후《조선지광》《현대평론》《삼천리》《조선문예》등이 이 예를 벗어나지 않았고《신소설》이 고료라고 일원기전야(一圓幾錢也)를 몇 번 쥐어 준 일이 있었고《대중공론》은 고료 대신에 완전히 주정(酒精)의 향연으로 정신을 뺏으려 들어 사실 지금 술이 이만큼 는 것은 동지(同誌)의 편집장 정(丁) 대장의 공죄인 듯하다.《동아》《조선》양지(兩紙)가 단편과 연재물에 대해서 또박또박 횟수를 따져서 지불했을 뿐이요 잡지로는《조광》의 출현까지는 일정한 규정이 없었다. 이전《매신(每申)》의 부록 다음 시대에《동아일보》신춘문예에 두 번 선자(選者)를 괴롭혀 20원과 50원을 우려낸 일이 있었으나 이도 물론 떳떳한 고료라기는 어렵다.

《조광》이후 소설이든 수필이든 잘 되었든 못 되었든 간에 일 매에 50전의 고료를 받아오는 것이 많지도 않고 적지도 않은 현금의 시세인 듯하며 앞으로 당분간은 아마 이 고료의 운명과 몸을 같이 할 수밖에는 없을 듯하다.

「작가생활의 회고」, 《박문》, 1939. 10.

야과찬(野菓讚)
— 하얼빈의 가구(街區) 채원(菜園)

9월 3일 아침 호텔에서 역까지 나가는 길이 몹시 차서 나는 차 속에서 다리를 덜덜 떨고 있었다. 연일 비 기운도 있기는 있었으나 별안간 기온이 내려 냉랭한 기운이 한꺼번에 엄습해 온 것이었다. 일주일이 못 가 외투를 입게 되리라는 말을 들으면서 남행차를 탄 것이었으나, 향관(鄕關)에 돌아오니 아직도 날이 더워 낮 동안은 여름옷으로도 땀이 나는 지경이다. 북위 44도의 하얼빈과 이곳과는 남북의 상거(相距)가 머니 절기의 차이인들 심하지 않으랴마는 지금쯤은 그 북방의 변도(邊都)가 완전히 가을철을 잡아들어 얼마나 풍치가 변해졌을까를 상상하면 지난 짧은 여행의 기억이 한층 그리운 것으로 여겨진다. 거리를 거니는 사람들의 옷치장도 갈려졌을 것이요 여인들의 걸음걸이도 달라졌을 것이며 나뭇잎들은 또한 얼마나 곱게 물들었을까.

도대체 수목이 흔한 거리였다. 시가의 남부 일대는 속속들이로 나무가 안 들어선 구석이 없으며, 특히 마가구(馬家溝) 부근의 울창한 가로수의 병렬과 외인 묘지 경내의 우거진 수풀은 도회 속에 전원을 그대로 옮겨 놓은 듯한 느낌을 일으키게 한다. 대개가 느릅나무와 백양나무여서 빽빽이 무성한 속에서는 집의 자태조차 빠져버려 그윽하고 으늑한 맛이 각별하다. 생활과 수목의 일원화요 도회와 전원의 합주여서 한 폭의 아름다운 낙향(樂鄕)의 감이었다. 그 천년대계의 도시의 창설을 계획한 사람들의 유구한 심정은 상줄 만하다. 사람은 쇠와 돌 속에서만 살 수는 없는 것이다. 초목과 친하고 자연과 가급적 벗하는 곳에만 생활의 진진한 자미도 있고 넉넉한 예술화도 있는 것이며 인위와 인공만의 세상은 순일한 사람의 천성을 해함이 크다. 수목 흔한 도회라는 것이 인간 생활의 한 이상이요 원이 아니면 안 된다.

대륙에서도 유수한 도회에서 도리어 신선한 전원을 느끼고 야성을 맛본 것을 나는 여간한 행복으로 여기지 않는다. 가로의 복판에는 폭넓은 정원이 뻗쳐 있고 공원에는 갖은 기교를 베푼 화단 너머에 자연림이 우겨졌고 묘지 내 사원 문구(門口)에는 산포도의 넝쿨을 빽빽하게 올려 심산의 천연미를 그대로 옮겨 놓았다. 가구(街區)에는 구석구석 꽃묶음 없는 곳이 없으며 바자(bazaar)는 가지가지의 야채와 과실로 생생한 채원을 이루었다. 대체로 슬라브의 문화라는 것이 구라파의 그것보다 아직 어린 탓이라느니보다도 본질상 그 속에 야취에 가까운 그 무슨 소인(素因)이 있는 듯이 보인다. 건축이나 음식이나 문화의 각 방면에 뻗쳐 정교(精巧)를 다한 듯이 보이면서도 반면에 있어서 일종의 소박한 야미(野味)를 띠었음이 확실하며, 그것이 알 수 없이 마음을 당기고 정을 끄는 것도 사실이다. 무교양인 듯 보이는 발 벗은 여인의 그 닦지 않은 품성이 도리어 동감을 자아내는 것이다.

탁자 위 과실 접시에는 포도와 배와 사과가 담긴 속에 노랗게 익은 낯선 과실이 수북이 끼어 있었다. 권하는 바람에 한 개를 집어 올려 이빨을 넣으니 금시에 군물이 돌며 산미(酸味)가 입안에 그득 찼다. 별것 아니라 돌배였다. 산속이나 들에 지천으로 열리는 야생의 돌배인 것이다. 진귀한 생각이 나서 맛은 어찌 됐든 나는 그날 밤의 그 야과(野果)를 한없이 그리운 것으로 생각했다. 비록 산속에 지천으로 맺히는 것이라고는 해도 그것을 맛본 기억은 멀리 소년 시대에까지 올라간다. 몇십 년 동안 다시는 구경도 못했던 그 돌배를 그 도회의 복판에서 발견할 줄야 뉘 알았으랴. 대도회의 복판, 서구의 치장을 베풀고 근대 음악이 흐르는 한 간 방 속에서 그것을 찾아낼 줄야 뉘 알았으랴. 그리운 조그만 노란 열매를 손에 들고 어릴 때의 추억을 불러내고 고향의 야미에 잠긴 것이 별 곳 아닌 참으로 그 낯선 도회에서였던 것이다. 낯설기는커녕 그 야경(野景)의 인연으로 그곳이 내게는 고향과도 진배없이 여겨졌다. 지금쯤은 얼마나 돌배의 맛이 무르녹았을까. 친밀한 혈연을 느끼면서 나는 지금도 북쪽과 야과를 생각한다.

《매일신보》, 1939. 10. 15.

R의 소식

시인 H를 보내고 나니 올여름의 손님도 아마 마지막으로 치러 보낸 듯한 감이 난다. H는 만주를 돌아오는 길에 들린 것이었다. 현직을 버리고 그 방면으로 진출해 보겠다는 뜻을 전한 것이 작년이었고 그 전주(前奏)로 구체적 답사를 떠난 것이 이번 길이라고 한다. 결의를 굳게 하고 세목(細目)의 성산(成算)을 세웠다는 말을 듣고 나는 그의 성공을 눈앞에 보는 듯 찬의(贊意)를 마지않았다. 우수한 정치적 두뇌를 가진 그는 시인만으로 시종(始終)하기에는 아깝고, 그렇다고 시인인 그를 정치의 혼탁 속에 버리기도 이 또한 아까운 일이다. 차간(此間)의 소식을 가장 잘 아는 것이 그 자신, 그는 그 스스로 적합한 일을 항상 자의적으로 개척해 나간다. 낯선 땅에서 무슨 일을 맡든 반드시 두각을 나타내게 되리라고 믿으며 반면에 평생 시를 버리지 않을 것도 내게 맹서하다시피 했다. 이번에도 만주 여행을 떠나기 전에 해발 이천 미터의 관모봉(冠帽峰)을 답파했다고 하면서 거기에서 얻은 열 편에 남는 시편을 헤쳐 보인다. 봉을 올랐다 넘어 버리기까지에는 일주일이 넘어 걸린다는 험준한 고산의 실감이 행 사이에 넘쳐온다. 간결한 표현과 맥 치는 기백이 미래의 훌륭한 시인을 약속한다. 순결한 시심으로 광야의 영륜(營綸)을 말할 때에는 또한 그 포부가 크고 호흡이 거칠다. 시골에 오래 살고 있는 관계로 도회의 관찰이 처음이어서 순박한 동심에 감각성이 날카롭다. 영화관이나 다방 안의 풍속까지가 그에게는 신기해서 시심의 자극을 받는 모양이었다. 감격하는 양은 방관하기조차 좋은 것이어서 그런 감격의 응접은 그 스스로 기쁜 것의 하나이다. 감격이 없고 영탄을 잊은 인간 혹은 그렇게 되기를 원하고 가장하는 인간같이 맛없고 빽빽한 것은 없다. 약고 까스러지고 갖은 지혜로 무장하고 모든 것을 알고 모든 것에 다 일가견을 가진 척, 제언에는 반드시 반박이 있고 화제에는 반드시 설명을 하며 결코 감동하는 법도 흥분하는 법도 없는 인간—이것이 가장 곤란하며 그 자신 불행할는지도 모른다. 몽테뉴나 알랭의 냉정을 귀한 것으로 생각하는 것은 좋으나 반면에 있어서의 인간미의 결여를 잊어서는 안 된다. 정념이라는 것이 화 되는 때도 있으나 칼날의 이성과 수학적 계산만을 가지고는 바른 처단이 어려울 때가 있으며 그런 정확한 척도라는 것은 필경 뜻 없는 것이다.

밤에 집으로 돌아왔을 때 H는 '거리'의 시상을 말하며 도회의 흥미를 탐내다가 이것저것 지난 일에 말머리가 돌았을 때 이야기는 우연히 R의 소식으로 떨어졌다. H는 그의 근향(近鄉) 사람, 그와는 거래가 잦고 사람됨이 비슷해서 과거의 정치객이요 시인이요—단지 약간의 상위(相違)가 있을 뿐이다. 내가 R을 안 것은 H를 앎으로 인해서였으니 진지한 태도며 열정이며 시인적 소질이 비슷한 두 사람을 같은 범주 속에 적어서 기억하게 된 것이었다. 그날 밤의 H의 이야기는 주로 R의 방랑벽의 주제로 떨어져서 삼사 년 동안 헤어져 있게 된 내게는 반갑고도 진귀한 화제가 아닐 수 없었다.

R에 대한 나의 흥미의 하나는 그의 용모가 내 눈에는 웬일인지 예수와 흡사하게 어리우는 점이다. 갸름한 면상(面相)에 온순한 눈동자와 코와—턱수염만이 검게 드리웠다면 영락없으리라고 생각한다. 예수의 행정(行程)을 본받음인지 젊은 반생은 첩첩한 고난으로 얽혀 놓였다. 뜻을 얻지 못하므로 방랑하게 되는 것이요, 방랑하는 동안에 방랑벽이 뼛속에 젖어들어 그것이 온전히 생활의 동인(動因)이 되게 되었다. 내가 알고만 있는 그의 반생의 걸음도 수천 킬로이며 그의 찾은 곳이 수백 개소가 된다. 곳곳에서 조그만 생활의 자취와 자기 혼자만의 시고(詩稿)를 남기면서 남북으로 유랑의 길이었다. 객지에 지치면 고향에 돌아가 잠시 쉬다가 마음의 벌레가 움직이기 시작하면 또 새길을 떠나곤 하는 것이 그의 생활이다.

H의 이야기는 그가 고성(故成)에 가 있다가 장고봉 사건으로 해서 그곳을 탈출해 나온 고비의 전후였다. 고성에서는 조그만 사립학교의 교장으로 있었다는 것이다. 마침 순사부장과 면목이 있었던 까닭에 전과(前過)의 미치는 화(禍)도 보지 않고 되려 신용과 후원을 얻어 부락의 기독교도까지를 축출하고 교육의 효과를 높이게 되었다 한다. 순사부장과 알게 된 경위부터가 진묘해서 그 전 해 북행차 속에서 동행하게 된 한 식구의 갓난아이를 데리고 주체스럽게 구는 꼴을 보기 딱해 손을 거들어 주고 이럭저럭 친절을 베풀어 주어 간곡한 치사를 받게 되었던 것이 그 후 해를 넘어 R이 고성에 들어갔

을 때 그때의 그 차중의 방객(訪客)이 바로 그곳 순사부장이었던 것이다. 기연(奇緣)의 호의를 사례하기 위해 부장은 R에게 갖은 호의와 친절을 베풀게 되어 R은 그 덕으로 교육의 업무를 순조롭게 수행하게 되었던 것이 해를 못 넘어 작년의 장고봉 사건이 왔다. 비행기의 폭격을 당하자 마을 사람들이 뒤를 이어 피난하는 속에서 R만이 나중까지 학교를 지키며 전란의 동정을 살폈다고 한다. 숙직실 온돌을 뜯고 몇 길 땅을 파고는 그 땅속 움에서 난을 피했다는 것인데 마을 사람들이 거의 다 마을을 벗어난 후까지도 혼자 그곳을 사수했다는 것이 그의 담력이나 용기나를 고사하고—어리석고 혹은 미련하게까지 여겨지는 것이나 생각하면 그의 반생은 그런 일종의 만용의 연쇄였던 듯도 하다. 그의 용기를 장(壯)타 해서 당국은 그를 훈장의 영예로써 표창했다 하며, 망설이다 결국 그것을 받은 R은 남은 난민을 이끌고 마을을 벗어나기를 시작했다 한다. 학교를 나설 때 긁어모은 돈이 삼백 원—그것을 지니고 밤낮을 헤아리지 않고 벌판과 언덕을 넘으면서 난민을 만나는 족족 삼백 원으로 구해주니 그를 구주(救主)로 알고 뒤를 따르는 자 수십 명을 넘어 강을 건너 여러 날 만에 고향 근처에 다다라 H의 집을 찾았을 때에는 비 내리는 그믐밤이었는데 R의 뒤를 따라선 초라한 꼴들이 어둠 속에 길게 뻗혔더라는 것이다.

달이 못 가 R은 궁금증이 나 그렇게 고생고생 뛰어나온 국경 너머 그 고장이 그리워 만류도 듣지 않고 기어코 단신 또 들어갔다는 것이다. 동란은 멈추었으나 산산이 파괴된 마을의 재건을 계획하기 시작한 것 역시 그가 선봉이었다. 백두산에서 흘러온 뗏목으로 학교와 인가들을 세우게 되니 겨울이 못 되어 마을의 생활은 다시 시작되고 학교도 열게 되었다 한다. 난 속에서나 건설에서나 R은 항상 마을에서는 으뜸가는 장부요 조그만 영웅이었던 것이다. 해를 못 넘어 다시 학교를 버리고 그 곳을 나와 고향에 돌아오게 된 것은 두풍(頭風)이 일어서 더 교무를 담당할 수 없으므로 가는 것이나 두풍증 외에 또 한 가지 방랑벽의 준동의 사연(使然)이 아닌가 하고 나는 생각했다. 지금은 고향에 누워 한세월(閑歲月)을 보내며 요양 중이라고 하나 몸이 거뿐만 해진다면 다시 일어나 어디든지 또 길을 떠날 것이 확실하다—고 나도 생각하며, 말하는 H의 결론도 일반이었다.

H의 말로 나는 R을 보는 듯이 눈앞에 그릴 수 있어서 연전의 인상을 되풀이하면서 그의 일신상과 앞으로의 경험을 생각함이 흥 있으면서도 눈물겨운 것이었다.

《조광》, 1939. 11.

추창수필(秋窓隨筆)

고도기

단골로 대놓고 와 주는 굴 장수 노인은 벌써 보름이나 전부터 겨울 외투를 입었더니 요새는 어느 결엔지 두터운 솜옷으로 변했다. 부엌으로 살며시 돌아와서는 내보이는 굴 동이가 여름보다는 선뜻하고 차 보인다. 젓을 담그면 이튿날로 맛이 들던 것이 일주일을 넘어야 입에 맞게 되었다. 솜옷 입은 노인의 굴 동이와 함께 가을이 짙었다.

서리 온 뒤의 오랍뜰은 지저분하고 흐린 날이 계속되고 짓밟힌 낙엽이 추접하다. 사무소 앞에서는 묵은 난로의 연돌 소제들을 하고 있고 지하실에서는 보일러를 손질하고 검사를 맡는다고 처음으로 불을 땐 것이 경(經) 4척의 아이디얼 식의 가마에 물이 펄펄 끓어 실내가 훈훈하건만 이 3층까지는 아직 증기가 안 온다. 석탄 배급의 제한으로 따뜻한 맛을 보려면 아직도 여러 날을 기다려야 되리라는 것이다. 수로(水爐)에 스팀 안 오는 방은 스산하기 짝 없으며 푸른 빛 적어진 창밖의 풍경도 앙상하고 적적하다. 지난 여름의 추억보다도 닥쳐올 겨울의 생각이 절실한 때이다.

3층이자 지붕 아랫방인 까닭에 천장이 교회당의 첨탑같이 뾰족하게 솟고 네 쪽이 아니라 근 열 쪽이나 되는 벽이 구석구석에서 모가 져서 사각의 상식을 무시하고 다면형의 기괴한 방을 이루었다. 철학자와 시인과를 관련시킨 지붕 아랫방의 기록은 낭만성을 솟게 하는 것이나 눈앞에 실상으로 보고 날마다 살게 되는 지붕 아랫방이라는 것은 그렇지 않은 모양이다. 낭만성은 고사하고라도 위선 거처하기 좋은 곳으로 만들기 위해 시절마다 고심하는 것이나 헛것이다.

될 수 있는 대로 마음이 붙게 되도록 집에서 책권도 가져다가 늘어놓고 먹을 것과 마실 것도 구석구석에 준비해 두고 책상과 책궤의 위치도 가끔 이동시켜 본다.

서남쪽에 한 폭의 창이 있고 그 아래에 스팀이 와 있는 까닭에 날이 선선해지면서부터 책상을 그 옆으로 바싹 대어 놓고 넓은 책궤로 도어 편을 막아 버렸다. 소탁 위에 사전류와 백묵갑을 놓고 컵에 노란 야국을 꽂았다. 벽에는 괘력과 수업시간표와 구주전국요도(毆洲戰局要圖) 등을 붙이고 서랍 속에는 과당류가 빠지 않는 것이나—그래도 그 무엇이 부족한 것 같아서 하루저녁은 거리의 골동품점을 뒤지기로 했다.

사치하다고는 생각했으나 화병으로 쓸 고도기(古陶器)를 찾자는 것이었다. 옛것을 제대로 바라봄도 좋으나 꽃을 꽂음이 그다지 어색하리라고는 생각하지 않았다. 몇 곳을 뒤지다가 고색이 창연한 한 집에 이르러 알맞은 것을 발견해 냈다. 조그만 독 모양으로 된 흑갈색의 것이 고구려의 것이라는 것이나 그 연부(然否)는 물론 알 수 없으며, 낙랑의 것이거나 고구려의 것이거나 내게는 그다지 소중한 문제는 아닌 것이며 모양과 색깔이 내 구하고자 하는 것일 뿐이다. 야박하다고 생각하면서도 가격의 반액으로 흥정해 버렸다. 돈을 치르고 났을 때 주인인 듯한 젊은이가 들어왔다. 상재(商材)를 구하러 강서 등지의 촌을 종일 헤매이다가 늦게 돌아오는 걸음이 아니었을까. 여인이 반값에 팔았다는 것을 전할 때 젊은이는 거의 무표정한 얼굴로 도기를 신문지에 싸기 시작했다. 깎은 것이 야박스러웠을까, 나는 거듭 뉘우치게 되었다.

한 개의 헐한 고도기로 인해 방 안이 금시에 무게가 생기고 빛나게 되었다고는 생각지 않으나 더욱 차지고 침착해진 것만은 사실이다. 그렇지 않아도 찬 방 안을 녹이려면 불가불 스팀이 속히 와 주어야 되겠다. 거무스름하게 빛나는 한 고기(古器)를 바라보면서 느끼는 것은 — 왜 벌써 고기류가 마음에 들게 되었나 하는 것이다. 격에 맞지 않는 것이라고는 생각하면서 검은 도기는 역시 버릴 수 없는 것이다. 이 마음을 경계해야 옳을는지 믿어야 옳을는지 아직도 모르고 있다.

애완

고도기를 사랑하는 마음과 가령 고양이를 사랑하는 마음과의 사이에는 어떤 차(差)가 있는지는 모르나 옛것을 즐겨하게 되는 마음을 그다지 경계하지 않아도 좋은 것은 그것은 고양이를 사랑하는 마음 이상의 것이 아니라—도리어 이하의 것임을 안 까닭이다. 수백금의 고물과 한 마리의 얻어 온 고양이와—두 가지가 다 사랑하는 것일 때 눈앞에서 그 하나를 멸하게 된다면 물론 나는 고물을 버릴 것이다. 고양이의 목숨을 살리기 위해 도기를 아낌없이 없애 버릴 것이다. 사실 고양이를 잃어버리느니보다는 만약 그 죽음을 대신할 수 있는 것이라면 차라리 도기를 깨뜨려 버렸더면 한다. 고양이를 잃었음은 이 가을의 큰 슬픔이다.

오랍뜰이 좁은 까닭에 개를 기르는 것보다는 고양이를 기름이 적당하다고 생각해서 첫여름 시골서 사람이 올 때 어린 두 마리를 수하물로 부쳐왔다. 24시간분의 양식과 함께 나무 궤에 넣고 화물차에 실어서 수천 리 길을 무사히 온 것이다. 낯선 타관이라 피곤하고 서먹해서 처음에는 비영거렸으나 곧 익어서 제 고장으로 여기고 제 집으로 알게 되었다. 뜰에 내려가 꽃포기 속에 숨거나 책상 아래에서 재롱을 부리거나 하는 외에는 방에서나 밖에서나 잠자는 것이 버릇이다. 세상에서 유아와 고양이가 제일 잠 많은 짐승이라는 것이나 아마도 하루의 반 이상을 잠으로 지내는 듯하다. 의자를 하나씩 차지하고는 그 위가 잠터가 되고 밤에는 물론 이불 속으로 기어든다. 앞집에 포인터가 있는 까닭에 근처를 조심스럽게 거닐다가 쫓기기나 하면 쏜살같이 소나무가지 위로 올랐다가 방으로 뛰어들어와서는 책시렁 위에 당그렇게 올라가서는 거기서 또 안연(晏然)히 잠이 든다. 몇 달을 지나니 사람의 표정과 언어를 얼마간 이해하는 것 같다. 방에서 혼자 그만을 상대로 하고 있을 때 확실히 정의 교류가 생겨 사람 이상의 동무가 될 적이 있다. 영리하고 귀여운 동물이다.

고양이를 싫어한다는 사람이 있어서 이유는 교활한 짐승이라는 것이나 그렇게 말하는 사람 자신이 고양이보다는 열 곱 더 교활함을 알아야 한다. 교활이니 무어니 하는 백 가지의 악덕을 들 때 사람같이 그 모든 것을 알뜰히 갖추고 있는 동물은 없다. 고양이가 아무리 교활하다고 해도 사람에게는 못 미친다. 이런 선입적 증오는 무의미한 때가 많다. 고양이나 개는 물론 소나 염소나 도야지까지라도 악한보다는 월등 순직하고 아름다워서 사랑하기에 값가는 것이다.

앞집에서는 쥐를 잡느라고 쥐약을 부엌 구석에 배치해 둔 까닭에 그것을 먹은 쥐가 산지사방에 쓰러진 모양이었다. 고양이는 왜 그리 욕심쟁이인지 내가 야속하게 생각하는 것은 교활함보다도 이 욕심성이다. 쓰러진 쥐를 다친 모양이었다. 가을을 잡아들면서부터 별안간 병을 얻어 날로 축해 갔다.

도서관 아주머니가 간청하는 바람에 눈물을 머금고 한 마리를 양도한 것이 남은 한 마리가 너무 적적해 하는 까닭에 더 자란 후에 주겠다는 약속으로 다시 찾아온 것이 어떻게 된 셈인지 몸은 벌써 극도로 쇠했던 것이다. 남만을 원망할 수도 없으나 며칠을 못 넘겨 목숨을 버렸다. 그날 아침 나는 잠자리 속에서 두 눈이 더웠다. 부끄러운 김에 얼굴을 돌렸다. 두어 주일이 지났을 때 남은 한 마리도 비슷한 증세인 것이다. 하룻밤 집사람은 보에 싸가지고 수의(獸醫)를 찾더니 소화제인 듯한 산약(散藥)을 몇 첩 지어 가지고 왔다. 설핀 약이 효력이 있을 리도 없어 고양이는 채 이틀을 참지 못했다. 부르제의 소설 『죽음』을 읽을 양으로 책상 위에 놓은 채 잠든 이틀

날 아침 고양이의 몸은 찼다. 무슨 까닭에 거듭 오는 슬픔인고 느끼면서 가슴이 에이는 듯 쓰라리다. 우울한 가을이다.

괴에 대한 동정, 목숨에 대한 사랑인 까닭에 짐승의 죽음은 귀중한 보물을 잃어버림보다도 더욱 가슴을 찌르는 것이다. 슬픔은 사랑에서 온다. 사랑이 없을 때 슬픔도 물론 없다. 사랑하지 않음이 가장 마음 편한 노릇이기는 하나 그러나 슬픔이 클 것을 예상하고 사랑하지 않을 수도 또한 없는 노릇이다. 사랑과 슬픔은 숙명적으로 사람을 얽어매 놓는 한 안타까운 인과인 듯도 하다. 개에는 실패한 적이 없었던 것이 고양이에 실패했다. 지금 마음 같아서는 앞으로 다시 기르게 될 것 같지는 않으나 만약 기르게 된다면 양육법을 착실히 연구함이 옳을 것이요, 둘째로는 엉터리가 아닌 좋은 수의가 나오기를 바라야 될 듯하다.

애상

조그만 죽음으로 말미암아 그토록 상심되는 마음을 반성하며 세상에 흔한 더 큰 죽음이라는 것을 생각할 때 딴은 부끄러워지기도 한다. 죽음에 경중은 없는 것이나 짐승보다 더 중할 사람의 경우를 생각할 때 세상에는 얼마나 더 큰 슬픔이 모르는 곳곳에서 사람들의 가슴을 쥐어 흔들고 있을까. 거리에서 마을에서 집집에서 같은 슬픔이 거의 빌 순간이 없을 것이다.

자연은 대체 무엇의 대상(代償)으로 사람의 가슴속에 그 마지막 슬픔을 못 박아 주는 것일까. 사랑을 준 그 대상으로일까. 그러나 사랑이 아무리 컸다고 하더라도 죽음은 그것의 대상으로는 너무도 크고 무서운 사실임에 틀림없다.

모란봉을 거닐면 짙은 추색(秋色)이 아직도 상줄 만하다. 현무문(玄武門) 앞 다막(茶幕)에 자리를 잡고 앉아서 일대를 부감함이 가장 절경이다. 발에 밟히는 낙엽이 아니라 눈에 보이는 것은 수목의 상층인 까닭에 영롱한 홍엽과 징벽(澄碧)한 강물과의 대조가 지상의 것 아닌 듯이 아름답고 깨끗하다. 대체 몇 시간을 내려다보면 싫어질 것인고. 혼자 보기 아까운, 그렇다고 뭇사람에게 보이기도 아까운 한 폭이다. 그 특출한 한 폭이 보잘것없이 변해 버릴 몇 주일 후의 광경을 상상하면 거기에도 죽음의 제목이 숨어 있다. 고운 나뭇잎 하나하나가 흙 속에 묻혀 버릴 것이다. 여윈 나무 휘추리만이 남아서 서리에 얼어 버릴 것이다. 득월루(得月樓)에는 달이 숨고 전금문(轉錦門)에는 바람이 찰 것이다. 이것은 대체 안타까운 일이 아니란 말인가. 슬픈 사실이 아닐 것인가. 나뭇잎은 너무도 흔한 까닭에 낙엽은 범연한 현상이며 시절의 변화는 자주 오는 정리(定理)인 까닭에 아름다운 가을이 가버림이 아무 감격도 없는 범상한 사실이란 말인가. 자연의 조락(凋落)을 위해서는 한숨을 안 지어도 좋고 눈물을 안 흘려도 좋단 말인가. 세상에는 몇 사람쯤 그것을 위해 슬퍼하고 애달파 하는 사람이 있어도 좋을 법하다. 진부한 애상을 되풀이해서 가는 가을을 아까워해도 좋을 법하다.

그러나 마지막 홍엽을 아무리 탄식해도 흐르는 강물을 아무리 아껴도 자연의 정리는 내게는 힘 부치는 것, 그만 방으로 돌아올 때이다. 사랑하는 짐승도 가 버렸고 가을도 마저마저 저물어 가고 결국

방에 남은 것은 고구려의 고도기뿐이다. 은근하게 빛나는 흑갈색 윤택 속에 고대의 향기를 맡으며 옛 살림을 생각해 본다. 옛 가을이 옛 홍엽이 그 속에 비추어 있는지 뉘 알랴. 그것을 생각하므로 나는 지는 가을을 연장시킬 수 있으며 지난 사랑을 회상(懷想)할 수도 있다. 사랑은 역시 마음속에 있는 것이요 상상 속에서 무한히 지속되어 가는 것인 듯하다.

《조선일보》, 1939. 11. 7.~9.

금년의 수획(收獲)

다산 작가라는 말을 종종 들으나 내 요량으로는 다산은커녕 퍽 과작(寡作)인 듯싶다. 일 년에 단편 5, 6편과 수필 근근 수편밖에는 못 거두니 원고지로 해야 수백 매의 양밖에는 못 된다. 금년도 역시 그 범위를 못 넘었으며 작년 말부터 걸려왔던 전작(全作) 장편 『화분』이 금 이월 초까지에 끝났으니까 그것까지를 합산한다면 다른 해보다 조금 풍획(豊獲)이라고 할까.

《조광》, 1939. 12.

계절의 낙서

여윈 사람은 음식을 말하기를 즐겨한다고 한다.

문학과 교실에서 세 시간이나 연달게 되는 지나(支那) 문학사의 강의는 오정에 끝나기로 되어 있었다. 박사요 사계(斯界)의 권위인 노교수는 으레 음식의 설화로 이삼십 분씩은 시간을 다가서 강의를 마치는 것이었다. 식당에서 주문한 런치가 왔느니—오늘 점심은 라이스커리니—식기 전에 먹어야 겠느니—하면서 그것을 말하기를 확실히 즐겨하는 눈치였고 우리에게는 강의가 빨리 끝나는 것이 기쁨이었다. 교수는 학(鶴)의 기품을 갖춘 수신척골(瘦身瘠骨)의 고명한 노학자였다.

나도 음식을 말하기를 즐겨한다는 것은 그 노교수같이 박사요 고명한 학자라는 말이 아니라 수신척골은 아닌 지경이라도 말하자면 여윈 편이라는 것이다. 지난 겨울에는 보제(補劑)를 다섯 재나 쓴 결과 관반(貫半)이나 체중이 늘었던 것이 봄을 잡아들면서부터 도로 나무아미타불이었다. 올에는 약의 힘을 버리고 간유와 버터의 섭취를 위주로 했더니 요새 와서 여름보다는 삼백 문(匁)이 불었다. 그 모양으로 한겨울을 지나면 보제의 힘을 빌 것 없이 자연스럽게 관반은 늘 것 같다. 이렇게 내게 있어서 체중의 증감이 대단한 관심사인 것이며 다시 말하면 장대한 육체의 소유자가 아니라는 것이다. 그런 까닭에 음식의 설화가 수다스럽다고 하더라도 문책을 받을 것은 없다는 것이다.

버터가 인조로 변한 지는 오래다. 영양가는 순수한 것과 일반이라고 선전은 하나 속을 사람은 없을 듯하다. 첫째 향기가 없고, 둘째로 짠맛이 부족하고, 셋째로 감촉이 눅진하지 못하고, 넷째로 기계기름 냄새가 나고, 다섯째로 빛깔이 지나치게 누렇고…… 영양가 운운의 문제 외에도 흠은 일일이 매거하기 어렵다. 순수한 것을 식료품점에 예약해 둔 지 거의 한 달 만에 간신히 다섯 파운드를 구해 지하실에 저장해 두었다. 아마도 순수품의 마지막일 듯싶다는 것이다. 다섯 파운드가 많지는 못하나 한겨울 날 것은 될 듯해서 버터에 관한 한 당분간 걱정할 것이 없게 되었다.

지하실에 저장한 것으로는 외에 시골서 온 사과와 배 두 통, 밤 한 통, 고구마 한 포대, 자반 정어리 한 통, 야채 등이요 진귀한 것으로 포도주—가 아니라 자조(自造)의 머루주 몇 병이 있다. 몇 해를 두고 벼르던 것을 올에야 겨우 뜻을 이룬 것인데 도회에서는 머루를 구하기 힘들어 일부러 그 목적으로 시골서 보내게 한 것이다. 알을 따서 으깨서 독에 봉해 넣으니 며칠이 못 가 고이기 시작한 것이 몇 주일을 지나니 풍후한 냄새가 제법 독하게 풍기게 되었다. 짜서 가라앉힌 후 더욱 조미를 베풀어 병과 독에 넣었더니 이 겨울의 한 진미가 되었다. 알코올분(分)의 양조는 위법 행위라는 것이나 이

법률의 상식을 알게 된 것은 머루가 고이기 시작한 후였으므로 처음부터 법의 그물을 뚫을 악의가 있었던 것은 아니다. 설령 결과가 그렇게 되었다고는 하더라도 골드스미스의 소설 『비커 오브 웨이크필드』의 주인공인 목사의 가정에서 구스베리 와인을 만든 것이 허물이 안 된 것같이 머루주의 몇 병쯤도 이를 허물할 것 없이 차라리 일종의 풍류로 돌림이 너그러운 일일 법하다. 목사 집 부부가 오는 사람 가는 사람에게 손수 만든 구스베리주의 솜씨를 자랑한 것같이 나도 내 머루주의 솜씨를 찾는 손님에게 자랑하려는 것이다. 이 정도의 허물은 다반사인 것이 알코올을 진짬으로 사랑하는 마음에서 머루주를 저장한 것은 아니다.

버터와 머루주 외에 땅속에는 김장도 두어 독 묻었고 좀 있다 황해도로 갔다는 단골 굴 장사가 굵은 굴을 가져오면 젓도 담을 수 있을 것이요 시골서는 과실이 또 몇 통 오기로 되어 있다. 쌀도 얼마간 찧어 놓고 석탄도 간신히 약간 구해 놓았고 — 이만하면 겨울 준비가 대충은 된 셈이다. 날이 추워져도 눈이 와도 그다지 두려울 것이 없어졌다. 두렵기는커녕 눈은 즐거운 것의 하나가 되었다. 눈이 없다면 겨울은 얼마나 삭막한 시절일까. 눈이 있기 때문에 겨울도 다른 시절에 밑지지 않게 아름다운 것이다. 눈송이 날리는 아침과 저녁, 눈 쌓인 상록수, 하아얀 거리, 신발 밑에서 빠작빠작 울리는 눈 쌓인 행길, 기온이 낮아졌다가 별안간 차진 아침, 수림의 휘추리에 만화(萬華)의 그림을 그려 놓는 수빙(樹氷) — 이 모든 아름다운 것으로 인해 겨울은 다른 시절에 빠지지 않는 것이다.

올에 들어서 눈이 특히 더 좋게 생각되고 기다려지는 이유가 또 하나 있다. 벼르던 스키를 올에는 짜장 시작해 보려고 마음 먹은 것이다. 스케이트를 버린 지가 십여 년이다. 그것을 회복시켜 볼까 스키를 고를까 생각하다가 드디어 후자의 장쾌함에 마음이 끌렸다. 경우에 따라서는 두 가지를 겸해 하고 싶은 욕심도 없지 않다. 요행 가까운 모란봉 뒷등에 지난해부터 스키장이 되었다는 것이요 기차로 왕복 하룻길 되는 구장(球場)에도 철도국의 신설장이 있다는 것이다. 문제는 눈이다. 눈이 많이 와야 무시로 스키를 짊어지고 나갈 수 있을 것이므로 기다려지는 것이 눈이다. 그러나 이것도 스키어의 말을 들으면 금년에는 여름에 비가 잦았던 까닭에 풍설(豊雪)일 것이라고 추측이다. 기상 학자가 아닌 그로서는 소위 원망(願望)의 사고일는지도 모르나 그러나 그보다 또 떨어지는 나로서는 그의 그 위시풀 싱킹을 믿을 수밖에는 없는 것이다. 어떻든 올에는 눈이 많이 올 것으로 작정해 버리고 약간의 예비지식을 준비해 가지고는 우선 스키 현품의 실제적 답사를 할 양으로 거리의 운동구점을 몇 집 들렀던 것이다. 현품을 보고 품질을 묻고 가격을 타진한 결과 스키 일체 용품에 대한 대략 다음과 같은 숫자를 얻었다.

스키 20.00
구두 35.00
점퍼 30.00
바지 10.00
모자 3.00
장갑 3.00

양말　3.00

품질의 고저가 있다고는 해도 약 백 원의 개산(槪算)이다. 불과 20원이면 될 스케이트에 비하면 약 5배의 입비(入費)인 것이다. 점원이 허리를 얕게 하고 말을 달게 해서 스키의 공효(功效)와 흥미를 아무리 장황하게 늘어 놓는다 해도 사치한 스포츠임에 틀림없음을 알았다. 이상 품구(品具) 외에 옳게 익히려면 교칙서도 필요할 것이요 구장 등지를 번번이 내왕하려면 노자도 적지 않을 것이니 백 원에다 훨씬 이상의 것을 플러스해야만 될 것이다. 어찌 사치한 스포츠가 아니랴. 백 원을 얻으려면 원고지 이백 매를 채워야 하고 원고지 이백 매를 채우려면 피나는 노력의 한 달을 허비해야 한다. 즉 스키는 한 달 노력의 값인 것이다. 확실히 비싼 대상이다. 한 달 노력에 드는 육체와 정신력의 소모를 한겨울 동안의 스키의 단련이 설령 회복시켜 준다고 치더라도 비싼 대상임에는 틀림없다. 여름의 수영은 수영복 한 벌만을 가지고 강에나 가면 그만이요 운동장에서의 축구는 신은 신발 그대로 족한 것이다.

그러나 사실은 그렇다고 해두고 그 숫자가 결코 스키에 대한 나의 흥을 덜어 주지는 못하며 도리어 더욱 불지를 뿐이다. 사치 여부를 묻지 않고 나는 스키를 시작할 것이다. 좀 있으면 신품이 온다니까 눈 오는 날 아침 즉시로 나는 점원에게 한 벌을 날라오도록 분부할 것이다. 눈 오는 날이 내게는 전에 없이 유달리 기다려진다.

눈송이 날리는 아침과 저녁—눈 쌓인 상록수—하아얀 거리—만화의 그림을 그려 놓은 수빙—이 모든 아름다운 것 중에서 눈 쌓인 산등이 가장 그리운 것으로 기다려진다. 눈과 스키 계절의 원망은 우선 지금 이것뿐이다.

11월 30일 밤

《신세기》, 1940. 1.

조선적 성격의 반성

한 국민 혹은 민족의 보편적 품성을 추상(抽象)함이 곤란한 일이기는 하나 필요할 때가 있다. 반드시 사학가나 교육가에게만 맡길 것이 아니다. 한 족속의 각 개인이 한번쯤은 다 생각해 보고 반성해 봄이 마땅한 일일 것이요, 특히 문예가에게는 임무의 성질상 이 문제의 고찰은 대단히 소중한 것일 듯하다.

외국의 예를 들면 흔히 불국(佛國) 사람은 명랑하느니 독일 사람은 견실하느니 하여 간단한 용어로 한 국민성을 명호유별(命號類別)함이 위험하고 당치 않은 때도 많은 것이나 그러나 전반적으로 이 상식적 개괄적 수긍(首肯)이 요구되는 때가 있다. 이 예를 본받아 조선적 품성을 추상 명명한다면 대체 무엇이라고 함이 옳을까. 나는 장구한 시간을 두고 생각해 오나 아직 바른 명항(名項)을 얻지 못하고 있다. '온화'라고 불러 볼까 하다가도 일방적인 성격 같아서 지워 보고 '우수(憂愁)'라고 해 볼까 하다가 이 역 편벽된 품질인 듯해서 고쳐 생각하곤 한다. 그렇다고 또 굳이 명랑성이니 다혈성이니 견실성이니 적극성이니 하고 터무니없이 붙여 봄도 무의미한 일이다. 요컨대 이 모든 품성의 가지가지를 다 갖추고 있는 것이 경우를 따라서 그 표현적 주면(主面)이 다를 뿐이다. 이 외 백조(百條)의 미덕과 백목(百目)의 악덕을 본다고 해도 그 미악의 각 덕목에 스스로 해당할 것이요, 다만 시대적 현실을 따라 기분(幾分)의 표현의 차가 있을 뿐이다.

흰 두루마기를 쭉 뽑아 입고 모자 쓰고 단정하게 나선 조선적 용자(容姿)에서 받은 인상이 아마도 온화와 애상(愛想)에서 그다지 어그러질 듯싶지는 않다. 이 두 가지는 다 함께 품(品) 있고 높고 깊은 품격(稟格)이다. 온화 속에는 불을 감추어야 하고 수모(愁貌) 속에는 그윽한 태도가 드러나 보인다. 이는 물론 내 유(類)의 단정인 것이나 각 개인이 또 무어라고 추상해 보든지 간에 이러한 노력은 반성의 한 가지 재료가 되고 품격도야의 계기가 되리라고 믿는다. 누구보다도 문예가는 이런 고찰반성(顧察反省)의 여가를 많이 가짐으로써 하나의 기준적 성격을 창조해서 뭇사람에게 수양의 귀감을 드리우는 것도 문학의 한 공이 되지 않을까 생각하는 바이다.

「연두송(年頭頌)」, 《동아일보》, 1940. 1. 9.

노마(駑馬)의 십 년

고등보통학교 일학년 때 이름을 잊었으나 젊은 영어 교사 한 분이 있어서 시간마다 하는 소리가 소설 안 읽는 건 바보라기에 소설이라는 게 얼마나 소중하고 좋은 것인구 하고 그것이 아마도 마음 속에 어지간히 배었던 모양이었다. 이학년 삼학년을 기숙사에서 지내게 되었는데 당시에는 미상불 문학열이 높아서 사생 중의 그 어느 한 사람 책꽂이에 소설본 두서너 권 안 꽂은 사람이 없었다. 공중(公中)에서도 웬일인지 함경도 출신의 사범생(師範生) 간에 특히 열이 심해서 그들의 탐독하는 것은 대개 노문학서(露文學書)로 톨스토이 투르게네프 체호프의 작품들이었다. 그들은 거개 의지가 견고한 우수한 학도들로 타 도 사람으로서도 본을 받기에 족해서 내 자신 그들에게서 받은 영향이 큰 듯하다. 가장 많이 읽은 것이 체호프의 단편집이었다. 십사오 세에 체호프를 읽는단들 그 멋을 알고 정확히 이해할 수는 만무하다고 생각되나 일종의 문학의 분위기를 그런 데서 터득했던 것은 사실일 듯하다. 북국의 자연 묘사라든지 각색 인물의 변화에 모르는 속에 흥미를 느껴 갔던 듯하다. 한 가지 그릇된 버릇은 어디서 배웠던 것인지 작품 속에서 반드시 모럴을 찾으려고 애쓴 것이어서 가령 단편「사랑스런 여자」같이 주제가 또렷하고 모럴의 암시가 있는 작품만을 좋은 것이라고 여긴 것이었다. 이런 버릇은 문학 공부에 화(禍) 되면 화 되었지 이로울 것은 없었고 더구나 체호프를 이해함에 있어서는 불필요한 것이었다. 당시 체호프를 읽되 그의 진미는 모르고 지냈던 것이다. 지금 와서야 겨우 체호프의 문학의 동기라든지 맛을 참으로 알게 되었음에랴. 참으로 문학 소년에게는 체호프는 어려운 대상이요 과한 목표이다. 그렇기 때문에 반드시 체호프를 사숙했다고 할 수는 없으며 그 후 잡다한 작가를 읽어서 그 모든 것에서 혼동된 영향을 받았다고 봄이 마땅할 듯하다.

이런 전기(前期)를 지나 문단적으로 처음 소설이라고 썼던 것이 《조선지광(朝鮮之光)》에 발표된「도시와 유령」이었다. 파인(巴人)의 호의적 인도에 힘입음이 많았다. 다음 동지(同誌)에「기우(奇遇)」를 발표했던 것도 역시 씨를 통해서였고, 씨가 신문사를 나와 잡지《삼천리》를 시간(始刊)했을 때에는 동지를 통해서「북국점경(北國點景)」등 단편을 발표하게 되었다. 희곡도 시험해서 이때를 전후해 무수한 작품을 썼으나 사정에 의해 활자가 되지 못한 편도 많았다.

본격적으로 작품이 시작된 것은 학부를 마치기 전후해서 잡지《대중공론(大衆公論)》에「노령근해(露領近海)」등을 쓴 때부터였다.

이때는 시대색(時代色)도 뚜렷해서 누구나의 작품에나 일관된 채색이 있었다. 사실주의 시대인지는 모르나 기실은 낭만주의 시대였다. 자타를 막론하고 모두가 작품 속에서는 단일한 꿈을 꾸고 있었다. 요새 유(流)로 작품을 유별평론(類別評論)하기에는 대단히 적호(適好)한 때였으나 그 대신 단조로운 감도 없지는 않았다. 도대체 문학의 조류란 한 세기에 한두 번 찾는 것이지 이것을 거의 해마다 성급히 찾으려 할 때 억지가 많은 듯하다. 찾을 문제가 없으면 문제를 없이 하고 몇 해든지 유장하게 문학을 바라보면서 은연중에 조류를 자라게 하고 너그럽게 취급함이 옳을 듯하다.

이때부터 쳐서 지금까지 약 십 년. 십 년 동안에 대체 무엇을 했는지 돌아보면 아득하면서 눈앞에 별로 걸쳐지는 이렇다 할 것이 없다. 이곳에서의 문학 생활이 다른 데서와 같이 정상(正常)한 것이 못 되는 바에야 개인을 허물할 것도 없기는 하겠지만 성과로 내놓을 것이 없음은 역시 부끄러운 일에 틀림없다. 문학 십년기(十年記)가 영광의 기록은커녕 게으른 노마(駑馬)의 부끄러운 하소연일는지도 모른다.

그러나 현재 전반적으로 십 년 전보다는 문학이 훨씬 높아진 것이 사실이다. 지금부터 문학 생활의 초년을 시작해서 십 년 후에 문학 십년기를 쓸 작가는 확실히 지금 십년기를 쓰는 작가들보다는 문학적으로 행복스러울 것도 사실이다. 역사가 평탄하든 굴곡이 지든 간에 문학의 질적 향상에는 다름이 없다. 현재의 질적 토대 위에

서게 될 앞으로의 문학은 아무리 생각해도 다행된 것에 틀림없는 것이다.

《문장》, 1940. 2.

이성간의 우정

—와일드의 여드름 청년

이성간에는 순수한 우정이 있을 수 없다는 와일드의 말을 한번은 수긍한 적이 있었으나 요새 와서는 반드시 옳다고만도 생각할 수 없게 되었다. 이성은 언제나 애욕의 대상만이 되는 것이 아니라 깨끗한 우정의 대상이 됨을 점점 깨닫게 되었다. 풋청년기에는 이성은 온전히 애욕의 권화(權化)로 보이고 욕망의 덩어리로 어리우나, 청춘기를 지남을 따라 차차 그런 유물적인 이유를 떠나 때로는 완전히 순결한 마음의 대상으로 비치게 되는 것이다. 이런 때 위의 와일드의 말은 반드시 진리가 아니며 여드름 청년의 하소연으로밖에는 들리지 않는다.

이성이란 이성이 죄다 아름다워 보이고 욕심이 나 보이고 연애의 대상으로 족해 보이고 결혼의 의욕을 북돋우고 하는 때가 있다. 뚱뚱하거나 가냘프거나 박색이거나 미모거나 교양이 풍부하거나 무지하거나 간에 다 같이 어느 정도로 일색으로 보이고 욕망을 가지게 한다. 첫사랑의 대상이 대개 그다지 훌륭하지 못하고 그와의 벼락 결혼의 결과가 흔히 신통하지 못함은 이런 실망적 초조감과 맹

목적 무폭(無暴)에서 기인함이 큰 듯하다. 이런 시대에는 이성간에는 동성간에서와 같은 순수한 우정이 성립될 수 없으며 와일드의 말을 그대로 수긍할 수 있는 것이다. 그러나 청춘의 소모기를 지나서 생리에 안정감이 오는 때부터 초조감이 없어지는 대신 침착한 반성이 생기면서 이성에 대한 적확한 비평안이 서고 자기류의 표준율이 작정된다. 이성이라면 다 아름답거나 다 좋은 것이 아니라 냉정한 단정과 기오(嗜惡)의 구별이 엄연히 갈라진다. 자기의 감식안에 비추어 아름다운 것만이 이성이지 아름답지 않은 것은 벌써 이성이되 이성이 아니다.

일종의 물건이요 목석일 뿐이지 따뜻한 체온으로 정감을 끄는 유기체가 못 된다. 아무리 의상이 놀라워도 아무리 화장이 사치해도 목석으로밖에는 비치지 않는다. 이런 때 이 아름다운 편에서는 연정과 때로는 우정을 느낄 수 있으나, 아름답지 않은 편에서는 벌써 연정은 느낄 수 없으며 경우에 따라서 우정의 싹틈이 있다면 있을 것이다. 물론 아름답다는 것은 순전히 주관한 채색인 까닭에 사랑의 눈이 여러 가지인 만큼 소위 박색도 그 어느 모에서 연정을 차지해 보기는 한다. 자연의 섭리는 이런 때 조금 공평한 척해 보인다.

사실 삼십 줄을 넘어서면 생리의 욕망은 퍽 담박해져서 늦은 봄의 야수같이 그렇게 욕심쟁이는 안 된다. 기호가 까다롭고 표준이 엄격해져서 거기에서 만나는 이성의 아무나가 미인으로는 보이지 않으며 술집에도 그렇게 흔히 눈을 끄는 사람이 있는 것이 아니다. 대개는 다시 지릅떠보고도 싶지 않은 목석들이 많다.

그러기 때문에 벌써 사족을 못 쓰고 열병을 앓으며 술집 출입을 안 해도 좋으며 가로에서 우연히 난데없는 베아트리체를 만나 지옥 연옥 천국으로 고생고생 순례를 하지 않아도 좋은 것이다. 굳이 뽐내는 이성은 이를 도리어 경멸의 시선으로 물리칠 수 있으며 간곡히 청을 보내오는 이성에게는 한 줌의 맑은 우정을 보임으로 자기를 억제할 수 있다.

이런 경향을 가리켜 반드시 육체적 피곤이라고만 말할 수 없을 듯하다. 피곤이라기보다는 차라리 격정의 졸업이라고 함이 어떨까. 하기야 격정이 그렇게 하루아침에 사라져 버리는 것도 아닐 것이요 목숨을 마칠 때까지 완전히 육체를 졸업할 수도 없을 것이기는 하나 적어도 초조감의 청산은 영륜(齡輪)을 따라 천연적으로 오는 것이 아닐까. 이 영대(齡代)가 일생 중에 있어서 행복스런 때인지 불행스런 때일는지도 일률로 말할 수 없으나 어떻든 안정의 때요 우정의 때임은 사실이다.

이 여드름 시기를 벗어난 때부터 동성간에서와 같은 맑은 우정이라는 것도 생각할 수 있다. 야심과 욕망이 없는 깨끗한 정신적 거래의 예가 세상 그 어느 구석에 반드시 있을 것이다. 한 편의 구름같이 한 줌의 샘물같이 티 없는 마음의 교섭이 소설에서만이 아니라 참으로 있을 법하다. 나는 지금 그런 예를 설정해서 생각해 봄이 기쁘다. 가령 현대적 로테가 있어서 불쌍한 베르테르에게 마음만의 깨끗한 교섭을 오래도록 지속함이 피차를 구하는 도리라고 눈물로 역설할 때 베르테르는 반드시 자살하지 않고도 자기를 건질 수 있지 않을까. 알리사와 제롬의 경우도 이와 같다. 와일드를 불러 외람히 여드름 청년이라고 하는 소이(所以)이다.

《여성》, 1940. 2.

괴로운 길

— 예술가의 생활초

회갑 집에 갔다가 술이 과했던지 뛰고 야단들을 치고 하던 판에 다량의 코피를 쏟아버렸다. 성대한 잔치여서 내객이 한꺼번에 근 백 명, 반작(伴酌)의 미기(美妓) 수십 명, 수십 평 되는 정원, 차일(遮日) 아래에 배설한 연탁(宴卓)은 일류 요정에서 특빙(特聘)한 조리인의 손으로 된 것이었다. 배반낭자(杯盤狼藉) 흥이 도도했을 때 객실에 들어가 음악에 맞추어 안고들 휘돌아친 것이 피곤을 한꺼번에 돋아 주었던 모양이었다. 그 자리에 쓰러져 코피를 쏟기 시작한 것이 아마도 거의 오륙 합(合)의 양은 되지 않았을까. 기인(妓人)과 동무들이 놀라 번갈아로 와서 옆을 떠나지 않고 얼음찜질을 하며 응급수당(應急手當)을 베푸는 것이나 멎지는 않는다. 코로만 그 검붉은 것을 쏟는 것이 내 눈에도 민망해서 목으로 삼키기 시작했더니 목이 메이게 넘어간다. 사람이 몇 차례나 나가 의사를 부른 것이 좀체 오지 않는다. 한 시간이 넘어 지난 때였을까. 공교롭게 두 사람씩이나 달려왔을 때에는 코피는 이미 멎은 뒤였다. 밤 열시를 넘은 때였다. 옆에서 보아주던 한 동무가 끔직한 내 양상에 기를 눌렸음인지

휘뚱휘뚱 옆방으로 가더니 빈혈증을 일으켰다는 것이었다.

주위 사람들과 집안 사람들에게 아닌 때 큰 걱정을 끼친 것을 미안히 여겨 주인이 붙드는 것을 사양하고 가까운 곳이라 걸어서 집까지 와 자리에 누은 것은 자정을 넘은 때—홀연히 짧은 잠이 들었다가 문득 눈을 뜨니 또 된 피가 쏟아지기 시작한다. 아까와 마찬가지로 억제할 수 없이 콸콸 쏟아지는 맹렬한 출혈이다. 순식간에 수건과 대야와 요 위에 임리(淋漓)하다. 두 번째 변에 대경실색해서 앞집에 가 병원으로 전화를 아무리 걸어야 통하지 않는다. 집사람이 밤거리를 황겁지겁 뛰어가 의사를 데려왔을 때에는 오전 두시. 피는 이미 멎은 뒤다. 주사를 두어 대나 놓고 비출혈(鼻出血)에 실한 지식을 얻어듣고 했으나 벌써 안심이 되지 않고 겁만 나던 것이었다.

두 번에 아마도 한 되의 피는 쏟았을 성싶다. 오륙 일 동안 학교를 쉬이면서 안정하고 치료를 받아도 회복이 쉽지는 않았다. 머릿속이 아프고 몸이 허전허전할 뿐이 아니라 손가락 끝까지가 저리다. 그런 변이 처음이라 놀라기도 놀랐지만 흘린 만큼의 혈량(血量)을 보급하려면 짧은 시일로는 될 것 같지 않다. 오월은 불행한 달이었다. 새달을 맞이하니 겨우 정신이 좀 든다.

별다른 원인이 아니라 몸의 쇠약에 기인한 것이었고 쇠약은 과로에서 오고 과로는 봄 이후의 원고의 집필에서 온 것인 듯하다. 이월 이래 두 가지의 장편소설에 붙들려 사백 자 구백 매의 원고를 써오는 중이다. 유월 한 달 소설이 끝날 때까지는 천 매를 훨씬 넘으리라고 생각된다. 다섯 달 동안에 천 매의 원고라는 것이 놀라리만치 많은 분량은 되지 않을지라도 나날이 일정한 정력을 허비해야 하는 신문소설의 과무(課務)에 반년 동안 붙들려 지낸다는 것은 결코 수월한 노릇이 아니다. 작품이 되고 못 되고 간에 사자(寫字)와는 달라 머릿속을 짜내어 없는 소리로 흰 원고지를 까맣게 채워야 한다. 자여(自餘)의 단편이나 수필원고의 청에는 일체 응하지 못하면서 그 일만으로 하루하루가 그뜩 차진다. 아무리 건강한 작가라도 과로를 느끼지 않고는 못 배겨날 것이다.

작품성과의 일렬(逸劣)을 둘째 문제로 하고 또 한 가지 작가가 과로하든 어쩌든 제가 즐겨서 고른 일, 제 하는데—하는 국외적(局外的)인 조롱을 떠나서 역시 문학같이 어려운 길은 없다고 새삼스럽게 느껴진다. 넓게 묻노니 예술의 길같이 어려운 것이 어디 있으며 보다 더 어려운 길이 무엇이뇨. 독창의 길인 까닭이다. 소설가라고 다른 재조나 능(能)이 없어서 소설만을 쓰는 것은 아니다. 소설을 쓸 정도의 사람이라면 다른 무엇을 시키든 많이 열 사람 틈에 끼어 손색이 없을 것이다. 가장 곤란한 길을 자청해 고른 것은 한갓 보람과 자랑을 느낀 까닭 이외에 무엇이 있으랴. 문화사회에서 가장 높은 영광을 받아야 할 문학인이 이곳에서 같이 몰이해 속에 묶여 버리는 데는 없을 법하다.

가령 한 사람의 시세(時勢)를 이용해 자기팽창을 꾀하기에 급급한 배금노(拜金奴)가 소설가더러 "이런 때 소설을 써서 무엇해, 차라리 잠자코나 있지." 하고 비방한다면 그 배금노의 목은 천 번 잘라도 부족할 것이다. 철학자더러 철학은 해 무엇하느냐고 짖는 살진 한 마리 도야지의 배짱이라고 할까. 살진 도야지나 벌레나 배금노뿐이 아니라 무릇 무엇이든 간에—사회 어느 부(部)의 미물이든 간에 예술가를 욕 줌은 그 형(形)이 넉넉히 능지(陵遲)에 마땅하지 않을까. 반년 동안에 천 매 원고를 쓴댓자 잔다란 원고료로는 한여름의 휴양비도 못 된다. 작가의 노작을 위무(慰撫)함이 문화사회의 공덕(公德)일 때가 언제나 올 것인가. 문학 작품에서 해독을 입는다면 그것은 입는 편의 지성의 저열로 말미암음이다.

그러나 지금 이 고장에서 이런 자화자찬을 한들 무슨 소용이 있으랴. 작가의 길이 괴로움을 다시 느끼며 집필 중의 소설이 얼른 끝날 날을 기다릴 뿐이다.

6월 5일 기(記)

「예술가의 생활초(生活抄)」, 《삼천리》, 1940. 7.

산협의 시

전원 풍경을 그린 천연색 영화를 보고 나오니 시골로 가고 싶은 생각이 부쩍 동해진다. 아무 때 보아도 좋은 것은 초목과 시냇물의 자태이다. 사람이 반세기를 살아도 한 세기를 산대도 이런 것에는 물릴 날이 없으리라. 초목과 시냇물과 산과 돌과 바다와—언제나 친하고 정다웁게 바라보이는 것이다. 싫증 나는 것은 사람의 모임이지 이런 자연물은 아니다.

지난해에는 대동강에서 철벅거리다가 만주를 다녀오노라고 그리운 산과 바다를 찾지도 못했으나 올해는 반드시 일 년 동안 묵은 정을 풀어보려고 마음 먹고 있다. 몸도 무던히는 상한 것이요 완전한 휴양의 한여름을 가지고 싶은 까닭도 있다. 시골서는 벌써 한 주일 전에 편지가 와서 용현에 아직도 서양인 별장이 남았으니 한 채를 예약해 두라느냐는 것이나 별장만으로는 살 수 없는 것이니 음식의 기관(機關)이 마땅한지 어떤지 해서 아직도 대답을 주저하고 있다. 편지에는 경비 일체 염려 말고 뚝 떠나오라는 것이다. 아마도 가게 될 듯도 하고 적어도 주을에서라도 몇 주일을 묵을 생각이다. 주을과 용현은 바로 인접한 곳으로 산과 바다를 함께 얻을 수 있는 알맞은 피서지이다. 두 곳은 기차로 바로 일역구(一驛區) 거리밖에는 안 된다. 경성과 독진도 가까웁다. 회답을 주저하고 있는 또 한 가지 이유는 그곳으로 피서를 떠나기 전에 올해도 또 한 바퀴 만주를 돌아올까 하는 생각을 가지고 있기 때문이다. 작년에는 수박의 겉만을 핥고 돌아왔으나 올해는 좀 더 자세히 신경 하얼빈 등지를 보고 오려는 것이다.

외래자에게 그렇게 만만히 참된 자태를 헤쳐보일 것 같지는 않은 성격을 띤 곳이기는 하나 거듭 걸어보노라면 그 무엇에 부딪칠 수 있으리라고도 믿는다.

신경(新京)이니 하얼빈이니가 그다지 신선한 거리가 아니다. 각각 아름다운 일면의 풍모를 가지고는 있으나 전체적 인상은 지저분하다. 무엇보다도 사람의 씨가 너무 많고 따라서 천하게 보인다. 입을 것 못 입고 먹을 것 못 먹고 거리에서 와글와글 끓는 꼴은 그대로 개미 떼나 파리 떼로 보이지 그 이상 귀하게도 신령스럽게도 보이지는 않는다. 그런 떼가 한 무더기 뭉턱 그 자리로 감해 버린대도 눈물 한 방울 날 것 같지 않다. 때로 인간을 천하게 보고 멸시해 봄도 뜻 없는 일은 아니다. 만주 여행의 소득은 바로 이것이다.

마음속에 시를 원하면서도 한편 무더운 산문 속에 잠겨 보려 함은 웬일일까. 시심과 산문정신과는 바로 아래 위 번지에 사는 가장 가까운 일가인가.

마음속에는 시인과 산문가가 함께 살고 있는 것인가. 만주의 도회에서 얻은 얼크러지고 더럽혀진 산문의 페이지를 피서지 그늘에서 씻어 버리고 헤어 버릴 것이다. 시를 생각함으로 산문을 한층 보람 있게 할 것이다.

지금 내 마음속에 오르는 것은 사람의 웅성거리는 도회의 골짜기와 백양이 나부끼는 산협의 골짜기와의 겹쳐진 풍경이다. 둘 다 가장 자연스럽게 한꺼번에 떠오른다. 두 가지가 아주 다른 것임으로서 내 마음이 괴로울 것도 없다. 도리(道理)의 아편굴이 얼마나 무더울 것과 같이 동해의 물결이 얼마나 푸르며 산협의 백화(白樺)와 백양은 얼마나 깨끗할 것인가 지금.

「산에 부침」, 《조선일보》, 1940. 7. 30.

화초(1)

무슨 꽃이 제일 좋으냐 물을 때 이 '제일'이 가장 대답하기 곤란하다. 미인들을 늘어세우고 누가 제일 마음에 드느냐 묻는다면 조금도 후회 없을 무근(無瑾)한 대답을 할 사람이 드물 것과도 마찬가지다. 장미를 제일이라고 대답할 사람이 튤립이나 카네이션의 여태(麗態)를 보고 야릇한 뉘우침이 없을 것인가. 노방의 왜소한 한 포기 채송화에겐들 마음을 혹하지 않을 것인가. 다 좋은 것이다. 꽃에 관한 한 공연한 투정을 부리고 기호를 까다롭게 선언함같이 어리석은 짓은 없다. 꽃에 관한 한 일원적 귀결의 필요는 없는 것이며 박애주의가 반드시 취미의 범속됨의 좌증도 아닌 것이다.

마음이 잔뜩 가스러져서 그른 것을 보나 좋은 것을 보나 반드시 한 마디 이치를 캐고 공격을 해야만 마음이 시원한 현대인의 교지(狡智)에 대해 화초애(花草愛)의 순진성이 하나의 교정역(僑正役)이 되기를 바란다. 왜곡된 교지 앞에 무엇인들 아름답고 좋은 것이 있으랴. 다 흠이 있어 보이고 차지 않아 보인다. 아름다운 것을 헐어보고 완전체를 바늘 끝으로 따짝거려 흠을 발견해 내기란 누구나 할 수 있는 가장 쉬운 노릇이다. 그러나 슬픈 일인 것이다. 그런 말초적 교지란 제 스스로를 불행하게 만들 뿐이다. 그릇된 산문정신으로 행여나 마음의 순결성까지를 몽탁 잃지 말 것이다. 솔직하게 감동할 수 있는 마음만이 참된 대지(大智)를 낳는다. 화초를 바라보고 바보같이 감동할 수 있는 심청을 배움이 좋다—고 생각한다.

카칼리아를 오륙 년째 심어 오는 것은 이 꽃이 제일이라고 생각한 탓은 아니나 그러나 또 장미 같은 꽃보다 못하다고도 생각지 않는 까닭이다. 일년생의 초목이요 초본과의 꽃으로 세상의 화당(花黨)은 그다지 귀하게 치지는 않는 것이나 카칼리아의 감각은 버릴 수 없이 아담한 것이다. 신선한 잎새가 식욕을 느끼게 하고 가느다란 대궁 위에 점점이 피는 붉은 꽃은 여인의 파자마의 보둘보둘한 붉은 단추를 생각케 한다고 할까. 왕가새(薊)의 일종으로 말하자면 그것의 양종(洋種)이다. 야생의 거칠고 빛도 변변치 못한 왕가새에 비길 바가 아니다. 깨끗하고 선명하고 조금 화려한 것이 뭇꽃 중에서 가히 상줄 만하다. 푸른 꽃—가령 시차초(矢車草) 등속도 좋으나—속에 이 꽃을 섞어 심어 가을 늦게까지 그 붉고 푸른 대조를 바라봄은 유쾌한 일이다. 나는 이 꽃을 내 집 뜰 이외에서 본 적이 없다. 아마 이 종자의 보지자(保持者)는 이 고장에서는 나 혼자일는지도 모른다. 절종(絕種)을 겁내 가을이면 반드시 씨를 받아서는 간직해 내려오는 중이다. 소설책을 낼 때 화가 C는 장정에 이 꽃의 모양을 뜨려고 화첩을 가지고 와서 여러 장의 세밀한 스케치를 해 갔다. 결국 쓰이지는 않았으나 언제나 한번 이 꽃의 찬(讚)을 쓰고자 한다.

나무꽃도 좋기는 하나 좁은 뜰을 치장하는 데는 역시 일년생의 초본화가 적당한 듯하다. 평범은 하나 나는 해마다 심는 그 꽃 그대로를 계속해 온다. 카칼리아에 플록스 샐비어 프리뮬러 시차초 애스터 등속을 족생(簇生)시킨다. 흰 꽃이 피는 장미와 라일락은 되려 이를 옮겨 뜰 구석쟁이로 귀양 보내고 말았다.

맨스필드는 단편 속 여주인공으로 하여금 라일락은 꽃이 아니라고 말하게 했다. 나도 동감이다. 향기가 좋을 뿐이지 훌륭한 꽃이 못 된다. 담자색의 빛깔은 그윽하다느니보다는 우울하고 첫째 꽃의 모양이 분명하지 못하다. 맺힌 데가 없고 난잡하게 헤벌어져서 꽃의 옳은 모양을 잃어버렸다. 품(品) 있는 꽃의 할 짓이 아니다.

진홍의 줄기장미를 심어 뜰에 문을 만들어 보았으면 하는 생각은 있어도 나무꽃을 심어 보고 싶은 욕심은 없다. 잡초 속에 키 얕은 화초 우거진 것이 가장 운치 있는 것이다. 뜰 한구석에 고사리 포기나 우거지고 도라지꽃이나 사이사이에 피어 있다면 여름 화초의 아취, 그에 지남이 있을까.

「수필 녹음독본(綠陰讀本)」, 《인문평론》, 1940. 8.

화초(2)

꽃가게에서 꽃을 사들고 거리를 걸으면 길 가던 사람들이 누구나 다 그 꽃묶음을 부럽게 바라본다. 나는 사람들의 그 눈치를 아는 까닭에 꽃을 살 때에는 반드시 넓은 종이에 묶음을 몽땅 깊게 싸도록 꽃주인에게 몇 번이고 거듭 청한다. 그러나 요새는 종이가 귀해서 길거리에의 꽃장수는 물론이요 큼직한 꽃가게에서도 전에는 파라핀지나 그렇지 않으면 특비(特備)의 포장지에다 싸주던 가게에서도 신문지를 쓰기로 되었고, 그것조차 넓은 것을 아껴서 좁은 토막 종이로 대신하게 되었다. 아무리 잘 싸달라고 졸라도 대개 꽃송이는 밖으로 내 드리우게밖에는 되지 않는다. 자연 사람들의 시선을 받게 된다. 전차를 타도 보도를 걸어도 사람들은 염치없이 꽃묶음에 눈을 보낸다. 아이들은 그 한 가지를 원하기까지 한다. 꽃을 사람에게 보임이 조금도 성가시거나 꺼릴 일은 아닌 것이나, 번거로운 시선을 한 몸에 받게 됨이 결코 유쾌한 일은 못 된다. 고집스런 눈을 받을 때에는 귀치않은 생각조차 든다.

그러나 이는 반가운 일이다. 사람들은 꽃을 사랑하는 것이다. 보기를 좋아하고 가지기를 원하는 것이다. 그것이 누구의 것이든 그 아름다움에 무의식중에 눈을 끌리우게 되고 염치없이 바라보게 되는 것이다. 아름다운 까닭으로이다.

꽃을 좋은 줄 모르고 짓밟아 버리고 먹어 버림은! 도야지뿐이다. 도야지는 꽃을 사랑할 줄 모른다. 도야지만이 꽃을 사랑할 줄 모른다.

세상의 뭇 예술가여 안심하라. 사람들은 누구나 꽃을 사랑할 줄 알고 아름다운 것을 분별할 줄 아는 것이다. 이 천성은 변할 날이 없을 것을 단언해도 좋다. 도야지에게까지 꽃을 알리려고 하지 않아도 좋은 것이며, 그 노력이 실패되었다고 슬퍼할 것도 없는 것이다.

《대조(大朝)》의 D 씨가 하룻밤, 꽃묶음을 들고 찾아왔다. 처음 방문이라 선물로 가져왔던 모양이었다.

해바라기 간드랭이 야국(野菊) 야란(野蘭) 등의 길게 꺾은 굉장히 큰 한 묶음이다. 신문인이라 신문지쯤 아낄 것 없다는 듯이 사면전폭(四面全幅)에 싼 것이나, 오히려 종이가 좁다는 듯 꽃은 화려한 반신을 지폭(紙幅) 밖으로 드러내고 있다. 그것을 심을 화병은 세상에 없을 법하다. 회령자기(會寧磁器)인 조그만 물빛 항아리를 내다가 꽂으니 그 화용(華容)이 거의 창의 반면을 차지하게 되었다.

"뜰의 것을 꺾어 왔답니다."

나는 그 말에 놀랐다. 그의 집 뜰이 얼마나 넓은지는 모르나 그도 도회인이라 가게에서 오히려 사들여야 할 처지에 뜰 어느 구석에서 그 많은 꽃을 아끼지 않고 꺾어 냈단 말인가. 그 흐붓한 가지가지의 꽃을 꺾어 낼 때 조금도 아까운 생각이 없었단 말인가.

"원 저렇게 많이 꺾어 내다니."

"워낙 흔하게 피어 있으니까요."

그때 방에는 조그만 화병에 코스모스와 시차초(矢車草)의 한 묶음이 꽂혀 있었으니 물론 거리에서 사온 것이었다. 집에도 코스모스 시차초뿐이 아니라 플록스 샐비어 금잔화 백일홍 봉선화 등이 피어는 있다. 그러나 나는 그 한 송이도 꺾어 내기를 아껴 한다. 병에 꽂는 것은 대개 밖에서 사온다. 아이들이 꽃 한 송이를 다쳤다고 얼마나 호되게 꾸짖고 책망하는지 모른다.

D 씨가 꽃을 사랑하지 않을 리는 만무한 것이요 사랑하니까 선물로도 가져온 것임을 아는 것이나, 흔하게 피어만 있으면 그렇게 듬뿍 꺾어낼 수 있는 것인지 어쩐지 나는 그의 그 대도(大度)의 아량이 부러워 견딜 수 없다. 한꺼번에 그렇게 듬뿍 꺾어 내고도 아까워하지 않는다니!

내게 만약 수백 평의 뜰이 있어 그 속에 백화가 지천으로 피어 있다고 치더라도 나는 동무에게 선사할 때 그 값어치를 거리에서 사가면 사갔지 뜰의 것을 꺾어 낼 성부르지는 않다.

나는 욕심쟁이인 것인가, 인색한인 것일까.

《조광》, 1940. 9.

화초(3)[1]

가을 양기(陽氣)는 지나쳐 센 모양인지 뜰의 화초가 벌써 조금씩 시들어 가는 것이 안타깝다. 비 뒤이면 그렇게도 무성해서 가위를 들고 군잎을 속닥속닥 잘라 내지 않으면 안 되던 것이 지금엔 잘라 낼 여유는커녕 제물에 시들어지고 없어져 간다. 그 변해 가는 양을 볼 때 더욱 귀엽고 사랑스럽다. 화초도 어느 시절보다도 가을에 한층 아름다운 모양이다. 마치 나뭇잎이 우거졌을 때보다도 단풍이 들고 낙엽이 질 때가 가장 아름답듯이.

그다지도 찬란하던 샐비어가 하루아침에 눈에 뜨일 만큼 훌쭉하게 잎이 거들어 올라가고 꽃 이삭이—흡사 들깨같이 이삭에 꽃이 송이송이 달린다—아래에서부터 누렇게 말라갔다. 봉선화는 씨만이 튀어져 날고 플록스도 잡초 속에 녹아버린 듯이 자태가 없어졌다. 프리뮬러와 카칼리아는 어지간히 목숨이 질겨 여름철 다른 꽃들과 함께 우거지기 시작한 것이 맨 나중까지—지금까지 여전히

1 이 글은 1947년에 《新天地》에 '유고'로 게재되었으며, 집필 연대는 미상이다.

차례차례로 봉오리가 피어난다. 이 꽃들이 있는 까닭에 뜰은 아직도 화려한 맛을 잃지 않고 있다. 또 한 가지 정정한 것에 부용(芙蓉)이 있다. 북경에서 얻어 온 진종(珍種)이라고 해서 동무가 봄에 두 포기 노나 준 것이 여름 동안에 활짝 자라나면서 지금엔 키가 나보다도 크다. 빛은 담황색이나 흡사 촉규화 같은 모습에 꽃도 하루 꼭 한 송이씩 차례차례로 날마다 피어 올라간다. 그 한 송이의 생명은 꼭 하루 동안이다. 아침에 활짝 펴진 함박 같은 송이는 저녁 무렵이면 벌써 오므려져서 추잡한 꼴을 보이게 된다. 한 송이 한 송이의 명맥(命脈)은 짧다고 해도 그런 송이가 한 대궁에 무수히 준비되어 있는 까닭에 결국 그 한 포기 전체의 목숨은 긴 셈이다. 아직도 남은 봉오리가 많다. 첫서리나 와서 화단의 판이 몰싹 주저앉게나 될 때에야 부용도 완전히 시들어 버릴 것이다. 목숨이 긴 것이 꽃의 흠이 아니라 장점의 하나라고 볼 수밖에는 없다. 지나쳐 단명한 꽃은 어처구니없고 가엽기 때문이다.

장미의 진짬 생명은 한 시간이라고들 한다. 즉 꽃이 피어서 질 동안까지의 가장 아름다운 시간은 단 한 시간이라는 것이다. 그 한 시간이 지나면 벌써 향기도 적어지고 빛깔도 변해져서 지상미(至上美)의 절정은 지났다는 것이다. 그때는 벌써 꽃이되 꽃이 아닌 것이며 형해만을 남겼을 뿐이지 진미(眞美)는 지났다는 것이다. 미(美)의 시간은 얼마나 엄격하고 어처구니없고 애달픔이랴. 비단 장미뿐이랴. 모든 꽃이 그러할 것이다. 비단 꽃뿐이랴. 사람의 미 또한 그러할 것이다. 비단 사람뿐이랴. 세상의 모든 것이 역시 그렇지 않을까. 생각해 보라. 청춘의 자랑이 꼭 한 시간의 것이라면 여인의 미가 평생 꼭 한 시간에 끝나는 것이라면—이 얼마나 두렵고 안타까운 일인고.

고래의 시인으로서 미의 멸망을 탄식하고 원망하지 않은 이 한 사람이나 있으랴. 꽃이 왜 금시 시들고 구름이 왜 금시 꺼지고 무지개가 왜 금시 사라지며 사랑이 왜 젊음을 잃으며 영감이 왜 쉽사리 달아나나—애닯게 탄식한 나머지 조물주에게 물으니 "나는 멸(滅)할 숙명을 가진 자를 미(美)로 작정했노라"고 주(主)는 시인에게 대답하지 않았던가. 미는 본연적으로 멸망의 숙명을 지고 온 것이다. 탄식한들 기도한들 어찌 그를 막아내는 재조 있으랴.

요행 장미의 한 시간의 미를 참으로 옳게 바라보고 찾아내고 감상할 수 있음은 장미 재배에 수십 년의 조예를 가진 전문가라는 것이다. 자여(自餘)의 사람은 그 한 시간을 오산(誤算)하고 피어 있는 동안에 장미는 어느 때나 일반으로 아름답거니 하고만 바라본다는 것이다. 피어서부터 시들 때까지를 다 같이 한 눈으로 감상하고 즐긴다는 것이다. 그러나 이것은 다행한 일이다. 그 누구나 모두가 단 한 시간만을 본다면 나머지 시간은 얼마나 삭막한 것이 되랴. 나도 어쩌다 전문가가 안 되고 이 자여의 축 속의 한 사람 된 것을 그지없이 행복스럽게 여긴다. 장미뿐이 아니라 무슨 꽃이든지 간에 시들어 버릴 때까지 공들여 바라보려는 것이다. 한 시간을 보고 버리기는 너무도 아까웁다. 꽃뿐이랴. 여인이나 정물이나 세상의 모든 것의 미를 때때의 변화를 따라 샅샅이 들춰내려는 것이다. 그럼이 참으로 미를 사랑하는 터가 될 터이므로.

〈신추수필(新秋隨筆)〉, 《신천지》, 1947. 9. 17.

오식(誤植)

화초 외에 토마토와 가지 포기도 심어볼 양(量)으로 모를 몇 대간 사왔더니 원체 좁은 뜰이라 심을 여지가 없어 하는 수 없이 묵혀 두었던 화분을 두어 개 집어내다가 남은 것을 각각 한 포기씩 심어 두었다. 하루아침 물을 주노라니 마침 산보를 떠났던 동무가 들러서 뜰을 기웃거리다가 화분의 가지를 조롱하는 것이었다. 가지같이 천한 것을 분에 심는 것이 가소롭기 짝 없다는 것이다. 내 깐에는 귀한 것으로 여겨서 한 짓이었으나 동무의 눈에는 더없이 격에 어그러져 보였고―나 역 말을 듣고 보니 잘한 짓이 못 됨을 깨달았다. 분에 자라는 그 한 포기를 이제 새삼스럽게 어쩌는 수는 없게 되었으나 여기에서도 나는 오식의 한 가지 예를 보고―볼수록에 점점 눈에 거슬려짐을 느끼게 되었다. 가지 한 포기도 바른 자리를 얻어야 떳떳하고 어울리는 모양이다. 오식은 애교도 운치도 아닌 것이요, 무시로 그것을 보고 지내는 사람에게 주는 불쾌감은 상상 이상으로 클 듯하다.

오늘에 시작된 것이 아니나 활자의 오식 또한 불쾌하기 짝 없는 것이다. 오식의 부주의가 언제 가면 없어지랴만 조금도 덜해 가지 않고 더해짐은 웬일인가 한다. 일반 독자에게는 불쾌한 느낌을 줌으로써 그칠는지 모르나 원고를 쓴 작가 자신에게는 일종의 치욕을 주는 셈이다. 더구나 문학 작품에 있어서는 한 자 한 구가 소중한 의미를 가지게 되는 수가 있을 때 조그만 오식이 작품 전체에 얼마나 큰 흠을 주게 되는지 모른다. 오식 중에는 대단히 교묘한 것이 있어서 꼭 작자 자신의 문장의 무지인 듯 오해당할 때조차 있다. 요새같이 오식이 심한 때에는 발표된 자작을 반드시 한 번은 읽어서 오자를 정정해 두어야 함이 작자의 일의 하나인 듯하다.

동경서 권위 있다는 잡지부터가 그 모양이다. 가까운 자신의 작품에서 한두 가지 예를 들어 보면 모두가 가관의 것이다. '입령(立齡)'이라고 박아 써도 '연령(年齡)'이 된다. 입령이 왜 연령인 것인가. '암약(暗約)'은 '혼약(婚約)'이다. 식자 직공과 편집 당사자는 혼약이라는 문자밖에는 몰랐던 것일까. 왜 원고면을 똑똑히 보아주는 성의가 없는 것일까. '자(眥)'라고 어김없이 쓴 것이 '견(肩)'으로 나타난다. 노여워서 눈초리(眥)가 경련했다는 것을 어깨(肩)가 실룩거렸다고 했으니 이런 망령이 어디 있단 말인가. 이런 때 독자는 '견(肩)'을 설마 '자(眥)'의 오식이라고까지는 추측 못할 것이요, 따라서 노여울 때 어깨가 실룩거린다고 관찰한 작가의 무지를 얼마나 멸시할 것인가. 흡사 편집자가 식자공과 짜고 작가 한 사람을 조롱한 셈이다.

'喰へた代物'가 '喰った代物'로 변하고 '澁い'가 '澁タ'(이 두 가지지 뜻이 얼마나 다른고)가 되고 '怩'는 '泥'로 화한다. '垂'가 '乘'으로 변하는 것은 여반사이다. 여기에 비기면 '經歷'이 '經惡'이 되고 '感情'이 '感傷'으로 되는 것은 그래도 묵과할 수 있다고 할까. '獨占'이 '掛合'으로 된 것은 대체 무슨 착오였을까.

여상(如上)의 오식에 부딪힐 때 농담도 쉬엄쉬엄 하라고 식자공의 따귀를 갈기고 싶다. 오식에 변명도 사정도 있을 것이 없다. 당사자의 태만이요 부주의일 뿐이다. 맡은 일을 완전히 함이 각자의 의무일 때 식자공의 무지로 인한 과오라면 편집자는 자기의 전지(全智)를 다해 작가의 붓을 그르치지 않도록 힘씀이 옳을 것이 아닌가. 작자의 그릇된 것까지 고치라는 것은 아니나 원고면에만은 절대로 충실해야 할 것이다.

검열 관계론지 원고면의 글을 그대로 몇 줄씩 문질러 버리는 때도 있다. 그런 때에는 해명의 말이나 혹은 기호를 붙이든지 그렇지 않으면 문장의 전후가 연락되도록 붓을 더하든지 해야지 그대로 뭉툭 자른 대로 전후를 붙여 편집하니 기괴한 것이 되는 것이다.

오식 중에서도 한자의 오식같이 어처구니없고 기막힌 것이 없다. 고의의 작희(作戱)같이밖에는 여겨지지 않는 때가 비일비재다.

편집 당사자는 지혜와 아량과 수완을 가지는 동시에 오식에 대해서는 철저히 경계 주의함이 작자를 욕 주지 않을 뿐 아니라 숨은 곳에서 문화에 크게 기여함이 되지 않을 것인가.

《박문》, 1940. 9.

주을(朱乙) 가는 길에

여름 동안 별반 무리도 하지 않고 과음도 하지 않았건만 웬일인지 건강이 부실해서 불가불 몇 달 동안 시골 가서 정양하게 됐습니다. 긴 여름휴가가 막 끝난 끝에 또 놀기가 미안합니다만 하는 수 없이 두어 서너 달 쉬는 수밖에 없습니다. 주을만한 곳이 없겠기에 또 그리로 가겠습니다. 금년은 이럭저럭 출출한 작품을 못 쓰고 만 셈입니다. 그 대신 내년에나 좋은 것 내놓을까요.

「문인담화실」, 《삼천리》, 1940. 12. 1.

한식일

한식날 묘를 다스리고 돌아와 목욕재계하고 고요히 앉으니 눈물이 또 새로워진다. 사람은 이 더운 눈물을 가진 까닭에 슬픔을 단적으로 표현할 수 있고 그럼으로써 무한한 슬픔을 얼마간 덜어 버리는 것인 듯도 하다.

자란 사람의 울고 있는 양을 아무도 보고 있지 않음이 다행인지 불행인지 모르겠다. 무진장으로 흘러내리는 눈물은 얼굴과 심정을 어지럽히는 것이요 그칠 줄 모르는 눈물은 귀하고 아까웁기도 하다. 눈물은 슬픔을 맑게 하고 깊게 한다.

아내를 잃은 지 석 달에 비 오는 날이 가장 견디기 어렵다. 비는 사람의 마음을 모방하려는 것이다. 마음속에 비가 오듯 비도 오는 것이다. 모든 것을 적시고 속으로 깊이 배어든다. 눈물 뒤에 슬픔은 한층 깊고 날카롭게 속으로 파고든다.

인생은 쓸쓸한 것—깊고 쓸쓸한 것이라는 생각을 나는 가장 행복스런 순간에도 느껴 왔으나 사랑하는 사람을 잃은 뒤에 이 생각은 더욱 처량하게 마음속에 뿌리박히게 되었다. 인생은 정작은 쓸쓸한 것이니라. 깊고 외로운 것이니라. 그러나 어쩌는 수 없는 노릇이다. 그저 그러라는 마련이니까.

시인인 동무는 조문에다가 '우리에게 이상이 있다면 그것은 슬픔을 위하여 살아야 하는 것이외다.'라고 적어 보내왔다. 뭇 위로의 글 중에서 이것이 가장 마음에 배어서 잊혀지지 않는 한 구절이다. 경건한 마음이요 높은 해오(解悟)다. 나도 이것을 믿을 수밖에는 도리가 없다. 어쩌는 수 없는 노릇이니까.

마음의 마지막 다다름이 슬픔인가보다. 날이 맟도록 슬픔을 마음속에 응시하고 있노라면 별수 없이 나중에는 바닥에 넝마같이 가라앉고야 만다. 저으면 일어났다가 오래되면 다시 가라앉는다. 결국은 영원히 바닥에 남는다. 마치 진하지 않은 정감의 원소인 듯이도.

남의 죽음을 들을 때에나 소설의 죽음을 읽을 때에는 슬프면서도 한구석으로 한 가닥의 안도의 오솔길이 준비되어 있는 법이다. 아직도 내게는 무관하거니 해서. 그러나 몸소 이것을 당할 때 커다란 바위에나 눌리운 듯 벌써 도망의 길이 없다. 무쇠 몽둥이로 후려갈기운 듯도 하다.

죽음같이 무자비하고 고집스런 침묵이 없다. 세상에 절대가 꼭 하나 있다면 곧 이것이리라. 유기체는 왜 반드시 분해되어야 하는지 애달픈 일이다.

절대의 침묵 앞에서는 환상도 하잘것없다. 불귀(不歸)의 사실을 알면서야 추억과 꿈이 무엇하자는 것이랴. 내게 만약 기도를 드리는 습관이 있었고 부활을 믿는 믿음이 있었다고 하더라도 슬픔을 지울 수 있을 것인가. 보고 만질 수 있는 것만이 사랑이다. 추억은 한층 안타깝고 서글플 뿐이다. 한 가지의 진정제가 있다. 그것은 다시 유기체의 운명을 생각함이다. 현재 아직도 땅에 남아 있는 누구나를 말할 것 없이 모두 반드시 필경은 작정된 그 길을 떠나야 됨을 생각함이다.

물론 나도 가야 할 것이다. 모든 인류의 세대가 차차 차차 그 뒤를 따를 것이다. 영원히 어두운 그 속에 절대의 침묵을 지키면서 간 사람과 함께 눕게 될 것이다. 그 총결산의 시간까지 줆어지고 가야 할 세금이 슬픔이다.

나는 죽음에 대해 얼마간 대담해졌는지도 모른다. 그러나 그지없이 답답한 마음을 가라앉히고 간 사람을 위로하려면 이것을 생각하는 수밖에는 길이 없는 것이다.

1941년 4월 11일 기(記)

《신세기》, 1941. 6.

녹음의 향기

장미

꽃은 다 좋은 것이요 길바닥에 밟히는 하치않은 한 송이라도 버리기 어려운 것이지만 강잉히 꼭 한 가지만을 고르라면 장미를 취할까.

모양이며 빛깔이며 향기며 장미는 뭇꽃을 대표할 만하다. 장미의 상징이 공통되고 단일함도 그 까닭일 듯하다. 장미의 호화로운 특징은 누구에게나 직각적(直覺的)이요 선명하다. 번즈가 노래한 장미도 르누아르가 그린 장미도 그 속뜻과 상징은 같은 것이다.

동무의 집 뜰에 봄부터 줄기장미가 놀랍게 서린 것을 부러워 여겼더니 기어코 두어 주일 병석에 눕게 되어 그 장미를 여러 차례나 선사로 받게 되었다. '아침 일찍이 뜰에 나가보니 이렇게 크고 고운게 피었기에 혼자서 보기 아까워 몇 가지 보냅니다. 귀엽게 보아 주세요.' 하는 글발과 함께 분홍과 주황과 연짓빛의 각각 탐스러운 송이송이를 베어서 아이들 시켜 보내왔다. 무슨 선사인들 꽃만큼 좋으랴. 연짓빛 송이를 바라보며 나른한 기력에도 정신이 새로워짐을 느꼈다. 꽃을 볼 때와 음악을 들을 때같이 사람이 산 보람을 느끼는 때는 없을 듯하다.

자리에서 일어나 그를 찾으니 뜰 안 군데군데에 줄기줄기 피어오른 만타(萬朶)의 화려함이 이로 방 안에서 병에 꽂은 몇 송이를 바라볼 때의 운치가 아니다. 장미는 호화로운 잔칫상이다. 자연의 커다란 사치다. 욱욱(郁郁)한 향기가 숲속에 서리었다.

장미 냄새는 무슨 냄새 같을꼬 생각하면서 송이를 코끝에 시험해 보나 쉽게 떠오르지 않는다. 과실 냄새 같음에는 의견이 일치되나 무슨 과실이라고는 아무도 대번에 단정하지 못한다. 한참이나 후에야 나는 비로소 그것이 별것 아닌 서양배 냄새인 것을 큰 발견이나 한 듯이 외쳤다. 장미 냄새는 궤 속에서 잘 무른 라 프랑스나 바틀릿의 냄새다. 누렇게 익은 양이(洋梨)의 냄새 ― 그것은 동양의 냄새는 아니다. 장미의 냄새는 바로 구라파의 냄새인 것이다. 동양의 아무 냄새도 그 같은 것은 없다. 장미는 바로 그곳의 것이다.

장미를 보내는 예의도 또한 그런 것일까. 붉은 장미를 보내거나 흰 장미를 보낼 때 바로 보내는 이의 정감의 표현이라는 것일까. 이 방의 풍속의 여하는 모르나 장미의 선물은 바틀릿의 냄새와 같이 웬일인지 이국적인 것으로 느껴짐이 사실이다.

장미가 뭇꽃 중에서 으뜸가듯이 장미의 선물은 무슨 선물보다도 반갑고 좋다. 향기와 함께 그 상징이 무엇보다도 아름다운 까닭이다.

사랑

마음을 주되 몸은 허락하지 않는 사랑이 있고 몸은 수월하게 바치되 마음은 종시 헤치지 않는 사랑이 있다. 이것은 반드시 모순이 아닌 것이며 사랑에는 확실히 이 두 가지 타입이 있는 듯하다.

마음과 몸을 함께 바치고 신령과 육체가 일치됨이 참된 사랑이라는 것은 벌써 하나의 상식이요 따라서 사료(思料)의 대상으로 진부하게 되었다.

몸은 수월하게 바치되 마음을 허락지 않는 것은 사랑이라고는 할 수 없을는지 모른다. 정감과 심리의 전제가 없는 단순한 육체의 용인은 일종의 작희(作戱)이거나 그렇지 않으면 안가(安價)한 교역인 까닭이다. 마음을 얻지 못할 때 그것은 육체를 얻지 못했을 때 이상으로 섭섭하고 안타까운 것이다. 차라리 마음을 얻으면 얻었지 육체의 만족이란 무엇하는 것이랴. 그것은 항상 서글플 뿐이다.

마음은 솔곳이 바치면서도 몸은 마지막까지 지키는 곳에 길어도 다하지 않는 사랑의 진미가 있을 법하다. 마음은 이미 피차의 것인 것이나 서로의 사정에 의해 몸만은 어쩌는 수 없이 터부인 경우—그같이 퍼데틱(pathetic)하고 애닲고 아름다운 경우는 없다. 내향적인 열정을 고이고이 기르면서 절제와 극기로 부단히 몸을 매질해 가는 자태에는 일종 종교적인 아름다움이 있다. 비상한 교양과 지(知)의 연마 없이는 불가능한 일이다. 남자의 편에서 볼 때 그런 여인은 참으로 사랑에 값가고 존경해 마땅하다고 생각된다.

로테는 베르테르에게 눈물을 머금고 말할 것이다.

오 년 동안 당신을 사모해 오면서 하루 한시도 잊은 적이 없어요. 당신은 제게 첫사랑이자 마지막 사랑이에요. 지금 제게 사랑이 있어두 없는 것이요 앞으로 새 사랑이 생길 리두 만무해요. 일종의 숙명인 것두 같어요. 자나 깨나 그저 당신의 모양이 눈앞에 선하구 생각할수록 가슴이 미어지는 것 같어요. 몸부림을 친들 시원할까요. 이렇게 꼬치꼬치 여위어 가면서요. 누가 사랑을 즐겁고 행복스런 것이라구 했던지요. 사랑은 이렇게 괴롭구 쓰라린 것을요. 후세에 다시 태어나 또 이런 사랑을 하게 된다면 전 물론 안 태어나고 말구요.

남편과의 부부생활을 깊이 하고 지내온 지도 벌써 여러 해 째예요. 마음으로 딴 것을 생각하면서야 남편에겐들 어찌 몸을 바치겠어요. 죽을려곤들 왜 생각해 본 적이 없었겠어요. 시원스럽게 죽었으면 모든 것을 잊어버릴 것 같아서요. 그러나 죽지 못하는 한 죽을 때까지 당신을 못 잊겠어요. 죽을 마지막 순간까지 당신의 환영을 마음속에 부둥켜안고 갈 테예요. 그러는 수밖엔 어쩌는 수 없어요. 그것이 작정된 얄궂은 길예요.

아무 소리도 안 하려다가도 이렇게 때때로 마음속을 토하곤 토하곤 해요. 쓸데없는 말을 하면 다 무엇하겠어요. 모두 거짓말로 생각해 주세요. 당신을 사랑하긴 누가 사랑해요. 다 거짓말예요. 거짓말예요. 아 쓰라려, 가슴이. 오장육부가…….

이런 알뜰한 마음의 사랑을 받을 수 있다면 그 얼마나 행복스런 것일까. 불행하면서도 얼마나 행복스러울까. 육체의 문제는 벌써 아무것도 아닌 것이다. 마음의 따뜻함이 체온을 잊게 하는 것이다.

마음은 역시 몸보다 윗길인 것일까. 뭐니 뭐니 해도 정신이 역시 더 높고 귀한 것일까.

소설

한 사람을 스물다섯 해 동안 사모하고 찾아다니다가 스물다섯 해 만에 찾아낸 날 기쁨과 흥분의 절정에서 드디어 목숨을 다해 버렸다는 소설을 읽고 나는 울어 버렸다. 괴테나 로맹 롤랑의 소설을 읽은 이상의 감동이었다.

(이것이 사랑이다. 이런 것이야말로 사랑이라는 것이다!)

감격하고 탄식하면서 눈물이 쉽사리 마르지 않았다.

본국에서도 이름 높은 영국의 귀족 부인이 젊은 러시아의 사관(士官)을 사랑했다. 대전(大戰) 전에 일을 보러 러시아를 방문했던 것이 거기에서 우연히 사관을 만나게 되어 첫눈에 그를 사랑하게 되었다. 구혼했다가 거절을 당하매 다시 후일이 있음을 생각하고 일단 본국으로 돌아갔을 때 대전이 터졌다. 전쟁이 지난 후 다시 러시아를 찾았을 적에는 사관도 싸움에 휩쓸려 종무소식—이때부터 부인에게는 순례의 길이 시작된다. 종적도 모르거니와 생사의 소식조차 모르는 애인을 찾아 삼대륙을 건너고 산과 물과 사막을 넘고 지나면서 십여 년의 세월을 허비한다. 그 정성에 하늘도 감동한 것일까. 기어코 사랑하는 사관을 찾아내게 된다. 동양의 어떤 거리에서 호텔의 소제부로 영락한 그의 자태를 발견하고 한시도 잊을 리가 없었던 마음의 눈으로 즉시 그임을 알아냈다. 감격과 흥분과 눈물과! 이번에는 기어코 결혼의 승낙을 받고—흥분은 너무도 컸다. 돌연히 몸을 떨고 침대에 누운 채 격동 끝에 그대로 세상을 떠나버린 것이다.

이것이 사랑이다. 이런 것이야말로 사랑이라고 할 만한 것이다. 식을 날이 없는 열정과 거룩한 희생과 순교자적인 지조—이 세상의 것이 아닌 듯싶다. 땅 위의 것이 아닐 듯싶다. 사람이 어떻게 태어나면 그런 정성을 바칠 수 있고 사람이 어떻게 태어나면 그런 헌신적인 사랑에 값가는 것일까. 사랑을 바치는 이도 성자이지만 사랑을 받는 이도 사람이 아니라 이상의 화신(化身)이요 영감의 근원인 것 같다.

드로테아 부인은 이 세상의 사람은 아니다. 적어도 오늘의 여인은 아닌 것이다. 지구의 구석구석을 찾아도 이런 여인이 있을 법하지는 않다. 경박한 습속에서 이런 성자를 찾으려 함은 어리석은 짓일 것이다.

하물며 이런 사랑을 꿈꾸는 것은 더없이 어리석은 짓일 법하다. 그러나 다만 꿈꾸어 보는 것만도 얼마나 기꺼운 일이랴. 피가 솟고 눈물겨운 일이랴.

꿈꾸는 것조차 어리석은 짓이라면 백 보를 물러서 소설로라도 한번 써보고 싶다. 다른 드로테아 부인을 또 한 사람 창조해 보고 싶은 것이다. 이 정도의 꿈이라면 용인되어도 좋을 것 같다.

《조광》, 1941. 8.

비상(非常)의 추(秋)와 나의 독서

육 주 동안이나 입원하고 있으면서 간간이 미열이 있는 까닭에 월간잡지를 들척거린 것이 기껏 단행본으로는 모루아의 『불란서 패전기』와 만(Thomas Mann)의 『마산(魔山)』 제5장까지를 읽은 것이 소득이라고 할까. 미열이 빼지 않은 것은 이 지리한 『마산』의 탓이었던 듯하다.

『마산』의 주인공도 평지에서 든든하던 사람이 이 고산의 요양소를 찾은 날부터 미열을 내면서 드디어 병을 가지게 되었다. 이웃 병실이 모다 발열의 환자들인 까닭에 내 열도 전염되고 암시를 받았던 것일 듯하다. 퇴원 후 까딱 열이 없는 것을 보면 『마산』은 아무에게나 권하기 어려운 마서(魔書)일 듯싶다.

《매일신보》, 1941. 9. 7.

사랑의 판도(版圖)

사랑의 판도는 대체 얼마나 넓어야 하는지 마치 독재자가 세계 지도를 잠식해 들어가면서 물릴 줄을 모르듯이 사람은 대개 드디어 애욕의 포화(飽化)를 모르고 마는 것이 아닐까.

수평 뜰 안의 단란을 알뜰히 지키면서 한 걸음도 밖 세상을 모르는 사내가 있다. 나는 그런 사내를 존경하고 부러워한다. 그들 부부의 사이에 참으로 짙은 사랑이 흐를 때 그 좁은 영토의 권내(圈內)같이 행복스런 곳이 또 있으랴. 그러나 세상에는 참으로 일컬어 사랑이라고 할 만한 경우가 드문 것이요 사람은 왕왕히 사랑이 아닌 것을 사랑이라고 착각하고 있는 수가 많다.

사람이 평생에 꼭 한 사람만을 사랑해야 함이 옳은지 어쩐지 각각 나라와 경전과 습속을 따라 다를 것이나 육체적으로나 정신적으로나 사람같이 커다란 자유를 갈망해 마지않는 것도 없다. 팔에 사랑을 안고 다시 한눈을 팔게 된다고 해도 막을 수 없는 노릇이다. 태곳적에 갈라진 각 개체의 분신들은 현대에 이르러 인총(人叢)이 무한히 불은 까닭에 혼돈한 속에서 착각에 빠지고 만 것이다. 단원체(單

元體)를 이원(二元)으로 갈라놓은 제우스 신의 실수였던 것이다.

지난날의 사랑의 행장을 차례차례 더듬어 볼 때 나는 참으로 참회의 의식 없이는 그 한 가지 한 가지를 생각할 수가 없다. 첫째 내 자신에 대한 참회요, 둘째로 가버린 아내에게 대한 참회다. 아내에게 대해 허물이 많았었음을 나는 얼마나 뉘우치면 다 뉘우칠 수 있을까 생각한다. 나도 아내를 사랑하지 않았던 것은 아니나 그가 나를 사랑한 십분지 일도 갚아주지 못했음을 부끄러워한다. 그는 왜 그리도 나를 끔찍이 여겼던지. 오매지간(寤寐之間)에 한시라도 내 건강을 걱정해 주고 나를 기쁘게 해 주려고 노력하지 않은 시간이 없었다. 그것은 일종 무슨 술기(術氣)에라도 걸린 것 같은 일률적이요 헌신적이요 희생적인 사랑이었다. 나는 그 행복을 때로는 도리어 휘답답하게 여기면서 그의 놀라운 심조(心操)를 속으로 두렵게 여기고 공경했다. 그러면서도 한편으로는 마음의 쇄락(洒落)한 자유를 구해 마지않았던 것이다. 다욕스러운 불가신(不可信)의 남편이었던 것이다. 하늘에 부끄럽고 땅에 부끄럽다.

사랑에 관한 한 나는 두터운 참회록을 쓰게 되어야 할 것이나 그것을 할 수 있을지 없을지는 의문이다. 한 구절도 빼지 않고 진실을 말하기는 어려운 까닭이다. 참회는 누구나 할 수 있는 수월한 노릇이 아닌 까닭이다. 루소에게도 그것은 어려웠다고 하니까 말이다.

나는 그것을 모다 사랑이라고는 생각지 않는다. 사랑인 경우도 있었고 사랑이 아닌 경우도 있었다. 돈 후안의 경우는 사랑이 아니라 방랑이었다. 단테와 베아트리체 로미오와 줄리엣—그런 경우만이 참으로 사랑인 것이다. 다섯 손가락을 꼽아도 남는 경우—그것은 일일이가 죄다 반드시 사랑은 아니다. 그러므로 뉘우침이 있는 것이다.

아내는 생전에 가끔 나더러

“당신의 이상의 여자란 대체 어떤 여자요?”

하고 물었으나 나는 아내에게서 내 이상의 대부분의 구현을 보고 있었다. 육체적으로나 지적으로나 아내에게 미칠 여자는 아무 데서나 그리 수월하게 눈에 띄지는 않았다. 이것은 나의 마음의 자랑의 하나였다. 그러나 사랑에 부질없이 이상만을 찾는 것도 여학교 졸업생의 설문답안 같아서 신선미 없는 노릇이다. 나는 아내에게서 충분히 내 이상을 가지면서도 그에게 말하지 못한 가지가지의 비밀을 가지고 있었다. 그 비밀을 종시 모른 채 그는 갔다. 생각할수록 뼈가 아프다.

“착한 사람은 일찍 가는 법예요.”

마지막 무렵에 모든 것을 예료(豫料)했던지 병실 침대에서 아내는 누차 이 말을 되풀이했다. 참으로 그는 착했던 까닭에 너무도 단순했던 까닭에 일찍 갔는지도 모른다. 그리고 악한 까닭에 나는 남은 것이다—이렇게 생각하는 것이 지금 내게는 가장 마음 편한 노릇이다.

그러나 이만 정도의 참회로야 도저히 아내의 영을 위로할 수는 없다. 언제면 충분한 고백의 날이 올는지 그 날을 기다리는 수밖에는 없는 것일까.

《춘추》, 1941. 11.

소요(逍遙)

1.

학교가 교외의 새 집으로 옮아온 까닭에 따라 근처로 이사를 해봤어도 아침저녁 고개를 넘으려면 근 15분이 걸린다. 풀이 우거진 산속 기름길을 천천히 걸으면서 알맞은 산책의 셈을 댄다.

산을 사이에 두고 이쪽과 저쪽의 성격이 판이하게 다르다. 거리로 향한 쪽은 도진(都塵)에 끄슬렸고 학교로 향한 쪽은 아직도 정하고 조용하다. 비탈 군데군데에 날림으로 꾸며둔 방공호가 비바람에 무너져 조그만 문이 두더지의 굴인 양 바라보인다. 안에 물이 고이고 서리가 돌아 발 들여놓을 곳이 없어 보이나 그래도 곧잘 거지의 소굴이 되고 벼락패의 랑데뷰의 곳이 된다고 한다.

한 걸음 기름길을 들어서면 풍치가 달라지면서 수목과 잡초의 향기가 벌써 항간의 냄새가 아니다. 해가 쪼이는 날이면 나무 그늘 속 길 위에 해와 그림자의 무늬가 아롱아롱 반점을 이루어 귀여운 짐승같이 발 위에 해롱거린다. 산 갈피 그 어디서인지 아리랑의 창조

(唱調)가 들려오는 때가 있고 소나무 그늘 아래에서는 낙엽을 긁어모는 아낙네가 유유히 움직인다. 물든 나뭇잎과 노란 잔디와 뭉숫한 무덤과 돌부처들과—이런 것들을 바라보며 멀리 맞은편 비탈에 백악(白堊)의 교사가 초속(超俗)의 전당같이 점재(點在)하고 있다.

그러나 백악의 교사는 초속의 전당이 아니다. 앞뜰에서는 어제 교외연습을 나갔던 학도들이 기총소쇄(機銃掃洒)에 분주하고 건너편 밭둑에서는 수백의 개로운동(皆勞運動)의 가정부대들이 길 닦기에 정신이 없다. 제복을 입지 않은 각인각색의 평복의 인상이 산만하고 느릿하면서도 벌판에는 어느 결엔지 탄탄한 길의 모습이 이루어진다.

2.

초속의 경지를 구하려면 여기에서 또 한 고비 고개를 넘어야 한다. 부영주택(府營住宅)들이 들어선 언덕 옆 고개를 넘으면 야트막한 구릉지대가 어디까지든지 뻗쳐서 봉긋봉긋한 언덕과 평퍼짐한 긴 등과 얕은 골짝들이 무수히 기복(起伏)되어 연(連)했다. 굴속을 들어서니 문득 눈앞에 전개되었다던 그런 비밀의 고장처럼 이 지대는 거리에서 완전히 떨어져 고요한 숨은 기쁨을 준다. 잔디 깔린 언덕을 넘어서면 앞에는 또 다른 언덕이 준비되어 양지쪽 등에 떡갈나무와 향나무가 서서 그늘 아래로 사람을 이끈다. 채색된 지도같이 그 넓은 구석구석에 무엇이 숨어 있는지 헤아릴 수 없는 아름다운 지대이다.

발아래에 철늦은 야국과 석죽(石竹)이 밟히는 때가 있다. 계절을 마지막으로 지키고 있는 자줏빛과 분홍의 조화—이것은 참으로 가련한 조그만 기쁨이다. 진홍빛으로 물든 풀잎이 있다. 밟기가 아까워 그 자리를 둘러서서 바라보노라면 문득 왕성한 식욕을 일으켜 주곤 한다. 비늘구름 깔린 푸른 하늘보다도 더 아름답다. 아름다운 것은 폭이 아니요 점이다. 점의 인상같이 강렬하고 절대적인 것이 없다. 야국이며 석죽이며 진홍빛 풀잎이며 비늘구름이며—이것들은 모두 흡사 모차르트의 한 토막의 주제같이도 아름다운 것들이다.

무엇하는 집인지 언덕 아래에 붉은 기와를 인 큰 한 채가 있다. 홀인 듯한 넓은 대청 옆으로 무수한 조그만 방이 붙어 있는 듯 짐작되고 뜰에는 꽃밭이 있는 모양이다. 어떤 사람이 사는 것인지 이 현대적인 백이숙제의 수양산 고사리 대신에 뜰의 염소젖을 짜먹고 살아갈 살림이 행복된 것으로 여겨진다. 맞은편 농가에는 콩 낟가리가 쌓였고 햇병아리 소리 나고 황소가 누워 있다.

이 구비를 돌면 먼 맞은편 언덕에 또 한 채 흰 집이 보인다. 이 역 무엇하는 집인지 헤아릴 수는 없는 것이요, 그럼으로 한결 아름답고 마음 편히 느껴진다.

3.

언덕에서 언덕으로 골짝에서 골짝으로의 편력이 가벼운 피로를 일으켜 머릿속의 무거운 심지를 얼마간 누그려는 준다.

그러나 산간으로의 소요가 참으로 행복되었던 것은 워즈워스에게 있어서였지, 현대인에게 있어서는 아닐 법하다.

야국과 수선화와 종달새와 벗하면서 자연의 자비와 공포를 느낀 순수하고 깨끗한 심정이 오늘과는 인연이 멀다. 낭만의 여명기에 있는 사람이요 오늘은 그 말기에 있는 까닭이다. 르네상스를 지은 시대와 그 만가를 불러야 하는 시대와의 거리는 멀다. 워즈워스를 흉내 내고 모방하려 함은 얼마나 어리석고 어줍지 않은 짓이랴. 언덕을 소요함은 다만 피로를 느끼자는 것이다. 피로로 인해 머릿속의 심지가 가벼워지는 것이다.

4.

책상으로 돌아오면 토마스 만의 작품이 펴져 있다.

만은 20세기 시민사상의 마지막 보루를 지킨 작가의 한 사람일 듯하다. 시민문학의 찬란한 마지막 한 송이일 듯싶다.

만의 이상은 범용한 시민의 행복에 있는 듯하다. 높은 정신적인 혹은 예술적인 초려(焦慮) 속에서 헤매이다가 문득 범용(凡庸) 속에 편편한 애착을 느끼고 돌아오려 한다. 이미 너끈하다. 비범과 평범, 예술과 세속, 정신과 현실 — 이 초극하기 어려운 이원(二元)의 갈등에서부터 만의 예술은 시작되었다. 전자로 치우칠 때 필사적인 초조가 있고, 후자로 치우칠 때 거기에는 퇴폐의 길이 붉은 융단을 펴고 기다리고 있다. 만은 데카당으로 이르는 한 걸음 전에서 간신히 몸을 솟구고 벋디디고 섰는 형용이다. 동감을 자아내는 소이(所以)

가 여기에 있다. 「토니오 크뢰거」가 「광대」가 「베니스에서의 죽음」이 모두 그러하다.

만은 마지막 동무이다. 서재의 우울이 이로 말미암아 얼마간 흩어져 간다. 시민문학의 마지막 송이 시민생활의 마지막 동무가 만이다.

5.

추야장(秋夜長), 긴 밤에 동무를 찾으니 화분이 놓인 방에 불을 돋우고 친구에게서 왔다고 내보이는 편지, 웬일인지, 가슴을 친다.

작가인 그는 체호프의 「지루한 이야기」를 읽었다고 고하고 이번에 사정이 있어 교직을 물러섰다는 소식을 전해왔다.

한가하게 집에서 책이나 읽겠다는 하소연이 웬일인지 그렇게만은 안 들리고 복잡한 심경을 암시해서 이웃 마음을 산란하게 한다. 쓸쓸한 가을밤이다. 벌레 소리도 없는 깊은 가을의 짙은 밤이 괴괴하게 누리를 뒤덮고 있다.

동무는 차를 달여 내오더니 일어서 책장에서 체호프 전집의 한 권을 뽑아왔다. 「지루한 이야기」에서 차례차례 「6호실」로 말이 옮아갔다.

교탁에서 만을 읽고 온 내게 체호프는 또 다른 의미로 친애감을 가지고 접근해 온다.

"다시 체호프를 읽기 시작했어요."

동무의 고백이 심상하게만 들리지는 않아서 나도 문득 다시 그에게 유혹을 느끼기 시작한다.

「6호실」의 페이지를 들척들척 헤치더니 동무는 한 구절을 손가락질했다. 어느 페이지의 어느 한 구절이라도 좋은 그런 한 구절이지만 그것이 그렇게 새롭게 여겨지고 느껴짐은 웬일이었을까.

"참, 견딜 수 없는 일야. 이 모퉁이에 이야기 동무 한 사람 없다니 함께 가슴을 헤칠 만한 지식계급이 한 사람두 없다니 견딜 수 없는 일야. 쓸쓸하기 짝 없어."

범상한 이 늙은이의 고백이 결코 범상하게만 들리지 않는 것이다. 범상하면서 범상하지 않은 것이 체호프의 예술이다.

체호프는 아마도 가장 가까운 동무일 듯싶다. 가까운 바로 이 모퉁이 이웃에 사는 정다운 동무이다. 더욱이 추야장 쓸쓸한 이 긴 가을밤에는.

나도 다시 한 번 그를 찾아볼 유혹을 느끼면서 동무 집을 나왔을 때 밤은 더욱 깊다.

"체호프. 체호프."

또 다른 동무에게 이 내 마음을 그대로 전해 주고도 싶은 심경이다.

11월 13일 고(告)

《삼천리》, 1941. 12.

세월
—작금 인물왕래

1.

짧은 몸매 단정한 용모에 어디론지 분주히 걸어가는 W 씨를 골목에서 만나면

"또 한 군데 결혼의 주례를 맡었답니다. 지금 식장으로 가는 길인데—."

조금 잰 어조로 그날의 용무를 말한다. 살펴보면 주례의 성장(盛裝)으로 예복을 입은 것도 아니요 평복의 자유로운 자태이다.

"이젠 아주 거리의 주례를 도맡어 하시게 됐군요. 언젠가도 만났더니 그 말씀이시더니."

"어느 편이 본직인지 모르게 됐어요. 일껏 부탁하는 걸 사절할 수두 없는 노릇이구. 나이두 이젠 주례가음밖엔 못 되나 보구요. 들러리 서 본 것이 벌써 까만 옛날이군요. 자 그럼 실례합니다. 시간이 좀 촉박해서."

잰 걸음으로 휘적휘적 멀어가는 씨의 뒷모양을 바라보노라면 주

례가음 하나는 꼭 떼놓은 구격(具格)이다. 사실 현재 일을 맡아 보고 있는 도서관장의 임무와 어느 편이 본직인지 보는 사람으로도 가릴 수가 없다. 어느 때부터 그렇게 됐는지도 모른다. 나뭇잎이 천연스럽게 누르게 물들 듯이 모르는 결에 그렇게 되고 말았다.

문과 과장으로 있을 때 낡은 노트로 역사를 강의하고 잡무에 휘둘리고 강당에서 기도하고—설화(說話)하고 그러던 시대도 한 옛날이 되었다. 다음 관장으로 주례로 변천된 것이 불과 수삼 연래(年來)의 일이면서도 긴 세월의 착각을 준다. 물결의 기복이 큰 까닭일까. 씨의 자태는 직무가 무엇으로 변하든지 극히 자연스럽다. 과장으로 있을 때엔 과장다웠고 관장으로 있을 때는 관장답고 주례로 분장하면 또 주례다운 것이다. 그의 심경도 그렇게 자연스럽게 아무 거스름 없이 변해 오는 것일까.

도서관에 역사서의 교시(教示)를 받으러 가면 고대사의 토막토막을 조예를 기울여 장황하게 강설한다. 특히 일설적(逸說的)인 사재(史材)에는 비길 바 없이 자세하다.

"요새 역사를 공부하는 분이 부쩍 는 것은 대단히 기쁜 일예요. 암, 역사는 배워야죠. 역사를 배우면 첫째 마음이 편안하구, 둘째 앞을 헤아릴 수 있구—일종의 종교적인 해오(解悟)를 주는 신통한 학문이죠. 차례차례 시대를 밟어 인류의 행적을 살피노라면 성전이나 경서를 읽을 때와 마찬가지로 마음이 가라앉는 것을 느껴요. 어느 시대의 어느 부분이든지 좋죠—아무렴 좋구 말구요. 기어이 읽어야죠. 영광과 부끄럼을 함께 잡을 수 있는 거울예요, 역사는."

입이 잰 까닭에 자연 말도 많다. 잠간 동안에도 씨의 입을 벗어져 나오는 말은 무려 백어(百語) 천어(千語)—그 한 마디 한 마디가 사람을 끌고야 만다. 모두가 필요한 말이다. 불필요한 말은 거의 없는 것이다.

“장서를 정리해 보는 중인데 없어진 책이 퍽두 많어요. 앞으론 관 밖으론 대출을 금할 작정입니다. 책을 사랑하는 건 좋은데 한번 빌려 가군 돌려올 줄들을 알어야죠. 독점해 버리군 만단 말예요. 책을 사랑해서 그러는 건 기특하다고나 할까. 소홀히 해서 잊어버리는 건 용서할 수 없는 악덕이에요. 아무렴 악덕이죠. 그렇다구 누가 아니 빌려주는 것은 아닙니다—언제까지든지 두구 보세요. 흡족히 참고될 때까지 두구 읽으세요. 아무 때 가져오셔두 좋습니다. 조금두 염려하실 것은 없어요…….”

이것도 물론 필요한 말인 것이다. 관장으로서의 책무상 소홀히 할 수 없는 노릇이다. 씨는 대단히 분망하다. 사시장천 마음과 직무가 분주해서 한시도 영가(寧暇)가 없어 보인다.

2.

한 테두리 나이의 낙차는 있으나 K 씨도 한번 결혼의 주례를 서 보았다고 말한다.

친구의 딸의 혼인날 끌려 나가 어쩌는 수 없이 예단에서 장엄한 어조로 인생의 성전을 들어 행했다는 것이다.

“벌써 주례의 나이가 됐단 말인가. 대체 올해—.”

“사십이불혹(四十而不惑)이라는데 주례인들 못 하겠나.”

"어느새 사십인가. 불혹이라니 아름다운 신부의 자태를 봐두 유혹을 느끼지 않는단 말이지. 명예로운 사십이야."

"하긴 나두 감개무량하네. 벌써 내게 그런 청이 올 줄 누가 알었겠나. 일껏 부탁하는 걸 사절할 수도 없는 노릇이구."

마지막 한 마디가 W 씨의 어투와 흡사한 것도 흥미 있는 일이다.

"거의 술타령을 번기는 날이 없으면서 그래 그 주제로 신성한 결혼의 주례를 할 자격이 있단 말인가."

"사실 이 낯으로 부끄럽긴 해. 허나 난 이것을 인생의 절차라구 생각하네. 차례차례 겪어가는 절차라구. 엄벙덤벙 놀구만 있는 동안에 벌써 이 절차에 이른 것이 부끄럽기두 하구 서글퍼서 못 견디겠단 말이야. 야심두 어디론지 사라져 버리구 청춘두 먼 옛날로 뒷걸음질쳐 갔어. 인전 연애라군 생각할 엄두두 못 내게 됐으니."

사십의 탄식이라는 것이 조금 이른 듯은 하나 씨의 자탄은 실감에서 우러나옴인지 사실 처량하게는 들린다.

한동안 커다란 연애의 일건으로 세상을 떠들썩하게 해 놓고 귀치 않은 바람에 교직까지 물러나서 조그만 회사의 중역으로 사십의 고개를 맞이하게 된 씨의 심경으로 응당 그럴 법도 하긴 하다.

그러나 야심과 청춘—사람이 이 두 가지를 그렇게 수월하게 단념하고 잊을 수 있을 것인가.

친구의 딸의 주례를 서는 씨에게도 적령의 자녀가 있을 때 사십의 실감이 얼마나 절실할까를 미루기에 족하다.

하루아침 씨를 찾은 동무에게 집 안에서 나온 한 청년을 소개해 가로되

"내 사윌세. 잘 지도해 주게."

동무도 놀랐거니와 씨의 심중도 단순하지는 않았을 것이다. 동무의 눈에는 씨나 그의 사위나 별반 낙차가 심해 보이지는 않았으나 그것은 동무 자신 씨와 같은 세대에 소속되어 있는 까닭인지도 모른다. 남는 것은 엄연한 사실뿐이다.

자주 발을 들여놓는 술집에서 사랑하는 아들의 자태를 발견할 때의 아버지의 심정이 어떤 것일지 그런 감정까지를 남보다 일찍이 경험하게 된 씨는 확실히 뭇 동갑들을 앞서서 인생의 걸음을 재촉한 한 사람일 듯하다.

"모든 것이 삽시간에 온 것만 같네. 중간은 떼어 버리구 처음과 끝만이 있는 것 같애. 청춘이 언제 지났는지 있는 건 이 사십의 오늘뿐이야. 주례요 아버지요 장인인 오늘뿐이야. 아 인생두 빨리 저문다. 서글프다. 서글프다."

세상에서 가장 엄한 것도 세월이려니와 절대적인 고집쟁이도 세월인 듯하다.

11월 21일

《조광》, 1942. 1.

독서

시기가 늦게 도스토엡스키를 읽으면서 세상의 소설가는 도스토엡스키 한 사람임을 새삼스럽게 느꼈다. 고금의 수많은 모든 소설가를 모조리 없애 버린다고 하더라도 꼭 한 사람 도스토엡스키만을 남겨 놓는다면 소설의 세계에는 족한 것이다. 인간을 그리는 것이 소설의 본도(本道)라면 도스토엡스키같이 뭇 인간을 낙자가 없이 잘 그린 작가는 없었다. 아무 인간이나 한번 그의 손아귀에 걸리면 뼛속까지도 허물어 벗기고야 만다. 도스토엡스키는 무거운 작가다. 조물주의 버금가는 사람이거나 그렇지 않으면 악마이거나 하다. 온전한 보통 사람이고야 그렇게까지 인간의 비밀을 샅샅이 허벅거려 낼 수는 없을 것이다.

나는 이제 와서 늦게서야 도스토엡스키 문학의 진미를 알게 된 것을 유감되이 여긴다. 전에도 그의 문학을 더러 읽지 않은 것은 아니나 진짬으로 그 좋음을 알게 된 것은 비로소 오늘에 이르러서이다. 그때 그의 문학을 통독할 기회가 있었던들 오늘같이 그를 이해하고 즐기지는 않았을는지도 모른다. 역시 오늘 그를 알게 된 것이

다행인지도 모른다. 어릴 때 체호프를 통독한 일이 있었으나 그를 참으로 알았다고는 할 수 없었다. 체호프를 안 것도 역시 오늘이다. 오늘 체호프를 읽으면 그때에 놓쳤던 무수한 좋은 맛이 비로소 알려지는 것이다. 한 작가를 읽음이 일렀다고 소득이 대중없이 많은 것도 아니고 늦었다고 그다지 손(損) 가는 것도 아니다. 이 점 후대의 작가는 안심하여도 좋은 것이다.

도스토옙스키의 문학은 답답하고 어둡고 심술궂고 고약하고 끔찍하고 무섭고 지루하지만 그의 제작의 근본 동기는 사랑에 있는 듯싶다. 작중에 나오는 인물들이 대개 우울하고 괴팍스럽고 성미가 복잡하고 때로는 악마의 풍시(風貌)를 띠는 것이나 그 근본 심정들은 거의 착하고 무르다. 작자 도스토옙스키는 의식적으로 그런 인물의 창조에 주의를 기울인 것 같고 그의 모든 작품의 주제는 사랑의 고창(高唱)에 있는 듯싶다.

"그 (인생의) 목적이라는 건 별것 아니다. 이이사가 날마다 시간마다 아니 한평생 동안 끊임없이 자기에 대한 그의 다정(多情)을 느껴 두었으면 하는 것이었다. (어떤 인간에게든지 이 이상의 목적은 있을 것이 아니요 또 있을 수 없는 것이다!)"

답답한 웰리차니노프의 꼭 하나의 속심정은 이것이었다. 톨소스키와의 기묘하고도 복잡한 관계를 가지고 있으면서 정리되지 못한 어지러운 생활 속에서 원하는 것은 꼭 한 가지 이것이었다. 지난날의 과오로 떨어뜨리게 된 유일의 혈윤(血胤) 이이사에게 대한 사랑은 날로 간절해 가서 갖은 톨소스키의 박해에도 굽지 않고 이이사를 구원하려고 노력하고 마음을 바순다. 이이사가 클로오냐의 별장에서

병 들어서 드디어 세상을 떠나게 되었을 때의 웰리차니노프의 비명은 얼마나 큰 것이었던가. 그의 복잡한 인생의 유일의 목적은 이이사를 사랑하고 기르고 나꾸자는 것이었다. 그러한 희망도 앞길도 없는 그는 단 한 사람 이이사에게 모든 희망을 걸고 있었던 것이다.

인생 유일의 이념을 사랑에서 찾는 것쯤 누구나 하기를 즐겨 하고 하는 일이나 도스토옙스키를 읽을 때에는 그것이 마치 금시 하늘에서나 떨어져 온 새로운 이념인 듯도 한 신선미를 가지고 육박해 온다. 역시 작가적 재능과 수완으로 말미암은 듯하고 그의 우울한 인생에 접해 오면 마지막 결론에 이르러 사랑을 찾는 외에는 도리가 없는 것이다. 그러므로 그의 사랑은 언제나 새로운 것이다.

지드는 그런 뜻의 말을 했던 것 같으나—도스토옙스키는 위대한 산맥이다. 이로 광맥이라고 할 것이 아니라 수다의 광맥과 그 외의 가지가지의 것을 품은 위대한 산맥이라고 할 수밖에는 없다. 뭇 산들과 흐름이 여기에서 기원된다. 근대문학의 수많은 흐름은 그 근본을 캐어 보면 참으로 모두 도스토옙스키의 문학에서 발원된 것들이다. 근대문학의 모든 요소와 방향을 휩쓸어 싸가지고 있는 것이 그의 문학이다. 오늘의 어떤 어떤 작가가 도스토옙스키의 어떤 어떤 면을 본받고 배웠다는 것을 나는 지금 실례를 들어 일일이 지적할 수가 있다. 그렇듯 그의 문학의 영향은 크고 명료하다. 이것은 아무도 부정할 수 없는 노릇이다.

《춘추》, 1942. 5.

《풍년가》 보던 날 밤

2월 15일 일요 청(晴)

종일 집에 눕다. 겨울 동안의 태타(怠惰)는 불건강의 탓이니 나는 이것을 깊이 허물하지 않고 한가한 시간에는 반드시 몸의 보온을 도모하기로 하고 있다.

음력 초하루라 쓸쓸히 지나기도 뭣해 저녁 호텔에서 S와 만찬을 같이하다. 식탁의 접시가 얼마 전보다 한 가지 줄고 사과 잼들도 버석버석한 것이 도무지 범절이 검박(儉朴)하기 짝 없다. 흰 식탁보와 꽃묶음만이 변치 않고 호사스럽다.

시간이 조금 늦었으나 동보(東寶)에서 조선영화 《풍년가》를 보기로 하다. 또 하나의 태작(駄作), 지금까지의 조선영화가 거개 그러했듯이 한 편의 민속적인 풍속도에 지나지 않는다. 이제는 벌써 영화다운 영화를 만들어도 좋을 때가 아닌가. 왜 그리 상상력이 빈곤하고 구성이 설필까. 영화인들의 일단의 분발을 바라마지 않는다. 김신재(金信哉)의 연기는 개성적이어서 그것으로서 좋은 것이나 좀더 선(線)을 정리했으면 한다. 가령 쓸데없는 몸 시늉이라든지 번거로운 표정 같은 것은 아낌없이 버리고 가급적 간결한 표현을 가지기를 바란다.

영사의 도중에서 화폭이 끊어지고 관내에 불이 켜지더니 라우드스피커가 싱가포르 함락의 특별 뉴스를 일러 준다. 아나운서의 성도(聲導)로 관중이 만세를 화창(和暢)하다. 거리에 나서니 어딘지 없이 소연(騷然)한 기색이 떠돌며 축하의 장식 등이 벌써 눈에 띈다.

S와 헤어져 바로 집으로 향하다. 찬바람을 쏘인 까닭인지 몸이 좀 거북하다. 밤이 지나면 다시 회복될 몸이언만.

「전시 작가일기」, 《대동아》, 1942. 5.

생활과 화단
—나의 관심사

최근 신문지의 제1면은 늘 흥분된 문자로 채워진다. 활자도 굵거니와 잉크 냄새도 진하다. 모든 것이 위대한 수렁 속에 휩쓸려 들어가 짓무지러들 날이 가까웠음을 절실히 느끼게 된다. 관심사라면 이보다 큰 누구나의 관심사가 있을까. 나는 가령 구체적으로 난중(亂中)의 서국(西國)의 생활이라는 것을 생각해 본다. 어지러운 수도의 골목골목에 웅성거릴 가령 카르멘을 낳은 이 나라의 여인의 생활과 연애란 어떻게 열려 갈까에 마음이 가곤 한다.

그러나 생활을 생각할 때든지[1] 사람의 최대의 관심사인 까닭이다. 세계적 관심보다 아적(我的) 관심이 늘 더 일의적(一義的)인 까닭이다. 나는 지금 다음에 써야 할 작품과 정리보다는 더 가까이 자신의 생활을 생각하지 않으면 안 된다. 자신의 생활이란[2] 언제 하여야 할 눈앞 정원 걱정을 하고 있다. 가느다란 기름길만을 남겨 놓고 초

1 여기서부터 일정 부분이 유실된 것으로 보인다.

2 여기서부터 일정 부분이 유실된 것으로 보인다.

목이 무성하게 들어선 뜰은 화단의 윤곽을 잃어버리고 있다. 화초로 말하여도 거의 전부가 여름 꽃이어서 지나쳐 화려한 것이 가을 정서에는 맞지 않을 것 같다. 가을 화초라야 카칼리아, 시차초(矢車草), 샐비어, 비연초, 코스모스, 반금초의 조합에 지나는 것이 없다. 하늘빛에 약간 붉은 빛을 배합한 그 조출한 색조를 나는 가을 바다 이상으로 시원히 여긴다.

뜰에는 비연초와 반금초밖에는 없음을 아까워 여긴다. 전지(剪枝)도 하고 잡초도 뽑고 있는 화초를 정돈하여 가을 화단답게 꾸밀 수밖에는 도리가 없다. 책상 앞에 앉아 뜰을 내다보며 날마다 이 궁리다. 이것이 최근의 관심사다.

출처 미상

서간문

문인서한집(1)

이효석 씨로부터 최정희 씨에게

아침부터 눈이 푸실푸실 나립니다. 눈 오는 북방의 정서, 상상하여 보시오. 오늘은 여옥(如玉)이 생(生) 100일 만이외다. 선물 사러 나남(羅南)을 가는 길이외다. 원고를 간신히 보냅니다. 오래간만에 붓을 들었드니 붓끝이 까슬까슬 하야 겨우 썼소이다. 일 혈 소설이 두 혈 소설이 되었나 보외다.

펜 네임은 원고에 적은 것같이 하였소이다. 앞으로는 그 이름으로 행세하겠소이다. 이제부터는 그 이름을 불러 주세요. 겨울에나 가게 될는지요. 못 가면 정희 씨 이곳을 놀러 오시오. 총총하여 두어자 이만 그칩니다.

11월 27일 우편국에서

혜서(惠書)를 잘 받았소이다.

잡지를 통채로 맡아서 아주 바쁘시겠군요. 서울도 가을이 왔겠지요. 성북동에 나가 보십시오. 서울의 가을은 그곳에서 100%로 느낄 수 있는 것이외다. 이곳은 눈만 뜨면 문 밖만 나가면 눈에 거슬리는 것이 모다 가을이외다. 멀리 허공을 깎아내린 고성벽(古城壁) 그 옆으로 아물아물한 바다의 수평선 그 이쪽의 들이 모다 질펀한 가을벗이외다.

원고 「나의 20세 전후」 두어 장 써서 동봉합니다. 다른 원고도 쓸 생각은 늘 있고 하면서도 집필 여가가 없습니다. 익조 잘 자라나요. 동선은 웃기를 시작하였습니다. (하략 — 원문)

9월 29일 이효석

《삼천리》 제5권 제3호, 1933. 3. 1.

봄 편지

정원이 보아라!

달포 전에 네 언니가 다니러 왔을 때 나는 오래 못 본 고향의 소식을 눈앞에 보는 듯 자세히 들었다. 먼 길의 학교 통학하기 불편하지 않으냐. 공부보다도 집에서 즐겁게 잘 노는 것이 더 중요한 것임을 알아라. 고향을 생각할 때 사람들도 사람이려니와 산과 내와 초목과 마을의 경치가 더 그립게 떠오른다. 봄이 되면 왼통 산과 들판을 덮어 버리는 가지각색 초목—흔하기는 하나 이것이 얼마나 중요한 것인지 모른다. 진달래 씀바귀 오랑캐꽃 겨우 이것밖에는 이름을 모르겠구나. 마을 앞 강에는 물도 불었겠지. 얼른 그곳에서 다시 낚시질할 날을 기다린다. 뒷산에는 봄부터 여름내 우는 뻐꾹새 소리도 차차 들리겠구나. 정답고 그리운 소리다. 뻐꾹새 소리에 관하여서는 아름다운 서양의 이야기를 알고 있으나 짧은 편지 속에서 그것을 말할 수 없으므로 다음 기회를 기다리기로 하자.

오빠

《소년》, 1937. 4.

김동인 씨에게

근 십 년 전인가 관철동 삼천리사에를 들렀던 길에 파인(巴人)의 소개로 만나 뵌 것이 전무후무한 단번의 면오(面晤)의 기회였던 듯 싶습니다. 그러면서도 친하면 친했지 소격(疎隔)한 느낌이 없음은 문학의 세계에서는 피차에 정신적 교통(交通)이 은연중에 잦은 까닭으론가 합니다. 요새 권토중래(捲土重來)하셔서 다시 문학적 활동을 하심을 반가이 여깁니다. 아시는지 모르시는지 현재 생(生)은 표기의 주소 즉 백씨(伯氏) 김동원 씨의 저(邸) 옆집에서 살고 있습니다. 작년 여름에 양덕(陽德) 가시는 길에 평양을 지나셨다는 소식을 들으면서도 만나 뵙지 못하고 지냈습니다. 어떻든 건강하시고 작품에 정진하시기 바랍니다.

이효석 배

「느티나무 아래」, 《여성》, 1939. 5.

최정희 씨에게

오늘 보내 주신《삼천리》지 고맙게 받았습니다. 늘 알뜰히 보내주셔서 감사합니다.

오랫동안 편지 안 드린 것은 여러 가지로 심경이 복잡한 까닭이었습니다. 제가 불행을 당한 지도 벌써 석 달은 넘어 넉 달째 잡아듭니다. 고인에게 대한 죄송한 마음과 비감을 지금껏 잠시도 금할 수 없습니다. 저는 여러 가지로 사랑을 많이 받아온 편이라고 생각하오나, 그중에서 단 아내의 헌신적인 사랑같이 지금 생각하면 뼛속에 젖어드는 것이 없습니다. 세상에 남자같이 다욕(多慾)하고 횡포한 것이 있을까요. 늘 아내에게는 허물을 지고 있는 것입니다. 그런 것을 생각할수록 깊게 반성되며 간 사람에게 대한 애감(哀感)이 더욱 가슴을 파고듭니다. 저 이외의 사람에게는 쓸데없는 말이오나 허물하시지 않으리라고 생각하면서 이런 말을 씁니다. 나날이 얼마나 쓸쓸한지 모르겠습니다. 원래 저는 고적한 사람인데 이번에 그 고독감을 한층 더 깊게 맛보게 되었습니다. 참으로 쓸쓸해 못 견디겠어요. 좀 허랑하게 범속(凡俗)하게 살아보면 덜 쓸쓸해질까 생각해 보아도 헛것입니다. 서울 놀러 간다고 벼르고만 있지 또 간들 무엇하랴 생각하면 언제까지나 주저만 됩니다. 그러나 한번은 가 보아야겠습니다.

요새 어떻게 지내시는지 저만 못지않게 적적하실 텐데도 생각해 봅니다. 틈 계시면 편지 주시기 바라오며, 오늘은 두서없이 난필로 이만 실례하겠습니다.

5월 22일 이효석 배

1940. 5. 22.

문인 시객(詩客) 서한
—남녀 문인 간의 십통(十通)

이효석 씨께

이효석 선생

선생도 아시다시피 잡지 편집자란 왕왕히 어쩔 줄 모를 만큼 난처한 명령을 내리는 모양입니다. 더구나 이번에는 잘 알지도 못하고 뵈온 일도 없는 선생에게 보내는 편지글을 쓰라 하오니 스스로도 민망하거니와 미지의 선생에게 대하여도 오히려 실례가 되지 않을까 하여 그냥 사양하려 하였으나 여러 번 독촉에 할 수 없이 붓을 잡았습니다. 종이를 펼쳐 놓고 앉으니 언젠가 어떤 여성 잡지에 났던 선생의 가족 사진이 생각납니다.

그리고 일전《삼천리》지상에 실렸던 부인의 글도 뵈온 기억이 있습니다. 그래서 댁에 귀여운 세 애기가 있고 현숙하신 부인이 계셔서 아주 단란하고 재미있는 것을 상상케 해 줍니다.

더욱 문운(文運)이 융성하소서.

나는 아직 내 작품의 질로나 양으로나 문단인이라 일컫기도 어려운 사람이라 이 글에서도 선생의 작품에 대한 감상이나 비판이나 그런 것을 말씀하기는 피하고저 합니다.

장덕조

장덕조 씨에게

생면부지의 선생께 자꾸만 편지를 쓰라구 조르시는 것이나, 무슨 말을 썼으면 좋을지를 몰라 망설이고만 있었습니다. 선생을 만난 적도 없거니와 게으른 탓으로 선생의 작품도 읽은 적이 없는 제가 대체 무슨 말을 써야 옳겠습니까. 지금 제 머릿속에 떠오르는 것은 잡지에서 늘 뵈옵는 선생의 사진뿐입니다. 그 사진의 존용을 안표로 하고 편지를 쓰게 되는 불행과 무례를 또 한 번 생각해 봅니다.

부드럽고 단정한 용모이시오니 품격도 온화하실 것이며 따라서 가정에서도 평화로운 재미를 보시고 쓰시는 소설도 원만하고 맑은 것이리라고 살펴집니다. 사진같이 사람을 속이는 것은 없습니다만 제의 이런 추측이 들어맞기를 바라오며 그 점에서 선생께 일종의 안전한 감정이라고 할까 한 것을 느끼는 것도 사실입니다.

여류 작가의 다른 분들은 대강 만나도 뵙고 인사도 있습니다만 선생만을 못 뵌 것이 한이라면 한이오나 그러나 상상만으로 아름다운 세상을 멋대로 꾸며 보는 편이 즐거운 때도 있는 것이오니 그런 생각으로 제의 불찰을 감추려는 것은 억지일까요. 어떻든 앞으로 선생을 뵙게 되리라는 예측이 지금에 있어서는 하나의 기쁨이오며 뵈온 후에는 물론 더 훌륭한 편지도 쓸 수 있으리라 믿습니다.

오늘은 대단히 무례하고 쓸데없는 말을 썼사오나 관대하게 용서하시기 바라오며 늘 안녕하시고 아울러 건필을 휘두르시기를 비옵니다. 총총 이만 그칩니다.

4월 24일 이효석 배

《삼천리》, 1940. 6.

유진오 씨에게 1

웬일인지 혜함(惠緘)을 기다리고 있었던 모양입니다. 어느 때보다도 달라 요새는 한 장의 편지가 여간 반가운 것이 아닙니다. 그만큼 내적 생활이 어디 의지할 곳 없이 쓸쓸합니다.

문학의 말씀도 하였으나 제게는 문학보다 더 근본적인 생각이 요새 마음을 할퀴고 있습니다. 웬일인지 생애의 여간 심상한 일을 당한 것 같지는 않습니다. 날이 갈수록 공허감이 더욱 뼈를 깎습니다. 단순히 의지할 애정이 없어서만이 아니라 더 근본적인, 인간적인 괴롬이요 허무감인 듯합니다. 죽음을 생각한다는 것이 극히 쉬운 노릇이 됐어요. 지금 생각 같아서는 언제나 그것을 종용(從容)히 대할 수 있을 것 같습니다.

불면증이 계속되고 식욕도 점점 줄어지면서 의기가 아주 저상해졌습니다. 이노우에 소노코(井上園子)의 연주를 들으러 전 토요일에 떠나려고 벼르다가 갑자기 시들해져서 그만두었습니다. 형의 말씀마따나 나이를 먹었을 뿐 아니라 마음이 아주 늙은 것 같습니다. 꿈의 한계가 점점 줄어 가고 죄어 감을 생각하면 서글픈 생각에 몸부림을 치고도 싶습니다. 앞으로의 반생이 얼마나 생광(生光)이 있겠습니까. 초조와 낙망이 계속되다가는 냉정한, 최후적인 절박감이 솟곤 합니다. 생애의 커다란 변환기—라니보다 위기(危期)에 처해 있는 듯합니다.

문학의 플랜을 이것저것 세워 보다가도 별안간 그것이 무의미하게 생각되면 그만 의기가 잦아들고 합니다. 물론 이런 심경이 차차 변해 가기를 바라는 것이오나—날이나 따뜻해지면 좀 나아질는지요.

극히 유물적인 인간의 일이오니 생활의 조건이 달라지면 괴롬도 또한 극복될는지 모르겠사오나 이렇게 이렇게 막다르게까지 생각해 본 적은 과거에는 없었던 것 같습니다. 이런 절박감이 얼른 한때의 악몽처럼 지나가기를 한편 은근히 기다리는 마음도 있습니다. 마지막 순간에 지내온 일생을 돌아다보고 참으로 만족해 하는 사람이 있을까마는 사람의 욕망같이 어느 때까지 창창하고 누추한 것이 없을 것입니다.

그저 이렇게 두서없는 생각이 요새는 자꾸만 마음을 괴롭힙니다. 정 답답해지면 바람 쏘이러 언제나 올라가겠습니다. 적극적인 계획을 서로 말하면 얼마간 마음도 잡힐는지요. 안녕하세요.

2월 26일 이효석 배

유진오 인형(仁兄)

이태준 저, 『서간문강화』, 박문서관, 1943.

유진오 씨에게 2

요새 잡지소설을 탐독하노라니 심경이 조금씩 밝아가는 것 같습니다. 소설을 읽으면서 이것저것 다른 생활에 접하는 것이 역시 제일 즐거운 일 같습니다. 제작(制作)의 의욕도 차차 솟구요. 《개조》의 「流るる시대(흐르는 시대)」를 읽고 나서 그 자신 작가인 듯한 오십대 작가의 생활이 우리에게는 도저히 바랄 수 없을 것 같은 부러운 생각이 듭니다. 그의 사생활도 부럽거니와 그가 하고 있는 예술적 번민이 웬일인지 일종 감미한 면을 보이고 있습니다. 한 시대 전 이야기라서 그런지도 모르겠습니다만 오늘의 작가들의 처지와는 현격한 거리가 있습니다.

《문장》 34인집이 동이 나서 동무가 책을 빌려 가고는 아직 안 가져와 형의 「마차」를 아직 못 읽었으나 아마도 만주 이야기 같아서 구미가 바짝 동했었습니다. 작품에 감동하고 안 하고는 둘째 문제요 구미가 돋고 안 돋은 작가의 생활 감각의 기호(嗜好)에서 오는 것인가 합니다. 그러나 「마차」는 어떤지 모르겠습니다만 「流るる시대」의 생활 감각을 오늘에 있어서 구할 수도 쓸 수도 벌써 없을 듯합니다.

요 며칠 눈이 오고 춥다가 오늘부터 또 풀립니다. 쭉 이대로 따뜻하면 쉬 한번 서울 가겠습니다.

(중략)

애정 문제는 역시 새로운 순결한 애정이 좋을 것 같습니다. 묵은 애정의 권내(圈內)를 휘 둘러보아야 한 곳도 마음을 당기는 데가 없습니다. 한번 인연을 맺는다는 것이 평생의 중대 문제인 듯도 하구요. 그런 정도로 유념해 두세요. 만나서면 더 자세히 이야기할 수 있을 것 같습니다. 저희는 내주까지면 학년 시험이 다 끝납니다. 귀교(貴校)는 언제께쯤부터 휴가 되시는지요. 뵈올 때까지 안녕하세요.

3월 7일 이효석 배

유진오 학형

이태준 저, 『서간문강화』, 박문서관, 1943.

노성석 씨에게

노성석 씨에게

일간(日間) 안녕하십니까. 소생(小生) 그날 무사히 귀양(歸壤)했습니다. 오늘에야 겨우 맑은 정신을 차리고 있습니다. 곰곰이 생각해 보니 오형(吾兄)께 끼쳐드린 폐가 이루 한두 가지가 아님을 깨닫고 놀라고 있습니다. 살뜰히 접해 주신 혜려(惠慮)와 환대를 깊이 감명하겠습니다. 외람한 앙청(仰請)까지를 드려 선선히 응락까지 해 주신 것은 무어라 감사의 말이 없습니다. 관대하신 아량을 경모(敬慕)합니다.

경영하시는 사업을 이제서야 자세히 배관(拜觀)하고 문화사업에 대한 그 치밀한 계획과 양심적인 자랑에 깊이 감동했습니다. 소생 등 미성(微誠)으로나 흔연(欣然) 귀업(貴業)에 참가하여 한 줌의 힘이라도 가(加)해 드리고 싶은 생각이 솟습니다. 다만 힘 없음을 자탄앙괴(自嘆仰愧)할 뿐입니다.

아마 오형(吾兄)도 오늘쯤에야 피곤이 풀리셨겠습니다. 생각할수록 도도한 감흥이었습니다. 거듭 사례합니다.

예(例)의 것은 일간 교시(敎示)하실 것으로 배측(拜測)하오며 내양(來壤)의 시일을 아울러 기다리겠습니다. 명일(明日)부터 학교가 시작되옵니다. 내내 안녕하시기 앙기(仰祈)하오며 앞으로는 비장(秘藏)해 가지고 계신 전적(典籍) 등에 관해서도 필요에 따라 은혜 입고저 하옵니다.

총총 난필로 실례하옵니다.

이효석 배

노성석 학형 궤하(机下)

이태준 저, 『서간문강화』, 박문서관, 1943.

최재서 씨에게

여름에 뵈옵고는 오래 소식 못 들었습니다. 날이 본격적으로 추워가는데 안녕들하시온지. 일전엔가 측문(仄聞)하오니 영윤(令胤)을 잃으셨다는데 정말이온지, 얼마나 아프게 마음을 상하셨겠습니까. 저도 봄에 아내를 잃은 후, 여름에는 또 시골 보낸 끝에 어린 것을 잃어버려 두 겹의 불행으로 올 일 년은 산 자미 없었습니다. 그저 체관(諦觀)하는 수밖엔 아무 도리가 없었음을 알았습니다. 불행을 당하는 건 나 하나만이 아니라는 것을 생각하면 조금 위안이 됩니다. 과히 상심 마시고 속히 딴 데로 생각을 돌리시는 것이 제일 수입니다.

《국민문학》은 아마 보내셨겠지만, 배접(拜接)치 못하고 따로 구해서 읽기는 했습니다. 처음이라 편집에 고생하셨을 것을 추측하오며 좌담회 기록은 반독(返讀)했더니 국민문학이라는 것을 모두들 너무 협의(狹義)로 취한 것 같습니다. 좀 더 넓은 의미로, 따라서 실제 창작에 있어서도 관대하게 보는 것이 그 진의일 듯한데 모다 조급하게 국한된 부분만에 안목을 둔 것 같어요. 창작란은 필자를 조선서만 구한다면 아무래도 설피게 될 것 같습니다. 더욱 충실해질 다음 호를 기다리겠습니다. 잡지는 안 보내셨다면 차라리 다행인 것이, 지금 들어 있는 기림리(箕林里) 집에서는 우편물이 자꾸만 분실이 됩니다. 고료도 아직 안 부치셨거든 학교로 보내 주시기 바랍니다.

내내 평안하시기 바랍니다.

11월 29일 이효석 배

이태준 저, 『서간문강화』, 박문서관, 1943.

금강산에 계신 문우에게

금강산의 피서 재미가 어떠신지. 아침저녁이 시원해졌다고는 해도 거리에서는 아직은 죽을 지경입니다. 금강산에 가 본 지 벌써 몇 해나 되는지 이런 무더운 때에는 사실 산속의 일국(一掬)의 청량미가 간절히 생각납니다.

평양 오셨을 때는 별반 대접도 못 드리고 연일 피곤만 하셨을 것을 미안히 여깁니다. 바로 떠나시던 날—그날은 아마도 가장 재미있는 날이 되었을 텐데 형이 발이 빨랐습니다. K 형의 집을 찾았을 때에 형이 이미 아침 차로 떠나셨다는 말을 듣고 미상불 섭섭한 마음을 금할 수 없었던 것은—그날의 재미나는 건 다름이 아니라—마침 시골서 왔던 어떤 문학 부인이 형이 왔던 길에 한번 만나들 뵈었으면 하는 청이 제게 들어왔던 까닭에 그것을 그날로 해볼까 한 것이 애틋하게도 형의 자태는 이미 사라진 뒤였던 것입니다. 그 날은 별수 없이 K와 C 양 형(兩兄)과 그 거리로 나가 다방 영화관 식당에의 순례로 하루를 지웠습니다. 그 뒤 이 두 분들과 짝이 되어 날마다 대동강 행—보트와 맥주와 헤엄과 일광욕과 천렵(川獵)과

잡담과의 일과(日課) 일주일을 못 넘어 전신이 새까맣게 그을고 어깻죽지는 쓰라리게 되었습니다. 눈앞에서 제물에 피서가 된 셈이나 아무래도 산이나 바다만은 못한 것 같고 다시 집에 들어앉기 시작했더니 하루에 세 차례씩 냉수욕을 해도 몸에 땀이 되로 흐르는 지경입니다. 그저 올해도 또 한여름 그러다 말 것 같습니다.

제 얘기만 한 셈이 됩니다만 계획하신 전작소설의 집필은 잘 진척되시는지 시원한 속에서라면 아마도 생각에 하루 이십 매는 넘어 쓸 것 같습니다. 제 경우와 같이 짧은 시간에 되구말구 복닥거려 넘기지 않고 상당히 오랜 기일을 두고 착상하시고 집필하시니 반드시 넉넉하고 주밀(周密)한 좋은 작품이 되리라 믿습니다. 정진하셔서 문학에 빛을 더하십시오. 조선문학의 뜻이 별안간 새로워지고 차차 넓게 중목(衆目) 앞에 나타나게 되니 문학인의 준비와 기품에도 종래보다는 일단(一段)의 비약이 있어야 할 것 같습니다. 어떻든 참으로 좋은 작품이 아니고는 행세 못 할 때가 온 것입니다. 자연의 형세입니다.

책도 별반 읽지 못하고 글자대로 땀만 흘리며 우유무위(優遊無爲)의 여름을 보내고 있는 셈입니다만. 아직도 휴가가 한 달 폭은 남았으니 무슨 또 변동이나 생길지도 모르는 것이요 남은 여름을 즐겁게 기다립니다. 자꾸 틀어져만 오는 북지(北支) 여행도 가을까지에는 해볼까 합니다만.

편안하기를 빌며 다음 편지에는 산속의 소식이나 가득 전해 주시면 앉은 채 산바람을 쐬어볼까 합니다.

8월 28일 이효석 배(拜) 유진오 형

(내용으로 보아 1939년 7월경으로 추정됨.)

김동환 씨에게

김동환 씨

혜서 받고 답장이 늦어 미안합니다. 귀지(貴誌)는 2부 다 받았사오며《삼천리》의 발전을 멀리서 비나이다.

생(生)은 박 씨 작고한 날부터 병욕에 눕게 된 것이 늑막염으로 진단되어 우어금(于於今) 삼개월간 앓아 오던 중입니다. 다행히 양의 김 씨를 얻어 입원은 안 하였을망정 매일 시료(施療)한 결과 입원 이상의 효과를 보고 있습니다. 아직 와병중이나 작금 약간씩 기동하고 간신히 서간의 붓을 잡게 되었습니다. 약 주여후(週餘後)부터 출입하여 볼까 생각하고 있습니다. 요사이는 누운 채 마치 어린아이의 환희를 가지고 뜰 앞에 일광 초목을 바라고 있습니다. 등한히 하던 건강의 필요를 이제는 새삼스럽게 느끼고 있습니다.

귀지의 새로운 계획에 찬동하느니만치 말씀하신 원고를 쓸 생각은 많으나 아직 거기까지 기력이 미치지 못합니다. 그러나 전쾌 후 생각만 생기면 즉간 써서 보내겠습니다. 내일에라도요.

아무쪼록 건강하시기 비나이다.

이효석 배

출처 미상

평론

존 밀링턴 싱의 극 연구

1. 서론

2. 극적(劇的) 극

3. 극작가로서의 싱

4. 그의 극

(1)「산곡의 음영(陰影)에서」

(2)「바다로 달리는 이들」

(3)「주조사(鑄造師)의 결혼」

(4)「성자의 샘」

(5)「서국(西國)의 인기아(人氣兒)」

(6)「비수(悲愁)의 디어드리」

5. 결론

1. 서론

셰익스피어가 그의 비적(比敵)할 곳 없는 광채를 가지고 엘리자베스조(朝) 시대를 찬식(燦飾)한 이후 금일의 장관을 정출(呈出)하기까지 약 3세기 동안의 영국의 극단은 심히 적막하였다. 물론 그동안에 드라이든, 오트웨리, 콩그리브, 골드스미스 혹은 셰리든 같은 극작가들을 배출하여 위대한 전통을 계승하여 내려오지 않은 바는 아니었으나 그들은 능히 영국 극단을 세계 극단과 비견시켜 오진(伍進)시키지는 못하였다. 존스와 피네로를 수두(首頭)로 디오니소스의 찬가가 남창(濫唱)되기 시작한 것은 19세기에 들어서부터이요 최근 영국 극계의 가장 위대하고 의미심장한 업적은 애란극 운동이었다. 해(該) 운동은 애란극을 수립하는 동시에 많은 극작가를 산출하였으니 가운데에서도 애란극의 진정한 전설을 창조한 한 사람의 천재는 곧 존 밀링턴 싱(1871~1909)이다. 비록 운동의 핵심적 지도인물은 예이츠였고 그의 작품이 후진 극작가들 사이에 여하한 세력적 영향을 끼쳤다 할지라도 애란 국민극은 두 사람의 창의적 작가 싱과 패드라익 콜럼을 낸 이후 창시되었고, 비록 그레고리나 보일 등을 본받은 후진도 많다 할지라도 이래(邇來)의 애란극은 싱과 콜럼, 두 사람의 계통을 이어서 발전하여 왔다. 중에도 싱의 노력은 위대한 것이며 수많은 극작가 중에서 극작가로서의 세계적 공인과 명성을 획득한 유일한 사람이다.

그는 애란 극장을 위하여 극작한 이들 중에서 발군적(拔群的) 추심적(樞心的) 작가일 뿐더러 그의 천재와 역량은 그를 최근 세계문학의 쟁쟁한 극작가 입센, 하웁트만 혹은 마테를링크 등과 동등한 계열에 오치(伍置)하고도 오히려 남음이 있다. 어떤 비평가는 그를 셰익스피어에까지 견주었으나 이것은 확실히 그릇된 과장에 불과한 것이요 "셰리든과 골드스미스로부터 쇼에 이르기까지의 전 영국극 중에서 가장 위대하다고 부를 이름이 다만 하나 있으니 그것은 곧 애란인 존 밀링턴 싱의 이름이다."고 한 하우의 평이 가장 타당하다고 볼 수 있다.

불행히 38세의 단생애(短生涯)를 일세로 요절한 까닭에 극적 저작의 양이 적으나 그의 생애가 좀 더 길었던들 얼마나한 위적을 남겼을까를 생각하매 이 천재의 조세(早世)를 거푸거푸 애석히 여기는 바이다. 그러나 지금 우리 수중에 남는 작품으로도 능히 그에게 셰익스피어에 다음가는 지위를 서슴지 않고 위도(委渡)하기에 충분한 양과 질을 제공하고 있다. 물론 그에게는 소포클레스의 엄렬(嚴烈)한 인생도 없고 셰익스피어의 장대한 구상도 없고 와일드의 피비린내 나는 광분적 열정도 없다. 만은 진정한 미에 영동(靈動)되어 진실한 생명의 환상을 아름다운 형식과 균제된 구조로 표현하는 천품(天稟)의 극작가에만 부여된 교묘한 수법과 기술을 가진 생래의 극작가였다. 인간 생활에 깊이 동감된 그의 상상으로부터 그는 다만 교묘할 뿐이 아니라 진정한 의미에서 '위대한' 작품을 창조한 것이다.

2. 극적 극

본 장은 이 논문 전체로 보아 그다지 중요한 대문(大文)이 아니기에 여기에서는 생략함.

3. 극작가로서의 싱

파리 나전가(巴里 羅甸街) 어떤 작은 셋방에서 장래 불란서 문학 비평가가 되겠다는 포부를 가지고 라신을 연구하고 있었던 싱을 발견한 예이츠의 공적은 '또 한 사람의 셰익스피어'를 발견했다 하여 왕왕히 크리스토퍼 콜럼버스의 공적에도 비교되어 왔다. 1898년 6월 예이츠의 충고와 격려로 싱이 파리를 떠나 '그들의 한 사람과 같이 그곳에 살고 아직 표현되지 못한 그들의 생활을 표현하기 위하여' 애런 도(Arran Islands)로 건너갔을 때에 비로소 이 천재는 그의 바른 도정의 첫걸음을 떼 논 것이었다. 애런 도, 케리, 위클로, 코네마라 등 개척되지 않은 이 원야(原野)에서 소박한 농민과 밀접히 접촉함으로써 시인은 그의 예술의 풍부한 영감을 발견하였던 것이다.

싱은 매년의 대부분을 농민의 주방에서 살고 그들의 노화(爐火)와 포터주(酒)로 그의 피를 녹이고 그들의 가지가지의 전설에 귀가 울렸다. 적막한 언덕 위에 바람 쏘이고 황량한 해안을 방황하고 혹은 바다와 하늘과 신선한 공기의 숭대(崇大)한 미에 취하여 어부들과 같이 조각배 타고 섬 멀리 돛대 달아 보았다. 추수기의 달이 높을 때에는 취흥에 겨운 마을 사람의 소동에도 참가하여 보았다. 이렇게 하여 마침 농민적 열정이 그의 혈조(血潮) 속에 굵게 맥(脈) 치게 되었다. 그는 그의 예술적 배양을 파리 시대나 구주 방랑 시대에서보다도 더 많이 이 풍부하고 조야한 생활과의 접촉에서 얻었다는 것은 그의 고백에 의하여도 명백하다. ―"이웃 방의 비복(婢僕)들의 이야기를 듣게 한 옛 위클로 가정의 판장(板墻) 틈에서 나는 어떠한 학문에서보다도 더 많은 도움을 얻었다."

이 농민 생활에서 그는 진실성과 희열에 넘치는 신선한 희곡상(戱曲相)을 잡으려 노력하였고 따라서 이 생활 속에 자연주의와 비도덕주의의 그 예술 신조가 깊이 뿌리박혔다. 그는 그의 예술의 기초를 진실에 두고 무엇보다도 먼저 생기 있는 성격을 통하여 그것을 표현하였다. 그의 극중 인물들은 결코 괴요적(怪妖的) 영웅도 아니요 꿈을 먹고사는 선인(仙人)의 배(輩)도 아니요 피와 살의 현실 세상의 조야하고 열정적인 인물들이다. 그는 괴뢰적 인물을 철저히 배격하고 몽환적 희곡에 반대하여 진실주의를 고창(高唱)하고 시종여일하게 인생을 현실적 희곡적으로 해석하였다.

모건이 말한 것과 같이 "그는 그 시대의 희곡에서 격리하고 도덕주의의 기반을 완전히 탈리(脫離)하였으며" 진리를 위한 진리의 탐구를 배척하여 희곡의 본질은 "진실과 환희"라고 선언하고 가톨릭이나 프로테스탄트나 정치나 개조나 도덕이나 문제나 똑같이 무관심한 태도로 대하였다. 「서국(西國)의 인기아(人氣兒)」의 서문 가운데에서

> 무대에는 진실한 환희가 있어야 한다. 이것이 곧 지적 현대극의 실패한 곳이다. 현실의 신성과 야성 가운데에서만 풍요한 환희는 찾을 수 있나니 희가극의 허위적 환희에 사람들은 이미 싫

증난 지 오래이다. 좋은 연극에 있어서는 한 마디 한 마디의 과목에 모두 호도(胡挑)와 능금(林擒)의 풍미가 있어야 한다.

고 명언하였으며 다시 「주조사(鑄造師)의 결혼」의 서문 가운데에 이 태도는 더욱 선명히 나타나 있다.

극은—불란서 류로 말하면—엄숙한 문제의 포함된 정도에 의하여가 아니라 우리들의 상상력이 섭취하여야 할 식물(食物)인 자양물의 포함의 정도에 따라 엄숙하게 된다. 우리는 마치 화학 약품상(藥品商)에나 혹은 도량형상에 가는 것같이 극장에 가는 것이 아니라 쾌락과 감흥을 가지고 우리들의 필요한 식물을 취할 수 있는 찬연(餐宴)에 참여하러 가는 때와 같은 흥을 가지고 극장에 가는 것이다. 서반아나 영국이나 불란서에서나 연극이 가장 풍요한 시대에는 항상 이러하였다. 연극의 창생기와 쇠미기(衰微期)에 있어서는 흔히 교훈적으로 기울어지기 쉬운 것이다. 요사이의 극장은 여러 가지 함축된 문제의 마취제와 최근 희가극의 마주(魔酒)를 너무나 많이 축장(蓄藏)하고 있다.

연극은 교항악과 같이 가르치는 것도 아니요 사물을 증명하는 것도 아니다. 문제를 분석하고 조직을 가르치는 자는 가렌의 약방서(藥方書)와 같이 곧 풍조에 뒤떨어지고야 만다—입센을 보라. 독일파 극작가를 보라 그러나—벤 존슨이나 몰리에르의 가장 좋은 극은 원리(垣籬) 위의 흑매(黑苺)와 같이 결코 풍조에 벗어나는 법은 없다.

이 극론을 싱은 실제적 작극(作劇)상에 있어서도 그대로 준봉(遵奉)하고 실행하였다. 그의 연극 속에서 문제와 의견은 일절 금물이다. 입센이 자연에서 인생의 의미를 독취(讀取)하려 하였다면 싱은 다만 자연 그대로를 그의 거울 속에 반영시켜 보았다. 입센이 우리로 하여금 생각게 한다면 싱은 다만 '숭엄하고 조박(粗朴)한' 인생을 '진실과 환희'를 가지고 우리에게 보여 줄 따름이다. 그의 비교훈적 태도가 애란 문예 운동의 지도자인 예이츠의 성명(聲明)과 일찍이 부합한 것은 당연한 일이었다.

> 우리는 선전극이나 혹은 주로 어떤 명확한 도덕적 목적을 달하기 위하여 쓴 극을 바라지 않는다. 예술은 여론이나 의견과 관련되는 것이 아니라 정서와 성격의 진실성과 관련되는 것이기 때문이다.

싱은 리얼리스트이다. 그러나 그의 리얼리즘은 결코 건조 무미한 것이 아니라 상상적 요소를 다분히 함유한 것이요 로세티의 소위 "인간적 기교의 혼 없는 자기 반영"은 아니다. 그는 인간 생활과 우주를 깊이 관취(觀取)하고 현실을 흙 향기 높은 시적 사조(辭藻)로 표현하였다. 애란 농민과 농부(農婦)의 내적 쟁투를 경탄할 만한 어사(語辭)로 그려냈다. 크리스티의 연홀(戀惚)한 장구(章句), 디어드리의 장미(壯美)한 과목(科目), 모리아의 단장적(斷腸的) 통곡으로 싱은 단순한 리얼리스트 이상의 천분을 보였다. 많은 비평가가 지적해 낸 것같이 싱의 가장 큰 공적의 하나는 그가 생활과 시를 조화시키고 양자를 극장 속에 공존시킨 것이다. 하우는 말하되 "현대의 극작가는 두 가지의 중대한 곤란에 직면하였으니 두 가지 다 조화의 곤란이다. 첫째는 생기 있고도 즐거운 어사(語辭)로 복잡하고도 순진한 생활에 진실성을 부여함이요, 둘째는 이 진실성에 이해하기 쉽고도 자연스러운 형식을 부여함이다."고 하였으니 이 두 가지의 곤란을 난(難) 없이 격극(擊克)하여 나간 것은 곧 싱이다. 주조사(鑄造師)나 방랑인이나 그의 인물은 다 같이 시인이요 향기 높은 음악적 그러나 결코 부자연하지 않은 언어로 서정적 심사를 표백한다. 자연주의와 서정주의가 호모(豪毛)도 저어(齟齬)치 아니하고 이렇게 완전히 혼합 조화된 것은 싱의 희곡을 내놓고는 찾을 곳이 없을 것이다. 셰익스피어를 영원케 하고 칼데론을 살리고 희랍 극작가를 불후케 한 그런 참된 연극은 언어가 에덴 동산에서 새로 솟은 듯한 생기를 띤 생활 속에서 솟아나올 것이다. 깊고도 넓은 인생의 흥미는 감정의 음악과 한 마디 한 마디 심도와 음영을 가진 풍요한 언어로 표현하여야 할 것이니 생기 있는 언어의 미묘한 유동은 생명의 중요한 피복(被服)이요 언어와 열정과의 관계는 근육과 인체와의 관계에도 혹사(酷似)하기 때문이다…….

(본 장(本章) 이하에 싱의 작극상 용어와 그의 극중 인물의 성격과 극의 행동 기타 제반 기교 문제를 논하였으나 시간 관계로 인하여 마치지 못한 채 불가불 여기서 붓을 놓지 않으면 안 되게 되었습

니다. 본 장도 본 장이려니와 이 논문의 중점인 제4장 즉 그의 작품에 이르러서는 한 마디도 언급치 못하였으니 고양이도 못 그렸거니와 범의 시늉도 못 냈습니다. 그러나 세부득(勢不得)하여 여기에 이르렀으니 널리 독자 제현의 양해를 빕니다.)

《대중공론》, 1930. 3.

「깨뜨러지는 홍등」의 평을 읽고[1]
—작자로서 일언

졸작 「깨뜨러지는 홍등」은 역작도 아니었으며 작자 자신 그다지 잘된 작품이라고도 생각지 않는다. 그러나 결코 대중없는 평을 받을 작품은 아닌 줄 믿는다.

대저(大抵) 작자가 작품을 써서 세상의 수많은 눈앞에 내놓을 때에 그의 마음은 항상 노심초사하고 있는 것만큼 그 작품에 관한 평에 있어서는 일층의 참된 공정을 바라는 것이다. 공정한 태도를 기한다 하면서도 기실(其實)은 갈고리진 심정으로 작품을 깔죽깔죽 뜯어 놓고 과학적 해부를 표방하면서도 기실은 남모를 제 혼자의 산만한 평사(評辭)를 나열하여 놓는 따위의 평은 작자 자신이나 독자 계급의 결코 요구하는 것이 아니다. 세상에 바른 눈은 많은 것이다. 똑똑한 마음은 많은 것이다. 제아무리 갈고리진 평이라도 세상의 똑바른 눈들은 스스로 그것을 교정(矯正)할 것이니 두려울 바 아니

1 이 작품에 실려 있는 많은 부분을 판독할 수 없으므로 최선의 편집을 하였음을 밝혀 둔다.

겠지만 그러나 망령된 헛수고의 평필(評筆)은 잡지 않는 것이 냉정한 짓일 것이다.

「깨뜨러지는 홍등」에는 이렇 듯한 진진한 스토리는 없다. 나는 예술적 묘기를 겨누지 않고 아무 과장도 고조(高調)도 없이 다만 한 사건을 담담하게 그렸을 뿐이다. 그러나 사건 그것은 결코 평범한 것이라고는 생각지 않는 바이다.

평자의 소위 "그따위 평범한 사실"이라는 것은 무엇을 의미함인지 작자로서는 잘 이해하기 어렵다. 누주(樓主)와 창기(娼妓)의 대립 투쟁 및 창기의 고난의 과정을 나는 이 소편(小篇)에서 취급하였다. 이 투쟁과 고난—이것이 어찌 평범한 사실이란 말인가. 동일한 목적을 향하여 단결한 집단의 의지와 그것과 배치되는 위지와의 충돌 및 거기에서 일어나는 분노가 어찌하여 평범한 사실이란 말인가. 이것은 사건이다! 사건이라고 하여도 비상한 사건이라야 된다. 왕이 무서운 자기의 친간(親姦)의 죄행(罪行)을 깨닫고 통회(痛悔) 끝에 자기의 두 눈동자를 찔러 빼내는 사건이라든지 또는 음란한 왕희(王姬)가 그의 정소(情訴) 거절하는 예언자의 목을 자르게 하는 사건이라야만 비상한 사건인 것은 아니다. 개인의 의지의 충돌상극으로 하여 연출되는 비상한 사건과 아울러 집단의 의지의 충돌에서 생기는 사건 역(亦) 비상한 사건일 것이다. 이 사건은 비상한 사건답게 통절(痛切)히 표현은 못하였을망정 사건임에는 틀림없을 것이다.

이러한 사건을 통하여 그들로 하여금 더욱 사회의식에 눈뜨게 하고 투쟁의식을 OO케 하자는 것이 이 작품의 의도였다. 평자가 지적한 바 「깨뜨러지는 홍등」이 전편(全篇)의 역점은 아닌 것이다. 거기에 이르는 투쟁의 과정, 거기에서 장차 또다시 전개를 예상시키는 투쟁의 과정—이것이 실로 작자의 그리려 한 것이다. "그러니 어쩌란 말이냐?" "그러니 어떻게 하란 말이냐?"에 대한 대답은 투쟁의 과정을 통하여 암시되었던 것이다. 과연 홍등을 깨뜨린 그들의 소득은 없다. 당금에는 아무것도 해결되지는 않았다. 그러나 그들의 노력은 거기에 그친 것이 아니다. 그들은 그들의 뜻을 달할 때까지 싸울 것이다. 이 작품을 통하여 이만한 암시도 감득(感得)치 못한다면 그야 곧 천치적(天痴的) OO에 지나지 못하는 것이다.

대체 어떤 작가가 제재(題材)로 어떤 쟁의(爭議)를 취급할 때 반드시 그 쟁의의 전말을 소상히 기록하고 결말에 쟁의의 승패를 충실하게 보도하여야 할 필요는 호모(毫毛)도 없는 것이다. 작가의 의식경향에 따라서 그 사건 중의 어느 부분을 집어내서 그리든지 그것은 온전히 작자의 자유일 것이며 그린 그것만으로도 능히 전편이 OOOO 그만인 것이다. 사건의 전편을 그려 승패의 결말을 꼭 붙인다는 것은 도리어 치둔(痴鈍)한 수법이 될 것이며 그것으로 하여 도리어 OO를 망치는 수도 있을 것이다.

나는 이 작품에서 아직 결말 안 난 쟁의의 과정을 그렸다. 그렇다고 평자가 꼬집어 말하는 듯한 '아지프로'의 결과가 그다지 OO되었다고 생각지 않는다.

또 평자는 요사이에 흔히 쓰이는 문자 '기분적'을 유일의 무기로

이 작품이 기분적이요 적어도 기분적으로 취급되었다고 하여 버렸으나 이 작품이 그리고 작중 인물들의 소행이 어디로 보아 기분적인가.

기분만으로 어찌 그들이 그만한 일을 단행하였단 말인가. 그들은 "모든 여성의 입에서 항다반으로 듣는" 신세타령에 그치지 아니하고 한 걸음 나아가서 싸움을 계획하지 않았는가. 비록 싸움의 계획이 철저치 못하였을망정 기분적으로는 결코 될 수 없는 일이다. 구타와 기아(飢餓)를 당할 줄 알면서도 미쳤다고 기분에 끌려 그런 짓을 단행한단 말인가. 작자의 수법은 부족하거니와 이 작품을 다만 기분적으로 보는 두뇌야말로 적지않이 부족한 것이다.

이러한 쟁의를 더 큰 전체성(全體性)에서 붙잡지 아니하고 다만 창기와 누주의 관계에만 그친 것은 작자의 불찰이었으나, 그렇다고 이 작품이 다만 기분적이요 무내용(無內容)하고 프로 의식이 결핍하다고 단언하는 것은 망발이다.

평자는 그들이 파업을 단행한 동기가 박약한 것을 가리켜 기분적이라고 한 듯하나 사건의 동기는 동기요 사건의 진전은 진전인 것이다. 동기가 박약하다고 사건의 진전 그것조차 기분적은 아닐 것이다. 동기는 비록 박약할지라도 그들이 꾀하고 계획하고 일을 단행하고 싸워 가는 과정이야말로 기분적은 아닌 것이다.

동기가 박약한 것은 작자 자신도 느끼는 바이다. 애초에 이 작품을 구상할 때에 실상인즉 평자도 지적한 바 명자라는 창기의 만기 계약을 누주가 위반한 사실을 내세워서 그것을 한 사건으로 그려서 써 동기로 삼을 작정이었으나 다시 생각하여 그것 OOOO 정도의 그들의 불만의 조건이 하나이므로 이것을 특히 내세우지 아니하고 이것을 뭇 조건 중의 한 조건으로 취급하기에 그쳤던 것이다. 이것은 확실히 작자의 실책이었다. 그러나 한 가지의 또렷한 동기가 없다 할지라도 그들의 폭발된 기운은 날로 자라왔나니 이것이 극도로 달한 하루날 또렷한 동기 없이라도 저절로 폭발하는 것은 필연적이요 자연스런 일이다. 화약은 불을 질러도 폭발하는 것이어니와 슬근슬근 마찰하여도 폭발하는 것이다. 사람은 다짜고짜로 볼을 갈겨도 노하는 것이어니와 슬근슬근 구슬어도 노하는 법이다. 그들이 폭발한 것은 이 슬근슬근 마찰을 당한 끝에이다. 극도의 마찰의 절정에 실로 동기는 있는 것이다.

나는 이것으로 동기가 박약한 것을 변명하려는 것은 아니다. 박약한 것은 어찌할 수 없는 일이다. 실책은 실책이다. 그러나 동기가 박약하다고 작품 전체가 기분적이라 함은 당치않은 평사(評辭)란 말이다. 역점은 이 동기에 있는 것이 아니라 쟁의의 과정에 있고 쟁의의 일어나기까지보다도 일어난 쟁의의 진행의 과정을 더 힘써 그리려는 것이 나의 계획이었던 것이다. 섭섭은 하나마 '기분적'이라는 언사(言辭)는 평자에게 되로 O상(O上)하지 않을 수 없다.

평자 '딴은' 노파적 '친절'을 가지고 그 외에 부족한 허다한 점을 지적 열거하였다. 그러나 교활한 누주가 삼일간 절식(絕食)을 시킨 것이라든지, 분에 복받친 창기들이 악으로 사흘을 참았다가 사흘 만에야 O합을 모아서 밥을 사다 먹은 것이라든지, 풍부한 지식과 철저한 의식을 가지지 못한 한 창기가 가로(街路) 설교(說敎)에 전에 들어 두었던 말을 반복한 것이라든지—말하여 둔다. 이것은 작자가 의식적으로 반복시킨 것이라고 하면 더 실수인가?—옹기종기 모여 섰던 유야랑(遊冶郎)들이 감동되어 그것을 듣고 섰는 것이라든지, 비록 방이 다다미요 창에 커튼이 있을지라도 누주가 일인(日人)이 아니고 조선인이라든지—이런 것이야 실제로 현장에 가서 탐문하면 알 것이다—이러한 취급에 아무 부자연도 불합리도 없을 것이다. 예술에는 가능성과 개연성만 있으면 족한 것이다. 예술의 개연성쯤이야 구태여 아리스토텔레스까지 찾아 올라가지 않아도 암직한 일이 아닌가.

평자는 또 이 작품을 가리켜 초기의 습작이니 표현이 용렬(庸劣)하니 등의 언사를 희롱하였으나 작품의 과학적 해부에 있어서 이따위의 언사는 필요치 않은 것이다. 그리고 '감상적(感傷的)'이란 말은 당치도 않은 말이다. 과연 그들은 눈물로 요구서를 썼다. 그러나 결코 감상적으로는 아니다. 이때까지의 다른 작품에서는 몰라도 적어도 이 작품에서는 나는 감상(感傷)을 극복하였다고 생각하는 바이다. 감상적(感傷的)으로 보았다면 감상적(鑑賞的)으로 작품을 다시 한번 읽기를 바란다.

끝으로 조선 평단에 대하여 한 마디 하려 한다. 요사이의 평단! 실로 가관이다. 비평의 OO이 OO혼란하여 있는 것은 말할 것도 없거니와 또렷한 줏대도 없이 각인각색 제 하고 싶은 소리 제멋대로 탕탕 하는 것이 평단의 현상(現狀)이다. 하등의 객관적 표준이 없이 이 사람 집적 저 사람 집적 마치 드러누워 팥떡 먹기로 붓을 들고 되고말고 멋대로의 평사를 나열하여 놓고 월평이라고 하는 거의 난마(亂麻)의 상태에 빠져 있다. 슬픈 일이다! 길게 말할 것 없이 한마디 바라 두노니 '진정한 객관적 과학적 기준' 없이는 비평의 흉내를 내지 말지요. 소여(所與)의 작품을 '역사적 사회적 OO'에 있어서 '참으로 공정한 태도'로 비평할 능력이 없으면 모름지기 평의 붓을 꺾어 버리라.

《중외일보》, 1930. 4. 23.~25.

시나리오에 관한 중요한 술어

시나리오는 다른 문학 형식과 달라 오로지 인물의 동작과 장면의 행동적 전개를 추사(追寫)하여 써 시각에 호소하는 독특한 문학 양식이므로 그 표현 양식에 있어서도 필요 이상의 찬란한 수식 언어의 향기, 문장의 로맨티시즘, 용만한 심리 묘사 등은 존재할 수 없으며 전 편을 통하여 오로지 간결한 동작의 단적 묘사만이 허락되나니 성격과 심리의 진전은 이것을 통하여 암시된다. 즉 시각을 통하여서만 이야기는 진전되는 것이다.

따라서 시나리오의 표현 기술은 곧 시각적 효과를 전제로 하는 것이요 그러므로 시나리오의 술어는 전혀 시각적의 것이다. 원래 시나리오는 촬영을 위한 대본이므로 촬영에 관한 일체의 기술이 곧 시나리오의 표현 기술이 된다. 즉 촬영기의 렌즈에 수부(隨付)된 장치 카메라와 피사물과의 거리의 원근, 카메라의 위치와 각도의 변화 기타 노출기교 등을 토대로 하여 시나리오의 술어도 우러나오는 것이다.

다음에 시나리오에 관한 중요한 술어의 몇 가지를 대략 설명하려 한다.

1. 촬영기 렌즈 앞에 장치되어 있는 격막(隔膜) 혹은 공막(空膜)의 개폐 작용으로 생기는 기술

용명(溶明, Fade In; F. I.): 어둡던 화면이 차차 밝아지며 나중에 선명한 화면으로 변함.

용암(溶暗, Fade Out; F. O.): 용명과 정반대의 방식이니 선명하던 화면이 점차 어두워져서 나중에 전연 암흑의 화면으로 변함.

교개(絞開, Iris In; I. I.): 어두운 화면이 중앙으로부터 원형 혹은 사각형(square)으로 열려 차차 파문형으로 전 화면이 밝아짐.

교폐(絞閉, Iris Out; I. O.): 교개의 경우와 정반대이니 밝은 화면이 주위로부터 원형 혹은 사각형으로 점차 파문형을 지어 어두워짐.

교지(Iris Effect; I. E.): 교폐가 완폐되지 못하고 중도에서 그침.

이상 용명과 용암은 한 장면의 처음과 끝, 한 사건의 처음과 끝에 사용되는 것이요 암흑의 화면은 곧 시간의 경우를 의미한다.

교개와 교폐의 수법도 용명 용암과 동일한 경우에 사용되는 것이나 그 외에 어떤 특수한 물품 혹은 인물에 주의를 집중시킬 때 쓰인다.

2. 촬영 시간의 장단에 의하여 생기는 것

순간(Flash): 한 장면이 오랫동안 지속되지 못하고 일순간에 꺼져 버림.

절반(Cut Back): 한 장면이 사라지고 다시 전에 나왔던 장면으로 돌아감.

순간 절반(Flash Back): 절반이 순간적으로 계속됨.

3. 카메라와 대상물 사이의 거리의 원근에 의하여 생기는 것

대사(大寫, Close Up; C. U.): 대상물이 카메라에 극히 접근하여 비침.

중대사(中大寫, Medicate Close Up; M. C. U.): 대사보다 더욱 접근하여 비침.

최대사(最大寫, Large Close Up; L. C. U.): 중대사보다도 더욱 접근하여 비침.

카메라와 대상물의 거리가 차차 멀어짐을 따라 그 사이에 수많은 정도의 거리의 변화가 있나니 그 정도를 따라 아래와 같은 수많은 술어가 생긴다.

반신(半身, Bust; Bt)

접사(接寫)

근사(近寫)

근경(近景, Close-View; C. V.)

중경(中景, Medium Shot; M. S.)

전경(全景, Full Scene; F. S.)

원경(遠景, Long Shot; L.S.)

대원경(大遠景, Gorgeous Long Shot; G. L. S.)

전경(前景, Fore ground; Fg): 카메라에 가까운 손 앞

후경(後景, Back ground; Bg): 카메라에 먼 뒤편

4. 카메라의 위치와 각도의 변화로 생기는 것

이동(移動, Follow Scene): 카메라가 일정한 장소에 정지하지 아니하고 대상물을 따라서 그 위치를 이동함.

회선(回旋): 대상물을 따라 카메라의 각도가 수평적으로 선회함.

부앙(俯仰): 대상물을 따라 카메라의 각도가 상하로 움직임.

부감(俯瞰, Tilting): 카메라 위에서 아래의 대상물을 바라봄.

조감(鳥瞰, Bird's eye view): 카메라 아래서 위의 대상물을 치어다봄.

5. 노출 기교에 의한 것

이중사(二重寫, Double Exposure; D. E.)

이중 전환(二重轉換, Over Up; O. U.)

장면이 전환할 때 전 장면이 전부 사라지기 전에 그 위에 이중으

로 다음 장면이 서서히 덮여서 점차 전환됨.

이 외에 삼중 혹은 사중의 노출 방법도 있으니 대개 이 수법은 과거를 추억할 때나 혹은 환상에 잠길 때에 흔히 쓰인다.

6. 염색(染色)

조색(調色) 약품 혹은 염료로 필름을 물들여 비현실적 색채의 효과에 의하여 그 장면 분위기에 필요를 빚어 써 기분을 고조하게 하는 수법.

《동아일보》, 1931. 2. 24.~25.

과거 일 년간의 문예

아직도 온전한 한 달이 남았고 그 안에 어떠한 훌륭한 작품이 나서 시기를 획(劃)하고 써 문예계의 한 큰 흐름을 지을는지 전연 예측키 어려운 이제, 벌써 일 년간의 문예를 총론한다는 것이 조금 조계(早計)가 아닐까—이것이 내가 이 붓을 들기를 누차 거절하고 주저해 온 소이이다. 그러나 무슨 심산으로인지 편집 씨의 독촉이 날로—가 아니라 시(時)로 더하여 감으로 마지못해—사실 마지못해 이제 이 일문을 '장난'치는 바이다.

'과거 일 년간의 문예'—편집 씨의 정해 준 이 제목이 벌써 준비도 아무것도 없는 나에게는 과중한 짐이다. '일 년간'이라는 것도 긴 것이려니와 '문예'라는 것의 범주도 퍽 광범한 것이다. 이 광범한 분야의 일 년간의 수확의 자취를 일일이 쫓아다니며 살피기를 나는 즐겨하지도 않으며 또한 그럴 여유도 지금의 나에게는 없는 것이다. 나는 이제 여기서 다만 소설의 분야에 대한 나의 인상을 짧게 몇 줄 적으려 할 뿐이다. 종래에 흔히들 해 온 어중이 떠중이의 작품을 열거하는 식의 나열주의—변변한 잡지가 있고 똑똑한 편집자가 있다면 일 년간 생산된 작품의 분류 나열쯤은 구태여 글 쓰는 사람의 손을 거치게 할 것 없이 그 편집실에서 매년 우러나와야 할 것이다—를 폐하고 내 멋대로의 총평적 인상을 기록하고 일 년간 작품의 간류(幹流)를 지을 만한 몇 편의 작품을 들고자 한다.

—이것이 나의 원래의 의안(意案)이나 아울러 나열한 총평을 원하는 듯한 편집 씨의 독촉에 대한 심술궂은 보복이 되었으면.

흉작

앞으로 한 달 동안에 얼마나 많은 좋은 작품이 나올는지 모르겠으나 이달까지의 수확으로 보아서는 금년은 확실히 흉작이라는 것을 말하기에 나는 주저하지 않는다. 양으로도 흉작이려니와 질로도 흉작이다. 연래로 탄식되어 오는 '문예계'의 부진, '문단'의 침체—올 일 년도 결국 이 부진의 연장, 침체의 연속 이상의 아무것도 아니었다. 뾰족이 빛나는 것도 없었고 굵직하게 외치는 것도 없었고 흐릿하고 무기력한 저기압 속에서 이 일 년도 저무는 것이다. "내일은 개일까?" 원컨대 이것이 흐림의 마지막 저녁이 되어라!

누누이 운위되어 온 침체의 근본 원인을 이 자리에서 다시 되풀이함이 이미 싱거운 짓에 속할 것이다. 그 근본 원인 이외에 이 해에는 또한 이 해의 특이한 직접적 근인(近因)이 있나니 나는 그것을 다음 세 가지 조건에서 구하고자 한다.

첫째—'문인' 진퇴의 변동.

둘째—문예물에 대한 간행물의 태도.

셋째 — 원고 검열 난(難).

일 년을 통하여 '문인'의 진퇴의 변동이 많았다. 소실, 조난, 은퇴 — 이 뜻하지 아니한 기구한 변동으로 인하여 작품의 상실됨이 많았다고 생각한다. 더욱이 후반기에 있어서는 그 감(感)이 더하다.

다음엔 문예물에 대한 간행물(주로 잡지)의 태도가 매우 소홀하였던 것 같다. 종래에 순문예잡지가 하나도 없었던 까닭에 — 이달에 들어 순문예잡지 《문예월간(文藝月刊)》의 탄생을 본 것은 반가운 일이다 — 문예물은 겨우 일반잡지의 한 귀퉁이를 차지하였을 뿐이다. 문예물은 겸손하게도 그 귀퉁이를 감수하게 되고 잡지 자체 또한 그것을 상례로 알아 그것이 드디어 무례한 버릇이 되어 버렸다. 이렇게 하여 차차 문예물의 취급이 소홀하게 되었던 것이다. 이것이 또한 부진의 한 근인이리라.

또 한 가지 잡지 자체와 관련되어 부진의 근인을 빚어내는 것이 있으니 그것은 잡지간행의 불규칙성이다. 창간이자 폐간되는 예가 비일비재의 형편이니 말할 것도 없겠거니와 계획과 성산(成算)이 오죽 변변치 못하면 창간이자 폐간될까. 설혹 폐간이 안 되더라도 여러 달을 휴간하는 예가 매우 잦으나 이러한 불규칙성이 문예의 성장과 진전을 해함이 많다. 월전(月前) 모지(某誌)에서 필자의 시월 창작평을 받아간 일이 있다. 간청할 때는 어떠한 성산으로였었는지 그 애써 받아간 시월 창작평은새로에, 그 잡지의 꼴조차도 일 년 총평을 쓰는 이제까지 눈에 띄지 않는다. 창작도 창작이려니와 그보다도 더 많이 시기적 가치를 생명으로 하는 월평을 달을 묵이고 해를 넘기려 하니 이 가여운 일이 아닌가. 물론 거기에 이름에는 피치 못할 정세의 사연(使然)도 많기도 많으리라마는 잡지업자 자신이 좀 더 성의 있게 노력하기를 바란다.

끝으로 검열 난. 이것은 올에 시작된 것이 아니요 또 올에 끝난 것도 아니나 이 해에 들어 우심(尤甚)하였던 것만은 필자 자신 누차 당하여 본 만큼 사실이다. 팔월 이후로 필자는 합 네 편의 창작을 잃었다. 힘들이고 자신 있는 것인 만큼 탄생되자마자 살해된 것은 자타를 위하여 슬픈 일이다. 이 역시 비일비재의 현상이니 작품의 진전을 해함이 크다.

여상(如上)의 원인으로 이 해의 수확은 하는 수 없이 흉작이었던 것이다. 셋째의 원인은 당분간 건질 수 없다 하더라도 작가와 잡지업자의 힘으로 건질 수 있는 범위의 일에 이르러서는 이들의 성의와 노력을 기다려야 할 것이다.

소재

작가 측에 서서 창작 과정으로 일 년간을 총람할 때 가장 드러나게 부족한 것은 소재 선택의 지열(遲劣)함이다. 각각(刻刻)으로 움직이는 이 시기를 자자(字字) 그려내려는 노력은 보이지 않고 오히려 멀리 뒤떨어진 시기 착오의 경지에서 방황함은 알지 못할 일이다.

금년은 내외로 다단다사(多端多事)한 일 년이었다. 그 다단한 사태를 일일 쫓아가며 그리지는 못할지라도 부절히 움직이는 이 시기를 철저히 반영시키려고 애는 써야 할 것이나 그 애쓰는 자취가 도무지 보이지 않는다. 특수한 경우 밑에 처함으로써 다른 곳에서 구하기 어려운 훌륭한 소재를 다다(多多) 소유하면서도 그것을 캐어내지 못함은 부끄러운 일이 아닌가.

조선의 작가는 창작의 붓을 들기 전에 먼저 움직이는 현실을 응시하여 생생한 소재를 캐어내야 할 것이다. 싱싱한 현실을 그려서 써 아름다운 명일을 암시하려는 곳에 위대한 문학이 탄생될 것이다.

기술

다음에 작가들의 일반으로 부족한 것은 표현과 그 기술이다. 아무리 진미라도 그것을 담은 그릇이 흉하면 미각을 상하는 법이다. 소재가 아무리 훌륭하더라도 그것을 표현하는 기술이 부족하면 작품의 맛과 값은 상쇄(相殺)되는 것이다. 아니 표현이 부실한 곳에는 작품의 값은새로에 그의 존립조차 의심되는 것이다. 표현이 조잡한 것은 떳떳한 한 편의 작품이라고 할 수는 없다.

조선에는 표현에 주의하고 애쓰는 작가가 극히 희소하다. 거개(擧皆) 표현이 거칠고 필치가 어지럽다. 도대체 창작이라는 것을 퍽 쉬운 재조로 아는 듯하며 지극히 가벼운 태도와 부실한 준비로 창작의 붓을 드는 듯하다. 따라서 작품의 구성이 어색하고 묘사가 날림이요 문장이 망측하고 조사(措辭)가 무잡(蕪雜)하고 용어가 중복되고—습작한 미완성품의 경지를 벗어나지 못하는 작품이 되어 버리고 만다.

이 역 금년에 한한 일이 아니겠지만 근래 일반으로 농후하게 이러한 인상을 받게 된다. 현재의 작가들을 체로 친다면 우선 그의 문장으로 하여 체 안에 남을 작가가 아마 몇 사람 안 될 것이다. 일반으로 창작을 시작하기 전에 먼저 창작 이전의 문장도(文章道)를 더 닦고 표현 기술을 훨씬 더 습득하여 써 재출발을 꾀하기를 바란다. 쪼고 깎고 갈고 다시 쪼고 갈고—새겨 가는 한 자 한 자의 힘과 피가 맺히도록—모름지기 거기에까지 이르러야 할 것이다. 창작의 태도는 어디까지든지 엄격하고 진중하여야 할 것이며 호모(毫毛)도 유희적 기분에 흘러서는 안 된다. 그리고 이지 고잉(easy going)의 못된 버릇은 철저히 삼가고 극력 경계하여야 할 것이다.

「여직공(女職工)」과 「형(兄)」

이상 매우 개념적으로 흐르고 추상적이었으나 일 년간의 인상은 대강 그러하였다. 구체적 작품에 대하여 보아서 질적으로 정당한 위에 이상에 말한 소재의 적시기성(適時期性)과 상당한 표현 기술을 갖춘 작품이 매우 적었던 것이다.

「이중 국적자(二重國籍者)」(이기영), 「부역(賦役)」(동(同)), 「오수향서(吳水香書)」(송영), 「조합기(組合旗)」(동(同)), 「여직공」(유진오), 「형」(동(同)) 등이 바른 세계관과 의식을 파지(把持)하여 질적으로 정당하고 바른 문자의 계열에 들고 그 계열의 간류를 지을 만한 작품이었으며 가운데에도 「여직공」과 「형」은 그 표현에 상당히 힘쓴 자취가 보이는 우수한 작품이었다.

가장 첨예적 시국에 취재는 못하였으나 「여직공」은 노동자를 그리고 「형」은 전위(前衛)를 그려서 써 양편 다 소재의 적시기성을 잃지 않았다. 신문에 발표함이라는 것을 작자는 염두에 두었던 까닭으로인지 「여직공」에는 간간이 칭찬하지 못할 신문소설적 수법이 코에 걸리고 여공 '옥순'의 정조를 유린당하는 장면 같은 상투적 대문이 있기는 하나 대체로 상(想)이 훌륭하고 「형」은 표현이 놀라우리만치 능하고—두 편 다 성공된 작품이다. 더구나 「형」의 일 편은 성격 표현에 완전히 성공하였다. 「여직공」의 인물들의 성격은 대개 유형적이요 묘사도 부실함에 반하여 「형」에 나타나는 성격들은 각각 특수한 위에 그것이 완전히 살리어 마치 오똑한 조각같이 눈앞에 생생히 떠오른다. 그렇다고 성격 묘사에 필요 이상의 많은 문자와 설명이 허비되지는 않았고 다만 간결한 동작 가운데에 역연(歷然)히 드러났다. 여기에 우리는 작자의 능한 수완을 엿볼 수 있는 것이다. 성격 가운데에서도 '아버지'의 성격은 거의 전벽(全壁)으로 표현되었다.

문예에 있어서 성격 표현이 중요시된 것은 이제 시작된 것은 아니나 현대에 와서 스토리 편중의 경향 밑에서 건듯하면 성격의 중요성이 자태를 흐렸던 것이다. 근래에 와서 성격이 다시 돋보이기 시작된 것은 우연한 일이 아니며 이런 시기에 「형」 같은 좋은 작품을 얻은 것은 매우 반가운 일이다.

어떻든 「여직공」과 「형」의 두 편은 소재에 있어서나 표현에 있어서나 훌륭한 작품이며 이 일 년간의 좋은 수확인 것이다.

여류(女流)의 대두

이해 후반기의 특이한 현상은 여류의 대두—라고까지는 말할 수 없으나 대두의 기세가 싹트기 시작한 것이다.

'문단' 그것이 침체하고 부진하니 더구나 여류의 활동은 기대할 여유도 없었고 또 거의 절무(絕無)하였으나—그러므로 이제 여류의 싹이 보임은 당연한 일이며 또한 반가운 일이다.

대두라고 하여도 변변한 작품이 있었던 것도 아니요 여류작가라고 이름 붙일 만한 분도 물론 없었으나 대두의 기운만은, 움즉움즉하는 기세만은 확실히 보이는 것이다.

그들의 열성 있는 공부와 노력을 바란다. 이것이 필자가 여기에서 특히 '여류의 대두'라는 과한 소절(小節)을 붙이어 그들에게 바치는 이유다.

1931년 11월 8일 매우 바쁜 날에

《동광》, 1931. 12.

첩첩자(喋喋子)를 질타함

—《비판》 신년호 소재 「문단초침」 1부에 나타난 이갑기 군의 과민을 적고(摘告)함

이 씨의 이갑기 씨에 대한 이 반박문은 본래 싣지 아니하려 하였다. 왜 그러냐 하면 이 씨는 커다란 잘못을 가졌다. 요컨대 이 씨는 과거의 '잘못'이 비록 일시적이라 할망정 그 '잘못'을 일반적으로 깨끗이 청산하지 아니하였고, 또한 일반은 그의 과거의 '잘못'에 대한 어떠한 태도를 가지지 아니하였던 것이다.

그러나 이 씨의 '잘못'은 이미 지나간 일일 뿐더러 또한 비판사(批判社)로서 공정을 잃지 아니하기 위하여 이 반박문을 싣기로 하였다. (편자)

조선에 있어서같이 신경이 과민하고 경망한 도배(徒輩)들의 날뛰는 곳은 아마 드물리라. 신경이 과민한 까닭에 그들은 물상(物象)의 진상을 정확히 관찰하지 못하며 따라서 경망한 판단을 내려 버리는 것이다. 이러한 예는 각계를 통하여 비일비재나 '문예계'에 있어서 그것은 우심(尤甚)한 듯하다. 예컨대 '문단촌침(文壇寸針)'(신년호 《비판》)에서 '작란'한 갑기(甲基) 군의 나에게 대한 일문(一文) 같은 것이 그러하다. 나는 여기에서 사물의 진상을 관찰하기에 우둔하였던 군의 과민한—아니, 기실 매우 우둔한 신경의 소단을 질책하며 군의 오류를 뙤어 주고 나의 그릇을 아울러 피력하려 한다.

군은 현재 '카프'의 일원이요 배후에 무거운 조직체를 지니고 있는 만큼—지니고 있으니까 모든 언행에 있어서 매우 신중하며 책임성이 있어야 할 것이요 결코 경박에 흘러서는 안 될 것이다. 천박한 관찰과 어리석은 '제3자적 견지'를 철저히 삼가고 일언일행이 참으로 계급의 이익을 위하고저 하는 열정과 성의에서 나와야 할 것이지 행여나 '계급적'이 아니요 중요치도 않은 일에까지 힘을 빗기울여서 제3자에게까지라도 경망하다는 인상을 주어서는 안 될 것이 아닌가. 비상한 신중성을 요하는 위대한 사업에 관여하려는(?) 군이 불필요한 과민과 경동(輕動)의 표시로 인하여 미래의 위대한 신뢰와 의탁(依託)을 약속하기 어렵다는 인상을 대중에게 주는 그것만이라도 벌써 군에게는 불리한 것이 아닌가.

그럼에도 불구하고 필연코 군의 '계급적 양심'의 충동을 받아 '계급적 열정'의 편달(鞭撻) 아래에서 초(草)하였을 「문단초침」에는 계급적 필요성을 벗어난 대문이 많으며 왕왕(往往)이 문제되지 않음을 문제 삼았고 논란할 여지도 없는 것은 과론(誇論)하였을 뿐이 아니라 도대체 관찰과 비판이 과민하고 과민한 까닭에 정곡을 잃은 점이 많은 것이다.

그러나 물론 나는 여기에서 나에게 관한 일문만을 살피면 하는 것이다. 군의 소위 '여류문사'라는 것은 어떠한 범주의 무엇을 가리키는 것인지 그 의미가 매우 애매하다.

"……등(等) 제군만한 활동을 가진 자가 과거에도 없었던 것은 아니나" 하면서 군의 소위 '여류'가 과거에도 있었다는 것을 암시하였으니 과거에 어떠한 의미의 어떠한 여류작가가 있었으며 현재에는 또한 어떠한 의미의 '여류문사'가 있는가? 그러나 군의 의미하는 의미로 하더라도 간행물 위에 이름이 수항(數項) 실렸었다고 그를 가리켜 곧 '여류문사'라고 명명함은 경솔한 조계(早計)가 아닌가. 항차 군의 지적한 바 '이경원(李敬媛) 군'을 가리켜 "일약(一躍)(가가(可呵)! ―필자) 여류작가로서 대중에게 소개"되었다 하니 어리석음에도 분수가 있지 이런 주책없는 망언이 어디 있는가. 잡지에 이름이 두어 번 났다고 그를 곧 한 사람의 '여류작가'로서 용납할 어리석은 대중은 없을 것이니 이것은 오직 군 자신의 그릇된 망언에 불과한 것이다. 군 '한 개의' 이러한 고맙지 않은 과대명명은 당자의 의사를 대신하여 군 자신의 우둔한 비판에 도로 돌려보내고 군 자신이 주제넘게 부쳐준 '여류문사'라는 '아름다운'(?) '공명'마저 군에게 돌려 보내노니 다시 받아서 반추저작(反芻咀嚼)하여 다시는 그 따위 조급하고 망령된 비판을 내리지 말아라. 그리고 '여류작가가 되고 싶어서'라는 지나쳐 무례한―실로 무례하고 비열한 언사도 군의 불결한 사추(邪推)에로 반환하며 아울러 군이 지적한 당자는 미래는 몰라도 현금에는 아직 '여류작가'가 아니라는 것과 그리고 군이 짐작하고 있는 듯한 '공명심'을 가지고 소위 '여류작가'로의 진출에 급급하고 있지도 않다는 것을 군에게 알려둔다.

다음에 '부군의 작품을 차용' 운운의 군의 심히 경솔한 언사를 질책하며 군이 이 오류를 범하게 된 원인이 나의 실책에도 약간 걸려있는 듯하기에 나는 그것을 여기에서 깨워 주려 한다. 일시적 범오로 인하여 내가 과거 일 년간 '자미롭지 못한 사회적 환경' 속에 있었던 것은 사실이다. 그러므로 군이 말한 바와 같이 종전대로의 이름으로 작품을 발표하기가 '조금'—이 아니라 대단히 거북하였던 관계상 나는 작품 발표에 군이 지적한 그 이름을 쓰기로 하였던 것이다. 이것은 당시 원고를 청하였던 잡지의 편집자도 알고 있는 사실이다. 즉 이명동역(異名同役)이었던 것이다. 물론 그 이름을 쓴 곳에 군이 짐작하고 있는 듯한 저열한 성심(成心)은 호모(毫毛)도 없었으나 지금 와서 군의 비판을 받고 보면 하필 그 이름을 골랐던 것이 나의 실책이었던 것을 알았다. 그러나 당시에 그 이름으로 썼던 작품은 한 편도 세상에 나오지는 못하였던 것이다. 즉 활자가 되어 대중의 눈앞에 나타나기 전에 불가피의 화재(禍災)에 걸려 전연 죽어버렸던 것이다. 행인지 불행인지 《삼천리》(객년(客年) 11월호)에 실렸던 한 편만이 세상에 나오게 되었으나 그것은 그 한 편으로 '작가'의 새 이름을 붙이기에는 너무도 가벼운 소편에 지나지 않았다. 최근에 와서 수편의 잡문이 동명으로 발표되었으니 그것은 배후에 나 자신의 편달이 있었다 할지라도 전혀 그 이름의 주인공 자신의 붓끝에서 우러나온 것이니 그것은 '작품'도 아니려니와 물론 '차작(借作)'이 아니요 하물며 '문예계 진출을 도모'한 것도 아닌 것이다.

최초에 내가 '이경원'이란 이름을 빌린 것과 그 이름 아래에서 내 자신이 쓴 작품—아까 말한 바와 같이 발표는 되었으나—과 그 이름의 주인공 자신이 쓴 잡문과의 구분을 즉 동명하(同名下)의 창작과 잡문의 집필의 주체가 다르다는 것을 일반에게 요연(了然)히 알려 줄 기회가 없었던 것은 나의 실책이었을는지 모르나 그러나 결과에 있어서 떳떳한 작품은 한 편도 없고 겨우 수편의 잡문만이 발표되었음에 불과한 것을 그 잡문만을 읽고 그를 단판에 '여류작가'

라고 명명함은 가소로운 비판에 불과할 것이요, 하물며 '작명의 차작으로서 문예계 진출을 도모' 운운의 무실하고 무례한 언사를 공공연히 희롱함은 용서치 못할 망자의 간행(奸行)이라는 것을 알아라. 사실을 밝히지도 못하고 '차작'이라는 끔찍한 허언을 만드는 경망한 군은 가장 타기할 만한 '악덕'을 범한 것이다. 만약 군이 적어도 금후 수편의 동명하의 창작의 발표에 접하였다 하고 그 창작이 확실히 차작이라는 것을 군이 밝혔을 때에는 군의 비난은 달게 받을 수 있으리라. 그러나 여상(如上)한 진상을 알지도 못하고 '차작' 운운의 공연한 중상적(中傷的) 망언을 농(弄)하는 군의 태도는 심히 심히! 가증(可憎)한 것이다. 무슨 까닭으로 그런 망언을 토하는가. 그러하지 않으면 안 될 계급적 필요성이 어디 있는가. '폭로'라니 무엇을 '폭로'하였단 말인가. 가증한 헛소문을 지어 거리의 '가십'을 만드는 군은 군 자신의 비인간성과 무지를 폭로하였을 뿐이다.

어리석은 군 같은 것의 비인간성과 무지를 폭로하여 움직이는 대중에게 어떠한 이익을 끼쳤는가. 군이 그다지도 지적과 '폭로'를 즐겨 한다면 사실을 더 규명하였거나 알맞은 때를 더 기다렸으면 좋았을 것이다. 그러나 조급한 군은 결국 군 자신의 무지와 가증스런 성벽을 폭로하였을 뿐이다. 가가(呵呵), 군의 그릇된 신경에 매운 반성의 채찍을 내리고 다시 내려라. 귀중한 지면에 부처(夫妻)의 이름을 필요 이상으로 파렴치하게 반복 나열하고 당치도 않은 '비양심적 행동' 운운을 외치는 따위의 저열한 만행은 금후 절대로 삼가고 군 자신의 바른 양심을 더 기르는 한편 날뛰기 쉬운 기운을 쓸데없는 곳에 낭비하지 말고 꼭꼭 축적을 하여 두었다가 더 위대한 사업에 기울여라. 더 위대한 사업에 기울여라. 더 위대한 양심적 사업에.

도대체 요사이에 우리는 진중성이 적은 미지수의 이의 망동을 흔히 본다. 신경과민증에 걸린 경거망동배(輕擧妄動輩)의 심술궂은 왜곡된 행위에 흔히 접한다. 그 자신 역량이 결핍하면서도 타인의 비방의 여념이 없으며 그 자신 무게 있는 일하는 법 없이 따라서 그럴듯한 업적을 남기지도 못하고 도연(徒然)히 돌아다니며 실없는 가십의 창작과 전파 및 인물 중상에 힘쓰는 가증스러운 꼴을 우리는 비일비재 목격하는 것이다. 대륙의 한 귀퉁이에 살며 아세아의 대기를 호흡하고 있는 인종의 성벽이 어찌 그리도 경박한가. '장한 새 역사를 짊어지고 올'(?) 그들이 어찌 그리도 가벼운가. 가볍고 가볍고 훅 불면 날아가 버릴 듯이 심히 가벼운 그들—실로 가엾고 한심하다. 당돌하게도 위대한 계급적 사업에 덤벼들기 전에 먼저 진중성과 무거운 뱃심을 든든히 길러야 할 것이다.

하기는 하잘것없는 무반성한 '한 개의' 망자(妄者)의 일문에 대하여 이렇게 장황한 답박(答駁)을 쓰는 내 자신이 벌써 신중치 못할는지는 모르나, 그러나 이 일문이 행여나 그런 망동배의 반성에 일조의 자(資)함이 나는 이 일문의 불필요한 문자와 정력의 낭비를 아깝게 여기지 않으리라. 다시 계고(戒告)하여 두노니 얄미운 사추(邪推)를 버리고 불필요한 관심을 던지고 한 줌의 힘이라도 알뜰이 모아서 참으로 필요한 사업에 기울여라. 날름거리는 입을 다물고 지나친 수작을 금하고 뾰족한 붓끝을 방향 살펴 향하여라. 어줍지 않은 촌침(寸針)을 휘두르다가는 항상 제 코 다치기가 쉬운 법이다. 공연히 말초적 신경선상에서 난무하지 말고 만약 조금이라도 역량과 양심적 열정이 있다면 그것을 중추적 신경에 모아 의의 있는 일에 버리는 것이 좋지 않은가.

—군의 처한 바와 같은 입장에 있어서는 더욱 그러하지 않은가.

1월 4일

《비판》, 1932. 2. 1.

소포클레스로부터 고리키까지

다면적으로 생각하면 지금까지의 좁은 독서 범위, 가난한 창고 속을 들추더라도 작품의 그 어느 한 면 혹은 그 어느 한 각도로 보면 심금을 울린 작품은 상당히 많다고 생각한다. 엄밀한 의미에서 예술 내지 문학을 말할 때에는 다면적 — 혹은 다원적이라고 할까 — 이란 어제(語題)가 용인될 수는 없겠지마는.

엄밀한 의미에서의 문학이란 항상 사회적 궤도를 벗어나거나 역사적 발전의 바른 방향을 떠나는 법 없이 시대의 진보적 이데올로기를 반영한 문학이라야 하겠고, 한 시대의 사회적 모순의 똑바른 편에 서서 양심적으로 철저하게 생활한다면 그 속에서 우러나오는 문학은 이데올로기 즉 예술, 환언하면 생활 즉 기술의 융합일체의 문학이기 때문이다. 이 고귀한 경지에 있어서는 다원(多元)은 용납되지 못하고 문학은 정히 일원적인 것이다.

그러나 이 준엄한 궤약(軌約)을 떠나 잠시 너그러운 태도로 낡은 고전을 들출 때에는 즉 시대적 의의를 떠나서 '문학'만을 사랑할 때에는 심금을 울리는 작품을 퍽이나 많이 발견할 수 있다.

가장 낡은 데에서는 희랍의 극작가 소포클레스의『오이디푸스 왕』이라는 만고의 대걸작은 그 예술이 시대를 넘어서 나뿐 아니라 만인의 흉금을 울리기에 족하리라고 생각한다. 온전히 과실로 인하여 그인 줄 모르고 부왕을 주살(誅殺)하고 나아가 역시 그인 줄 모르고 왕비인 자기의 모친과 혼인하여 소생까지 얻은 오이디푸스 왕이 나중에 이 기막힌 문륜(紊倫)의 죄악을 깨닫고 그 속죄로 참혹한 죄를 진 세상에 눈을 뜨고 살 염치가 없다 하여 쇠몽둥이를 새빨갛게 달궈 가지고 제 손으로 두 눈동자를 에어내는 이 끔찍한 비극, 셰익스피어의 비극의 천재를 가져와도 혹은 라신의 비극의 심각미(深刻味)를 가져와도 이 비극에는 스스로 일주(一籌)를 사양해야 할 것이다. 형식의 여러 가지 점은 생각지 말고 이 비극의 시추에이션—거기에 이 비극의 비극 된, 무비(無比)의 심각미와 참혹미(慘酷味)가 있는 것이다. 실로 인간의 비극의 극(極)이요 세계문학—문학에 관한한—의 최고봉이라 하겠다. 심금의 현(絃)을 울릴 뿐이랴. 가슴의 살을 졸기졸기 찢기는 감이 있다.

대체 애욕 갈등을 그린 작품 중에서도 골육간의 애욕 내지 친간(親姦)을 그린 작품은 그 자체 이미 비극적 경우를 구성하여 가장 마음을 찌르고 훌륭한 문학을 짓는 때가 많다. 고래의 명문학(名文學) 중에서 이런 것을 집어내 보면 상당한 수에 오를 것이나 현대에 있어서도 가령 콕토의「레 장팡 테리블(무서운 아이들)」—친남매 간의 애욕을 그린 이 소설을 나는 이러한 범주 내의 작품으로서 확실히 명문학의 하나라고 손꼽으려 한다. 물론 작품의 소산이 현대인만큼 작품의 행동이 고대의 비극과 같이 추근추근하고 참혹하지 아니하고 담(淡)하고 순(順)하고 내면적이다. 고대 비극에서는 쇠몽둥이로 눈을 빼거나 검투 끝에 장검으로 가슴을 찔러서 해하지만 현대에 있어서는 기껏 독액을 마시거나 권총을 겨누어 고요히 자진(自盡)하는 것이다.

다시 소포클레스로부터 내려 더듬어 보면 셰익스피어의 수많은 비극, 라신의 제작(製作) — 한 편이라도 심금을 울리지 않은 작품이 있던가. 실러의 『텔』에는 처참미가 있고 그릴파르처에는 긴장미가 있고 위고의 제작 — 가령 낭만파 대두기(擡頭期)를 획(劃)한 『에르나니』는 또한 그 얼마나 가슴을 울리는가. 모파상도 좋고 하디 역 좋다. 우리는 이러한 고전을 시대적 척도로 비판하기 전에 잠시 먼저 순진하게 그 속에 뛰놀기를 인색히 여겨서는 안 될 것이다. 공리적이 아닌 진주라고 이것을 버리지 말고 실로 우리의 공리를 위하고자 하기 때문에 그것을 집어 올려 완미(玩味)할 필요가 있지 않을까. 찬란한 고전의 계열을 전망할 때에 나는 마치 가지각색의 구슬 속에 묻힌 어린아이 모양으로 어느 것을 집을지 몰라 갈팡질팡하는 것과 흡사한 꼴의 내 자신을 발견할 뿐이다. 편벽된 마음으로 한둘을 고를 수 없는 것이다. 아니 나는 솔직하게 한 편의 『살로메』가 충분히 나의 심금을 울렸다는 것을 말하고 그 속에서 '문학'과 '예술'을 배우기에 급급하다는 것을 고백하기를 부끄러이 여기지 않는다.

다시 눈을 돌려 약 반세기 남짓한 러시아의 과거로 올라갈 때 거기에서도 나는 심금을 울린 가지가지의 것을 발견한다. 도스토옙스키와 투르게네프의 여러 작품, 여기에서 벌써 우리는 훌륭한 '문학'만을 보는 것이 아니요 직접적으로 울려오는 시대를 느끼기 시작한다—사회적 동감과 생활적 혈족감(血族感)을 느끼게 된다. 라스콜리니코프의 번뇌는 오늘 (2자략) 청년의 고민일 것이요 바자로프의 사상은 오늘의 사상의 선구였고 인자로프의 정열은 오늘 우리가 마땅히 가져야 할 그것이 아닌가. 『죄와 벌』, 『아버지와 아들』, 『그 전날 밤』 등이 우리의 가슴을 의연히 울리고 일반으로 이 시대의 노문학(露文學)에 동시대의 다른 외국문학에보다도 호감을 느끼게 되는 것은 물론 그때의 그와 오늘의 우리의 시대적 상사(相似)의 소이인 것이다. 전거(前擧)의 작품 중에서도 더욱이 『그 전날 밤』은 그 속에 비록 주인공 자신의 혁명적 활동의 구체적 면은 그리지 않았으나 이 한 불가리아의 민족적 투사의 기개와 열정은 바로 그대로 오늘의 계급적 투사의 그것으로 환치할 수 있지 않은가.

여기에서 차차 내려옴을 따라 시대적 색채가 농후하여지며 오늘의 현실에 부합되는 우리의 생활이 요구하는 일의적(一義的)으로 심금을 울리는 작품을 찾을 수 있는 것이다.

고리키의 초기에 속하는 『나락(奈落)』도 인상 깊은 작품이지만 제2기에 속하는 『어머니』—즉 제1기의 무정견(無定見)의 룸펜물 시대에서 비약하여 나아간 계급적 각성의 제2기의 소산인 작품인 만큼 전위의 노동자와 운동의 약동을 그려서 작품으로서 거의 완벽에 가깝다. 엄밀한 의미에서 청산하여야 할 요소도 품지 않은 바 아니겠지만 후기의 그의 『40년』을 제하고 그의 작품으로 가장 깊은 느낌과 생생한 인상을 주는 것은 이 『어머니』겠다. 어머니가 점심 그릇 속에 삐라를 묻어가지고 공장으로 들어가던 장면, 아들이 가두에서 시위하다 붙들리는 장면 등등 수많은 장면이 언제까지든지 잊히지 않고 신선한 인상을 가지고 눈앞에 살아 나오리만큼 감동 깊은 작품이었다. 진실로 진보적인 문학, 일원적인 문학, 우리를 울리는 문학 그것을 나는 여기에서 찾아낸 것이다. 소포클레스에서부터 고리키까지 쓰고 보니 고전의 찬(讚)이 되고 세계문학의 변이 되고 말았다. 과제에 어그러진 감이 없지 않아 있으나 주의(主義)에 인색하지 아니하고 각도를 달리할 때에는 사실 심금을 울리는 작품은 무수히 있는 것이다. 소포클레스와 고리키—시대적으로 역사적으로 극단이요 양극인 이 두 작가의 작품이 동시에 머릿속에 똑같이 떠오르는 것이 그렇기 때문에 극히 자연스러운 것이다.

「내 심금의 현을 울리인 작품」, 《조선일보》, 1933. 1. 26.~27.

문학수첩[1]

리얼 · 꿈

"인간은 연속되는 꿈을 짓는 도구에 지나지 못하고 우리들의 짧은 생애는 잠에 지나지 못한다."고 셰익스피어가 말한 것은 결코 단순한 시인적 예어(藝語)만은 아닌 듯하다. 최근에 어떤 심리학자는 심리적으로 이것의 참됨을 증명하였다고까지 전한다. 즉 보고 듣고 내 맡고 맛보고 생각하고 감식(鑑識)하는 것 — 이것은 모다 환영에 지나지 못한다, 현실이 아니고 현실의 상징에 지나지 않는다고.

사실 실생활에 있어서 우리는 현실과 꿈 사이의 경계선을 요연(瞭然)히 찾아서 양자를 순수하게 가려내기는 어려운 노릇이다. 꿈은 현실을 전제로 하고 현실 속에는 꿈이 숨어 있기 때문이다. 냉엄한 객관적 현실이 존재하고 있을는지는 모르나 사람에게는 현실의 소체(素體) 위에다 꿈의 나의(羅衣)를 입히고자 하는 천성이 있

1 원본의 많은 부분이 판독 불가능하므로 최선의 편집을 하였다.

다. 이 천성이 꿈과 현실의 착각을 일으키는 것이다. 이 착각이 심하면 셰익스피어와 같이 인간생활 그것을 꿈의 연속이라고까지 보게 된다. 사람의 감성—그것은 현실을 꿈으로 화하는 중매요 마법사이다.

> 한 개의 지붕, 들 위에 비친 태양의 반사, 기름길의 향기—이런 것이 돌연히 나를 그곳에 무뚝 머물러 서게 하였다. 그것들이 나에게 주는 일종 독특한 쾌미를 맛보고 또 그것들이 나의 눈에 비치고 있는 형상 그 저쪽에 '그 무엇'이 숨어 있어서 그것이 나를 유혹하였기 때문에 (애는 썼으나 '그 무엇'을 종시 발견할 수는 없었다). 그러나 그 속에는 확실히 '그 무엇'이 있는 듯이 짐작되어서 나는 그곳에 잠자코 움직이지 아니하고 응시하면서 호흡하면서 서 있었다. 눈에 보이는 형상과 향기—그 저쪽으로 나의 생각과 같이 가려고 하면서…….

마르셀 프루스트가 경험한 이와 같은 경우를 우리는 일상에 있어서 허다하게 겪는다.

화단 위에 두어 떨기 피어 있는 화초를 볼 때에 우리는 화초의 자태 그 저쪽에 그 무엇이 있는 듯이 느낀다.

사막같이 굵게 기복한 평면 위에 한 폭의 흑막이 드리워 있다. 주름 잡힌 흑막이 난데없는 바람에 건들건들 흔들리고 있다. 이 한 폭의 구성을 대할 때에 단순한 그 구성 속에 은연히 그 무엇이 있음을 생각한다.

한 간의 방이 있다. 아무 장식 없는 벽 위에는 줄 끊어진 현악기가 걸려 있고 방 중앙 낡은 탁자 위에는 두터운 책자와 파이프가 있다. 창 기슭에 의기소침한 한 사람의 여인이 의지하여 서 있고 창밖 거리에서는 짙은 안개가 흘러들어 온다. 여인의 기다란 속눈썹에는 안개인지 눈물인지 굵은 물방울이 맺혀 있다. 이 풍경을 볼 때에 역시 우리는 풍경의 형해 저쪽의 그 무엇을 느낀다.

한 개의 물건 한 폭 구성 일련의 배치 혹은 일장(一場)의 풍경을 대할 때에 우리는 반드시 눈에 띄는 그 현실적 형상만을 보는 것이 아니라 그 배후에 그 이상의 것을 보고 느끼는 것이다. 이마주(image) 복면 밑에 숨어 있는 그 무엇을 느끼는 것이다. 이마주 그것이 꿈이요 그 밑에 숨어 있는 그 무엇이 현실인 것이 아니라 그 무엇—이것을 나는 꿈이라고 말하려 한다. 외계에 존재한 현실적 감각적 도구를 소재로 하여 사람의 감성은 멋대로의 꿈을 빚어낸다. 그 빚어낸 꿈이 즉 소재 밑에 숨어 있는 듯이 느껴지는 그 무엇인 것이다. 아무리 그 소재와 현실이 리얼한 것이라도 일단 그것이 우리의 감각에 영상을 던질 때에는 그 투영의 첫 순간부터 벌써 일종의 꿈의 나의를 입는 것이다. 과학자가 현미경으로 미생물을 노려볼 때에도 렌즈 밑에 놓인 데크 글라스 위에는 과학 이전에 꿈의 지도가 나타나리라.

이렇게 하여 실생활에 있어서는 리얼과 꿈, 현실과 관념은 뗄 수 없이 미묘하게 혼효(混淆)하여 순수하게 양자를 가려낼 수는 없는 것이다. 감각을 통하여 꿈을 입고 들어온 현실은 다시 문자 채색 음조(音調) 등의 피복(被服)을 입고 표현될 때 두꺼풀의 꿈을 쓰고 나타난다. 문자 채색 등은 단지 현실을 OO하는 기호 혹은 표징만이 아니요 그 자신 현실의 형해 위에 꿈을 입혀 내는 일종의 마술이다. 이 마술에 비치어 나올 때에 현실은 벌써 현실이 아니요 환의(幻衣)를 입은 꿈이다.

그러므로 문자로 써 내놓은 문학은 그것이 아무리 리얼리스틱하다 하더라도 현실 그것이 아니요 리얼 그것은 아니다. 꿈의 면사포를 쓴 리얼이요 현실이다. 리얼리즘 극치의 문학이라 할지라도 우리는 거기에서 항상 순수한 리얼 이상의 것을 느끼는 소이(所以)이다.

> 저편에는 구불구불 굽은 시내를 끼고 백양나무의 키 높은 일렬이 꿈틀꿈틀 뻗치고 있었다. 아물아물한 안개와 하아얀 수증기가 월광에 꿰뚫려 은빛으로 반짝반짝하면서 시내 언덕과 그 일대에 겹겹이 걸쳐서 거뿐한 솜뭉치와도 같이 굽은 물줄기를 덮고 있었다.

리얼리즘의 극을 겨눈 모파상의 이 일척(一齣)의 현실적 묘사를 접할 때 우리는 여기에서 현실 이상의 것—풍경 이상의, 풍경 혹은 문자 이상의 환영을 보지 않는가. 모파상의 눈앞에 놓여 있던 벌거숭이의 그 풍경보다도 일단 모파상의 붓을 거쳐 나온 이 문학의 풍경이 더한층 아름다운 것이 아닐까.

또 한 예를 역시 리얼리즘 대가인 발자크의 작품에서 찾아보자.

바메리어는 염염한 자태로 푹 잠들어 있었다. 잔 얼굴을 아름답게 보이기에 넉넉한 미모를 퀄녀는 가지고 있었다. 그 잠든 자태는 말할 수 없이 아름다운 것이었다. 그것은 예술이 육체 속에 침입한 것이라고도 할 수 있었고 또 실현된 OO라고도 할 수 있었다…….

비쥬우—옆에서 살피는 이 처녀는 라파엘이 필연코 OO의 모델로 골랐으리라고 생각되는 숭고한 얼굴을 보였다. 꿈꾸는 듯한 검은 눈, 거의 병적으로 아름다운 살결의 질그릇 같은 광채, 막 OOO이어진 석류 열매 같은 입, 파도치는 가슴, 가뜬한 육체, 맵시 고은 손, 상아같이 흰 이, 풍성풍성한 검은 머리…….

이 두 사람의 여인의 묘사에 있어서 리얼리즘의 거장인 발자크는 결코 용만(冗漫)한 운필을 희롱하였을 리 없다. 과학자의 메스를 겨누었을 리얼리스트의 붓끝에서 우러난 이 현실적 묘사—그런데도 우리는 오히려 다분히 꿈을 느끼지 않는가. 그가 실제로 모델 삼던 아무 여인의 실체가 얼마나 아름다웠는지는 알 바 없으나…….[2]

다른 한편으로 리얼을 떠나 꿈만을 추구하는 문학은 이와 반대로 관념적 합리적으로 흘러 낭만문학을 찾는다. 현실주의 문학이 순수한 OO에 만족함에 반하여 이 방향의 문학은 굴곡 많은 기묘한 '이야기'를 찾는다. 결과가 중세적 낭만주의 독자소설(獨自小說)

2 이후 두 단락 판독 불가.

을 낳게 되고 나중에는 퇴폐류(頹廢流)로 흐르기 첩경이다. 현실의 왜곡이요 극도의 허무의 길이다. 이 역 사도(邪道)요 건전한 문학의 길은 아니다.

순전한 문학의 길은—리얼과 꿈을 앙양하고 현실과 심리를 통일 · 정리한 OO 위에 서는 것이다. 여기에 인간성에 맞는 정통의 문학의 길이 있다. 이러한 고차적 진미의 문학을 우리는 19세기에 있어서는 발자크에서, 20세기에 있어서는 조이스에게서 가지는 것이다.

《매일신보》, 1933. 8. 31.~9. 1.

묘사 · 관념

리얼리즘의 문학이 현실적 객관파(客觀波)와 심리적 해부파(解剖波)의 양 파로 분립된 것은 벌써 19세기 모파상의 활동이 화려하였을 때부터이다.

당시 자연과학과 생리학이 발연(勃然)히 발달하여 객관적 관찰과 현실적 추구의 풍이 왕성한 그 반영으로 이 생물학적 방법을 인간연구에 적용함에서 생긴 것이 즉 문학의 객관파이요, 일방(一方) 심리학이 발달함에 따라서 심리학 태도와 방법으로 인간의 심리면을 연구함이 역(亦) 성행하였으니 이것의 문학으로의 현현이 곧 문학의 해부파를 낳았다. 따라서 객관파는 일정한 사정과 경우 밑에 놓인 사람의 표면에 나타나는 동작 표정 거동 행위—나아가서 나타난 사건의 표면을 있는 그대로 표현하려 하고 이에 반하여 해부파는 사람의 표면적 행동을 짓고 결정하는 심리적 동기와 이유, 정신적 충동, 행동 중의 심리적 상태, 심리적 전개 변천을 탐구 표시하려 한다. 즉 전자는 외계적 현실을 후자는 내면적 현실을 더한층 구체적으로, 전자는 현현적 풍경과 대상의 외관을 후자는 은재적(隱在的) 심리와 방법 변천을 표시하려 한다.

그러므로 양자의 성격과 태도는 전자가 극히 구상적임에 반하여 후자는 심히 추상적이다. 그 결과로서의 효과는 전자가 시각적이요 묘사적임에 대하여 후자는 관념적이요 감동적이다.

같은 리얼리즘을 봤던 작가로서도 이상 관념적과 심리적의 각자 파지(把持)한 계주(系疇)를 따라서 그 작품의 효과가 명료히 '시각적'과 '관념적'의 두 종형(種型)으로 갈라지는 것이다.

절(節)을 갈아 이 두 가지 형을 고찰하려 한다.

이제 실(實) 작가의 실 작품에서 예를 추려 살펴보면 묘사형과 관념형의 이 양형(兩型)이 명료히 구별됨을 관취(觀取)할 수 있을 것이다.

같은 살인의 장면을 두 사람의 리얼리즘의 대가 하디와 도스토옙스키의 작품에 취(就)하여 보자. 위선 묘사형의 예로 하디의 『더버빌가의 테스』에서 일절을 다음에 인용하려 한다.

> 브룩스(테스들이 유숙하고 있는 여관 주부)는 외출한 손님(테스)이 오래도록 돌아오지 않는 이유를 생각하고 또 이렇게 일찍이 찾아온 방문객과 이층의 내외와의 사이에 대체 어떤 관계가 있을까를 생각하였다. 생각하면서 그는 의자에 등을 기대었다.

그즈음 그의 눈은 문득 천장으로 갔다. 지금까지 도무지 눈에 안 띄었던 흰 천장의 한복판에 있는 한 개의 점에 눈이 문득 머물렀다. 처음에 그것을 보았을 때에는 과자 조각만 하더니 볼 동안에 점점 커져서 손바닥만 하게 되고 그 위에 그것은 새빨간 빛을 하고 있음을 알았다.

브룩스는 의아하여 탁자 위에 올라가 손가락으로 천장에 붙어 있는 그 붉은 점을 만져 보았다. 축축한 그것을 그는 피나 아닌가 하고 생각하였다…….

뚝 뚝 뚝

……

브룩스는 손님방의 문을 열고는 뒤로 물러서서 아범을 들여보낸 후 그 뒤를 따라 들어갔다. 방은 텅 비어 있다. 조반은 그가 그것을 날라 왔던 때의 그대로 손 하나 대지 않은 채 탁자 위에 널려 있으되 다만 고기 베는 식도가 보이지 않을 뿐이었다. 그는 아범에게 중간 문을 통하여 다음 방으로 들어가기를 청하였다. 아범은 중간 문을 열고 두서너 걸음을 들어갔다. 그러다가 별안간 엄숙한 얼굴을 하고 돌아왔다.

"큰일 났소. 자리에서 나으리가 죽어 있구려! 식도로 살해를 당했나 보오 — 마루 위에 피가 그득 흘러 있으니!"

테스가 그를 유혹한 사나이를 보복 살해한 장면의 일척(一齣) — 이 한 대문에서 우리는 묘사형의 전형 리얼의 극치를 본다. 여기에는 차디찬 객관이 있을 뿐이요 일편의 감정도 없다. 하디는 극도의 객관적 타인적 태도로 살인이 있은 후의 객관적 현현을 냉정하게 묘사하였다. 테스가 살인을 했대야 '테스가 칼을 들고 살인을 했다.' 식의 테스를 주체로 하고 단원적(單元的) 일방적으로 취급하지 아니하고 '피가 흐른다, 사람이 죽었다, 칼에 찔려. 그것은 테스가 죽인 것이다.' 식으로 순전히 나타난 것만을, 눈에 보이는 것만을 그렸다. 즉 『테스』가 현재 살인하는 충동적인 장면을 주로 하고 그의 살인의 결심 증오 심리상태 공포 등의 심리감정을 통하여 살인이라는 행동을 그리지 아니하고 이미 살인이 끝난 후의 그곳에 나타난 풍경을 묘사하여—그러면서도 극히 선명하게 인상적으로 충동적으로 살인을 표현하였다.

이 일척은 실로 객관파의 묘사형의 극치의 걸절(傑節)이다.

이 법식(法式)과 정히 대척적인 심리파 관념형의 전형적 예가 곧 도스토엡스키의 『죄와 벌』 가운데의 살인의 장면이다.

주인공 라스콜니코프가 알료나 노파와 리자베타를 살해하는 구절—여기에서는 『테스』의 경우와는 정반대로 살인 후에 나타난 객관적 풍경을 그리지 아니하고 순전히 라스콜니코프의 살인적 행동을 주체로 하여 그가 도끼를 들고 노파를 죽이는 과정의 동기, 충동 심리를 살인하는 동작과 아울러 그렸다.

즉 하디가 타인적 태도로 테스를 멀리 세우고 그의 행동을 관찰하였음에 반하여 도스토엡스키는 그 자신 라스콜니코프의 인물의 심중에 푹 젖어 들어가서 그와 같이 연소(燃燒)하고 행동한다. 그 자신 열의 덩어리가 되어 주인공과 같이 뜨겁게 생활하는 것이다. 『테스』에 있어서는 살인을 보고하는 재료가 천장에 배인 피, 식도 없는 식탁, 황겁한 주부와 하인이요 테스는 그림자도 나타나지 않았으나 여기에서 쓰인 재료로는 무엇보다도 먼저 도끼를 든 주인공의 육체적 자태이다. 그리고 살해의 대상인 노파의 육체와 용솟음치는 선혈이다—마치 용솟음치는 생활의 일의적(一義的) 열정 그것과도 같은—.

> "무어야 이게." 알료나는 이렇게 묻고 또 한 번 라스콜니코프를 보고는 전당물을 손에 얹고 그 중량을 헤아렸다. "담배갑이외다…… 은으로 만든…… 보아 주시오."
>
> "이상하다. 은 같지 않은 걸…… 매기도 지독하게 동여맸다."
>
> 노파는 끈을 풀려고 애쓰면서 창으로 면한 밝은 곳을 향하였다. 몇 초 동안인지 그에게서 아주 눈을 떼고 그에게 등을 향하고 있다. 그는 외투 단추를 벗기고 도끼집을 열었으나 아직 도끼는 집어내지 않은 채 바른손으로 그것을 들고 있었다. 손에는 한 줌의 힘도 없다. 그리고 그것이 볼 동안에 시들고 굳어져 가는 것이 그 자신에게도 알렸다. 그는 도끼를 떨어뜨리지 않을까 하고 걱정하였다……. 그러자 별안간 머리가 핑핑핑 도는 듯한 느낌이 났다.
>
> "아이구 어쩌면 이렇게 지독하게 매였어!" 노파는 화가 나는 듯이 외치면서 그의 편으로 조금 몸을 틀었다.
>
> 벌써 일순이라도 유예할 때는 아니었다. 그는 도끼를 집어내 거의 무의식적으로 두 팔로 번쩍 들어 올려 그다지 힘도 주지 아니하고 거의 기계적으로 도끼등을 노파의 머리에 내려쳤다.

그때 그의 힘은 다 빠진 듯 하였으나 그가 일단 도끼를 내려치기가 무섭게 전신에는 별안간 힘이 소생하였다……. 노파는 앗! 하고 외쳤으나 그 소리는 너무도 약하였다. 간신히 두 팔을 머리 쪽에 펴려 하다가 덜석 하고 마루 위에 쓰러져버렸다. 한편 손에는 아직도 전당물을 쥐인 채. 라스콜니코프는 요번에는 도끼등으로 골통을 힘껏 두서너 번 쳤다. 잔을 넘어뜨린 듯이. 피가 용솟음치고 몸은 번듯이 쓰러졌다…….

이 구절 역시 테스의 경우와 같은 일종의 묘사임에는 틀림없으나 그 태도와 각도와 주체가 전연 대척적으로 구별되는 것이다. 그리고 여기에 있어서는 이 일절(一節)은 전(全) 살인의 장(章)의 극소 부분에 지나지 못하고 일절 전후에 작자는 실로 수십의 재료와 수만 어를 요비(要費)하여 살인에 도달하는 심적 경로와 살인 후에 오는 공포와 광적 심리를 단념(丹念)히 세워 놓은 것이다. 일편(一篇)의 심리학서이다. 이곳에 관념형의 길이 있는 것이다.

이상은 단지 두 가지의 구체적 예에 지나지 않으나 무릇 인간생활의 무수의 면과 면을 그릴 때에 항상 양형의 태도와 방향은 그러하다.

19세기 이강(以降) 문학사에서 각기 한 시기를 획한 작가들 중에서 양파의 각각 굵직한 작가를 추려 보면 위선 객관파의 대물(大物)로 자연주의의 거장 플로베르, 모파상, 졸라, 노문학의 체호프, 영문학의 하디 등일 것이요, 심리파의 가장 색채 선명한 작가로 스탕달을 들 수 있고 도스토옙스키를 손꼽아야 할 것이다.

이 두 개의 리얼리즘은 다같이 19세기의 산물로 병행 발달은 하였으나 시대적으로 이것을 노나 보면 객관파가 19세기적의 것임에 대하여 심리파는 더 많이 현대적의 것이다. 즉 심리파는 현대에 이르러 금세기에 이르러 더욱더욱 선명하게 분립되고 깊은 심리적 탐구를 계속하여 간다. 자본주의 문명의, 기계 문명의 극을 이룬 끝에 그 기계적 현현의 포만에 향수를 느끼고 심리 속에서 본연의 고향을 찾으려고 한 결과일 것이다. 금일의 해파(該派)의 문학에 있어서 우리가 프루스트를 가지고 지드를 가지고 조이스를 가지는 소이이다. 그리고 오늘의 불문학의 대다수의 영 제너레이션의 문학을 가지는 소이이다. 이 경지에 있어서는 벌써 다만 심리의 추사(追寫)만이 아니고 짙은 심리의 탐구와 깊은 관념의 전색(詮索)을 일삼는다.

그러므로 전자의 특색은 심리의 묘사 사진적 모사에 있으며 후자의 특색은 관념적 감동적 문장의 구성에 있다. 문장—독특한 논리—여기에 스타일이 생긴다. 도(度)가 깊으면 왕왕히 예지의 작란에 흐르고 패러독스를 희롱하게 되고 이단 역설을 낳게 된다. 이곳에 자연주의자가 스타일을 경멸하는 소이가 있다. 즉 스타일은 현실을 굽히고 자연성을 이지러뜨리는 것이라고 그들은 믿는 까닭이다. 리얼리즘의 거장 발자크가 그의 작품에 스타일을 시용(試用)하였을 때에 이 거장 역시 실패하였다고 평가(評家)는 말한다. 발자크는 그의 이야기를 지을 때에 처음에는 필연의 자태를, 다음에 덧붙이기의 논리를 가지고 아름다운 스타일로 그것을 싼다. 그러나 그는 그러한 스타일을 만들려 하였을 때에 즉 그의 정반대의 예술의 원리로 제작하려 하였을 때에는 도리어 실패하였다고 스탕달이 발자크를 평하지 않았는가.

심리형의 탐구가 깊을 때에는 결과로 포(Poe)의 병적 예술이 생길 것이요 말라르메의 상징주의가 나올 것이다. 모색의 도가 극에 달하면 전절(前節)에서 술한 바와 같이 데카당으로 불건강한 퇴폐의 길로 흐를 것이다.

묘사형이 극에 이르면 창공에 뜬 구름 한 점까지 비추어 내는 순수한 맑은 시내가 되고 투명한 사진적 유리판이 되어 비창조적 비추가적(非追加的) 의미 없는 무의 세계를 현출(現出)시키듯이 묘사형과 심리형과의 호기취사(好忌取捨)는 각자 그 성(性)에 의하여 다르고 자유로 쾌주(快走)될 것이므로 여기에서 그 우열을 독단적으로 운위할 수는 없다. 만은 이 두 형은 문학 방법에서 다 같이 똑같은 정도로 필요한 것이다. 극에 다다라 비상히 순수한 경지에 이르면 병적 혹은 무의미의 세계를 지어서 다 같이 인간의 건강한 본연의 요구에 어그러지는 것이다.

여기에 다시 전절로 돌아가 건강하고 본연적인 문학의 길은 묘사와 심리를 포기하여 양자를 내포통일한 단원적 전체의 창조에 있음을 재언하는 이유가 있다. 시민문학에 있어서 발자크와 조이스가 지은 것과 같은 문학의 창조여!

새삼스러운 것 같으나 문학 제작 방법의 한 제시로―.

《매일신보》, 1933. 9. 1.~5.

창작 활동의 왕성과 비평의 천재를 대망(待望)

창작 행동의 성쇠를 떠나 문예 비평이 기형적으로 융성한 시대가 있기는 있으나 항례적으로는 문예 비평의 진부진(振不振)은 창작 활동의 그것과 대개 평행하는 듯하다. 현하 평론계의 부진은 창작 부진의 사연이니 이소고연(理所固然)이 아닐까. 비평이라야 지금까지 사계(斯界)에 얼마나 고명한 비평이 있었으며 문학에 대한 이해가 풍부하고 참으로 추앙하기에 족한 인격적 태도의 명 비평가가 있었던가는 자못 의문이다. 지금 창작계의 풍조는 혼란 상태에 있다. 각각 바른 방향을 찾음을 따라 그것을 정리하고 지시할 권위 있는 비평도 생길 것이라고 생각한다. 무엇보다도 문학을 잘 아는 사계의 재인이 나와야 할 것이며, 아울러 비평 이전의 창작 활동의 흥성하기를 기회 삼아 재망(再望)하는 터이다.

「평론가의 SOS, 비평의 권위 수립을 위하여: 창작가의 편으로부터」, 《조선일보》, 1933. 10. 4.

낭만 리얼 중간의 길

—창작의 태도와 실제

근일 셰익스피어를 다시 읽으며 한동안 무조건으로 찬영(讚詠)하던 그였마는 허망한 낭만주의에 불현듯이 염증이 남을 느끼고 있다.

구상의 묘(妙)와 사조(詞藻)의 요려(饒麗)—이 두 가지 장기 중에서 상(想)의 묘는 이미 그 전부가 원본의 재료에서 나왔다고 하면 셰익스피어의 천재는 나머지의 사조의 창조로 돌아갈 뿐이다. 쇼(Bernard Shaw)가 그를 농평(弄評)하여 "언어다, 다만 어사(語辭)뿐이다."라고 말한 것이 새삼스럽게 생각난다. 낡은 고전에 불과하다는 것을 생각하면서 읽어도 여사요변(麗辭饒辯)에 대한 염증을 억제할 수 없다. 낭만주의에도 여러 가지 색깔이 있지만 셰익스피어의 그것에는 요컨대 진실이 극히 적다.

전체적(역사적) 진실도 진실이려니와 부분적 진실에 이르러서도 필요 이상의 화려한 어사에 화(禍) 받아 대개 허망에 빠지고야 말았다. 훌륭한 고담(古譚)은 될지언정 진실한 문학의 범주에 넣기는 과분하지 않을까 하는 외람한 의심까지 난다. 이것을 기연(機緣)으로 낭만주의 그것에 대한 회의가 최근 새삼스럽게 무럭 자라간다. 물론 실러나 위고의 그것과 같이 진실에 심히 가까운 낭만주의도 있기는 있으나 총(總)히 낭만주의가 참스러운 문학이 되려면 진실에 절박(切迫)하려는 노력이 다분히 있어야 할 것이다.

그렇다고 리얼리즘이 진실한 문학의 최후의 목적지라고도 생각할 수 없다. 리얼리즘에 대하여서도 같은 정도의 회의를 품고 있다.

궁극의 리얼리즘은 벌써 문학을 상실하기 때문이다. 대체 문학이 모사가 아니고 표현이라야 하는 첫 순간부터 벌써 현연(現然)의 리얼을 버리는 것이 아닌가.

표현은 소재의 구성이요 소재의 구성은 주관의 임의의 소위(所爲)이기 때문이다. 소여(所與)의 소재를 취사선택하고 배열 구성하여 가는 형식과 과정에 이미 작자의 주관이 채색되는 까닭이다. 주관의 채색—이것이 벌써 일종 낭만적의 것이 아닌가. 이렇게 보면 문학이란 문학 되는 순간부터 낭만적 소질의 운명을 짐 지고 있다고 하여도 과언이 아닐 듯하다. 그러나 의연(依然)히 리얼리즘의 길은 존재한다. 그러면 결국 최소한도의 낭만인 동시에 최대한도의 리얼의 파악—거기에 문학의 문학다운 소이(所以)가 있지 않을까. 즉 훌륭한 표현인 동시에 진실(전체적 급(及) 부분적)에 육박하는—그곳에 문학의 참된 길이 있지 않을까.

그러한 문학의 창조를 바라면서 실제의 창작 활동에 있어서는 고양이밖에는 못 그려 온 감이 있다. 「프렐류드」, 「오리온과 능금」 등에 있어서 그것을 시험하였으나 어느 정도까지 성공하였는지 의문이다. 리얼의 절박이 항상 부족하고 낭만적 요소가 이겼을는지도 모른다. 그것이 졸작 일반에 대하여 '낭만적'이라는 방평(謗評)을 듣는 소이인 듯하다. 『노령근해』에 담아 놓은 몇 편의 작품—생각만 하여도 그 치편(稚篇)에 찬 땀이 난다—과 그다음에 오는 몇 편의 작품에 이르러서는 말할 것도 없이 낭만적 저급에 흐르고 만 듯하다. 모두 냉한급(冷汗級)의 것이라고 생각한다.

최근 「약령기」와 「돈(豚)」에서 리얼리즘을 시험하여 보았으나 이역 성공이라고는 할 수 없을 것이다. 특히 후자에 있어서는 신경 델리커시(delicacy) 기분 향기—이런 것을 담으려고 애쓴 결과 리얼과의 거리가 약간 멀어진 듯하다. '낭만적'이라는 비난이 있다 하면, 그것은 이 작품의 델리커시의 소치일 것이다. 그러나 해작(該作)이 '리얼리즘'의 작품임에는 틀림없다고 생각한다. 첫 대문과 끝 대문—물론 리얼리즘이다. 그 이상의 리얼리즘—나는 그것을 즐겨하지 않는다. 나의 성(性)에 비위에 맞지 않는 까닭에.

요컨대 리얼리즘의 길은 쉽고도 어렵다. 어렵고도 쉽다. 다만 궁극의 리얼리즘의 길을 의식적으로 의도하지 않을 뿐이다. 그것은 물론 성벽에 맞지 않는 까닭이다. 열 사람의 작가에게 같은 소재를 주고 리얼리즘을 극치(極致)시켜 보라. 결과의 몇 편의 작품을 무엇으로써 구별하고 가려 내나. 열 장의 같은 풍경의 사진을 놓고 구별 선택에 헛되이 헤매는 것과 마찬가지다. 예술의 폐업(廢業)이다.

앞으로는 물론 낭만 리얼의 중간에 길과 아울러 순수한 리얼리즘의 길을 더욱 캐 보려 하나 「돈(豚)」 이상으로 발전할는지 안 할는지는 오직 그때의 나의 '성(性)'과 '비위'가 결정할 것이다.

「1934년 문학건설」, 《조선일보》, 1934. 1. 13.

즉실주의의 길

현재의 조선문학이 반드시 말씀하신 삼류파(三流派)에 나뉘어 각기 지배하(支配下)에 놓여 있다고만도 볼 수는 없으나 주류가 계급적으로 흘러야 할 것은 마땅한 일이라고 하여야 할 것입니다. 그러나 당금(當今)의 행정(行程)으로는 심히 퇴영적(退嬰的)이어서 지난 때의 자연 발생기에 비겨서도 오히려 손색이 있으나 그렇다고 이것은 반드시 슬픈 일은 아니니, 도리어 이러한 형세에 있어서는 일주(一籌)를 사양하여 사실주의의 길의 투철을 꾀하며 일층 문학 수준과 표현 기술의 고도화를 책하는 것이 현명도 하고 자정(自定)된 길이라고 생각합니다. 진지한 열정과 높은 안표(眼標)로 소여(所與)의 현실을 즉물적(卽物的) 즉실적(卽實的) — 이런 용어가 허락된다면 — 으로 표현하며 좀 더 성격 창조에 힘써 문학 정신의 향상을 촉진시킴이 앞에 놓인 길이며 따라서 주류가 되어야 할 것입니다. 솔직하게 말하면 조선문학은 굳이 세계적이라고까지 말하지 말더라도 만족할 만한 수준에 달(達)하지 못하였습니다.

구성의 규모 적음은 말하지 말고라도 묘사며 문장이 아직도 척동

(尺童)의 치경(稚境)에 있습니다. 가령 지드의 표현 기술—이 정도의 것을 가지려면 조선의 지식은 적어도 십 년은 어렵니다. 가난한 과거의 축산(蓄産)쯤을 되작질 말고 바야흐로 참으로 문학에 값갈 고도의 문학을 지어야 할 시기라고 생각합니다.

유파(流派)에 충실하여 신념에 죽음은 의기는 장(壯)하다 할지나 문학의 세상에 있어서는 무엇보다도 먼저 높은 문학 정신의 파악이 필요하니 얕은 문학 수준 위에 선 신념이란 우둔한 노태(駑駘)와도 같아 보기 괴롭습니다. 정중아(井中蛙)의 편견을 버리고 금도(襟度)를 넓혀 문학에 관한 사업에 있어서는 똑바른 문학적 인식을 게을리하여서는 안 될 것입니다. 문화를 짓는 사람은 공연히 피 끓는 소아(小兒)가 아니요 언제든지 침착한 표현자라야 합니다. 조선의 근대문학은 역사가 짧은 만큼 미시험(未試驗)의 유법(流法)이 많으니 모름지기 그런 각가지의 조류(潮流)도 홍성하게 시험시켜 써 문화의 규모를 넓히고 구격을 굵게 할 만한 아량을 가져야 할 것입니다. 주류도 주류려니와 넓게 이르고 너그럽게 옹호하는 것이 또한 당무(當務)의 하나라고 할 것입니다. 설문의 한계를 넘어 지나치게 붓이 빗나간 듯합니다.

「조선문학의 주류론—우리가 장차 가져야 할 문학에 대한 제가답(諸家答)」,
《삼천리》, 1935. 10.

기교 문제

객년도(客年度) 이래 왕왕 기교주의가 운위되고 기교의 과잉이 논란됨을 들을 때 번번이 의아한 느낌을 금하지 못한 것은 기교 운운의 제목이 다만 화제의 결핍에서 나온 한 고책(苦策)의 출제였는지는 모르나 그 소위 지나친 기교라는 것을 아무리 좌고우면하여도 찾아낼 수 없었음이다. 소재의 시대성 사회성을 겨루려고 애쓰는 작가에게는 표현 수법에 간혹 지지리도 재치 없는 이 보이고, 부질없이 표현에만 치중하고 애쓰는 작가에게서도 우리는 아직 정당한 기교의 성숙을 볼 수 없음이 현상이다. 완벽의 기술을 갖추기에는 아직도 오십 보나 백 보의 감이 있다. 문학의 수준을 말할 때에 척도는 더 많이 기술에 걸려 있으니 수준의 저열은 기술의 치졸을 의미한다. 문학에 있어서의 표현은 들어가는 그 첫 대문이자 마지막 대문인 까닭이다. 다른 학문에 있어서의 표현 문제와 문학에 있어서의 그것과는 동일(同日)에 논할 바 아닌 소이가 여기에 있다. 문학 이전의 문제이면서도 동시에 끝까지 문학과 겨뤄서 결단을 내려는 것이 참으로 그 표현이다. 문학에 일정한 체모(體貌)와 면목을 주는 것은 표현이니 표현이 성역(成域)에 달하지 못하였을 때 문학의 체모를 갖추지 못한 것이며 따라서 떳떳한 문학 행세를 할 수는 없는 것이다.

유산도 변변치 못한 마른 땅에 이십 년쯤의 세월로 새 문학의 나무가 외국의 그것과 같은 키에 성달(成達)할 수는 도저히 없으며 아무리 조급히 군대야 오랜 세기의 중창(重蒼)한 연륜을 좁은 나무판에 주름잡아 넣을 수는 없다. 많은 사조의 번안도 필요하였고 주의의 이입도 당연하였고 각종 기교의 모방도 필요하였으나, 모두 삽시간의 날림에 지나지 못하였고 축소판을 넘지는 못하였고 저작(咀嚼)이 부족하여 불소화에 그친 적도 있다. 어느 나무 위에나 시대는 똑같이 흘러 일정한 사조를 강요하므로 시절시절의 사조를 받아 담기에 미처 알맞은 그릇의 준비가 없어 헤매고 설레던 판이었다. 장구한 세월을 두고 탁마(琢磨)된 그릇 대신의 조제남조(粗製濫造)의 목기는 항상 모처럼의 진찬(珍饌)의 격을 떨어뜨리고 말았다. 하루 아침에 분기하여 가령 신리얼리즘의 기치를 높게 세우고 북을 둥둥 울린대야 그 소리에 상응할 문학 기술이 같은 아침에 땅에서 불쑥 솟을 수는 없다. 오래된 수련의 과정이 필요하였으니 고골리를 거쳐야 하고 체호프를 지나야 하고 아니 톨스토이까지도 몇 줌의 소금이 되어야 한다.

도정(道程)이 짧고 흡수와 독창이 말할 수 없이 부족한 현재에 있어서 기교의 과잉의 난(難)은 그런 까닭에 당치 않고 아직 때가 아니라고 생각된다. 이상(李箱)의 기교? 아직도 아직도 마지막의 것은 아니다. 그의 예술의 시비는 묻지 말고 다만 기교에 한하여 보더라도 그의 유(流)의 사상을 담기에는 그 기교가 아직도 설핀 것이니 부질없는 기교의 난은 부당한 것이다. 기술에 치중하는 듯이 보이는 거의 열 손가락에도 남는 다음 (문학의) 제너레이션이 등대하고 있다. 그들에 의하여 현재의 문학의 수준은 볼 동안에 쑥 솟아오르리라고 예상되니 과교(過巧)의 논(論)은 그때쯤에 와야 할 화제이다.

대체 기교라고 하여도 손가락 끝에 철필을 세우고 그 촉 끝으로 공안(公眼)을 희롱함이 참된 기교는 아닌 것이다. Ars est celare artem. 참된 재주는 재주를 감춤이다. 꾀를 감춤이 한 고패 윗꾀이듯이 기교를 감춤이 도리어 참된 기교인 것이다. 말을 아끼지 말고 덜고 깎고 자랑하지 말고 뽐내지 말고—문학의 참된 기교의 길은 물론 어렵다. 서도(書道)의 극치는 수법의 조솔고졸(粗率古拙)에 있다고 하니 곧 문학의 기교의 길과도 통한다. 헛되이 풍윤(豊潤)하거나 화려하지 아니하고 도리어 낡고 옹졸한 곳에 수련된 명장의 손자취가 엿보이고 유현(幽玄)한 문학의 길이 있다. 홍차가 아니라 떫은 녹차의 맛이어야 하고 사탕을 넣지 않은 쓴 커피의 맛이어야 한다. 이러한 경지의 숙달한 문학의 표본은 아직 눈앞에 보이지 않는다. 참된 기교의 길은 먼 것이니 논란의 여지조차 없다.

《동아일보》, 1937. 6. 5.

건강한 생명력 추구

—비속하게 감상함은 독자의 허물

작가가 자신의 문학의 지향을 말하고 작품을 해설함은 어려운 일이 아닌가 한다. 제작의 직접 동기는 항상 더 많이 생명에의 애착과 생활에의 흥미에 있는 것이지 목적의식 달성의 욕망에 있는 것이 아닌 까닭이다. 일정한 법칙에 의해서 쓰는 작가라 하더라도 실제 창작의 흥미는 그 법칙의 부연전포(敷衍傳布)에 있는 것이 아니라 참으로 변화무쌍한 실생활의 재현에 있는 까닭이다. 그러나 그렇다고 자기 문학의 체계의 설명을 온전히 비평가에게 맡겨만 두어도 간간이 위험한 경우가 있다.

저간(這間) 가지가지 시비 논의를 들어오면서도 관자놀이에 핏줄을 키우고 일일이 항변함이 도리어 철없는 짓만 같아서 함묵(緘默)을 지켜올 뿐이나 사실은 어처구니없는 평언(評言)에 고소를 금할 수 없었다. 에로티시즘의 작가라는 칭호를 받음에 이르러서는 그 경솔함과 망령됨에 도리어 눈썹이 찌푸려지며 무엇을 또 더불어 가히 논하랴 하는 생각이 날 뿐이다. 작품에 애욕을 그렸다고 곧 에로티시즘이라고 명명함은 마치 여인(麗人)을 본 즉시로 음사(淫思)를 품는 것과도 같아서 아무리 명제에 궁한 결과라고는 하더라도 무뢰함에 틀림없다. 비록 애욕의 주제를 취급은 하여 왔어도 그 어느 작품에나 비속한 대문은 없었으며 티끌만큼도 부끄러워할 문자가 없었음을 장담한다. 구태여 비속하게 감상함은 독자의 허물이지 작자의 죄는 아니다. 한 장의 나화(裸畵)도 감상자의 안식(眼識)을 따라 감상의 정도는 층층일 것이니까.

애욕을 그리기를 치욕으로 여기는 작가가 있다면 모름지기 창작의 붓을 꺾어 버리라. 아내를 사랑하기를 부끄러워하고 겸연하게 여기는 것과도 같은 격이어서 인간 본연의 길의 모독인 까닭이다. 자연주의 작품은 물론이어니와 애욕을 취급한 고금의 모든 문학이 하나나 성문학(聖文學) 아님이 없다. 범을 그리려다가 아직 고양이를 얻은 정도인지는 모르나 나는 자신의 작품에서 비속성을 느끼지는 않는다.

반드시 애욕을 위한 애욕을 그리려는 것이 아니었다. 인간의 본연적의 것, 건강한 생명의 동력과 신비성—이라고 할 것을 추구하고자 하는 그 한 표현으로 애욕의 주제가 뚜렷이 눈앞에 떠올랐던 것이다. 인위적의 것을 떠난 야생의 건강미를 영탄한 것이 「산」과 「들」과 「돈(豚)」이었다. 「오리온과 능금」에서는 생명의 원소를 「고사리」에서는 생명의 성장을 「메밀꽃 필 무렵」에서는 애욕의 신비성을 각각 그려 보려 하였다. 생명의 신비성이 재앙에 의해서 온전히 천대받은 것이 「일기」였다. 「성화(聖畵)」에서는 금제된 애욕의 터부를 그려 보았고 「장미 병들다」에서는 반대로 허랑한 애욕면을 그려 보았다. 다 같이 생명의 비밀을 구명해 보려고 했음에 지나지 않는다. 병든 장미를 찬미한 것도 아니요 매음의 사실에 한눈을 판 것도 아니다. 병든 장미의 타락한 인물이나 성화의 점잖은 인물들이나 작자에게는 우열의 차별이 없는 똑같은 본연의 생명체로 보일 뿐이다. 생명체의 건강을 바라보는 나머지의 한 역유(逆喩)로 불건강한 면을 취해 보았을 뿐이지 '병'의 제목만을 대사(大寫)하려고 한 것이 작자의 본의는 아니었다.

「이 시대의 내 문학」, 《조선일보》, 1938. 3. 6.

현대적 단편소설의 상모(相貌)
—진실의 탐구와 시의 경지

1.

고금의 수많은 소설가라는 것이 인생을 재현시키겠다고 항간에서, 전원에서 소재를 구해 가지고는 서재에 돌아와서 흰 처녀 원고지를 까맣게 칠해 가는 그 진지한 자태의 역사적 계열이라고 할 것을 환상해 볼 때 일종 경건한 감회를 금하지 못하게 한다. 가사(家事)를 버리고 세무(世務)를 물리치고 독방에 칩거하여 서탁 앞에서 궁싯거리면서 일심정력 원고지에다 개칠을 해 가는 명장(明匠) 대가와 무명 삼문(三文)의 군상을 가상의 일당에 모아 놓고 누에가 뽕 먹듯 요란할 그들의 붓 달리는 소리를 환상해 보라. 무엇이 그들로 하여금 그러한 일률적인 노력 속에 침륜(沈淪)케 하였나를 생각할 때 다시 옷섶을 바로잡게 된다. 다 각각 개별적인 이유가 있겠고 허다한 동기가 가슴속에 숨었겠지만 공통되는 마지막 계기를 찾는다면 두말할 것 없이 그것은 진실을 표현하고자 하는 충동인 것이다. 진실 표현의 충동—참으로 이것이 수많은 고금의 소설가로 하여금 열광적인 꼼꼼한 노력 속으로 몰아넣은 요인이다. 같은 진실 표현이라고 하여도 과학자가 수리를 계산하고 물질의 진리를 표현하는 것과 소설가가 인생의 진실을 표현하는 것과의 사이에는 노력의 격단(格段)의 차이가 있다. 후자의 노력의 지난함이 전자의 비(比)가 아님은 인생의 사실이란 유기적 유동 속에 부단히 흘러 용이히 포착하기 어려운 까닭이다. 한 사람의 소설가는 도저히 동시에 각 층 생활의 체험 혹은 감정자(感情者)는 될 수 없는 까닭에 유동하는 인생의 진실을 전하기 위해서는 서탁 위에서 거짓말을 꾸미는 수밖에는 없다. 인생의 '참'을 말하기 위해서 항간에서 얻은 소재의 부스러기를 토대로 '거짓'을 말하게 된다. 이것이 소설가의 운명이다. 소설가의 말한 '거짓'이 다만 '거짓'에 그쳤는가, 그렇지 않으면 '참'과 부합되었는가—어느 정도로 '참'에 육박하고 '참'과 부합되었는가—고금의 소설가가 그려 놓은 가지가지의 환상이 오늘까지에 참으로 인생의 '참'을 복사하여 놓았는가 어쨌는가—소설 급 소설가의 노력의 결론은 온전히 이 한 점에 걸려 있는 것이다.

소설의 형식이 문학 종목 중에 한 자리를 차지하게 된 것을 19세기부터라고 친다면 단편소설의 발생도 대개 이 대로 미룰 수가 있다. 당시에는 물론 아직 형식의 완비가 없이 단순한 풍속 관찰이나 도덕 비판이나 간혹 인물의 성격을 묘사해서 단편적 수필적 경향이 농후하던 것이 낭만 시대를 거치매 취재의 범위가 넓어져서 괴기의 사실, 공포의 감정 혹은 감상(感傷)의 세계에까지 주제가 미치게는 되었으나 그러나 참된 의미의 단편소설이 탄생된 것은 19세기 중엽 이후라고 볼 수 있으니 미국의 호손, 포, 불란서에서는 발자크,

메리메, 고티에, 영국에서는 스티븐슨—이들이 모두 각기 형식을 규정하는 한편 내용적으로는 취재의 세계를 넓혔다. 그 가운데에서도 특히 포와 스티븐슨은 단편소설계의 웅(雄)이었으니 포는 구성 작업에 있어서 탁월한 이론을 주장하였고 스티븐슨은 화술 기교 문체에 특이의 장기를 보여 비단 풍부한 상상력으로 자미있는 이야기를 말할 뿐이 아니라 작품의 배후에 항상 일정한 도덕률의 교시(教示)를 준비한 작가였다. 그러나 단편소설 형식에 최후의 완성을 주게 된 것은 역시 모파상을 지나 체호프에 이르러서였다. 포적(的) 형식의 진폭을 한층 관대하게 넓히고 범상한 일상 생활의 토막토막을 문학적 표현 속으로 끌어들인 것이 체호프였다. 참으로 단편소설의 발달은 체호프에 이르러 마지막 피리어드를 찍었다고 해도 과언은 아니다. 현대에 들어와서는 이미 완성 결실한 단편 형식이 여러 가지의 변기(變技)를 시험하고 있음에 지나지 않는다.

19세기 중으로 어떻든 단편소설은 내용적으로는 낭만주의 사실주의를 거쳤고 소재의 범위와 표현 기교와 방법 격식을 구진(究盡)하여서 특히 현대에 있어서의 새로운 발견의 여지를 남겨 놓지는 않았다. 다만 사실의 대도(大道) 위에 심리적 혹은 지적 요소가 가미되었고 때로는 사회적 향토적 서정으로 흘러 자연히 형태의 자유를 초치(招致)하게 되었다. 희곡적이어도 좋고 묘사적인 수도 있고 수필적이어도 무방하다. 때로는 시적으로 심경적으로 혹은 전기적으로 흘러서 형식에 일정한 방법도 규정도 없어지고 각인각색의 자유로운 궤도 위로 멋대로 말달리게 된 것이다.

2.

대체로 종래의 단편소설이 더 많이 사건을 취급하였음에 반하여 현대의 그것이 성격과 동기를 취급하여 온 것이 사실이기는 하나 단편이 장편과 구별되어야 하고 양자의 사이에 역연(歷然)한 성격적 차이가 있는 이상 단편에 있어서도 언제나 역시 형식에 대한 일정한 체모가 필요한 것은 당연하다. 아무리 형태가 자유로운 현대에 있어서라도 그것이 단편인 이상 형태에 대한 확호한 인식과 수련은 항상 충분히 전제적(前提的)으로 준비되어 있어야 할 불가결의 것이다. 이 점에 있어서 단편 작가는 지난날의 하이제의 형식론이나 혹은 포의 단편 창작 이론에 다시 한 번 귀 기울이기를 부끄러이 여겨서는 안 된다. 대체 단편이 장편을 거부한 이유는 구성의 치밀을 기하고자 함에 있었다. 물론 시대적 요구 혹은 저널리즘의 종용도 단편 발달의 중요한 요인이었지만 자체적 이유는 형식이 자유로운 장편과는 본의(本意)를 달리해서 통일된 형태와 집중된 인상의 강렬을 구함에 있었다. 단일한 주제를 교묘한 구성과 익숙한 화술과 신선한 감각과 시적 상상력의 구사로 통일된 효과를 내도록 표현함에 있다. 민첩한 이지와 똑바른 관찰안(觀察眼)과 아울러 정연(整然)한 형식미가 단편의 특질이며 장편과 결별되는 추점(樞點)이었다. 단편 작가는 성급하고 결벽하여서 단적(端的) 주제와 순일한 인상을 사랑하고 인생의 단편을 기민하고 정직하게 표현하고자 하는 성벽을 가졌다. 간혹 장황한 이야기나 지루한 변론을 할 때가 있더라도 주제와 인상의 통일적 효과만은 잊지 않는다. 이러한 단편 자체의 특질을 생각할 때에 하이제나 포의 이론은 현대에 있어서라도 여전히 경청할 만한 불후의 가치를 내포하고 있는 것이다.

한 여인(麗人)의 사랑을 얻으려고 소지(所持)의 재물을 탕진한 기사는 나중에는 수중에 사랑하는 매 한 마리를 남겼을 뿐이었다. 가엽게 여겨 여인이 하루 낙백(落魄)의 기사를 찾았을 때에 기사는 그래도 애끓는 정을 못 이겨 사랑하는 마지막 매를 요리해서 여인을 대접한다. 감격한 여인은 그 자리로 심기가 일전해서 오랫동안 고집해 오던 사랑을 기사에게 바친다. 한 마리의 매가 사정을 일변시킨 것이다. 운명 전환의 동기가 된 이 매가 단편 작법에 있어서도 절대로 필요한 것이며 한 사건을 취급하여 운명의 전기를 교묘하게 요리하는 곳에 단편의 묘법이 있다는 것이다. 하이제는 왕왕 형식주의자라는 힐난을 받기는 하나 이 매의 이론은 단편소설사에 있어서 그 어느 때에나 응당 나야 할 이론이었으며 그 어느 시대를 거치더라도 진부해질 리가 없는 탁견임은 재론할 여지가 없다.

하이제보다도 일층 세밀한 원리와 방법을 규정한 것이 포였다. 그는 이야기의 효과와 시간적 길이에 치중해서 구성의 교치성(巧緻性)을 엄밀히 요구한 작가였다. 시간의 중단과 권태의 염증을 초래하기 쉬운 장편을 부정하고 삼십 분 내지 한두 시간으로 독료(讀了)해서 이야기의 '이데'를 어지럽히지 않고 선명한 인상을 마지막까지 지속할 수 있는 단편의 존재만을 문학 형식으로서 허용하였다. 단일의 효과를 미리 작정하고 그 효과에 맞도록 사건을 결합해서 한 작품의 첫머리의 문장부터가 그 효과를 살려야 하고 작중 한 마디도 무용의 어휘를 써서는 안 된다는 것이다. 인간의 심리와 긴장의 율도(律道)를 정확하게 해석하고 흥미의 중단을 극도로 경계하였다. 초기의 작품에서 시작해서 칠십여 편에 오르는 그의 전 생애의 작품이 한 편이나 이 주장을 벗어나지는 않았다.

체호프에 이르러 이 긴밀한 포적(的) 형식을 활달하게 완화시키고 일종 무형식의 형식을 부여하게 되어 단편 형성에 말하자면 최후적 완성을 주게 되었으니 그들 이후에 아무리 허다한 작가가 배출되었어도 그들 선진의 형식적 완성의 토대 위에 서는 것이요 그들의 이론의 이해와 배려가 없이는 작품의 성립은 생각할 수도 없는 것이다.

3.

현대에 들어와 단편소설은 난만한 발달을 이루어 특히 키플링, 오 헨리, 맨스필드, 울프, 조이스 등은 각각 기술적으로 사실적으로 혹은 심리적으로 자유로운 형식을 시험하고 취재의 진폭을 넓혀서 단편계에 공됨이 많으나 비단 단편만의 작가뿐이 아니라 장편 작가도 일방 단편에 치념(置念)해서 다채한 분야를 재래(齎來)케 하였다. 장편소설은 시대를 따라 소장부침(消長浮沈)의 시기적 특색이 있으나 단편소설만은 언제나 같은 정도로 일률적 발달을 하여 왔을 뿐 아니라 현대에 이르러 더욱더 성상(盛狀)을 띠어 가는 것은 물론 그 형식이 현대적 상업주의 급 저널리즘의 요구에 부합되는 까닭이요, 한 걸음 나아가 본질적으로 그 형식적 운명이 현대적 성격과 일치되는 까닭이다.

속도와 변전 속에서 진을 발견하고 미를 추구하려고 하는 것이 현대라면 단편소설의 감각은 제물에 그런 성격과는 일치의 운명에 놓여 있다. 진실이라는 것은 장황한 설명으로보다도 도리어 촌구(寸句)로 더욱 여실히 표현되는 것이 아닐까. 시적 감각도 또한 지연된 시간에서보다도 순간적 긴장에서 포착되는 것이 아닐까. 현대뿐만이 아니라 어느 시대에서나 긴장 속에서 생명의 보람을 느끼는 사람의 심리에 단편의 형식이 영합됨은 자연한 일이다. 자나 깨나 진실의 파악을 명념(銘念)하고 그 전달을 사명으로 여기는 작가가 직절(直截)·단적인 단편의 형식에 치념함도 또한 당연한 일이다.

잠간 고금의 작가를 통열(通閱)하면서 편의상 흥미 있는 이야기를 들려준 포, 스티븐슨, 키플링을 한 계열에 세우고 고골리, 체호프, 필립, 맨스필드의 일렬을 사회적 명목 속에 넣고 다른 한편에 심리적 계열로 스탕달, 도스토옙스키, 울프, 조이스 등을 한 벌족으로 가상하면서 볼 때 이들 중의 한 사람이라도 '참'을 말하려고 하지 않은 사람은 없다. 모두가 허구한 날 인생의 진실과 겯고 씨름하면서 진실을 잡나 진실에게 잡히나의 사생결단을 하려고 한 사람들뿐이다. 서탁 앞에 웅크리고 앉아서 허구를 꾸미고 상상을 장식하면서 그들은 얼마나 많은 '거짓'을 말해 왔는지 모른다. 그러나 물론 그것은 모두 '참'을 말하려고 한 수단이었던 것이다. 문제는 그들이 빚어낸 '거짓'이 얼마나 '참'을 반영하였나에 걸려 있다. 문외인은 말할 것도 없겠거니와 소위 작가로서 그들의 요술에 전적으로 속아 넘어간다는 것은 큰 치욕이다. 솔직하게 말해서 그 결사적 노력에도 불구하고 그들의 예술에는 '참'도 많거니와 '거짓'도 많다는 것이다. 포나 키플링은 말할 것도 없거니와 고골리나 체호프에게서 우리는 '거짓'을 손쉽게 찾아 낼 수 있으며, 귀신 같은 도스토옙스키에게서도 역시 '거짓'이 눈에 띄는 것이다. 결국 누가 가장 '참'을 말할 수 있는가, 어느 때에 이르면 가장 '참'을 말할 수 있게 될 것인가—노력은 여기에 걸려 있다. 작가라는 족보 속에 일단 이름을 걸기 시작한 때부터 작가에게는 이 영원의 과제가 운명적으로 가로막히게 된다. 문학의 대대를 물려 내려가는 가보는 참으로 박진(迫眞)의 묘기인 것이다. 소설사의 릴레이 경쟁에 있어서 다음 세대가 전대(前代)의 손에서 받은 나무 토막에는 '속히 달아라'의 대사(代詞)로 '참을 그리라'의 구절이 적혀 있는 것이다. 전대의 미흡을 만회함은 차대의 임무이니 한 구절이라도 '거짓'을 교정하고 '참'을 가(加)함이 항상 소설사의 차대의 당위인 것이다. 어떻게 하면 더 '참'을 말할 수 있는가—두말할 것 없이 현대의 단편 작가의 자각은 여기서부터 시작되어야 한다.

물론 소설의 목표는 다만 진실의 전달에만 있는 것은 아니다. 진실의 표현을 수단으로 궁극에 있어서는 미의식을 환기시켜 시의 경지에 도달함이 소설의 최고 표지(標識)요 이상인 것이다. 최고 표지가 시의 경지인 점에 있어서 소설의 목표는 물론 시의 목표와 동일하다. 시는 직접적으로 '미'를 통해서 시에 도달함에 반하여 소설은 '진'을 통해서 시에 도달하려는 것일 뿐이다. 소설의 최고 목표를 일률로 '진'에만 두는 것은 참된 리얼리스트의 태도가 아니며 예술의 본질의 인식을 스스로 그르치는 것이다. 진실을 추구해서 그 위에 높은 시의 경지의 창조를 생각하는 곳에 작가의 제2단(段)의 자각이 서야 할 것은 물론이다.

《조선일보》, 1938. 4. 7.~9.

서구 정신과 동방 정취
—육체문학의 전통에 대하여

십여 만의 대군과 천여 척의 군선으로 십여 년에 긍(亘)한 트로이 전쟁은 트로이 왕자 파리스에게 유괴당한 미비(美妃) 헬레네를 탈환하려는 뜻에 원인되었던 사실의 이해 없이는 희랍 정신의 바른 인식은 얻을 수 없는 것이며, 전란과 모험과 당시 사회생활을 그린 호머의 위대한 서사시는 아킬레우스와 오디세우스에게 인간의 전형을 찾으려고 한 노력이었음을 밝히지 않고는 희랍인의 문화의 목표를 바로 깨달을 수는 없다. 가장 아름답고 용감하고 다정하고 사려와 지모(智謀)가 깊은 아킬레우스와 오디세우스에게서 우리는 인간의 전형을 보고 희랍미의 구체를 본다. 조화와 균형의 완전한 형식미와 침착하고 정확한 감각의 전제와 토대 위에 개인의 자유와 안정의 절대경(絕對境)—희랍인의 소위 신적 원형인 이데의 세계가 선다. 플라톤 이전부터 이미 희랍인의 문화의 이상이요 생활의 도표(道標)인 이 이상주의적 내적 요구는 참으로 단지 막연하고 거대한 것이 아닌 실제적 인간적 형식과 육체적 구체 위에 서는 것이다. 헬레네의 미와 올림푸스 경기에서 월계관을 받은 우승자의 늠름한 육체의 환상을 떠나서 희랍의 정신은 성립할 수 없는 것이다. 인간적 육체적 구체를 전제로 하는 이 희랍의 정신을 그대로 계승하고 전통해 온 것이 두말할 것 없이 서구의 근본 정신이며 문화와 문학의 표지(標識)인 것이다. 로마인은 문화를 창조하는 대신 역사를 창조하고 희랍 정신을 그대로 따다가 그들 본유의 실행과 정의의 정신과의 합작으로써 희랍의 문학을 모방했음에 지나지 않으며 유태교나 기독교도 또한 희랍주의에서 나온 것이니 기원 4세기 기독교가 외교적으로 크게 승리하였을 그때에도 희랍 문화는 기독교 내부에 섭취되어서 스스로 내적으로 그를 지배하고 있었던 것이다. 희랍 정신의 전거적(典據的) 설명을 굳이 데모크리토스나 혹은 에피쿠로스의 원자론에 구하려고 할 것이 없는 것이 스토아학파나 회의파(懷疑派)에서까지도 우리는 쉽게 그 경향을 볼 수 있는 까닭이다.

호머의 서사시에서 눈을 돌려 소포클레스 아이스킬로스 에우리피데스의 소위 희랍 비극을 대하면 그 호곡(號哭)할 운명의 공포에 육체적 전율을 느끼게 된다. 오이디푸스 왕의 비극은 두말할 것 없이 육체의 비극인 것이다. 로마의 세네카에 대해서도 같은 말을 할 수 있다. 중세적 정신의 종합이라고 일컬어지는 단테의 『신곡』은 인간의 불행 죄악 회오(悔悟) 정화(淨化)의 생애를 그리고 영원의 복지의 방향을 암시한 것이다. 이같이 현세적 지상적인 작품도 드물다. 그의 사상적 전제는 토마스 아퀴나스의 신학에서 찾을 수 있는 것이니 토마스가 주장한 윤리학의 덕목은 신(信)과 애(愛)와 희망의 기독교적 삼원덕(三元德) 외에 지혜와 용기와 절제와 정의의 희랍적 덕목이 아닌가. 이 희랍적 이상으로 돌아가려는 단테의 경향 속에 이미 문예부흥의 정신이 예상된다.

문예부흥운동은 말할 것도 없이 헬레니즘 환원운동, 휴머니즘 복귀운동이었다. 종교적 압박에서 벗어나 인간적 정신을 부활시키고 사상의 자유와 개성의 자각을 촉진시키려고 함은 대체 무엇을 의미하는 것인가. 육체적 해방이 없이는 불가능한 일이며 이 중요하고 일의적(一義的)인 전제 위에 설 때에 비로소 참된 인간성의 해방이 있는 것이다. 문예부흥운동의 구체적 표현이 때로는 현세적 행복 추구에 기울고 혹은 관능적 향락의 방향으로 흐른 것은 중세적 이념의 반동으로서 당연한 현현(顯現)이었다. 근대 소설의 시조인 보카치오의 『데카메론』의 육향(肉香)에 굳이 빈축의 표정을 가장할 것은 없는 것이며 초서의 『캔터베리 이야기』— 한 지역의 문학의 시조로 지목되는 중요한 시인의 이 걸품(傑品)의 이야기의 태반이 체취 분분한 육체문학이라는 것을 우리는 주의해야 한다.

마키아벨리는 희곡 성기(成起)의 세 동기를 권력과 황금과 육욕에 두었고 이 법칙을 이은 작가가 말로와 셰익스피어였다. 말로는 권력을 찾는 군주를 《탬벌레인》에서, 황금을 구하는 고리대금업자를 《몰타의 유태인》에서, 육욕에 목마른 피곤한 철학자를 《파우스투스》에서 각각 그렸고 셰익스피어의 모든 작품을 또한 이 범주에 분류 구분하기는 쉬운 노릇이다. 권력과 황금이 애욕과 아울러 현세적 인간적 제목임은 말할 것도 없으며 셰익스피어의 방대한 작품은 참으로 육체적 요구의 각종 예증의 집대성이라고도 볼 수 있는 것이다. 고전 정신과 대륙 정신을 채택하고 개성과 독창과 상상을 자유자재로 발휘해서 르네상스의 정신을 종합한 것이 셰익스피어였다.

그러나 우리는 바다를 건넌 곳 즉 코르네유, 라신의 일군에서 일층의 고전 정신의 부활을 본다. 형식 질서 정리 분별 이지의 희랍미에 기독교적 정서를 가미한 것이 라신의 비극미이다. 그의 전 작품의 주제가 거의 다 연애와 열정이어서 폭군의 노왕의 혹은 골육간의 죽음으로써 결말을 짓는 무거운 애욕은 소포클레스의 비극의 처참미(悽慘味)에 육박하려고 한다. 18세기의 고전주의의 반동으로 19세기에 다시 인간성의 자유로운 발전을 생각하고 중세주의를 사모하는 소위 낭만주의의 시대가 시작되어 루소는 자연을 구하고 괴테는 진리를 구하고 워즈워스는 인간성을 탐구하게 되었으나 결국 그들이 그린 육체의 세계나 혹은 라신이나 셰익스피어의 애욕의 주제 속에 그려진 육체의 세계라는 것은 19세기 중엽부터 시작되는 자연주의 작품 속에 표현되는 육욕의 세계의 일보 전의 거리에 있을 뿐이다. 자연주의의 '진(眞)'의 탐구의 결과는 육체였으니 참으로 체취문학(體臭文學)은 자연주의와 함께 본격적으로 시작되었다. 세기말 문학은 또 하나의 새로운 자연주의였고 감각과 육체의 기괴하고 대담한 미학이었다. 반동적 각성으로 이상주의의 기치를 내걸고 톨스토이는 인도주의를 휘두르고 입센은 개인 문제를 쳐들었으나 그들의 작품에 있어서도 정신이니 반성이니 하는 것은 육체의 소리 위에 끼얹은 고명에 지나지 못하는 것이다. 세기 초에 새로운 사조가 밀리자 문학은 사회와 군중을 취급하고 문제 이전의 문제, 식량의 명제를 일깨웠다. 기두(旗頭)에 한 덩어리의 빵을 꽂고 그것의 갈망과 복지를 노래한 것이 육체 이전의 세계에의 퇴보인 시대의 치욕이라면 치욕이나 이 역 육체를 위한 문제임에는 틀림없다. 대전 후에 일어난 광범한 의미에서의 현대주의는 각종의 계류와 주장을 내포하는 것이나, 대체로의 문학적 경향은 반낭만주의 반감상주의 즉 통속적 인간성의 수정을 주장하는 '디휴머나이징' 혹은 '인휴머니티(비인간화)'의 노력이다. 과학적 인간관에 입각한 철저한 물질주의로서 정신화 감정화에 반대하고 물질화 물체화 육체화를 고집한다. 풍자와 기지(機智)에 흘러 17세기의 고전주의에의 복귀를 생각하고 포프 스위프트 존슨 볼테르 등의 태도를 그리워하게 되었으며 일방 심리와 의식의 세계를 천착해서 육체와의 관련을 궁구하려고 하고 타방 순전히 물질적 생리적으로 투입(透入)해서 육체의 종교화를 도모하게까지 되었다. 조이스와 같이 내적이든 로렌스나 루이스와 같이 외적이든 혹은 헉슬리와 같이 양자의 중용의 길을 걷든 간에 어떻든 현대주의의 '디휴머나이징'의 경향이란 부질없는 정신의 면을 떠나서 한층 직접적으로 육체의 규명에 접근하자는 노력이라고 볼 수 있는 것이다. 참으로 현대의 육체의 문학이란 자연주의의 종점인 듯도 한 감이 있다.

요컨대 서구문학이란 헬레니즘에서 비롯해서 연면히 흘러 내려오는 육체문학 혹은 체취문학의 위대한 계열인 것이다. 정신이란 서구인에 있어서는 육체만에서 오는 섭섭한 부족감을 위안시키기 위해서 발명한 한 가닥의 감상에 불과하다. 육체의 예상과 전제가 없이는 그들의 문화와 문학의 이해를 정확히 할 수는 없는 것이다.

휴머니즘 운동의 반복도 지성의 변호도 결국은 육체로 통하는 문호이다. 양을 잡아먹고 소를 잡아먹으며 짐승의 젖을 짜 먹고 비계를 긁어 먹어야만 되는 그들의 생활적 전통이 벌써 문화 방향의 운명을 규정해 주었다. 헬레네의 미와 올림푸스 경기자의 육체와 영원한 육체의 창고인 금자탑의 양자(様姿) 속에 그대로 서구문학의 전통 정신이 상징되어 있는 것이 아닐까.

「종합논문」, 《조선일보》, 1938. 7. 31.~8. 2.

단편소설

단편소설의 정의는 이야기의 구성—그 효과와 장단에 관한 요구에서부터 규정되는 것이니 중편소설 혹은 장편소설과 결별되는 계기가 이 요구 속에 스스로 내포되었고 단편소설 자체의 형식적 본질적 특징도 이 요구에서 스스로 우러나온다. 도스토옙스키의 『죄와 벌』이 단편소설이 아니며 포의 「검은 고양이」가 장편소설이 아닌 이유가 자명한 것이며, 질적으로만 볼 때 성서의 어떤 대문이나 혹은 하이네의 혹종(或種) 시구도 단편소설로서의 특질은 갖추었으나 그것이 결코 소위 단편소설이 아닌 소이(所以)와 어떤 종류의 기행문이나 수필이 비록 단편소설의 형식적 체모(體貌)는 가졌다고 하더라도 진정한 의미의 단편소설이 아닌 소이도 이 점에서 또한 자명한 것이다.

단편소설은 장편소설과 함께 문학 종목 중에서 그 연령이 대단히 젊은 것이요 다시 이 양자 중에서 소설사적으로 어느 편이 선행하였던지를 결정하기는 어려운 노릇이나, 후자에 비겨 전자가 훨씬 더 근대적 성격을 띠었음이 사실임은 후자가 이야기의 요구에서 시작되었음에 반하여 전자는 인상(印象)의 치중에서 비롯하였다고 볼 수 있는 까닭이다. 장편소설이 비록 서사시와 구별되고 상거(相距)가 멀다고는 하더라도 이야기의 본능에서 출발한 점에 있어서 인연이 가깝고 현대의 모든 장편소설이 호머의 『오디세이』의 이야기나 혹은 초서의 『캔터베리 이야기』와 혈연적으로 상통됨은 사실이다. 장편소설에 있어서는 연면(連綿)한 일련의 인생적 사실의 추사(追寫)와 이야기의 연속적 발전이 필요한 것이요 형식은 비교적 활달하고 자유로운 것이나, 이에 반해서 단편소설은 단일한 주제와 집중된 인상의 요구에서 오는 통일된 형태가 절대로 필요한 것이니 정연한 형식미가 없이는 구성의 치밀을 기하고 통일된 효과를 바랄 수는 없는 까닭이다. 장단을 물론하고 소설이 인생적 사실의 구성 아님이 없으나 단편소설에서는 그 요구가 특히 강렬해서 당초에 단일한 효과를 목표로 예상하고 그 목표에 맞도록 뭇 사건을 인위적으로 결합 배열 구성하지 않으면 안 되는 것이니 형식적 엄수가 근본적으로 필요한 소이가 여기에 있다. 포의 말을 빌면 "첫 꼭두머리의 문장부터가 예상의 효과를 돕는 것이 아니면 벌써 그 소설은 제1차의 실패를 한 것이다. 작품 그 어느 대문에서도 기정의 계획에 직접으로나 간접으로 불필요한 말은 한 마디도 써서는 안 된다. 이러한 수법과 배려와 연습에 의해서 비로소 만인의 가슴 위에 최상의 만족감을 주는 그림을 그릴 수가 있는 것이다. 이러한 원리의 필요는 물론 인간 심리의 긴장의 율도(律度)에서 기인되는 것이다. 사람이란 장구한 긴장에 견디기 어려운 것이므로 시에 있어서는 말할 것도 없거니와 산문에 있어서도 30분 내지 한두 시간으로 통독할 수 있는 것이라야 독자가 그 작품을 대하는 동안 온전히 작자의 명령대로 좇아서 장편을 읽는 때와 같은 흥미의 중단 혹은 권태와 염증을 초래하지 않으므로 이야기의 이데가 조금도 이지러지는 법 없이 감정을 포착하는 것이다." — 이 포의 주장과 해석은 단편소설의 본질적 성격을 충분히 설명하고 규정하여서 이론(異論)의 여지를 주지 않으며 보족(補足)의 필요를 남기지 않았다. 고금의 허다한 단편소설가 중에서 참다운 단편소설가를 꼭 한 사람 고른다면 포 바로 그 사람일 것이니 그의 수많은 단편이 하나나 그의 원리의 예증 아님이 없다. 현대에 이르러 포의 뒤를 이은 작가는 키플링이었으며 「검은 고양이」의 혈통을 잇는 작품은 「리스페스」와 「혼처(婚妻)」였다.

그러나 포의 이론은 이론으로 하고 시대를 거듭하는 동안 소설 자체의 내면적 세계의 진폭이 넓어짐에 따라 단편소설의 세상도 내적 외적으로 지극히 넓어졌다. 포나 키플링의 극적 사건만이 단편소설 상모(相貌)의 전면(全面)이 아니요 그 외에 허다한 요소를 들 수 있는 것이다. 같은 포의 작품으로도 가령 성격도 사건도 없는 「침묵」 같은 단편은 소설이라기보다도 차라리 시의 부류에 들 것이요, 일률로 사실주의의 칭호만을 받는 모파상의 「월광」도 같은 범주에 속하는 것이다. 체호프의 「올렌카」는 포의 긴장의 법칙에 비추면 지둔하기 짝이 없으나 그 스스로의 한 개의 단편의 세상을 이루는 것이요, 맨스필드의 「행복」 또한 그러하다. 헉슬리의 단편에서는 19세기에서는 찾을래야 찾을 수 없는 지적 번뇌를 볼 수 있고, 모리아크의 단편에는 빛나는 기지가 별같이 흩어졌다.

현대에 이르러 소설의 세상이 더욱더욱 분화되어 형식과 내용에 다채한 양상을 나타내게 되었다고는 하여도 단편소설의 본질적 성격에는 물론 호모(豪毛)의 동요도 없는 것이요, 주제의 단일성과 효과의 집중성에 그 중심 생명을 두고 장편소설 급(及) 기타의 문학 형식과 구별되어 옴에는 변함이 없는 것이다.

「문화강좌」, 《조광》, 1938. 8.

임학수 신저『팔도풍물시집』

『팔도풍물시집』을 통독하고 이런 종류의 시집이 필요하다는 것과 이런 시험으로써 시단(詩壇)의 진폭이 한결 넓혀졌음을 느끼며 결코 수월하게 써 내려가지 않고 자자구구(字字句句) 탁마(琢磨)의 자취를 보인 저자의 진지한 태도를 고맙게 여겼다. 저자도 말했거니와 종래의 이런 범류(範類)의 시가 밟아 온 상궤(常軌) — 사실(史實)과 한시의 세계를 떠나서 저자 자신의 눈에 비친 인상과 태도로 소재를 취급한 그 의도도 창의적인 새로운 시험이라고 본다. 20여 시편이 단순한 풍물도(風物圖)가 아니요 그 뒤에 울발(鬱勃)한 기개를 감추었으며 유구한 전설미(傳說美)의 시정이 전편에 넘쳤다. 「인정각(人定閣)」「남한산성」「숭례문」의 자태들이 전설의 이끼 속에서 다시 한 번 현대의 혼들을 부르며 통곡하는 듯하다.

거리를 쓸어 온 붉은 먼지가
오늘도 바람과 함께 함부로 쌓일 뿐
달 지고 까마귀 울어 이 거리는 황량하다!

회고(懷古)의 이상에 타고 측측(惻惻)한 기백(氣魄)에 잠기다가도 풍경을 그릴 때에는 자상(姿像)은 정확하고 표현은 간결해서 「천선대(天仙臺)」「총석정(叢石亭)」의 자태가 행간(行間)에서 솟아오르고 「팔각대」「석굴암」「상팔담고사(上八潭古事)」에 이르러서는 묘사가 관능에까지 승화되어 묘(渺)한 감각의 무늬가 눈앞에 아롱거린다. 그러면서도 결코 위험하거나 경박하지 않고 건실하고 침착해서 짜인 구격(具格) 속에 침통한 상(想)을 담은 것이 믿음직하다. 어떻든 저자의 시인으로서 갖춘 모든 좋은 요소가 각 편에 새겨져서 한 편도 범시(凡詩) 아님을 반가워한다.

실상인즉 이 시집의 기증을 받자 나는 가친의 내양(來壤)을 맞이하게 되어 막혔던 정성(定省)의 모회(慕懷)를 풀며 한 세대 전의 회고담에 귀를 기울일 기회를 얻었던 것이다. 어지럽던 조말(朝末)의 풍경의 가지가지를 들으면서 아득한 감회에 잠기다가 가친을 전송한 후 고요한 마음에 다시 시집을 펴들 때 지난날의 풍물과 정회(情懷)가 한층 생생한 인상을 띠고 나타나 전설의 미가 온통 혼을 잡아 흔듦을 느끼면서 아악같이 아득한 여운을 가을밤의 좋은 반려로 생각하며 재독 삼독 음미하는 것이다.

꿈에서 비롯하여 꿈에서 끝났느뇨.
눈 감으면 귀에 아직 나비되어 이슬되어
피리 이미 그치고 곡조는 머무나니…….

「신간평」, 《조선일보》, 1938. 10. 16.

문운(文運) 융성의 변

문단이 부진이니 문예가 막혔느니 하는 것이 수년래로 거의 입버릇같이 되다시피 했으나 무엇을 준거로 하는 말인지는 각인각색 다 각각 요량의 척도가 있는 것이지만 이 상투어가 점점 무의미한 것으로 여겨져 간다. 문학의 고양, 문단의 진흥은 한이 없는 것으로 아무리 높은 경지에 놓인다 하더라도 그것으로서 족하다는 한역(限域)은 없는 것이다. 세계문학의 관점으로 보더라도 플로베르가 반드시 최고 수준은 아닌 것이며 조이스가 그에게 비겨 손색이 있는 것도 아니다. 셰익스피어의 작풍이 플로베르와 같지 않다고 시비하는 것은 현대문학이 소포클레스의 문학을 본받지 않았다고 책하는 것과 마찬가지로 어리석은 짓이다. 각각 세기의 조류가 있고 시대의 수준이 있는 것이다. 그것이 곧 당대 문학의 측량의 척도이며 존재 이유인 것이다. 소포클레스는 소포클레스, 셰익스피어는 셰익스피어, 플로베르는 플로베르, 조이스는 조이스 — 이들 역대의 아승자(亞承者) 사이에는 단지 시대의 역강(歷降)이 있을 뿐이지 그들 문학 자체의 고저우열(高低愚劣)이 있는 것은 아니다.

현금의 조선문학이 세계문학 수준의 꼬리를 잡았다고 생각하는 바는 아니나 오늘의 문학은 역시 어제의 문학이 아닌 오늘의 문학으로서의 역량과 체모(體貌)와 실질을 갖춘 것이며 내일의 문학을 위한 오늘의 문학으로서 족한 것이다. 오늘의 이 정도의 이 문단으로서 작가의 양도 그만하면 흡족한 것이며 각 작가의 실력도 결코 연전(年前)의 그것은 아닌 것이다. 십 보 전진 백 보 전진이요 괄목상대(刮目相對)가 아니라 오늘의 발전을 보고는 눈이 휘둘러 빠져야 할 것이다. 십 년 전의 문단과 오늘의 문학을 흔히 비기면서 아직도 오늘의 문학의 우위를 자각하지 못하고 회고(懷古)의 정에 연연하는 어리석은 이가 있다. 자기가 호흡하고 있는 자대(自代) 문학에 자랑을 느끼지 못하는 문단인이라면 대체 무슨 면목으로서 문학의 붓을 드는 것인가. 아무리 겸손하게 보더라도 오늘의 문학은 십 년 전의 문학보다는 참으로 백 보 전진이다. 임의의 소설의 임의의 행문(行文)도 십 년 전의 가장 우수했다는 그것보다도 월등 나은 것이며 오늘의 시단의 다채다양한 상모에 비기면 십 년 전의 시단이란 정히 안색이 없는 것이다. 그렇듯 오늘의 문학이 장족의 진보를 하여 온 위에 얼마나 많은 신인이 명일을 위해서 등대(登待)하고 있는지 모르는 현상이 아닌가.

침체된 문학의 타개책이라는 것보다는 지금의 문단을 더욱 융성하게 하기 위하여서는 작가 각자는 다 각각 한 층의 공부와 면려(勉勵)가 있는 것이며 이 자발적의 노력이야말로 무엇보다도 귀하고 일의적(一義的)인 방책인 것이다. 작가는 다 각각 독특한 방향과 발명이 있고 자기의 육체와 기질과 사상에 맞는 창조를 하는 것이므로 이것을 일률로 한 굴레를 씌우고 한 고삐로써 몰려는 비판가의 역할같이 어리석은 것은 없다. 한 가지 제목을 찾아가지고는 그것으로써 모든 작가를 분류 설명하고 편달(鞭撻)하려고 하는 제목주의(題目主義)같이 주제넘은 것은 없다. 문단 자체의 입장에서 볼 때, 문학 자체의 장구한 안목으로 볼 때 구분적 편파적 제패(制覇) 같이 타기해야 할 것은 없다. 양심이 아니라 상재(商才)를 베어 팔면서 이목을 끌려는 버릇—이같이 염치없는 버릇은 없다. 생각해 보라. 백 사람의 문단인이 다 함께 같은 주제 같은 장르 같은 수법의 작품을 쓰게 된다면 그 문단이 무슨 꼴이 될까를. 싸움이 났다고 어중이떠중이 싸움 이야기를 쓰기에 급급한 것같이 흉측한 꼴이 있는가. 각자의 길과 종목과 방법이 있는 것이다. 그 각자의 길을 충분히 발전시키고 심화시켜 갈 때만 문단은 성해지고 살쪄 간다. 전쟁소설 좋고 세태소설 좋고 예술소설 좋고 기록소설 또한 좋다. 즐기는 종목과 장기를 따라 최선을 다하는 것만이 문단과 문학을 소중히 하는 소치인 것이다. 참으로 유위(有爲)한 작가는 쇠북소리에 놀라지 않고 유행인 전장행(戰場行)을 사양하고 도리어 거리의 한 기척에 머무를는지 모른다.

이러한 작가의 자각적 정신 이외에 문예 융성의 책(策)을 오히려 한 걸음 가까운 곳에서 구할 수도 있는 것 같다. 작가와 유기적 관계에 있어서 이것을 돕고 발양(發揚)해 주는 원조체(援助體)—출판업이 그것이다. 객관적 조건이 유리할 때 주관은 언제나 한층 발랄한 활동을 계속할 수 있다. 출판 측이 좀 더 작가와 협력하고 작가 대우의 방법을 강구함이 있다면 문운의 융성이 배가해 갈 것은 명

약관화이다. 현재 작가의 대부분이라는 것은 모두 일종의 직업인으로서 치열한 문학혼을 가지고도 생활적으로 더 일의적인 직업에 사로잡혀서 모처럼의 문학혼을 돌보지 못하게 되는 경우가 많은 듯하다. 생활의 방편인 직업을 버리고 참으로 전력을 문학에 바칠 수 있게 하는 방법—단석(旦夕)에 처결되지 못한다 하더라도 그리로 향하여 가는 기운(機運)과 노력이라도 보여지게 함이 출판 측의 뜻과 배짱이어야 한다. 하나에서 열까지 될 것 안 될 것 그 모든 것에 대해서 일률한 방법으로 하라는 것은 아니나 가능한 정도에서부터 차차 미쳐가는 격식도 있는 것이니—가령 작품 본위로 해서 작가를 불문하고 노작 역작에 대하여서는 수단(數段) 후대(厚待)의 방식을 취하게 한다면 작가의 분발은 눈에 보이게 현저해질 것이며 따라서 문학의 질도 날로 향상될 것이다. 작가의 주의와 노력을 자여(自餘)의 모든 것에서 완전히 빼앗아다가 문학으로 쏠리게 하는 방편은 그 외에는 없는 것이다. 일반 대접의 방법과 아울러 연래로 운위되어 오는 소위 문학상 제도도 물론 이런 관점에서 나왔을 것이요, 시기도 익은 듯한 이때 출판 측의 용단과 분발이 있기는 고대되고 있는 바일 듯하다.

신인 발견의 소리도 작금 높은 듯하나 벌써 문단에 발을 들여놓은 신인만으로도 이미 많은 듯하다. 새로운 분야와 방법의 발견—신인 요망의 뜻은 여기에 있는 것이나 신인도 여위고서야 어찌 새로운 분야의 개척을 능히 담당할 수 있을 것인가. 기성 작가에겐들 자격과 힘만을 준다면 신지(新地) 발견에 힘쓰지 못할 리 없는 것이다. 아무리 작금 출판계가 왕성은 하다 하더라도 수많은 기성 작가에게도 아직 균등한 기회를 못 주고 이를 다 포섭하고 삭이지 못하는 형편에 부질없이 신인을 들추어내서는 나중에 그 많은 일군(一群)을 다 어쩌자는 뜻인가. 출판계가 더 자라서 포용력과 실력이 참으로 충실해질 때 등장하는 인물은 자연히 늘어갈 것이다. 그렇게 조바심을 해 가면서까지 애매한 많은 청춘들을 기아 지대로 유인해 넣을 필요는 아직 없을 듯하다. 문단의 문호는 언제든지 그 스스로 해방되어 있는 것이다. 참으로 기백이 있고 역량이 있는 신인이라면 진고(陣鼓)를 둥둥 울리고 헛고함을 쳐 주지 않아도 그 어느 귀퉁이든지를 비집고 어느 틈엔지 자연스럽게 나타나게 되는 법이다. 그렇게 해서 참으로 실력 있는 작가를 얻는다면 그것이 자타를 위해서 더 자연스럽고 보람 있는 것이 아닐까. 신인 문제에 관한한 자연 생장법에 맡기는 것이 가장 떳떳한 일일 듯하다.

현금의 문운이 결코 비관한 정도로 침체된 것은 아니다. 모르는 결에 어느덧 상당한 면목과 체제를 갖추고 있는 것이 눈에 띄며, 앞으로 출판 측의 적극적 아량이 있다면 찬란한 황금 시대도 멀지 않아 올 듯한 예감이 들지 않는 바도 아니다.

「문예발전책」, 《조광》, 1939. 1.

『화분』을 쓰고

다산작가(多産作家)라는 말을 흔히 들으나 아무리 생각해도 내게는 맞지 않는다. 따로 직업을 가진 몸으로 비교적 다산적(多産的)이라는 뜻인지는 모르나 그렇다고 해도 반드시 다산일 것이 없는 것이 일 년에 과즉 창작이 오륙 편이요 수필이 수편에 지나지 못해 근근 원고지 수백 매를 어지럽히는 정도의 양이 그다지 많은 것이라고는 생각되지 않는다. 직업이 아무리 한가롭다고 하더라도 직장에 나가 있는 반일 혹은 하루의 시간은 정신적으로나 실질적으로나 역시 그곳에 바친 것이므로 직업 이외의 숭상(崇尙)은 그 여가에밖에는 허락되지 않는다. 온전한 하루를 창작 생활에 허비할 수 있는 경우와는 그 받는 제약이 스스로 다르다. 소설을 쓴다는 것이 벌써 사무소로 나간다 일터로 간다는 것과 내용적으로 같은 의미를 가지게 된 오늘 구태여 일터로 갈 것이 없이 집 서재에서 아침부터 원고지와 대할 수 있는 신세는 행복스런 것이 아니면 안 된다. 그런 경우에서만 다산(多産)도 가능한 것이요 과작(寡作)도 사치한 노릇이지 겹겹으로 매인 몸으로야 다작은 바라도 할 수 없는 것이다. 조선서의 다작가는 무어니 무어니 해도 장편을 연달아 쓰는 기영(箕永), 만식(萬植), 혹은 태준(泰俊)들이며 남천(南天)도 요새와서 부쩍 마력(馬力)을 내기 시작했다. 이들은 소설과 씨름이나 하듯 막 겯고 거의 잡념이 없다. 그러는 속에서 반드시 좋은 작품이 우러나리라고도 생각된다.

직업을 가졌다고 직장 속에서 웅숭그리고만 앉았다가는 결국 아무것도 못할 것 같아 매인 시간을 훔치기 시작했다. 요행 한간방이 차려지고 방에는 구미식의 자물쇠가 걸리는 까닭에 혼자 그 안에 들어 앉았으면 무엇을 하든지 간에 밖 사람들의 용훼(容喙)할 바가 못 된다. 될 수 있는 대로 그 방에서의 시간을 이용할 양으로 집에 오기까지의 시간을 무죽하게 책상 앞에 앉아 있기로 했다. 급한 원고나 있을 때에는 자연 나날의 남는 시간을 모두 그리로 바치게 되나 이는 건강에도 해롭고 다른 일에 지장도 미치는 까닭에 시급하지 않은 때에는 하루의 일정한 시간을—가령 학교를 파하고 집으로 나올 때까지의 시간을 원고에 돌리고 다른 시간은 각각 다른 일에 돌리기로 했다. 그러기 때문에 원고가 잘 쓰이든 못 쓰이든 배당된 시간은 책상 앞에 앉아 있어야 된다. 근대의 문학은 반드시 영감의 업(業)이 아니요 근면의 산물일 듯하다. 문학도 하고 반면에 다른 생활도 살려야 할 것이므로 나는 이것을 가장 좋은 방법이라고 생각한다. 따라서 전작(全作) 류의 요급(要急)한 장편 원고는 긴 휴가를 이용함이 상책이다. 『화분』을 탈고한 것이 지난 겨울 휴가가 끝난 뒤였다.

진고지속(進稿遲速)의 차(差)는 작가 각자의 체질과 기질에서 오는 것이요 외에 준비의 완불비(完不備) 혹은 주재(主材)의 적부적성(適不適性)에서 기인되는 것인 듯하다. 반드시 지필형(遲筆型)이 아니라고 생각하는 것은 하루에 순조롭게 나가면 4백자 10매 정도의 원고는 수월하고 때로 20매를 넘을 적도 있기 때문이다. 「황제」는 하루에 22매가 최대의 성과였다. 신문소설 5회분이다. 그러나 한편 빽빽할 때에는 5~6매 혹은 3~4매밖에는 얻지 못할 때도 있다. 소설이나 수필이나 일반이다. 『화분』은 평균 10매—그 요량으로 하면 두 달이면 완성해야 되는 것이나 번기는 날이 많고 떼이는 시간이 많았던 까닭에 석 달이 넘어 걸렸다. 그렇게 쓰는 원고라는 것이 대개 조잡해져서 퇴고 때에 어지간히 깎아 내기는 했으나 성적은 그 모양으로 불만한 것이다. 많이 쓰고 속히 쓴다는 것이 아무래도 작품을 산일(散逸)하게 하기 첩경이어서 그런 때 좋은 작품이 나오는 수가 적은 듯하다. 참으로 훌륭한 표현이라는 것은 짧고 비약적인 함축 있는 언어로 족한 것이며 이것이 고금의 문장도(文章道)의 변치 않는 비결이다. 작품이 장황한 것은 대개 묘사가 지리(支離)하고 설명이 길고 설화가 수다스럽고 사상과 주제를 반추복습(反芻復習)할 때이다. 한 장 원고지에 담을 내용을 두 장으로 부연함은 작가의 악덕이다. 작가는 교단에 선 교사같이 친절해서는 안 된다. 불친절할수록 우수한 작가이며 한 가지 명제를 되씹고 곱씹고 하는 대신 암시만 하고 뙤어만 주는 것이 교사로서도 뛰어난 자질임은 물론이다. 현재 우리의 손에 남은 고전의 제작(諸作)이 반드시 모두 사범의 작품들은 아니며 이 표현의 엄숙성의 관점으로 볼 때 미격(未格)의 것이 많다. 『돈키호테』 등의 고작(古作)은 말할 것도 없거니와 근대문학에 들어와서도 발자크의 어떤 작품이나 졸라의 제작(諸作) 같은 것은 묘사와 문장에 관한 한 머리를 싸매고 배울 것이 못 된다. 어떤 시대의 문학에 있어서든지 표현의 일한성(一限性) 엄격성은 귀중한 것에 틀림없으며 적어도 플로베르나 지드 정도의 긴축성은 어느 작가에게나 소원의 것이어야 한다. 대단치 않은 문장의 어구와 구절은 아끼는 법 없이 냉혹하게 깎아 버리고 베어 버리는 대담성—이야말로 절대로 필요한 것이나 이런 줄을 알면서도 실제 창작에 임해서는 실천이 어려워서 자칫하면 장황하고 지리하게 되기가 일쑤다.

이 실패는 주로 인상의 과잉 수리(受理)의 혼란에서 오는 듯하다. 물상(物象)에서 받은 인상이 잡다할 때 시각의 초점이 어지러워지며 자연 표현이 산만해진다. 자세한 한 토막의 인상도 버리기가 아까워 작은 그릇 속에 마저 담으려고 욕심을 내다가 결국 그릇도 버리고 내용물도 망치게 된다. 과수의 전지(剪枝)를 아끼다가 좋은 과실의 수확을 잃고 잘된 것 못 된 것 생화(生花)의 가지를 아끼다가 화병의 장식을 그르치는 것과 같은 격이다. 대담한 정리와 배제가 필요한 것이다. 같은 용의(用意)는 주관작용(主觀作用)의 방면에도 필요한 것이니 인상의 수리(受理)를 근거로 하고 작자가 인생을 생각하고 관조할 때 주관의 척도가 그릇되거나 어리면 작품은 치졸해 질 것이요 지나쳐 풍일(豊溢)해서 상화(想華)가 넘치면 다변요설(多辨饒舌)에 흐르기 쉽다. 관조의 태도가 어려서 성인의 역(域)에 달하지 못했다면 당초에 소설을 쓸 자격조차 없는 것이나 성인의 역에 달했다고 과람한 요설(饒舌)은 이 또한 소설로서는 사도(邪

道)임에 틀림없다. 이야기하려는 철학이나 사상이나 혹은 도덕률의 표백(表白)이 간명직절(簡明直截)해서 단적으로 읽은 사람의 폐부(肺腑)를 잡는 것이라야지 교사같이 설화(說話)하고 복습해서는 감명이 엷어지고 만다. 묘사의 영역이 줄어지고 작품의 방향이 내성적(內省的)으로 흐를 때 흔히 생기는 이 폐단을 작가는 재성삼성(再省三省)해야 된다. 이 주객 양 방면에 있어서의 섭리의 태도와 방법이 창작의 실제에 있어서 직면하게 되는 가장 중요한 문제가 아닌가 한다. 인상의 극한적 정리와 주관의 적절한 조절, 이 두 가지의 조목이 붓이 원고지 위로 달리는 동안 쉴 새 없이 머릿속에 뱅도는 지침이다. 작품의 작품 되고 안 됨이 참으로 이것을 한계로 갈라지는 듯하다. 사상만 훌륭하다면 탐구만 진지하다면 족하다고 생각할 것이 결코 아니다. 아무리 내용물이 놀라워도 체모(體貌)가 용렬하다면 용렬한 작품임에 틀림없다. 외모를 생각하는 작가가 내용인들 안 생각할 리가 없다. 단정한 외양에 깊은 내용을 담았을 때에만 좋은 작품이라고 할 수 있는 것이다.

이것은 극히 초보적이고 기본적인 문제이지만 오늘 우리 문단적 자성(自省)의 견지에서는 아직도 중대한 일항(一項)이다. 좁은 우물 안에서만 행세할 것이 아니라 좀 더 넓은 시야 속에 작품을 던질 때 흠은 거죽으로부터 나타난다. 단적으로 말해 한 줄의 행문(行文)이 옳게 되지 못했을 때 만고의 지혜를 담았단들 무엇하자는 것이랴. 이 행문의 습득에 있어서 누구나가 완벽하다고는 아직 볼 수 없다. 오늘까지의 우리의 평론은 시대시대를 따라 거의 말할 것을 다 말해 왔다. 사상을 말하고 모럴을 지적하고 창작 방법을 논의해

왔다. 그러나 꼭 한 가지 마지막의 것 혹은 최초의 것은 아직 아무도 말한 법이 없고 말하지 않으려고 한다. 최초의 것이므로 전제적의 것이므로 말하지 않으며 말할 필요를 말살하는 것인지도 모른다. 즉 작품의 성불성(成不成)이요 급락(及落)인 것이다. 월평(月評)에서는 어느 작품이나를 반드시 드는 풍속인 듯하나, 그럴 필요가 없는 것이 된 작품은 들고 안 된 작품은 안 들 것이요 된 작품이 없을 때에는 월평(月評)을 해도 결(缺)해도 좋지 않은가. 평(評)에서는 인상을 말하고 내용은 추구하되 최초의 것 일의적(一義的)의 것인 작품의 성불성(成不成)은 말하지들 않는다. 꺼리고 부끄러울 것이 없는 것이 아무도 우리의 문학하는 수준을 고도의 완성된 것이라고는 보지 않으며 완성까지에는 싫든 좋든 가시덤불의 길을 걸어야 할 것을 누구나가 자각하고 있는 것이 아닌가. 아무리 자랑이 높은 작가라고 쳐도 현재 내 작품은 완벽한 것입니다 하고 곤댓짓할 사람은 보이지 않는다. 이상의 기준이 적확히 선 후에 다음의 제반 문제도 오고 음미해도 좋은 것이다. 과거 급(及) 현 문단의 태반의 작품은 이 기준에 비추어 말할 것도 없이 이하의 것이다. 태반이 아니라 거의 전부가 그럴는지 모르며 이 혹언(酷言)을 우리는 이를 물고 참으면서 불과 수년 후에 오리라고 생각되는 완성의 준역(準域)을 맞이해 개가(凱歌)를 부를 날을 끌어당기기에 힘써야 할 것이다.

다른 사람을 말하는 것이 아니라 나는 곧 나를 말하는 것이니 작품을 돌아볼 때 늘 그것이 반성의 자료만이 된다. 과거의 각 단편 오륙십 편의 작품 중에서 지금의 내 판정으로 꼬늘 때 작품으로 겨우 급제되는 것은 2, 3편에 불과하다. 『화분』도 물론 급제급의 작품이 못 됨을 알며 그러므로 더욱 반성의 기회를 삼으며 자신을 스스로 편달하려는 것이다. 동무들이 읽고 와서는 스토리가 어쩌니 인물의 성격이 어떠니 구성이 어떠니 일장의 의논을 하고 문제를 삼는 것이 내 속으로는 우습게만 들리며 위선 작품의 성부(成否)부터가 문제인데 지나치게 그런 소리들을 하노 하고 자후(自吼)를 금치 못한다. 그럼 왜 그런 작품을 썼느냐고 묻는다면 그 역 하나의 덜 된 주초(柱礎)로서 세웠을 뿐이라고 대답할 수밖에는 없다. 자매(自罵)를 위한 자매가 아닌 것이며 성장의 과정의 한 찌그러진 단계일 뿐이다. 이것이 현재 나의 솔직한 심경이며 동시에 작가 동지 제씨의 심경이기를 바라는 것이다.

「창작여담」, 《인문평론》, 1939. 12.

문학 진폭 옹호의 변

여행같이 즐겁고 동시에 슬픈 것은 없는 것이 가는 곳마다 여러 인간의 비천함을 실감하게 되는 까닭이다. 인간의 천함을 실감함은 즐겁고도 슬픈 일이다. 사람이 고귀하고 신령스러운 것이라고 누가 말했는지 마을에서나 거리에서나 사람의 씨는 너무도 많고 천하다. 거개가 쭉정이요 가난하고 추잡하다. 사치한 복장을 발명해 내서 야성을 감추기에 급급해 하나 욕심스럽고 교활한 동물의 천성을 어찌 이로 막을 수 있으랴. 문화와 문명이 무엇을 가져왔는지 대체 그것이 세상 어느 구석에다 발라 놓은 것인지 훤출하고 가난한 벌판과 거리를 지날 때 그런 것이 눈꼽만큼의 혜택을 어느 구석에 베풀어 놓았노 하고 의아해진다. 인간은 언제나 어디서나 가난하고 추잡한 것이다. 전 세기의 선인들이 들려준 이 진리가 지금엔들 조금이나 나아지고 다를 리 있으랴. 동무도 좋고 내노라고 뽐내는 고명인(高名人)도 좋다 하나 얼굴들을 눈앞에 떠올리고 노려보면 눈동자의 움직임이며 얼굴의 표정이 어쩌면 그렇게 개나 고양이와 똑같은가에 놀라지 않을 수 없다. 한 점 가질 곳이 없고 한 점 다른 데가 없다. 의젓하면 의젓할수록 더 그렇게 보이는 것이다. 여행을 하면 일상 주위에서 못 보는 그런 새로운 얼굴들이 백으로 천으로 만으로 눈앞을 스친다. 그것은 물론 인간의 인간된 전제이요 숙명이기는 하나 역시 슬픈 것이다. 요행 지성이니 정신이니 양심이니 하는 제목을 발명해 냈으니 망정이지 비록 장식품일지라도 그런 것조차 없었더라면 인간은 얼마나 괴로운 것이었을까. 여행은 즐겁고 슬픈 것이다.

이 인간적 현상과 근성에 대한 숙명적인 깊은 감상(感傷)을 구해 주는 것은 문학임을 새삼스럽게 다시 인식한다. 문학의 지성이 아니라 문학의 심미성(문학의 지성은 곧 심미성으로도 통하거니와)이야말로 환멸에서 인간을 구해 내는 높은 방법인 것이다. 인간이 아무리 천하고 추잡해도 문학은 그것을 아름답게 보이는 마력을 가졌다. 이상주의 문학뿐이 아니라 자연주의 문학 역 그러하다. 자연주의 문학의 아무리 추잡한 한 구절일지라도 실 인간의 그것보다는 아름답게 어리우고 읽힌다. 실감을 문자로 한바탕 바꾸어 내는 까닭일는지도 모른다. 표현의 신비성이다. 여행의 감격이 소설 속에서는 더욱 커지고 여행의 환멸이 소설 속에서는 완화되고 덜어진다. 아무리 놀라운 사실주의 소설을 읽어도 현실에서 우리가 하는 것같이 눈썹을 찌푸리고 구역질을 하고 소름이 끼치는 경우는 없다. 소설은 현실의 충동을 알맞게 받쳐서 곱과 찌꺼기는 버린다. 심미감과 쾌(快)의 감동을 떠나서 소설은 없다. 문학의 공은 크고 소설가의 임무는 장하다. 아무리 하치않은 소설가라도 다른 뭇 예술가와 함께 이런 점에서만도 사회인의 누구보다도 맡은 일의 뜻이 귀하다

하지 않을 수 없다. 이것을 새삼스럽게 느끼게 한 것은 여행이다.

이 문학 본래의 효용과 임무의 견지에서 볼 때 그것은 될 수 있는 대로 다양하고 진폭(振幅)은 될 수 있는 대로 넓음이 마땅하다. 문학의 내용과 방법의 세계가 넓을수록 실 인간에 주는 자미도 풍부할 것이니까 말이다. 주조(主潮)는 시대마다 다른 것이기는 하나 한 시대의 문학으로서 한 주조의 문학만을 허용한다는 것은 너무도 고루한 것이다. 흔히 자기류의 주조를 세우고는 자여(自餘)의 뭇 방향을 힐난 질타하는 일이 있으나 개성과 독창을 귀히 하는 예술의 세계에서는 이같이 어리석은 짓은 없다. 갑이 갑의 입장에서 쓰는 문학을 을이 을의 입장에서 논란할 바 못 됨은 을이 을의 입장에서 쓰는 문학을 갑이 갑의 입장에서 논란할 바 못 됨과 일반이다. 이 그릇된 우행을 문학사가 반복해 옴은 일종의 불가사의이다. 자연주의 문학이 낭만주의 문학을 왜 배격해야 하며 이상주의 문학이 자연주의 문학을 왜 멸시해야 하는가. 시대의 필연이라면 피차에 시대의 필연인 것이며, 한 시대의 필연이라고 해도 그 필연의 내포의 한계는 인간 생활의 면모가 넓은 것과 같이 넓은 것이다. 어느 때나 한 사상의 문학, 한 방향의 문학만을 내세우고 배타적 껍질 속에 웅크리고 들어앉음은 무지와 오만의 사연(使然) 이외의 아무것도 아니다.

메줏내 나는 문학이니 버터내 나는 문학이니 하고 시비함같이 주제넘고 무례한 짓이 없다. 메주를 먹는 풍토 속에 살고 있으므로 메주내 나는 문학을 낳음이 당연하듯, 한편 서구적 공감 속에 호흡하고 있는 현대인의 취향으로서 버터내 나는 문학이 우러남도 이 또한 당연한 것이 아닌가. 메주문학을 쓰든 버터문학을 쓰든 같은 구역 같은 언어의 세계에서라면 피차에 다분의 유통되는 요소가 있을 것도 또한 사실이다. 종교문학 물론 좋으며 애욕문학 또한 좋고 자연문학 또한 필요한 것이다. 국민문학이 나올 추세라면 그 탄생이 물론 기쁜 일이다. 건망증에 걸려 한 가지 제목에만 오물하다 문학의 다양한 품질과 향기를 힐난함은 과분한 욕심이요 쓸데없는 명예욕이다. 문학 상호의 방향과 양식에 대해서는 관대하고 겸허함이 문학자의 진정한 태도일 듯하다. 문학의 진폭은 될 수 있는 대로 넓어야 함이로다.

새해에도 여행을 많이 하고 인간의 천함을 지천으로 보고 그것을 표현할 다양한 방식을 찾아내게 되기를 바라는 바이다.

「신년연두서(新年年頭誓)」, 《조광》, 1940. 1.

신간평
—유진오 저 『봄』

「나비」를 읽노라면 작자의 결벽성에 새삼스럽게 생각이 이른다. 주위에 7, 8인의 사내를 불러 여러 번의 위기를 거듭하되, 종시 몸은 첫째 사내 남편에게밖에는 허락하지 않는 프로라의 결벽을 그대로 작자 자신의 문학혼의 그것으로 생각해도 무방할 듯하다. 혼탁한 항간의 산문을 적으면서 까딱 주인공의 품조(品操)를 흐트려 트리지 않는 성벽 속에 작자의 문학적 지향의 순일성의 설명도 숨어 있는 것이 아닐까. 시대적인 성향에서 차차 시정 편력의 길로 문학의 고삐를 돌렸다고 했댔자 인생을 관조하는 작자의 순결한 혼에는 호모(豪毛)의 이지러짐이 없다. 「나비」의 결벽성이며 「사령장」과 「봄」의 휴머니즘 이전의 순수성이 모두 이 사실의 좌증이다. 인생의 명암 이면(裏面)을 그리되 한 점의 분식(粉飾)도 과장도 없는 고담(枯淡)한 「봄」의 리얼리즘에는 수법의 고도의 원숙이 엿보인다.

작자 현민(玄民)이 「무기교의 기교」의 현발(懸拔)을 내걸고 등장한 것은 이미 십여 년 전이라고 한다. 당시 우리의 흥미는 그런 기법의 성명에도 불구하고 씨의 작품은 재조영발(才藻英發)의 정히 기교파에 소속되는 것이라는 사실로 향했었다.「복수」는 요코미쓰 리이치(橫光利一) 류(流)의 신감각파적인 작품이라는 소문이 자자했다. 그 「복수」가 이번 창작집에 수록된 것은 뜻있는 일이다. 이 시대를 지나서「5월의 구직자」「가정교사」 등의 경향적인 시절을 거쳐 오늘의「봄」「나비」에 이르는 동안에 씨는 무기교의 기법을 완전히 장중(掌中)에 거두고야 말았다. 작가로서 당연한 성숙이라고 할는지 모르나 놀라운 것은 「복수」의 재기인 것이니 오늘에 다시 읽어도 흠 없는 어른의 문학이며 연소(年少)의 시절의 아름다운 하나의 완벽한 탑이라고 할까. 새 시대의 작품을 차례차례로 아울러 미득(味得)할 수 있음이 이 창작집의 다행의 하나이다.

씨는 창작과 함께 비평의 붓을 들어온 지도 오래이나 독보의 확호한 지위에 조금도 요동이 없음은 이 재능과 문학의 순수한 안식과 또 한 가지 공명한 태도의 소치라고 할까. 부질없이 먹을 뿌리고 독을 피우는 군소 평가들 속에서 흘연(屹然)히 남의 추종을 허락지 않음은 혼탁하고 편사(偏私)하지 않은 씨의 결벽에 기인함 외에 이유가 없는 것이다. 이런 비평의 태도가 또한 바로 창작의 태도이며 평론보다도 우리가 더 많이 기대하는 창작의 앞날에 있어서 씨의 변치 않을 열정과 기품을 안심하고 믿을 수 있음은 기꺼운 일이다. 순수에의 지향은 씨가 기(期)하고였든지 기하지 아니하고였든지 씨 자신의 문학의 본질을 설명하고 아울러 앞날을 암시한 셈이다.

현하(現下)의 전환기에 있어서 문학의 향방이 여러 가지로 모색되는 모양이다. 하늘이 무너져 땅이 되듯 문학의 길이 급스럽게 갈리는 수는 없는 노릇이다.「수술」의 아이러니 속에「사령장」의 기미(機微) 속에 「봄」의 대조 속에 각각 그대로 새로운 길이 연속되고 열릴 뿐이다. 씨의 문학의 발전을 그런 방향으로 우리는 기대한다.

창작집 『봄』에 있어서 장편 『수난의 기록』의 겸록(兼錄)은 커다란 사치요 과분의 찬연(餐宴)이다. 이 장편은 이것만으로 응당 별권이 되어야 할 것이다. 이 역작의 독후감을 따로 적게 될 기회를 가지기를 바라며 이 짧은 글에서는 이를 할애함이 도리어 예일 법하다.

《인문평론》, 1941. 1.

국민의 마음 훈련 과정을

생활 있은 뒤의 문학이기 때문에 어떤 형태하에 있어서의 생활이 각층에 충분히 침투한 뒤 참으로 그 생활을 반영한 좋은 문학이 생기는 것이 아닐까. 신체제(新體制)에 즉(則)하여 국민 각자의 마음의 훈련이 더욱더 건전해져 가는 과정을 묘사하는 것도 현하의 문학의 한 가지 임무가 아닐까 생각합니다. 그러한 방향에 즉해서 이제로부터의 창작 방침을 세워 볼 예정입니다.

「신체제하의 문학 활동 방침」, 《삼천리》, 1941. 1.

생활과 창조

수순(數旬) 동안 탕약을 쓰면서 원시적인 동양의 향기를 맡노라니 생각이 새삼스럽게 동양의 이념에 미친다. 동양과 서양과는 그 전제와 가정이 다른 까닭에 방법이 스스로 다르다. 화근을 소멸시키려 함에 반해 이것을 삭제하려 함에 동서의 방법의 차이가 있듯 다 같이 생명을 사랑함에는 틀림없으나 그 신비성과 위엄성을 소중히 하고 안 함에서 피차의 구별이 지어지는 듯싶다.

동반구 서반구에서 오늘같이 위대한 행동이 계속되는 때는 없었다. 일순일순 역사의 수레가 커다랗게 움직이는 그 바퀴 소리가 들리는 듯도 하다. 동양이 동양을 주장하고 그 권위를 세우려 함이 오늘같이 격박(激迫)한 때는 없다. 전선 장병의 용기와 노력을 생각할 때 동아적인 전체 이념의 실감은 나부(懦夫)로 하여금 분기케 한다.

불건강과 태타(怠惰)의 겨울의 칩거 생활에서 나부를 깨워 일터로 향하게 한다. 행동과 노력이 성과의 아름다운 이치를 실물로써 교훈한다. 행동주의 문학이 제창된 것이 수년 전임을 상기하면 오늘의 기운을 이미 예상하고 묵시한 직관을 기르지 않을 수 없다. 적극적인 행동—이것만이 생활을 창조하고 인류의 전진을 재촉한다.

추위를 무릅쓰고 아침에 자리를 차고 일어나 옷을 갈아입고 눈 고개를 넘어 직무로 나아가는 이 일상생활의 간단한 일이 얼마나 귀중하고 장한가를 다시 한 번 음미하면서 행동과 근로의 정신을 반성해 봄이 또한 총후(銃後)의 한 정신적인 소득인 동시에 봉공(奉公)의 소이인가 한다. '창을 열고 맑은 공기를 넣어라'가 아니라 '신발 단속하고 눈 고개를 넘어야' 할 때이다—.

《매일신보》, 1942. 1. 30.

문학과 국민성

서구의 신화에서는 제신(諸神)의 신격보다도 오히려 인간의 지위와 매력을 숭찬(崇讚)하고 소중히 여긴다. 철저한 인간 중심주의 사상은 드디어 신화의 신비성과 위엄성까지도 그 배하(配下)에 놓아 버리고 만 것이다. 주신(主神) 주피터는 신계의 단조로운 경영에 권태를 느껴 하루는 머큐리를 이끌고 인간계로 산책을 떠난다. 거기에서 이 전지전능의 조물주가 발견한 것은 인간의 미와 매력이었다.

장사(將士)의 아내의 사랑을 얻으려고 전능의 지혜와 능력을 빌어 쉽사리 청춘을 회복하고 장사의 용모로 가장하여 구애에 성공한다. 여신 주노는 부신(夫神) 주피터의 뒤를 미행해 내려와 그 소행에 분노하고 질투한다. 그 무서운 질투의 모양은 신계의 풍속이 아니라 그대로가 인간계의 모방이요, 주노의 찌그러지고 불타는 얼굴에는 한 점의 신엄성(神嚴性)도 없고 게정꾼의 험상궂은 표정 그것일 뿐이다. 주노 앞에서 설설 기면서 고분고분 그의 말을 좇는 주피터의 자태도 어찌 그다지 인간의 그것과 흡사한가—이것이 서구의 신화이요 동시에 소설인 것이다. 인간이 신성을 모방하려는 것이 아니라 신격이 도리어 인간을 모방하려 한다. 지상신(至上神)은 그가 만들어 놓은 인간의 체취에 연연한 향수를 느끼면서 스스로 하계로 내려와 그의 사랑을 갈망하는 것이다. 인간 지상의 개념과 전제를 떠나서는 신화도 민요도 없는 것이며 우주의 일체의 상태(象態)가 부정된다.

인간의 체취와 생태의 예찬에서부터 서구의 문학은 탄생되고 발달되었다. 나는 언제인가 그것을 육체문학이라고 명명한 적이 있었다. 희랍의 고전에서부터 르네상스를 거쳐 20세기까지 흘러온 서구문학의 주장은 정히 육체문학의 전통의 계승 발전이었던 것이다. 소포클레스나 호머나 단테나 초서나 괴테나 플로베르나 보들레르나 로렌스나 다 같이 차례차례로 한 계열을 이어 내려오는 적손(嫡孫)들이요 라신도 톨스토이도 지드까지도 이 족보 속에 소속되는 외에는 없다. 인간의 형상적 심미에 지상선(至上善)을 보고 그것의 충실 달성에 용의(用意)하고 부질없이 그것을 지향하고 갈망하는 데서부터 예술과 문학이 지어졌다. 제2제국도 아니요 제3제국도 아닌 것이며 참으로 이 본원적이요 구상적인 제1제국이야말로 바로 희랍시대부터의 그들의 이데아였다. 에덴 낙원의 상실은 곧 지상 낙원의 건설을 의미했다. 이 새로운 낙원에의 한층의 동경과 원망감(願望感)이 사상을 낳고 문학을 배이게 했던 것이다.

정신이란 것은 형상을 위한 것이요 그것의 완성을 전제로 함으로써 뜻을 가지는 것이었다. 형이하(形而下)의 안일과 유락(愉樂)을 변호하려고 함으로써 정신은 발동하는 것이었다. 개체와 인문의 옹호 — 여기에 정신의 동기가 있다.

육체문학에 대해서 정신문학이라는 제목을 생각해 본다. 물론 문학은 정신 활동의 소산이요 그 내용에는 형상적 요소와 정신적인 요소가 함께 있는 것이다. 육체 전제의 상념에서 떠나서 단순히 인간 정신의 고도의 고양(高揚)을 동기로 한 문학 — 그런 것을 생각해 볼 때 정신문학의 용어는 반드시 묘망(渺茫)하고 모호한 것만도 아닐 듯싶다. 정신주의 문학에서는 개체의 애정을 떠나서 정신만의 환희와 쾌락의 숭상이 있어야 할 것이다. 인간 생활의 이 엄격한 반면 — 반드시 처녀지도 아닌 이 지경에 문학의 다른 커다란 여지가 놓여 있는 것이 아닐까. 이제 일례로 복종의 정신을 들어 보면 여기에 놀라운 하나의 문학의 감이 있음을 안다. 사람에게는 지배의 본능이 있는 동시에 확실히 복종의 천성이 있는 것이니 사랑하는 사람에게 조건 없이 머리를 굽히고 어른의 말을 흔연히 좇고 커다란 권능에 두말없이 복종하는 인간성의 일면이란 것이 참으로 있는 것이다. 지배의 의욕을 즐겨함에 반해서 이런 면의 인간 진실의 개척은 종래의 문학에서는 드물게 보아 오는 터이다. 여기에 작가의 구미는 바짝 동하지 않으면 안 된다.

이타(利他)의 정신이라든지 희생 혹은 협력의 정신에 관해서도 같은 말을 할 수가 있다. 이런 것은 물론 모두 새로운 정신은 아닌 것이나 지금까지의 문학에서는 그 취급을 등한시해 온 것이 사실이다. 지상적인 행복을 버리고 개개를 몰각하고 오로지 정신적 연마에 살려고 한 알리사의 정신을 다시 한 번 회상해 보는 것은 시의(時宜)를 얻은 가당한 일일 듯하다.

국민문학의 정신과 주제의 일단을 생각해 볼 때 이런 방면에서 그 실마리를 잡는 것도 한 방법이 아닐까 한다. 국민문학의 새삼스런 재차의 동기와 원인을 살핀다면 이런 높은 정신 생활의 면에 주의를 보내 봄도 일책인 것이다.

넓은 뜻으로 보면 모든 문학을 다 각기 일종의 국민문학이라고 할 수가 있다. 한 국민으로서의 풍토와 습속 속에 살아 있을 때 세계인으로서의 공감 속에 호흡하고 있다고는 하더라도 스스로 소속된 국민적 지역적 특질을 벗어날 수는 없는 노릇이므로 그 문학 속에는 자연 다른 지역의 문학과는 구별되어야 할 소인(素因)이 내포되어 있는 까닭이다. 그러나 단순한 지역적인 요소의 구별이라면 반드시 이것을 국민문학의 칭호로 부르지 않더라도 외에 얼마든지 구분적 명칭은 준비되어 있는 것이니, 특히 이것을 국민문학으로 부르는 곳에는 그런 단순한 구별 외에 한층 의식적이요 가치적인 내심과 뜻이 포함되어 있어야 할 것이다. 한 국민의 다른 국민과 구별되어야 할 각오와 자랑—이것이 없이는 국민문학의 국민문학된 소이는 없다. 이 각오와 자랑을 선양하려는 곳에 국민문학 제창의 동기가 있는 듯 짐작된다. 국민문학이란 당초부터 언제든지 있어 온 것이니, 오늘 이것이 새삼스럽게 운위되는 데는 반드시 그것이 필요한 까닭으로의 시대적이요 역사적인 의의가 내재되었음을 이해함으로써 비로소 그 제기의 이유를 수긍할 수 있다. 각오와 자랑이 평소엔들 없는 바 아니나 그것을 의식시키고 국민성의 앙양을 꾀하는 곳에 시대적인 적극성이 엿보인다. 국민문학의 이해는 여기에서부터 시작된다.

종래에 국민문학의 제목을 거들어 온 것은 한 국민의 문학을 전체적 개괄적으로 고찰할 때 그 특질을 추상해 내서 자여(自餘)의 것과 구별하고 그 값을 칭송할 때였다. 러시아 문학을 말할 때 우리는 옳든 그르든 얼핏 톨스토이의 이름을 불러 그의 문학 속에서 전 러시아 문학의 특질을 보려고 하며, 불란서 문학 속에서 발자크를, 독일 문학에서 괴테를 들어서 그들을 각각 국민문학의 대변자로 삼으려 한다.

이것이 일반의 통념인 것이니 타당한 반면에 위험한 일이기도 하다. 공연스레 거대한 인상을 주는 이들의 단지 그 거대성에 현혹되어 각각 그들 하나로써 국민문학의 대표적인 선수로 족하다는 착각을 주기 쉬운 까닭이다. 이렇게 국민문학이란 극히 방편적이요 편의적인 때가 있다. 그들의 그 거대성을 엄밀히 검토해 보면 단순히 양의 기만일 때가 많다. 내용적으로는 통속적이요 상식적이요 계몽적이요 교육적인 그들의 문학을 국민문학이라 할 때 거꾸로 국민문학이란 통속적이요 상식적이요 계몽적인 그런 문학을 일컬음이라고 볼 수도 있는 것이다. 확실히 국민문학의 이념 속에는 그런 상식적인 성격이 다분히 섞여 있음을 간과할 수는 없다. 지드나 헉슬리의 문학을 국민문학의 선봉이라고 부르기가 어색한 것은 (세계문학이라고 부르면 불렀지) 이런 통념의 소치인 것이다. 즉 고도의 지성이나 비판성보다도 상식적인 이상이나 '건전한' 시민성이 더 많이 국민문학의 타당한 내용으로 생각되어 온 것이다. 국민문학의 가치의 높이로 보아 반드시 그런 속성만이 소중한 전부가 아님을 생각할 때 종래의 통념이 너무 단순하고 통속적이었음도 사실이다. 어찌 톨스토이 한 사람뿐이랴. 푸슈킨과 고골리로부터 치리코프나 숄로호프에 이르기까지 한 사람이나 국민문학자 아님이 있으랴. 그들의 문학이 모두 국민문학인 것이다. 다만 용어의 방편상 손쉽게 톨스토이나 괴테를 끌어올 뿐이다.

이렇듯 국민문학의 용어는 방편적이요 기회적이어서 필요에 응해서 등장하곤 하는 것이니 이 시기에 이것이 운위되게 된 것도 역시 시대적인 필요성의 편연(便然)임은 전술한 바와 같다. 우리는 이 시대성의 의의와 성격을 바로 이해하고 수긍하는 것이나 여기에서도 국민문학의 권주(圈疇)의 이해를 지나치게 조급하고 협착하게 규정해서는 안 되는 것이다. 넓고 유구한 금도(襟度)로서 그 이해에 힘써야 할 것이다. 국민문학의 단 하나의 표본이라는 것은 없는 것이다. 현재 각 작가가 힘쓰고 있는 문학이라면 그 모두가 일종의 국민문학이어야 한다. 시국의 움직임을 그리고 국책을 논한 문학도 좋은 것이요 그 외 광범한 인간 생활을 깊이 밝히고 옳게 파악한 문학이라면 두말없이 국민문학의 칭호에 값가는 것이다.

작가는 각각 자기 자신의 문학적 품질(稟質)과 소양(素養)에 사력을 다해서 의거하는 외에 다른 길이 없는 것이다. 문학의 우열은 단지 그가 진지하게 생을 탐구 파악했나 못했나에 준해서 결정될 뿐이다. 요행 작품의 규모가 방대하고 생을 강렬히 파악해서 훌륭한 걸품을 낳는다면 그것은 그 작가의 행복일 뿐이지 그것으로 말미암아 자여의 작가의 작품이 국민문학으로서 말살되어야 하는 법은 없는 것이다.

생을 옳게 파악하려면 진실을 보는 눈이 맑아야 할 것이다. 인생의 진실 외에는 작가의 임본(臨本)이 없으며 진실을 그리는 외에 작가의 길은 없다. 눈이 맑을수록 진실을 옳게 잡을 것이며 흐린 눈앞에는 진실도 그 자태를 감출 것이다. 맑은 눈을 가지고 있다는 자각이야말로 언제나 귀중하고 필요한 일이다. 어느 것이 진실이고 어느 것이 허위인가를 가려냄은 곧은 직관과 이성의 작가의 품질(稟質)이다. 이 품질은 작가적 양심의 인도로 바르게 발동한다. 맑은 눈이란 이 양심을 가리키는 것이다. 양심을 내놓고는 작가의 나침반과 키는 없다.

작가가 보는 것은 인생적 진실이나 그것이 작가의 주관을 거쳐서 문학으로 나타날 때 문학적 진실로 변한다. 문학적 진실은 인생적 진실의 복사는 아니다. 흡사 표현이 모사가 아닌 듯이 인생적 진실이란 반드시 유일적의 것이 아니요 같은 인생적 진실도 작가에 따라서 그 번역되는 자태가 달라진다. 슬플 때에 우는 것도 진실이려니와 웃는 것도 진실이다. 웃는다고 표현했다고 진실을 잃었다고 생각함은 도리어 진실을 모르는 소치이다. 우는 줄만을 알고 웃는 줄을 모름은 진실의 일면밖에 모르는 좌증이다. 문학적 진실에는 참으로 허다한 버라이어티와 변화가 있다. 같은 인생적 진실에 처해서도 어떤 작가는 사건의 진실을 보고 어떤 작가는 분위기의 진실을 보고 또 어떤 작가는 향기의 진실을 보아서 각자의 소질을 따라 보는 진실의 면이 다르다. 도스토옙스키적 진실도 진실이려니와 플로베르적 진실도 진실인 것이고 모파상의 진실과 체호프의 진실, 헉슬리의 진실과 로렌스의 진실이 다 일점 객탁(喀啄)할 여지가 없는 문학적인 진실임에 틀림없다. 그들은 그들의 진실을 찾아냄에

다 같이 엄격하고 냉정했지 조금도 소홀한 태도를 가지지는 않았다. 그럼에도 진실의 면이 각각 다른 것이며 다르면서도 다 같이 진실한 것이다.

문학적 진실이란 실 인생 속에 있는 것이며 동시에 없는 것이다. 있는 듯이 짐작되면서 실상은 아무 데도 없는 것이다. 작품 속에 나오는 임의의 싸움의 장면을 취해 보면 그런 장면은—그런 인물들과 그런 동작과 그런 회화는 실상은 아무 데에도 없는 것이다. 작가의 주관 속에서 창조되어서 다만 실 인생을 이럴 법도 하다고 그것을 방불시킬 따름이다. 그 방불의 긴밀한 태도에 따라서 문학의 진실성도 측량되고 결정될 따름이다.

문학적 진실에 다양성이 있을 뿐 아니라 인생적 진실에도 변화가 있다. 객관적 형태와 사정이 관념의 형태를 결정하므로 새로운 현상과 사태는 관념의 습관에 스스로 개혁을 가져오게 한다. 객관의 사실이 변할 때 그것을 규정하는 신념의 기능도 자연 변해야 하며 진리에도 변동이 생긴다. 사실의 증명이 있을 때 코페르니쿠스적 신념의 기능도 자연 변해야 하며 진리에도 변동이 생긴다. 사실의 증명이 있을 때 코페르니쿠스적 신념의 변동은 어쩌는 수 없이 엄연히 생기고야 만다. 인생적 진실은 위대한 사실과 함께 변하는 것이며 그것을 반영하는 작가의 주관도 부동의 총세(總勢)로 정지(靜止)되어 있을 수는 없는 노릇이다. 환경과 경험이 변해 올 때 작가의 눈도 그 영향을 받지 않는 수 없는 노릇이다.

현대의 문학은 대체로 리얼리즘을 기조로 삼아온 것이나 막다른 골목에 다다른 리얼리티는 제 숨에 막혀서 허덕이다가 급기야 찾아낸 안식처가 이상이었다. 이상주의 문학의 출현은 여기에서 시작되었다.

세기의 동향이 그 어떤 것이든지 간에 조선 작가에게 주어진 과제는 별수 없이 자기 앞의 현실을 그리는 그것뿐이다. 지방의 특수성도 생각하며 아울러 움직여 가는 조선의 현실을 그리는 외에 길이 없는 것이다. 유기체의 변화와도 같아서 고정된 총세라는 것이 없는 것이니 움직이는 동체(動體)의 총태(總態)에 있어서 파악하는 것이다.

지방적 소재라고 해도 그 면은 광범해서 다취다양(多趣多樣)한 전 범위는 한 사람의 작가로서 족히 담당 설파할 바가 아니다. 현재의 모든 작가를 요구하고도 오히려 부족하다. 다시 말하면 현역의 뭇 작가는 다 각각 있어야 함으로써 있는 것이요 그 존재 이유는 스스로 당연하다. 작가가 많아서 걱정되는 것은 없는 것이요 그들은 소질에 의거해서 각기의 면을 개척하되 그것은 전부 조선의 면인 것이다. 농촌과 민속을 그리는 기영(箕永)과 동리(東里)들이 있으면 도회와 세태들을 그리는 진오(鎭午)와 만식(萬植)들이 있는 것이요, 다시 시대의 유동을 그리는 석훈(石薰)과 인택(人澤)들도 있어야 하는 것이다. 그 외 뭇 작가가 다 질과 색채를 조금씩 조금씩 달리하면서 각자의 소재에 면려(勉勵)하되 그것은 그대로 한 커다란 종합적인 유기체 속에 연계된다. 기영에게 조선문학을 전부 걸머지우고 유일의 대변자라고 내세우는 것도 가엾은 일이요, 진오를 꼭 한 사람으로 후들겨 보내는 것도 즐기는 바 아닐 것이다. 싱(Synge) 한 사람만이 애란문학을 대표하는 것이 아니라 예이츠도 있어야 하고 오케이

시(O'Casey)도 섞여야 되고 아니 던서니까지도 한몫을 넣어야 비로소 그 문학의 전모가 솟아오르는 것과 마찬가지이다. 싱만을 추려내라고 하고 혹은 예이츠만을 내세우려고 함은 다만 비평가적 명목주의요 편집자적 방편주의일 따름이다.

내가 말하려는 것은 작가의 각각 좌고우면 부질없이 한눈을 팔 것이 없이 자기의 발견한 길에 안심하고 신뢰하고 나아가야 한다는 것이다. 지방색을 탐구해서 지방적인 대표작을 써야겠다는 성의의 나머지 누구나가 일률로 향토적인 것, 지방적인 것하고 눈알을 붉히는 것은 무의미하다는 것이다. 꽃신을 신고 긴 치마를 끄는 여인(麗人)을 그리는 것 물론 무관한 일이나, 그가 치마 대신에 양장을 해도 역시 여인이요 지방적 현실이라는 것을 잊어서는 안 되고 아니 장차 같은 그가 몸뻬를 입고 게다를 신고 나선다 한들 어떠랴. 이것은 조선적 현실이 아니라고 부정하고 그 표현을 거부할 수 있단 말인가.

지방적인 것을 찾을 때 작가들은 흔히 향토로 눈을 보내 즐겨서 원시적인 것 토속적인 것 미속적(迷俗的)인 것을 숭상하고 샅샅이 들쳐내 왔다. 애란을 그리려는 싱이 애런 도(Arran Islands) 주민의 원시생활을 들쳐 낸 것과 같은 태도였다. 물론 그런 방면도 한번은 응당 표현을 힘 입어야 할 것은 사실이나 그것을 능사로 삼음은 도리어 협착한 치경(稚境)이다. 고도기(古陶器)와 무기(舞妓)와 담뱃대를 문 상투쟁이의 모양을 색판으로 박은 그림엽서가 순전히 외지에서 온 관광객의 호기심에 영합하려는 목적에서 나온 것이라면 부질없는 토속적 문학의 숭상은 외지의 편집자의 비위를 맞추려는 심산의 소치로 추단(推斷) 받아도 하는 수 없는 노릇이다. 같은 향토 면이라고 해도 한층 우아하고 목가적인 면도 많은 것이요 또 향토 면과 맞서서 도회 면의 커다란 부문이 있음을 잊어서는 안 된다. 인구의 대다할(大多割)이 지방의 주민이라는 이유로 향토를 그린다는 것도 이부당(理不當)한 일이다. 조선의 움직임은 오히려 도회에 있다. 이 면의 숭상이 없이는 주체적인 파악은 드디어 불능한 것이다. 개화 면이라고 해도 좋고 세계 면이라고 해도 좋다. 세계적인 생활 요소가 거기에서는 지방적인 것과 합류 융합되어 있는 까닭이다. 이 세계 면의 표현이 없이는 언제까지나 향토를 원시의 미간지(未墾地) 속에 버려두고 박아 두는 점밖에는 안 된다. 문화를 높이고 생활을 향상시킴이 문학의 공리적인 목적의 하나라면 작가의 노력은 차라리 이곳에 경주되어야 할 것이다.

세계 면을 그리거나 향토 면을 그리거나 간에 문학의 우열은 순전히 작품의 됨됨에 따라서 결정될 것은 물론이다. 국민문학의 입장으로 보아도 이 두 면의 문학이 다 그 소성(素性)을 갖추어 있는 것도 물론이다. 더욱 한 걸음 뛰어서 우수한 문학이라면 그대로 바로 세계문학으로도 편입되는 것이다. 문학 속에 세계적인 요소가 있어야만 세계문학이 되는 것이 아니다. 인간성에 깊이 뿌리박은 국민성의 우수한 창조라면 그대로 세계문학에 놀라운 플러스로 용이하게 되는 것이다. 폴란드 문학이나 핀란드 문학이 세계문학으로 통용되는 것은 그러한 이유로서다.

《매일신보》, 1942. 3. 3.~6.

특수가치의 참가

문화 문제에 관해서도 역시 앞으로 금시 새로운 문화가 어둠 속에서 홍두깨 내밀 듯이 불쑥 내달아 올 것이 아니라 지금까지의 형태가 일정한 이념적 방향으로 통일되고 집성 발전될 것인데 대동아권은 지역적으로 대단히 광범하고 산만한 만큼 그 통일적 성업(成業)에 다대한 곤란이 상반(相伴)될 것이 예측된다. 순수한 처녀지에 새 씨를 뿌리는 것이 아니라 이미 외래의 영향이 퍼진 위에다 또 다른 것을 심으려는 것이므로 그 곤란은 배가될 것이다. 건설적인 의도는 이런 데서부터 시작된다.

원래 문화의 형태란 것이 단일 순수한 것이 아니고 그 요소가 복잡 무비하여 어느 정도 발달된 단계에서는 원형을 가려내기가 어렵다. 동아적인 문화라고 해도 그 속에는 서방적(西方的)인 요소의 혼입을 다분히 볼 수 있는 것이니, 그것이 동아적인 요소와 합쳐서 현재에 있는바 독특한 형태를 가지게 되었고 동아적인 요소 속에도 지역적으로 다른 많은 이질의 요소가 전래 혼합되어서 드디어 한 종합체를 이루게 된 것으로서 하나의 이념적 방면의 영도 아래에 허다한 요소의 참가가 유기적으로 단일화한 것이다. 앞으로의 대동아 문화의 예상도 역시 이러한 기조의 발전 위에 서는 수밖에는 없는 것이다.

근원체가 위대하고 충실할수록에 그 침투력과 영향력이 커서 절대의 감화를 주는 것이어니와 위대한 근원체를 이룸에는 다감한 흡수력으로 다양한 이질적의 것을 섭취 조화함이 또한 필요하다. 이는 문화의 감화성과 모방성의 이면성(二面性)을 말함이다. 다원의 종합인 일원적인 한 커다란 조화체라야 참으로 능히 다원을 율(律)하고 그와 조화할 수 있다.

다원의 규합집성(糾合集成)이야말로 필요한 일이다. 반도 문화가 대동아 문화를 협찬할 양에는 그 독특한 지역적인 요소를 들고 참가함으로써 비로소 의의가 생기고 가치를 더하게 된다. 위대한 문화의 완성을 위해서는 이런 대승적인 관점에 서야만 될 것이니 특수한 가치의 선사가 늘면 늘수록에 전체는 더욱 빛날 것임으로다.

특수의 가치가 세계성을 띠었느냐는 자초(自初)부터 정해져 있는 것이 아니라 그 가치의 실력으로 말미암아 결정될 일이다. 이것은 세계적인 요소니 채택할 것이요 저것은 그렇지 못하니까 버려야 할 것이라는 논의는 그럼으로 조계(早計)인 것이요, 훌륭하고 아름다운 내용이라면 시간과 시련을 이겨 드디어 세계성을 띠고 남게 될 것이다.

종교나 도덕은 말할 것 없더라도 예술이나 생활문화에 있어서 우리는 가장 아름다운 것으로써 동방 문화 건설에 협력함이 차례진 임무이다. 메주를 먹고 장판방에 자고 바지를 입는 풍토 속에 사는 관습으로서 이것이 가장 자연스럽고 마땅한 일이다. 그렇게 함이 동방 문화의 진폭이 넓고 내포 가치가 많음을 자랑하는 소치가 된다. 뜻있고 필요한 임무란 바로 이것이다.

3월 26일

「건설과 협찬」, 《매일신보》, 1942. 4. 5.

좌담

조선 문화의 재건을 위하여[1]

현대의 잡지 저널리즘을 문화의 명랑 전차(戰車)라고 하였거니와 우리 《사해공론》은 조선 문화를 위한 하나의 진실스러운 사도이노라 자처한다. 이에 오래전부터의 현안이었던 조선 문화의 재건을 위한 대평의회(大評議會)를 지상(誌上)으로나마 갖게 되었다. 이는 실로 우리 문화 요인(要人)의 총지낭(總智囊)일지니 우리 문화의 기준침로(基準針路)는 어떠한가? 더욱이 이러한 회의는 미증유의 압권이라 자랑하면서 삼가 문화의 전야(戰野)에 수송하는 바이다. 편집생

출석 제씨(出席諸氏)

박기채, 이기영, 이효석, 이주홍, 홍효민, 서광제, 신경균, 엄흥섭, 이익, 안석영, 이하윤, 이서구, 최영수, 백철, 김광섭, 김문집, 김환태, 송영, 박영호, 김능인, 이일민, 이운방, 이화삼, 왕평, 민효식, 본사 측

---

1 문학, 영화, 레코드 등 세 분과로 나눈 좌담이다. 좌담의 분량은 많지만 이효석이 말한 부분은 적어 그가 말한 부분만 발췌했다.

제1 분과회의: 문학에 대하여

1. 금년 중 세계 문단의 조류는 어떠한 방향으로 옮겨갔다고 보십니까?

—시세의 필연으로 역시 심리주의니 주지주의니 모럴리즘이니의 방향으로보다는 사회 의식을 강조하는 방향으로 흘렀다고 추측됩니다. 객년도 미불 문단에 있어서의 그것이 왕성하였던 것으로도 족히 미루어집니다. 구체적 재료의 결핍으로 이것은 다만 추측에 지나지 못합니다마는…….

2. 감사합니다. 그러면 다음으로 조선 문학에선 휴머니즘 문제가 어떻게 논의되어야 할까 하는 데 대하여 말씀하여 주십시오.

—

3. 조선 문학에 있어서 작품의 이데올로기 문제

—

4. 조선 문학에 있어서의 기술 문제에 대하여 말씀해 주십시오. 예를 들면 최근 이효석 씨와 같은 경향을 보셔서…….

—

5. 평론에 있어서 논의되어야 할 몇 가지

—

6. 조선에 있어서 고대 문학(춘향전류)은 어떻게 취급될 것이며 또한 고전을 주제로 한 역사 문학은 어떻게 보아야 합니까?

—고대 문학이며 역사 문학이며 넓은 의미의 문학의 한 분야는 되겠지만, 근대의 정통 문학의 입장에서 이것을 정면으로 운위한 것은 못 되겠습니다. 그것들이 현대 우리의 문학 정신에 끼쳐 준 영양은 그다지 큰 것이 아니었다고 생각됩니다.

7. 야담도 문학 권내(圈內)에 들어야 할까요?

—문학이라는 것을 극히 넓은 의미로 잡을 때, 가령 비문학과의 대립에서 생각할 때쯤에는 야담도 문학 권내에 든다고 할까요.

8. 지금까지 발표된 조선 작가의 작품으로 해외에 반포(頒布)할 만하다고 보시는 것은 없습니까? 또는 금년 중에 나온 작품으로 단행본으로 내놓을 만한 것은?

—더러 있겠지요.

9. 문필가협회 같은 단체의 필요를 느끼시지 않으십니까?(필요타면 그에 대한 선생님의 복안(腹案)을……, 불표하시다면 그 이유를…….)

—가까이 문필가의 이익을 옹호하자는 뜻으로만도 그 존립의 필요는 절실한 것이나, 기왕에도 생길 법하다 말고말고 했을 제는 아마도 난관이 많은 게죠.

10. 작가로서 저널리즘의 파도에 섞임을 어떻게 생각하십니까? 일본 내지(內地)에 예(例)하면 일류 평론가가 당당히 도색(桃色)을 논하며 잡지 저널리즘이 요구하는 대로 움직여 주는 것 등.

—

11. 문학으로써 생활할 수 있다고 봅니까? 종합 잡지에서 창작의 매수는 몇 매쯤 하리까? (조선 사정의 허용하는 한의 고료 규정을 말씀하여 주십시오.)

—물론입죠. 일매 오륙십 전의 고료로야 삼사십 원을 언재도 한 달에 육칠십 매를 써야 하니 작품인들 어이 늘 좋겠으며, 힘인들 한정 없이 지탱해 갈 수 있겠습니까. 말할 것 없이 고료를 가능한 범위 안에서 올려야죠. 최소한도 사백자 일 매에 일 원이면 쓰는 보람이 있으련마는 이 원 이상인들 비싸겠습니까. 그렇게 되면 문학의 질도 일진월보 향상할 것이고 (이것은 아마도 비웃을 수 없는, 비웃어져서는 안 될 현대적 진실입니다.) 창작의 매수도 월 이삼십 매를 보통으로 하더라도 경우에 따라서는 오륙십 매를 한꺼번에 게재할 만한 도량도 있어야겠죠.

《사해공론》, 1936. 12.

평양문인 좌담회

장　소	기자림 봉황각(鳳凰閣)
일　시	소화 11년(1936년) 10월 27일 하오 5시
출석인사	양주동(梁柱東) 이효석(李孝石) 이석훈(李石薰) 김영석(金永石) 한태천(韓泰泉) 류창선(劉昌宣)
본 사 측	사회 안일성(安日成), 속기 한흑구(韓黑鷗)

작가의 사망과 전향

일성　여러분 모처럼 다 출석하시어 주셔서 매우 감사합니다. 이제부터 좌담회를 시작하겠습니다. 맨 처음으로 토의하려는 것은 이광수 씨의 문인생활 25주년 기념으로 보아 우리의 문단사를 25주년으로 한다면 그동안 사망한 작가, 전향한 작가 등이 많을 터인데 그들에게 대하여 순서로 말씀해 주십시오.

(잠간 장내에는 엄숙한 기분이 떠돌았다.)

영석　나도향, 최서해, 심훈 씨 등이지요.

태천　자살한 이장희(李章熙) 씨.

흑구 시인 남궁벽(南宮壁) 씨.

일성 사망한 작가 중에 문학사적 공적을 끼친 작품은 무엇일까요?

흑구 최서해 씨의 소설은 남을 만한 것이 많다고 생각합니다. 북국의 이민문학이라고 할 만한 작품이 많지요.

창선 김소월 씨의 민요시도 문학사에 오르겠지요.

주동 나의 친구 고(故) 이장희 군도 미상불 재주가 있었지요. 높은 예술관도 가졌었는데 조서(早逝)하여서 참 아까웠습니다. 그의 유고집도 나온다더니 안 나오고—.

석훈 이인직 씨의 신소설도 크게 평가되어야겠지요.

태천 나도향 씨의 재조 참 아까웠습니다.

흑구 그렇습니다. 그의 작품으로 남을 만한 작품은 무엇일까요?

태천 아마 『환희(幻戲)』가 아닐까요?

영석 그 작품은 내가 어렸을 때 읽고 많이 감명받은 것입니다.

주동 좌우간, 열아홉 살 때 그만한 장편을 구상한 것은 놀랍습니다. 일찍이 세상을 떠났기 때문에 그의 천재가 낭만주의에서 정지하고 만 것을 매우 애석하게 생각합니다. 좀 더 진경(進境)이 있을 만한 작가적 소질과 열정이 있었는데요. 마지막 동경에 와서 있는 동안에도 삼순구식(三旬九食)에 피를 토하면서도 역작을 계속하여 쓰고 있었습니다. 그가 도미국을 좋아했지요. 그래서 우리 자취하는 하숙에도 종종 놀러와서 도미국을 끓여 달라고 하였지요. 그때는 이미 좋아하던 술도 못 먹을 때입니다.

일성 심훈 씨의 『상록수』는 어떻게 생각하십니까?

주동 벌써 오래에 ― 그때는 심훈이 아니라 심대섭의 이름인데 어느 잡지에 발표하였던 희곡 《선술집》이 좋더군요. 촌에서 남사당패(연극단)를 꾸몄을 때 그 작품을 연출한 적이 있습니다.

영석 저는 통독은 못하였으나(『상록수』) 듣건데 부인들이 매우 환영하는 모양입니다.

석훈 모윤숙 씨가 첫 회부터 마지막까지 읽었는데 별로이 농촌에 관한 신통한 대목이 없다고 말했습니다.

주동 귀농 운동의 이데올로기겠지요.

효석 김낭운(金浪雲) 씨의 작품은 많이 모르겠으나 동아일보엔가 게재되었던 『잃었던 연인』은 소설로서 특색이 있었지요.

일성 최서해 씨의 작품으로는 무엇이 제일 낫다고 생각하십니까?

흑구 아마 『탈출기』이겠지요. '이빨 자죽 난 귤깍대기를' 등의 묘사가 있는 ― .

태천 그렇습니다.

주동 서해는 자기의 전반생(前半生)의 심각한 체험을 제재로 하여서 그 당시 심각한 필법으로 많은 환영을 받았는데, 정리된 세계관을 수립하지 못하였기 때문에 문학사적으로 아주 초보의, 이를테면 소재뿐의 문학이었습니다. 그러나 물론 획시기(劃時期)는 획시기였지요.

일성 그러면 전향한 작가로서는?

영석 김기진, 박영희 씨 등이지요.

주동 근자에 프로 문사 대부분이 전향하였다고 생각하여도 좋겠지요. 팔봉(八峯), 회월(懷月), 백철 제씨 이하—.

태천 그러나 이기영, 송영, 임화 제씨는 아직 진을 지키고 있다고 생각합니다.

일성 김동인 씨도 전향이라고 하겠지요.

영석 직업적으로 그렇다고 하겠지요?

일성 그렇겠지요.

영석 예를 들면 소설에서 야담으로—.

태천 김억 씨는 또 유행가로—.

주동 저는 말씽 없는 향가 연구로 전향하고. (일동 대소)

영석 옆에 두고도 몰랐구만요! (웃음)

흑구 주요한 씨가 전향하신 이야기를 하시는 이가 없구만요. (사이)

그러나 김동인 씨가 어디에선가 말하기를—소설을 이해하는 독자가 적으므로 야담으로써 대중 독자를 얻은 후에 그들을 대상으로 소설의 독자 수준에까지 올리겠다. 그런고로 야담에서부터 다시 출발하신다고 하였지요. 동인 씨가 만년에는 다시 건전한 소설의 붓을 들을 것이라고 믿고, 주요한 씨가 주산판을 버리고 다시 시단에 나오실 것이라고 저는 믿고 있습니다.

주동 문학도 한 버릇이니까! (웃음)

태천 나는 좀 어려울 줄 (김동인 씨에 관하여) 아는데요. 야담 독자를 끌고 문예 독자에게로 가려고 하는 그동안에는 상업주의로 돌아서서 독자에게 영합하려는 타락에 빠질 염려가 있습니다.

주동 요컨대 그것도 작가의 문예관과 개성의 문제이겠지요. 물론 시대적 영합도 있겠지요만은. 나도 역시 태천 씨의 의견과 같이 일단 통속 소설에 재미를 보기 시작한 사람은 예술 소설로 돌아오기는 틀렸다고 봅니다. (웃음)

평론계에 대하여

일성 이제는 평론계에 대한 말씀을 하십시다.

주동 평론계는 칠팔 년 전 팔봉, 회월 제씨가 활약하던 시절이 제일 화려하였고 요새는 여러 사람이 떠들기는 많이 하여도 요점은 도리어 그때보다 떨어지지 않았는가 합니다.

효석 다 각각 시대적 의미가 있겠지요.

창선 백철 씨가 상당히 활약하지요.

흑구 그렇다고 할 수 있지요.

주동 그러면 백철 씨의 수다(數多)한 논점의 요지는 요컨대 무엇입니까?

흑구 무엇이라고 단언하여서 지적할 수는 없으나 최근의 세계 문학의 사조를 보면 문학이 정치적 이용에서 해탈하여서 다시 문학의 본질적 의의인 인간 탐구로의 복귀 운동이 성행하고 있다고 볼 수 있습니다. 어느 나라를 막론하고 특수 정치의 헤게모니로 해서 언론의 부자유를 당하고 있는 만큼 문화옹호의 작가대회 등이 모이는 것이 아니겠습니까. 이런 의미에서 앙드레 지드의 인간 탐구 문학에의 주의(主義)와 같이 백철 씨도 순문학의 사명인 인간 탐구의 길을 주창하고 있다고 생각합니다. 문학은 문학인 만큼 문학의 본질적 사명을 다하여야지요.

주동 아 그럼 그렇게 (백철 씨가) 백팔십도의 전향을 하였던가요. (웃음)

문학을 존중히 하고 예술에서 인간성을 어디까지나 깊이 파고 들어가야 하겠다는 것은 당초의 절충주의자로 지목받던 나 같은 사람이 주창하였고 다들 반대를 하였었는데요.

영석 그러면 백, 양 양씨(兩氏)는 필경 같구려!

주동 아니요, 다르지요. 백철은 문학구분론(文學九分論)인데, 내가 도리어 문학 칠분, 정치 삼분입니다. 위치가 서로 바뀌었지요. (웃음)

효석 그러나 씨가(백철) 재래의 세계관을 버린 것은 아니겠지요.

일성 그것은 그만하고 해외문학파에 대하여도 말씀해 주십시오.

흑구 글쎄요. 해외문학파라고 하기까지 파(派) 작성의 성질이 될까요.

영석 저는 그런 성질까지는 가졌다고 생각하지 않습니다.

주동 그분들의 지금까지의 공적은 문단 '번역계'입니다. 나도 그러한 의미에서는 조이스, 헉슬리 등을 소개했으므로 완전히 해외문학파입니다. (일동 대소)

영석 씨도 D. H. 로렌스를 연구 발표하였으니 역시 그 일원이구요. (웃음)

흑구 극연용(劇演用)의 해외 각본을 번역하기 위해서 모였었고, 또 그 공적은 크다고 할 수 있겠지요.

주동 극연의 업적은 크다고 봅니다. 그것조차도 이데올로기적으로 육박적(肉迫的) 검토를 하는 이가 있더군요. (웃음)

소설에 대하여

일성 조선의 소설은 외국에 비하여 떨어졌다고 생각하십니까?

효석 그 뭐 진보되었다고야 어떻게 말할 수가 있어요? 문제는 수준이겠지요.

석훈 아직 퍽 유치하지요.

효석 이전보다는 수준이 높아졌지요.

영석 저는 장편과 단편을 구별하고 싶은데요. 단편에 있어서는 외국문학을 좀 따라갈 만한 작품이 있다고 생각하지만은 장편에 있어서는 무척 떨어졌다고 생각합니다.

효석 외국 소설에는 예술적과 통속적의 구별이 있는데 조선 장편에야 어디 그런 게 있나요.

영석 저도 그와 같은 의미로 말한 것입니다.

주동 외국 소설의 걸작에는 나무 잎사귀가 흔들리는 모양을 삼사 엽(頁)으로 묘사한 것이 있는데 조선서야 어디 신문 잡지에서 그런 소설을 내주나요. (웃음) 그러나 조선 소설도 과히 깔볼 것은 아니라고 생각합니다. (일동 웃음) 외국 일류 작가의 것도 시시한 것은 시시하더군요. (일동 대소) 괜히 구문(歐文)으로 쓴 것이면 덮어

놓고 숭배하는 것은 경계할 필요가 있습니다.

효석 양 선생님은 잎사귀가 바람에 흔들리는 묘사를 삼사 엽으로나 쓴다는 것을 좋은 문학이라고 생각하십니까?

주동 암 그렇지요. 호부(好否)는 몰라도 그림을 보더라도 원시인의 그림은 간단하고 근대적 그림은 점점 자세하고 복잡하더군요. 하기는 요새 피카소 같은 화가는 도리어 복잡에 싫증이 나서 원시 예술의 단순성을 배우는 것 같은 것도 있습니다. 그러나 그것은 복잡을 지난 단순이지요. 나도 그러기에 시는 영시를 배운 후에 한시를 배울 필요는 있다고 생각합니다.

효석 장단은 요컨대 수법 문제이지요. 단순 속에 복잡이 있어야지요. 나는 요새 표현의 단순화, 수법의 간결을 늘 생각하고 있는데 나무 잎사귀가 흔들리는 것을 삼사 엽 쓰는 것을 일 엽에 간결히 써 가지고 삼사 엽의 것을 족히 암시할 만한 표현이야말로 소설에 있어서의 고도의 수법이라고 생각합니다.

석훈 저도 동감입니다.

흑구 소설은 시가 아닌 이상 표현의 구극(究極)을 위하여서는 얼마든지 작고 세세한 부분에까지 길고 넓고 깊게 쓸 수 있다는 것이 현대소설의 주창이지요. 예(例)하면—24시간 동안에 일어난 일을 칠팔백 엽으로써 표현하고도 끝 다하지 못한 제임스 조이스의 『율리시스』 같은 소설입니다.

영석 한시의 수법(효석 씨에게)을 찾아가신단 말씀입니까?

효석 그렇지요. 표현적인 점에 있어서 한시에도 배울 점이 많지요.

주동 그럼 선생도 나와 같이 시를 쓰십시다. (일동 웃음) 소설이란 원래 수다스럽게 지껄이는 이야기입니다. 그런데 최근 발표한 『인간산문』도 꽤 수다하더군요. (일동 웃음) 시로 하자면 한 마디이던데. 왈, 아! 산문적 인간이여! (일동 대소)

효석 그러나 그 작품 속에서 내 지론을 시험한 것이 아닙니다. 인간의 산문적인 것을 말하기 위해서 의식적으로 수다스럽게 썼지요.

주동 나도 그 점을 알기에 해작(該作)을 우수하다고 봅니다. (일동 웃음)

태천 아까 영석 씨의 말씀 가운데 단편 작품으로는 조선 작품에도 세계적 수준에 가까운 것이 있다고 하셨는데 이를테면 어떤 작품일까요?

흑구 글쎄요. 여러분은 어떻게 생각하시는지……. 조선 소설계에 있어서 소설을 자기의 체험에서 사실적으로 또는 노골적으로 창작하여야 한다고 할 것 같으면 외국의 작가들과 같이 대담하고 노골적인 작가는 별로 없는 것 같습니다. 그런 점으로 보아서 조선의 작가로서 소설가다운 사람은 먼저 김동인 씨라고 생각합니다. 비평가의 말은 어떻든지, 그의 『발가락이 닮았다』는 가장 대담하고 사실적인 시대적 표현을 가진 작품이라고 저는 생각합니다. 그의 작품 중에는 세계적 수준에 견줄 만한 단편이 적지 않다고 저는 생각합니다.

창선 저는 소설은 잘 모르지마는 저, 주요섭 씨가 쓴 『사랑손님』이 높이 평가될까 합니다.

태천 나는 예술적 작품으로서 이효석 씨의 『들』 같은 것은 결코 외국 작품에 떨어지지 않는 작품이라고 생각합니다.

일성 나는 김동인 씨의 『감자』도 현재 작가에 비해서 결코―.

석훈 나는 이효석 씨의 『돈(豚)』이 오히려 나은 것 같은데요.

주동 남들은 이렇다 저렇다 하지마는 나는 이광수 씨의 제작(諸作)을 훌륭하다고 생각합니다. 그와는 다른 의미로 현빙허(玄憑虛) 씨의 옛날《백조》에 실렸던 「운수 좋은 날」이라 하는 단편은 외국어로 번역하여도 괜찮으리라고 생각합니다. 이무영 씨의 어떤 작이나 기영 씨의 작도 좋은 것이지요. 그러나 요컨대 이상 제작도 고초장이 고초장으로 세계적 수준에 오른다는 것이겠습니다. 조선 작품이 세계적으로 진출하려면 조선의 상품이 세계적으로 진출하는 날입니다.

흑구 저는 반대입니다. 인도의 카레(음식 이름)가 세계 시장을 정복하였습니까? (웃음) 그러나 인도의 시성 타고르와 나이두 여사의 작품은 세계적이 아닙니까?

효석 세계적 수준과 진출은 문제가 다르지 않습니까. 세계적 진출은 언어 문제인데 타고르와 나이두 여사가 유명해진 것은 영어로 쓴 까닭이겠죠.

주동 영어가 세계에서 지배적인 것은 무릇 19세기 후반 영국 상품이 세계에서 지배적인 까닭입니다.

흑구 상품주의입니다그려! (웃음) 영어로 쓰지 않은 중국의 이백의 시는 어찌하여 세계적으로 유명해졌습니까?

효석 영어나 기대어(其代語)로 번역했기에 그렇지요. 구미인이 한문을 읽어 가지고 이백을 이해할 가능성이 적지요.

야담도 문학인가

일성 그것은 그만하고. 근자에 야담이 퍽 성행하는데 거기에 대하여 좀 말씀해 보시지요.

영석 저는 없는 것보다는 나은 줄 압니다.

창선 글쎄요. 역사를 전공하느니만치 조선 역사를 자미있게 대중들에게 보급시키는 점에서 유익하다고 생각합니다.

주동 문학론은 아니구만요? (일동 웃음)

효석 문학과 비문학으로 크게 잡으면 문학권 내에 들 수 있겠지마는 최근에 고도화한 문학으로 본다면 문제 외(外)이겠습니다.

주동 선생은 '고도(高度)'라는 문자를 좋아하시는군! (일동 웃음) 그리고 아마 야담을 못 쓰시는 게지! 그러나 논지는 동감입니다.

석훈 저도 시시하다는 데 동감입니다. (일동 대소)

시단(詩壇)은 왜 부진한가

일성 근자에는 시단이 자못 적막하고 침체한 감이 있는데, 거기에는 여러 가지 이유가 있겠지요?

주동 위선, 내가 안 쓰니까! (일동 대소)

창선 저도 별로 안 쓰는데요. (웃음)

석훈 그 대신 새로 쓰는 사람이 많이 나왔두만요. (웃음) 종래에 저널리즘에서 시를 위하여 너무 많은 엽(頁)을 주다가 근자에 와서는 그렇지 않기 때문에 현상적으로는 부진으로 보입니다마는 사실에 있어서는 질량(質量) 공히 진보되었다고 봅니다.

창선 사실 시는 발표할 기관이 없어요.

태천 시는 원래 고답적이니까 대중들에게 통속적이 아니어서 환영을 덜 받기 때문에 시의 뜻을 버린 사람도 많지 않을까요.

흑구 무엇보다도 가장 중대한 원인은 재래의 선배 시인들이 모두 경제적 문제로 시단에서 종적을 감춘 탓이겠지요. '한밤에 홀로이 일어나 묵상하던' 시인도 잠잠하고, '암흑한 밤중에 난무하는 백골들과 숨 쉬는 목내이(木乃伊)를 고함쳐 물리치려던' 시인도 저널리스트가 되고, 이 땅 위에 '아름다운 새벽'을 먼저 일어나 고하던 시인도 상인이 되고, 이 땅 위에 '바벨 탑을 쌓아 올리려던' 시인도 먼지 묻은 고서만 털고, '하품을 치는 조선의 시가에게 새로운 햇발을 보내자'고 고함치고 '앞 강변에 홀로 나가 돌팔매를 친다던' 그 시인도 지금은 무엇을 하고 있습니까?

주동 그러나 우리 시인 정지용 군이 있지 않습니까? 그이만은 확실히 세계적 수준 위에 설 만한 천재입니다. 내가 누구보다도 씨의 감각과 말을 우수하다고 논한 것을 나의 비평의 광영이라고 생각합니다.

효석 김기림, 백석 등 다 우수하고, 최근에는 신인 가운데 주목할 만한 사람이 많지요.

흑구 김해강(金海剛), 유치환, 송순일(宋順鎰) 씨 등의 시도 매우 좋다고 생각합니다.

창선 신석정 씨의 신비로운 맛과, 이응수(李應洙) 씨의 철학적 취미도 퍽 좋습니다.

여류 문인에 대하여

일성 여류 문인에 대하여는 말씀치 않았는데 말씀하시지요.

주동 역량으로는 박화성, 재조로는 강경애. 기타는 부지(不知)라우! (일동 웃음)

일성 장덕조 씨의 소설은?

주동 『양말』은 참 잘 썼더군요.

영석 김말봉 씨도 괜치 않지요.

일성 모윤숙 씨의 시는?

주동 가다가 재치가 보이는데 많이 고쳐야 하겠더군요.

석훈 그분의 소질은 퍽 시인적이라고 생각합니다.

흑구 그분의 감각도 퍽 센티한 것이 많으나, 오히려 델리케이트한 방면으로 더욱 발전하였으면 훌륭하리라고 생각합니다. 여자로는 그분이 가장 시인적이지요.

효석 최정희 씨도 건강을 회복하면 매우 좋은 작품을 쓰시겠지요.

창선 김오'남'(金午男) 씨도 시조를 잘 쓰시지요.

석훈 그분도 여자인가요? (일동 대소)

문단의 주춧돌

일성 조선 문단의 공로자로서 생각할 분들을 말씀해 보십시오.

흑구 말을 통일하시고 감정을 통일하신 데 선구이신 춘원(春園), 육당(六堂) 선생. 거친 땅 위에 '아름다운 새벽'을 고하시던 요한(耀翰) 선생. 이러한 땅 위에 바벨 탑을 쌓기에 첫 주춧돌을 삼가 놓으신 무애(無涯) 제(諸) 선생이며, 소설의 육탄대장(肉彈大將) 동인 선생 등이겠지요.

주동 춘원, 육당, 상섭, 동인, 요한, 노산(鷺山), 안서(岸曙), 파인(巴人), 서해(曙海), 팔봉, 민촌(民村), 설야(雪野) 등등. 그러나 백년 후엔 상전이 벽해일지도 모릅니다.

영석 왜 무애 자신은 빼십니까?

주동 인제 한 말은 농담은 아닙니다. (일동 웃음)

일성 영석 씨의 말씀도 농담이 아니라고 생각합니다.

문단의 올 날

일성 조선 문단의 장래를 비관하십니까? 혹은 낙관하십니까?

영석 비관할 것 같으면 이 좌석에 오지부터 않았겠지요.

흑구 조선의 문학은 발전할 길밖에 없지요. 애란 문학의 그것과 같이.

태천 침체기만 있었으니 황금 시대도 오겠지요.

창선 문화 발전의 역사적 법칙으로 보아서 문학의 호전기가 오겠지요.

석훈 낙관 칠분에 비관 삼분이오. 무애(無涯)식이오.

주동 원고료가 올라가면 낙관하구요 잘 안 주면 비관하지요. (일동 웃음) 왜냐하면 원고료 액은 곧 독자에 정비례하기 때문입니다. 문제는 조선말과 글의 운명과 관련되는데 나는 낙관하려고 애쓰는 자입니다.

극단(劇壇)에 대하여

일성 마지막으로 극단 일반에 대하여 말씀하여 봅시다.

태천 조선의 극작가라면 유치진 씨 외에 더 생각나지 않습니다. 그의 걸작 《소》는 세계 시장에 내어 놓아도…….

흑구 하필 '시장'으로 내어 놓나?

창선 소니까. (일동 대소)

태천 결코 손색이 없으리라고 믿습니다.

효석 한태천 씨의 《토성낭》을 최근에 읽고 언어의 정리에 약간의 미흡이 있으나 매우 우수한 작품이라고 생각하였습니다.

태천 아— 참 부끄러운 습작입니다. 《토성낭》은 뼈만 들추어 놓은 해골입니다. 인제 뼈와 살과 피가 있는 작품을 제작하렵니다.

주동 《소》, 《토성낭》, 다 우수한 작이라는 데 동감입니다. 그런데 더 훌륭한 극장이 없는 것은 매우 섭섭한 일입니다.

태천 일전 상경하여 협연 공연을 참관하였는데 김일영(金一影) 씨의 무대 장치, 이화삼(李化三) 씨의 천재적 연기를 보고 이만하면 안심하고 극작가가 붓을 들 수 있고 지금 희곡에 관심 안 하였던 문인들도 많이 극작에 참례하리라고 생각합니다. 그러면 조선 극예술도 퍽 화려해지겠지요.

흑구 금년, 미국 극계에서는 '문학은 극장에서부터'라는 슬로건을 내세우고 오닐 씨 등 대활약입니다.

신진 작가는?

일성 신진으로는 누구누구를 유망하다고 생각하십니까? 이번은 정 마지막으로 말합시다.

효석 널리 읽지 못하여 샅샅이 모르겠으나 언제인가 신백수(申百秀) 씨의 작품을 읽고 역량이 상당하다고 생각하였습니다.

석훈 한적선(韓笛仙) 씨가 매우 유망하다고 생각합니다.

창선 신진과 기성을 무엇으로 구별할 수 있습니까? 매우 힘들지요.

주동 그렇지요. 그것은 그만둡시다.

일성 그러면 이것으로 끝맺겠습니다. 매우 지리하신데 수고들 많이 하셨습니다.

주동 지금 몇 시요?

효석 열시 이십칠분.

일동 아이구 벌써.

《백광(白光)》, 1937. 1.

현대작가창작고심합담회

불행이랄까, 행복이랄까! 아무튼 조선 작가로 활약하시는 현 문단의 여러분의 창작 고심담을 들었습니다. 이후 문사 지망의 제군은 물론이어니와 독자 여러분도 작가주방고(作家廚房苦)를 명심히 읽으소서.

출석자 물론 무순(無順)
윤기정 씨 이효석 씨 엄흥섭 씨 이주홍 씨 노춘성 씨 한인택 씨 채만식 씨
본사 측 천안거사

첫째로,
문장에 대한 고심(형용사와 구두점 등)을 말씀하여 주십시오

윤기정 문장은 배우는 중에 있습니다. 그러므로 고심은 컸으나 이러니 저러니 하고 말할래 말할 수 없습니다. 고심의 결과가 정당, 정확, 또 효과적이었었는지? 제 자신으로도 모르기 때문에…….

노춘성 문장에 대하여 비상히 고심합니다. 문자로써 표현되는 예술이니만치 문장에 결점이 있다고 하면 그 예술은 치명상을 가졌다고 하겠습니다. 알기 쉽게 또는 구두점이 분명하게, 그리고 할 수 있

는 데까지 좋은 형용사를 쓰려고 애를 씁니다. 형용사나 표현이 잘 되지 않은 곳은 여러 번 고칩니다.

이효석 꼼꼼히 문장을 완전히 꾸며서 지상에 옮기는 것보다는 위선 설피게 쓴 후 여러 번 퇴고함이 좋은 듯합니다. 묘사에 있어서는 긴 문장보다는 짧은 단적(端的) 표현이 좋은 듯하며 형용사 등은 필요 외에는 될 수 있으면 피함이 옳지요.

한인택 우리말의 불통일과 형용사의 부족으로써 곤란을 당할 때가 많습니다. 언어미와 문장에 대하야는 우리가 누구보다도 관심을 가지게 되는 것이니까 심각한 연구가 있어야 할 것인 까닭으로 글 쓸 때에는 여간 고심 안 합니다. 구두점은 찍지 않는 것이 버릇이 되었습니다.

엄흥섭 문장에 대해서 왜 고심이 없겠습니까. 내 자신이 만족할 만큼 형용사라거나 구두점에 대한 세밀한 주의를 했는가 하고 작품 한 개를 발표할 때마다 느껴 보지 않는 때는 없습니다.

이주홍 소재를 예술적으로 살리는 것은 무어니 하여도 문장의 힘입니다. 한 개의 작품이 문학적으로 완성하였다는 데는 반드시 그가 소요하는 문장의 완성을 생각하게 하는 것입니다. 그러므로 한 개의 사물을 형용할 때 어떤 말을 택하여야, 즉 어떠한 문장으로 하여야 원만 또는 완전에 가까운가 이곳에 작자의 고심이 일어날 것이외다. 활자의 형(型) 점 선 등의 기호도 오늘날에 있어서는 훌륭한 문자적 직능(職能)을 가지고 있습니다.

채만식 모자라는 데다가 정리도 아니 된 조선말인지라 퍽 고생합니다. 더욱이 형용사는 몰라서 며칠씩 생각하느라고 원고 쓰는 걸 중판(中一) 매기도 합니다. 구두점은 찍지 아니하나 구문(句間)은 떼어 쓰는데 그것을 인쇄소에서 그대로 떼어서 채자(採字)를 아니해 주더군요.

독서와 문장 작법에 대하여서는 어떠하십니까

이효석 물론 독서에서 문장법의 영향을 받을 때도 있지요. 넓게 읽고 쓰는 동안에 스스로 독특한 스타일이 생길 것입니다.

엄흥섭 독서를 해 가지고—남의 우수한 문장법을 배워 보겠다는 관심은 비교적 희박하다느니보다도 없다고 하고 싶습니다. 남의 문장을 따라가기 싫은—(좋은 경향인지 좋지 못한 경향인지 모르나)—자존심이 있다고 해도 할 말 없습니다. 어쨌든 예술가는 '자기 문장'을 세워야 할 것입니다.

노춘성 독서는 그리 많이 하는 편은 못 되나 새로 난 책이나 좋은 책이면 가급적 읽어 봅니다. 숄로호프의 『고요한 돈 강』을 도서관에 사흘간 다니며 읽은 때가 있습니다. 그리고 책 사기를 좋아하여 진본도 상당히 있었으나 생활난으로 가끔 팔곤 하였습니다.

문장 작법에 대하여는 평이하게 아름답게 또는 진실하게 써 보려고 애를 씁니다. 특별한 비법은 없고 남들이 잘 쓴 문구를 암독한 일이 많습니다.

윤기정 조선 작가의 작품(중편과 단편을 주로, 장편은 간혹)은 될 수 있는 대로 모조리 읽어 내려왔으며 앞으로도 매월 그것만은 게을리하지 않을 작정입니다. 그리하야 그들에게서 많이 흠썩 배워

가지고 자기 자신의 독특한 새로운 문장법의 신경지를 개척하기에 노력하겠습니다. 지금까지도 나의 관심사의 한 과제였지만…….

한인택 다독하는 데서 문장에 대하야 배움이 많습니다.

이주홍 그것이 희망하는 게든 아니든 간에 독자는 일정(一定)의 주관과 비판의 정신으로서 독서에 대하는 것입니다. 그래서 읽어가는 가운데서 그 문장에 대하야 마음에 드는 것, 안 드는 것을 직각하면서 읽게 됩니다. 가령 고전문학을 치더라도 어느 작품을 읽고 나서 그 작품에 영향을 받아 모방해 본 일은 나는 아직도 없습니다. 그러나 감심(感心)되던 문장이 내 머리 가운데 들어서 모르는 가운데에 나의 양식으로 되어 있는지는 모르겠습니다만.

채만식 요새는 많이는 못하나 재미있는 책을 붙잡으면 날을 샙니다. 문장 작법? 무슨 뜻인지, 모르겠습니다.

애독자에 대하여

이주홍 잡지 부스러기나 읽어 보았을까 나는 아직도 고전문학을 남만치 읽지 못하고 있는 것을 부끄러워합니다. 몇 편 읽어 본 것이래야 초역(抄譯)이나 경개(梗槪)나 혹은 영화로 보아서 그 스토리만을 짐작하고 있을 정도입니다. 그리고 특히 누구의 것을 즐겨서 읽어 본 일도 없습니다. 한세상에 났다가 얼마 있지 못하야 죽어 없어질 한 세대의 인간이 선인의 유품을 만져 보지 못한다는 것은 매우 섭섭한 일이라 내 일생을 두고 유유히 읽어 볼 심산입니다. 셰익스피어 괴테 졸라 도스토엡스키 발자크 등 자전(字典)같이 이야기할 줄 아는 여러 박식가(博識家)를 부러워합니다.

민촌(民村)의 『고향』을 그렇게들 격찬하기에 '대체 나는 당신들의 문학적 정력에 감복하오. 신문소설인데두 어찌 그렇게 모두들 알뜰하게 읽었습니까.' 하였습니다.

채만식 역시 해외 작가의 소설을 많이 읽습니다. 최근에는 고리키의 문학론을 탐독했습니다.

한인택 최근에는 시에 대한 서적을 많이 봅니다. 시인이 되겠다는 데에서가 아니고 시인의 사상적 체계를 실제로 학습하겠다는 데에서.

노춘성 내가 지금까지 애독한 책이 있다면 그것은 본간구웅(本間久雄)의 『문학개론』, 메레시콥스키의 『시학』, 옥기(屋崎) 씨의 『인생극장』『하이네 시집』, 톨스토이의 『안나 카레니나』, 알티바세프의 『사닝』 등입니다.

엄흥섭 최근 애독하는 서적은 민촌의 『고향』(상)과 노산의 『무상(無常)』입니다. 그 밖에 지리, 풍속물에 관한 서적이면 무조건하고 언제나 애독합니다. 대개 애독하는 서적이라도 그 서적에게 자기의 개성을 정복당해서는 안 된다는 관심을 가지고 있습니다.

이효석 열심으로 할 때에는 며칠씩 침식조차 잊으나 한번 게으르게 되기 시작하면 몇 달씩 놀아 버립니다. 철을 따라 종류도 달라지지요.

윤기정 애독할 만한 서책이 손에 들어오면 꼭 재독 삼독 하는 버릇이 있습니다.

소재에 대하여는 어찌하십니까

채만식 '있는 사실' 혹은 '있을 수 있는 것'에서.

이효석 위대한 생활과 특수한 체험의 다양성이 없는 이상 소재를 구함이 작가에게는 늘 한 큰 곤란일 것입니다. 담화에서나 독서에서 얻는 이외에는 억지로 머리로 발명해 낼 뿐이니 무슨 야심적 열정적의 것이 되겠습니까.

엄흥섭 소재는 머릿속에 심어 두고 잘 가꾸어야 합니다. 선뜻 무슨 소재 하나를 얻었다 하더라도 단박에 집필하기가 싫습니다. 그 소재가 머릿속에서 싹이 트고 잎이 퍼지고 차차 여물고 알이 차고 나중에는 익어 터져서 저절로 밖으로 뛰어나올 때까지 기다려야 될 줄 압니다.

이주홍 예술은 생활의 반영이라 하여도 생활 그 전체가 예술이 되는 것은 아닐 것이외다. 생활 가운데서도 평범하면서도 가장 특징적인 것, 또한 전형적인 것, 역사적인 것, 결국 위대한 예술이란 것은 일상 한 시대의 산 그림이어야 될 것입니다. 통속소설이, 그 수명이, 책을 던지자 없어지는 것은 즉 소재—문장도 그렇지만—의 적극성이 없는 까닭입니다. 작가는 언제나 높은 교양과 넓은 지식을 요구합니다. 공장 작가, 농촌 작가 이러한 전문적 레테르를 갖는 것은 명예가 아닐 것이외다. 되도록은 범위를 넓혀 농촌이나 도시를 물론하고 소재를 구하는 눈은 날카로워야 될 것입니다.

노춘성 소재는 반드시 자기의 경험한 것이 아니면 취급하기가 어렵더군요. 순전한 공상만은 어쩐지 위험한 것 같고 또는 그것으로 좋은 작품이 나올 것 같지 않습니다.

한인택 소재에 대하야 곤란을 당할 때가 많습니다. 그러나 최근에는 사생활에서 얻는 충동이 다소 많으므로 앞으로는 얼마 동안 사생활에서 취재를 하여 볼까 합니다.

윤기정 소재의 고심은 고심 중에 가장 큰 고심이었습니다. 반년 동안 창작을 한답시구 붓을 드는 사이에 마치 키 잃은 범선처럼 된 제 자신으론 체호프의 모래알처럼 많은 창작의 소재란 말과는 너무나 인연이 멀었었습니다. 다시 말하면 사상적 동요로 말미암아 겉묻어 일어나는 인생관, 윤리관, 도덕관 내지 사회관에 새로운 회의와 동요는 아직 자리가 잡히지 않아 작품 제작상 소재의 빈곤을 면할 수 없었습니다. 그래 되는대로 생각나는 대로 한 소재를 붙잡았었습니다.

표제에 대해선 어떻게 하시는지요

한인택 표제는 구상과 함께 결정합니다.

윤기정 전에는 거지반 표제를 먼저 적어 놓고 써 내려가던 것이 이즈막에는 작품 하나를 다 써 놓고 나서도 마땅한 제목이 생각나지 않아 여간 고심을 하는 게 아닙니다. 지금 단편 하나를 써 놓은 지가 보름이 넘었어도 여지껏 적당한 제목이 생각나지 않아 꿍꿍거리고 있습니다.

노춘성 표제는 반드시 먼저 붙입니다. 표제가 확정되지 못하면 단 한 줄이라도 쓰지 못합니다. 표제가 없으면 어쩐지 궤도 없는 길을 걷는 것 같아서 도시 붓을 들지 못합니다.

채만식 표제는 작품의 내용의 초점이 되게.

이효석 작품을 다 쓴 후에 마지막으로 표제는 부칩니다. 처음 생각하였던 표제가 작품을 쓰는 동안에 변하야지는 수가 있으니까.

이주홍 기구의 이름과 마찬가지로 표제란 그 작품의 전(全) 성격을 표상하는 것입니다. 그러므로 누구나 다 그러하겠지만 나는 이 표제라는 데에 무척 고심합니다. 제일 즐거운 것은 표제를 결정하여 쓰는 것입니다. 홍섭은 흔히 소설부터 다 쓰고 나서 맨 나중 표제를 붙입데다만 나는 아무래도 이 표제를 뚜렷하게 써 놓지 않고는 아무래도 마음이 근적근적 하여서 못 쓰겠습디다. 표제가 너무 평범 무미해서는 독자를 많이 잃습니다. 아무래도 참신하고 도발적인 것 혹은 자극적인 것, 이채적인 것이 좋으리라 믿습니다.

엄흥섭 표제 같은 것은 실상은 사람의 이름과 같은 것이니까 아무렇게라도 명명해도 좋을 것입니다. 그러나 사람의 이름이 어느 정도까지 그 사람의 성격을 나타내는 것처럼 작품의 표제가 그 작품의 성격을 나타낼 수 있다고 하겠지요.

구상(構想)에 대하여 말씀하여 주십시오

이효석 구상은 오래 두고 합니다. 상(想)만 익으면 쓰기는 쉬우니까요. 선(先) 상을 가지고 억지로 짜기같이 어려운 것은 없습니다.

이주홍 구상은 혼자 길을 거닐 때가 제일 좋은 것 같습니다. 그리고 잠들기 전이 좋습니다. 이 구상은 머리 가운데서 완전히 문자 없는 작품이 이루어질 때에야 원고지 위에 쏟아 놓을 것입니다. 어떤 때는 이놈과 저놈이 서로 충돌되어 두 개의 작품이 마치 활동 사진같이 이중 노출이 되는 수가 많아서 귀찮을 때가 있습니다. 구상이야말로 설계도요 기초 공사보다 더 중한 것입니다.

채만식 소재에서 위선 표제를 얻어 가지고 다시 표제를 부연(敷衍).

엄흥섭 구상은 될 수 있는 대로 간결하게 단순하게. 사건 전개는 복잡한 게 좋을 것도 같으나 실상은 독자에게 그다지 큰 효능을 주지 못합니다. 최근 내가 쓰는 「구원초(久遠草)」는 작중의 주요 인물을 삼사 인 이상 더 끄집어 내놓지 않을 작정입니다.

노춘성 아직 그리 장편을 써 본 일이 없어서 구상에 고심을 한 일은 없으나 단편이라도 구상을 해 놓고야 씁니다. 구상이 없이 붓을 든다면 그것은 범을 그리려다가 개도 안 되겠지요.

윤기정 대개는 혼자 길을 걸으면서 구상합니다. 그런데 거진 다 된 일은 구상을 다시 더 고치지 아니치 못할 경우에 봉착할라치면 그것이 여간 질색이 아닙니다.

한인택 한 개의 작품을 구상할 때 두 가지의 대립된 구상을 합니다. 두 가지의 대립된 구상이 완료되면 그 두 가지를 기초로 한 개의 작품될 완전 구상을 합니다. 시간은 좀 걸리나 이 방법으로 구상하면 새로운 것을 발견할 때가 많습니다.

붓을 처음 댈 때의 고심은 어떠하십니까

윤기정 처음 붓을 들 때에는 여간 괴로움을 느끼는 게 아닙니다. 사실 중간에 내려다가 또는 다 써서 붓을 논 후에 오는 기쁨, 즉 예술적 감흥과 좋은 글을 호평이든 악평이든 한 개의 작품을 이뤘다는 완성의 기쁨이 없다면 애당초에 창작을 해 보겠다고 붓을 들 용기가 아예 나지 않을 듯합니다.

노춘성 붓을 처음 들 때가 제일 고통입니다. 적어도 원고지 삼사 매는 찢어 버리고야 본격적으로 씁니다. 그래도 시원치 않은 때에는 숫제 집필을 중지하고 방에 드러누워 생각을 합니다.

채만식 제일 힘이 듭니다. 어느 때는 원고지를 한 오륙십 매 버립니다.

엄흥섭 퍽 어렵습니다. 첫 장만 써 놓으면 작품의 반은 몰라도 삼분의 일쯤 써 놓은 듯합니다. 속담에 시작이 반이란 말을 연상시키는 것이 창작 첫 장을 써 내려갈 때에 기분입니다. 그래서 십 매만 넘기면 안심이 되고 이십 매만 넘기면 마음이 아조 눅어서 기분이 아조 명랑해집니다.

한인택 구상이 끝나 붓을 들게 되면 좀처럼 쓰지 못합니다. 원고지 사오 매를 버리고야 맙니다.

이주홍 기정 씨는 이런 말을 하였어요. 나는 어쩐지 붓을 처음 들 때엔 우울도 아니요 초췌도 아니요 각급한 듯이 뿌두두한 듯 어쨌든 가슴이 묵직한, 말하자면 기분이 유쾌하지 않고 무거운 무엇에 눌려진다는 뜻의 이야기를 하였던 것 같습니다. 사실 나 역시 구상한 것을 처음 원고지에 옮기려는 순간에는 기분이 좋으나 정작이 붓을 들면 무엔지 모르게 머리가 무겁고 정신이 이상하여집니다. 그러다가 두서너 매 써 내려가면 그때는 허리가 피이고 붓이 술술 내려갑니다.

쓸 수 없는 경우엔 어찌하시는지요

이효석 억지로 쓰면 어떤 경우에든지 되기는 되나 무척 고생스럽고 성과도 훌륭치 못해요.

채만식 배가 고파도 잠이 와도 너무 추워도 너무 더워도 또 주위가 요란해도 또 말이 막혀도 다 못 씁니다. 물론 뚜렷이 작(作)의 윤곽이 머릿속에 들어서지 아니하면 애초부터 쓰기 시작을 아니하고요.

이주홍 여러 가지 컨디션에 따라서 당초에 안 쓰일 때가 있습니다.

거개는 이럴 때 뜰 앞을 거닐거나 산보를 하거나 여러 가지 색다른 자극으로 위안을 받아 가면서 다시 책상을 대하지만 나는 이럴 때 아무래도 책상을 떠날 수는 없습니다.

한 시간이 되든 두 시간이 되든 기어코 한 줄 두 줄 써 놓아야 마음이 놓여 산보도 산보 같고 외출도 외출같이 됩니다.

안 쓰이면 안 쓰일수록 기어코 책상에서 꼭 붙어 앉어 이 안 쓰일 때 한 놈과 씨름을 하고 맙니다. 제일 졸작(卒作)이면서도 졸작(拙作) 『하이네의 아내』는 어쩐 일인지 이렇게 하여 여러 날을 썼습니다.

한인택 쓸 수 없는 경우라면 두 가지가 있을 것입니다. 생각이 나지 않아서 쓰지 못할 때 다른 일로 붓을 놓아야 할 경우 저는 생각이 나지 않을 때면 곧 붓을 놓고 누워서 생각합니다. 그러고 딴 일로 해서 붓을 놓을 때는 별로 없습니다.

엄흥섭 쓸 수 없는 경우엔 며칠이고 안 씁니다. 달고 치면 맞는 격으로 빚에 졸리면 억지로 쓰나 그것처럼 불쾌한 일은 없습니다.

노춘성 쓸 수 없는 경우에는 능금이나 먹으며 애들과 작란을 하든지 그렇지 않으면 낮잠을 잡니다.

윤기승 써 내려가다가 막히기만 하면 그만 붓을 내동댕이치고 밖으로 뛰어나가 버립니다.

하루에 쓰는 매수·도수(度數)를 말씀해 주십시오

채만식 손에 기름만 나면 오륙십 매(이백 자). 도수는 붙박이로 혹은 땀땀이.

이주홍 기분이 좋을 때엔 육십 매 내외짜리 단번에 쓰지요. 어떤 것은 시간 관계 기타로 이도(二度)쯤에 끝내고. 보통 하루에 쓰기는 오륙십 매 정도입니다.

한인택 하룻밤을 새우면 오십 매는 넉넉히 씁니다. 그러나 생각이 나지 않을 때는 단 열 장도 못 씁니다.

이효석 많이 쓰면 사백 자 이십 매는 쓸 수 있으나 안 나갈 때에는 오 매 심지어 일이 매 정도. 도수는 종일 줄곧도 쓸 수 있고 놀면서 몇 번에 가를 수도 있기는 있지요.

엄흥섭 직업이 없을 때는 한 작품을 하루에 내려 갈겨 썼습니다. 그러나 이즈음은 잘해야 하룻밤 두어 시간쯤 집필하는데 많이 써야 삼십 매 가량밖에 안 됩니다.

노춘성 하루에 사백 자 원고 십이 매는 씁니다. 도수는 오전 오후 이렇게 2회에 쓰고 밤에는 절대 쓰지 않습니다.

윤기정 사십 매 내지 오십 매. 이삼차.

결말짓는 법(한 개의 비결)

윤기정 긴장하고 흥분되어 내려가다가도 될 수 있는 대로 냉정해진 다음에—.

노춘성 결말짓는 비법은 별로 없습니다. 있다면 전 편을 통하여 감명을 주고 청산이 될 만한 곳에서 그칩니다. 공연한 사족을 붙이지 않으려 합니다.

채만식 법도 비결도 없고 처음에 정한 대로.

엄흥섭 결말짓는 비결은 없습니다. 대중소설 같은 것은 독자의 흥미를 끌기 위하야 아기자기한 데서 딱 끊고 부자연한 우연적 사건을 많이 넣어 평범을 피해 가지고 어떤 클라이맥스에 이르러서 종결을 짓거나 하는 것이 통례인 듯한데, 예술소설에 대해서는 그렇다고 단언할 수 없습니다.

이효석 별로 비결이랄 것이 없고 작품에 따라 알맞은 곳에서 결말을 짓지요. 여간 가뜬하게 하지 않다가는 결말이 필요 이상 장황해지거나 감상에 흐를 때가 있습니다. 적당한 곳에서 칼날같이 사정없이 뭉턱 끊어야 합니다.

한인택 결말은 작품의 내용 귀결 그대로 결정하는 까닭으로 별로 비결이라는 것은 없습니다.

이주홍 결말짓는 법이래야 별 비결이란 것도 없고 각개 작품의 성질에 따라서 다르지요. 그러나 클라이맥스를 지나 끊어도 좋을 곳에 문장에 취하여 신파적으로 결말하는 등의 수법은 찬성하지 않습니다.

집필 시간, 장소는 어떠하십니까

이효석 일정한 것이 아닙니다. 밤이 깊은 때가 비교적 좋지요. 대개 제 방 서탁 위에서 씁니다.

한인택 오전 열시 이후—집에서 하지요.

엄흥섭 하루에 두 시간가량 장소는 내 집 방.

노춘성 집필 시간은 오전이 제일 좋고 장소는 해 밝고 따듯한 온방(溫房)이 제일 좋습니다.

윤기정 도서관이면 낮에, 집에선 정밤중에—.

채만식 하숙집 방에서—대개 밤 깊은 때 씁니다.

이주홍 혹 낮일 때도 있으나 거개는 밤 열시 넘어서이지요. 새로 한 시 두 시쯤에 제일 좋고. 도대체 시끄러운 덤벙한 데는 안 쓰여집니다. 장소래야 특정한 곳이 없고 어디를 물론하고 내가 잠자는 그 방이지요. 서재 하나쯤 있었으면 좋으련만 단간방에 아내, 아이들 뒤법석이 된 가운데서 민촌은 글을 쓴답니다. 소반 한 개를 책상으로 나무 밑이나 노지에서 송영 씨는 잘 쓴다고. 그러나 나는 이 흉내만은 못 냅니다.

원고지에 대하여 말씀하여 주십시오

윤기정 지질(紙質)은 닥치는 대로 자수는 사백 자 원고용지입니다. 원고지는 특별한 괴벽이 있어서.

노춘성 신문사 원고지나 잡지사 원고지는 쓰지 않고 미스코시(三越特製)의 사백 자 원고지를 씁니다.

이주홍 아무 거나 좋습니다. 그러나 잡지사나 신문사의 원고용지는 지질이 나빠서 쓰기 싫고 무어니 하여도 지질이 좋고 선의 색채가 담소한 것, 칸이 널직널직한 것이 좋습니다. 원고지 여하가 기분을 많이 달리하니까. 원고지가 마음에 들면 훨씬 잘 쓰입니다. 이백 자 원고지가 좋기는 하나 점(店)에서 많이 팔지 않는 모양입니다.

엄흥섭 원고지는 대개 잡지사에서 가져오는 것으로 쓰나 대부분이 너무 지질이 조품(粗品)이 많아서 철필을 궁굴릴 때 기분이 불쾌합니다.

한인택 원고지 양부(良否)에 기분이 달라질 때가 혹시 있습니다. 펜이 글키고 잉크가 번지는 것은 쓰지 못합니다.

채만식 전에는 신문, 잡지사 것에 썼는데 요새는 사서 씁니다. 없기도 하려니와 그놈이 능률이 나아서요(사백 자짜리)

이효석 아무 상점에서나 구할 수 있는 사백 자 원고지를 씁니다. 근일 화신백화점에서 파는 비교적 여백이 넓은 것을 애용합니다.

처녀작 시절(눈물겨운 회억(回憶))의 로맨스는 없으십니까

윤기정 십육 년 전《조선일보》지상에 단편 「성탄야(聖誕夜)의 추억」을 발표한 것이 처녀작이라고 할 수 있는데, 그때를 회상하고 그 작품을 추고(追考)할라치면 눈물겹다느니보다 그것도 소설이라고 뻰뻰스럽게 세상에 내 놓았나 하고 가슴이 쓰릴 만치 부끄러움을 견디지 못하겠으며 또는 한심한 노릇이었었습니다.

이효석 처녀작이라는 것을 지적할 수 없습니다. 시라면 고보 이년급 때부터 활자화되었고 소설은 대학 예과 때에 처음으로 발표되었습니다.

채만식 춘원(春園) 주재 때의《조선문단》창간 제2호든지 3호든지에 「세길로」라는 단편을 낸 것이 소위 처녀작이겠는데 뭐 눈물겨운 추억 같은 것은 없습니다.

한인택 처녀작 시절이라고 한계를 그을 무엇이 없습니다마는 지나간 날을 회상하면 도로 그때가 그리워집니다. 그때는 모든 것이 동경과 희망이었고 지금껏 당면적 고민기에 있으니(물론 문학적으로—) 지나간 날을 쓰려면 그 속에는 난센스도 있고 유머 홍분, 공상의 가지가지가 있어 우스운 작은 세계를 그릴 수 있을 것입니다마는.

엄흥섭 눈물겨운 회억이 없습니다.

이주홍 처녀작도 없는 내게는 처녀작의 시절이 있을 리 없습니다. 나는 십칠팔 세 때 문학을 할까 미술을 할까 음악을 할까 망설이었습니다. 우연한 기회로 십년 전《조선일보》신춘문예에 걸려서 최두견 씨와 박영희 씨 등 선고자(選考者)로 붙어 좋다고 말을 들은 일이 기억납니다. 문학으로 나아갈까 하다 다시 침묵을 지켰지요. 오륙 년 전 잡지 편집이란 뜻 아니한 일에 손을 대일 동안 여러 가지 잡지에 시, 소설을 써 본 일이 있습니다.

이리하야 나는 중도 속도 못 되고 있습니다. 문학도 미술도 음악도 모두 잃어버리고 남은 것은 그때의 몸둥이를 이어 나온 것뿐입니다.

노춘성 처녀작이고 무엇이고 아직 좋은 작극(作劇)을 한 개도 쓰지 못하였으니 큰소리할 것은 없지마는 이십 시절 문학청년 당시에는 문학에 상당한 열의를 가졌고 문학을 위하여 생명을 바치려고 하였습니다. 그 당시 《기독신보》에 자주 투고하였고 「무화과 같은 생명」이라는 장시를 발표한 것이 나의 글이 활자화한 처녀작입니다.

출세작에 대하여

이주홍 역시 여기에 대해서는 말할 자격이 없습니다. 순수 문단이 말하는 것과 저널리즘이 말하는 것과는 다소 거리가 있습니다. 하더라도 나는 아직 출세작을 가지고 있지 않습니다. 앞으로도 영영히 없을는지 있을는지 아직은 모를 일입니다.

엄흥섭 출세작을 이제부터 써 볼까 합니다.

노춘성 출세작은 불행이도 없습니다.

한인택 그때 그 장편을 일개월 내에 탈고를 했다는 것을 지금 생각하면 내가 한 일과 같지 않을 만큼 정열이 줄었겠습니다마는 지금 「선풍시대」를 쓴다면 시일은 이삼 배 이상 걸리어도 더 낫게 쓰리라고 생각하고 있습니다.

채만식 ‘출세작’이란 말이 퍽 구미는 당기나 아직 출세작을 내놓지 못했습니다.

이효석 「도시와 유령」이 출세작이라 할까요. 편집하는 이의 불찰로 실상 쓴 때보다는 발표가 한 해 늦었습니다.

윤기정 아직 없습니다. 뭇사람이 인증할 만한 출세작 하나를 속히 내놔 보려고 앞으로 노력하겠습니다. 금년 안으로 안 되면 내년에야 설마…….

기자 오랫동안 지루하신데 대단히 감사합니다. 이만큼 들으려고 합니다.

「현대작가창작고심합담회」, 《사해공론》, 1937. 1.

지성 옹호와 작가의 교양

박치우 난 요즘 이런 생각이 몹시 나요—지식 계급의 수난기랄까 어쨌든 퍽 어려운 세상 아니야요. 먹고 마신다는 것도 일은 일이려니와 우선 몸가짐은 어떻게 할까 하는 문제 말이야요.

이효석 아마 오늘의 지식인치고는 내 남 할 것 없이 누구나의 공통된 고민이겠지요.

박치우 무슨 좋은 안이나 없을까요. 지식인으로서 이러한 세류(世流)에 처해서 나아가는 정신적 태도랄지…….

이효석 글쎄 세상이 세상이니만큼 결국은 각자의 자각에 맡기는 수밖에는…….

박치우 자각이라면?

이효석 현재의 지식인이라는 것은 어떻든 진실의 탐구를 피하고 값싼 상식 속에만 살기 쉬운 것인데 그런 속에서 진정한 지식인으로서의 사명—문화의 지도성(指導性)이라든지 이념 정신이라든지—깨닫는다는 것이지요. 지성 문제—지성을 옹호하자는 논(論)도 이런 자각의 한 표현이라고 생각해요. 그런 의미에서 퍽 주목할 만한 경향이지요.

박치우 그래요. 중세기 이상(以上)이지요. 중세기는 지적으로 아직 몽매한 시대니까 또 몰라도 이건 지식 계급 자신이 지성을 천대하니까요.

이효석 그래요—.

박치우 지식 계급의 특질은 명석한 지성 '인텔리전스'일 텐데 이것을 포기하고서야 무에 '인텔리겐치아'일 게 있습니까.

이효석 '인텔리전스'는 포기한 '인텔리겐치아'—일종의 아이러니군요.

박치우 지식 계급의 배신이 심한 이때에 지성의 옹호라는 소리를 듣게 된다는 것은 주목할 만한 현상일 게외다. 그런데 막연한 지식 계급의 옹호라는 것보다는 지성의 옹호라는 이름으로 나왔다는 점이 퍽 흥미 있어 보여요. 막연한 지식 계급 옹호로는 생활의 옹호인지 지성의 옹호인지 빵을 달라는 말인지 양심을 지키자는 말인지가 똑똑치 않은 경우가 많으니까요.

이효석 생활의 옹호라는 것이 새삼스럽게 문제될까요. 적어도 지성을 말할 때에는 생활의 제목을 대립시킬 필요가 없겠고 지성의 옹호라는 것은 생활의 옹호를 떠나서 문제 삼아야 할 겝니다. 지성이 문제되는 점은 역시 현대에 처해 있는 지식 계급 일반의 태도와 마음에 있을 듯합니다. 말하자면 지식 계급이 오늘같이 일반적으로 타락(?)된 때도 적으리라고 생각되는데 이런 때 마음 있는 지식 계급으로서는 항상 시대의 지도 의식을 염두에 두고 사회적 감각과 비판 정신을 고집해야 될 것입니다. 그런 점에 있어서 지성의 옹호라는 것이 운위(云謂)되어야겠지요.

박치우 생활의 옹호만이 문제라면 지적 지조(志操)만 팔면 어려울 것 없지 않아요. 요즘 조선서 듣게 되는 지식 계급 옹호론도 이 점을 똑똑히 해 가지고 논을 세울 필요가 있을 줄 압니다.

이효석 역사를 거슬러 올라가는 일을 하는 사람들을 참된 의미의 지식 계급이라고 할 수는 없겠고 그들의 이념을 소위 오늘의 지성이라고는 할 수 없지요. 오늘의 진정한 이념이라는 것도 결국은 한 가지밖에는 없을 줄 압니다. 그 바른 이념을 떠나서 무슨 지성이며 지식 계급이 있습니까. 바른 이념—그것을 생각하고 살리려고 하는 양심과 생활을 떠나서야 진정한 지성이 있을 수 있습니까.

박치우 지드 같은 사람에 대해서는 어떻게 생각합니까?

이효석 정치적 입장을 달리함에 따라 평가가 일정치 않겠지만 어떻든 민첩한 지성을 가진 사람이지요. 주장이야 어쨌든 지적 양심만은 가진 사람이라고 할 수 있겠고 토마스 만 같은 사람도 같이 말할 수 있는데, 어떻든 사상을 살리려는 굳건한 양심과 신념을 가진 현대의 일종의 고민의 대변자라고 할까요.

박치우 문제를 좀 더 국한해서 조선에 사는 우리 지식인으로 현대에 있어 어떠한 정신적 태도가 필요할까요. 명석한 지성을 견지하려면…….

이효석 그야 우리가 지금 지식적 일을 한대야 가령 세기 초의 인텔리겐치아나 한 세기 전의 불란서의 철학자들 같은 시기를 그릴 만한 일이야 하겠습니까만, 다만 아까 말한 그건 진정한 지성을 늘 준비해 가지고 진정한 문화 의식이라는 것을 생각하여야겠지요. 토마스 만은 휴머니즘을 '광신성(狂信性)의 반대물'이라고 규정했지만 지성이야말로 가장 광신성의 반대물이지요. 이런 점을 깊이 반성해 가지고 우리도 이런 의미의 지성을 극력 옹호해 나갈 필요가 있다고 생각합니다. 그러려면 우선 학자나 사상가나 예술가가 어디까지든지 사회 양심을 가지고 바른 모럴을 내걸고 지적 교양에 노력해야 할 줄 압니다.

박치우 동감이외다. 그러기 때문에 지성의 옹호란 결국 합리성의 옹호, 합리적 정신의 옹호라 생각합니다.

이효석 그렇지요. 합리적 정신의 옹호이지요. 현대야말로 합리적 정신이 여지없이 전락되어 가는 시대이지요. 역사의 진행에 대한 견해만 하더라도 역사 진행의 합법성을 주장하는 역사주의가 있다고 하면 거기에 반대하는 반역사주의도 있지 않습니까. 현대주의에 대한 복고주의, 그러나 나갈 길은 언제나 빤하지오. 그러기에 혼돈한 세류에 미혹되지 않을 만한 맑은 정신과 이성만은 지식인으로서 언제나 가지고 있고 싶어요. 지성을 옹호할 필요가 있다는 것도 결국은 이런 점에 귀착되리라고 생각합니다. 물론 이런 태도를 지키자면 무엇보담도 지식인 각자가 반성하고 자각할 수밖에는 없겠지만.

박치우 그래요. 지성의 '로직(logic)'보담은 '에틱(ethic)'이 필요해요. 반성한다는 것도 이런 뜻이지요. 우선 반성하고 다음으로는 우리 학계나 사상계나 예술계에서 떠들고 있는 여러 가지 모양의 비합리주의를 일소하도록 노력할 필요가 있다고 생각해요. 학계만 아니라 문단인도 합리적 정신만은 잃지 말아야 하겠지요. 합리적 정신이라는 것은 물론 형식논리학적 정신이라는 의미는 아닙니다. 작품을 모순율이나 동일률에 맞춰서 만들어 내라는 말은 아닙니다. 그런데 조선제(朝鮮製) 휴머니즘 말입니다. 합리주의적 역사관과는 반대의 길만 걷고 있는 것 같습디다.

이효석 결국 그렇게 되고만 모양인데 그건 확실히 휴머니즘 운동에 종사한 사람들의 실수이겠지요. 사상을 수입하려면 언제나 사상사적 교양이 우선 필요한데 이것이 부족했던 탓이겠지요. 작가나 평가(評家)로서의 교양도 문제이겠지만 특별히 사상사적 교양이 부족한 것이 우리 문단의 통폐 같아요. 가령 구라파 사람들의 지성이라는 것은 오래된 세기의 장구한 과정을 충실히 걸어온 까닭에 지반이 튼튼하고 굳건한 그 위에 오늘이 서게 되니까 지성적 건축이 대단히 튼튼한 것이지만, 우리야 어디 그런 자취를 차례차례로 또렷 또렷이 밟아 왔나요.

박치우 그럼 어떤 방법이 좋을까요. 작가로서 교양을 높이는 방법 말입니다.

이효석 다달의 간행물을 부지런히 읽어 가는 것도 필요한 일이지만 이것만으로서는 아무래도 부족할 것 같아요. 고전을 완미(玩美)한다든지 혹은 사상 철학 서적 같은 것도 읽어 두는 것이 필요하지요.

박치우 고전이 좋지요. 후에 가서 남는 것은 결국 고전에서 얻은 것입디다. 그리고 사상 서적은 많이 읽을 필요가 있지요. 문단의 현상(現狀)—사상 과다증이니 하는 사람들도 있는 모양입디다마는 사실은 도리어 사상 빈혈증이에요. 공식주의적 경향을 보고 그렇게

들 평하는 모양이나 공식주의가 횡행하는 시대일수록 사상이 결핍한 증거입니다. 공식주의가 많다는 것은 사상이 없다는 증거는 될지언정 사상이 풍부하다는 증거는 못 됩니다.

이효석 여러 가지로 조건이 있겠지만, 사실도 생각해야겠지만 확실히 각자의 공부가 부족한 탓도 있어요. 사상적 교양이 부족하니 자연 시야가 좁아지고 예술적 감흥의 깊이를 가지지 못하지요. 하기는 시야가 좁다는 데는 작가의 현재 생활 상태가 많은 관계를 가지는 것이지만…….

그러나 아직 우리 문학은 전통이 없으니까 일조일석에 걸작이 나오리라고 기다릴 수는 없어도 작가가 노력하는 동안에 물론 좋은 작(作)이 나오리라고는 생각합니다.

「일문일답」, 《조선일보》, 1938. 1. 1.

내 지방의 특색을 말하는 좌담회(평양 편)

화제

역사 – 고적 – 풍경 – 인물 – 상공 – 기타 산업 – 교통 – 종교 – 교육 – 취미와 오락 – 의료 – 놀이 – 의복 – 가요 – 전설 – 기타

참석 인사(가나다순)

서경(西京)의원 원장	김연옥,	평양기독청년회 총무	김취성
대동공전 교수	이효석,	숭의탁아소 이사	박현숙
평양부회 의원	송석찬,	본보 평남지사장	우호익
부회의원 · 변호사	한근조,	본사 주필	이훈구

시 일 소화 14년(1939년) 2월 5일 오후 3시

장 소 조선일보 평남지사 회의실

이훈 그럼 지금부터 좌담회를 시작하겠습니다. 먼저 말씀할 것은 오늘 입춘 추위에 날이 차고 공사간 다망하심에 불구하시고 조선일보를 사랑하시고 출판부의 사업을 찬조하셔서 이같이 모두 참석하여 주심에 대하여 마음으로 감사하옵니다. 이 좌담회의 취지는 이번에 《조광》에서 각 중요 도시의 대표 인사를 모시고 「내 지방의 특징과 발전을 말하는 좌담회」라는 것을 열어서 각기 자기 지방

의 특징과 발전을 말씀케 하여 독자 대중에게 알리어 각 방면에 참고되게 하고 연구 자료를 삼으려는 것입니다.

특히 평양은 역사, 고적, 경치, 인물, 상공업, 기타 산업, 문화 도시로서 조선에 있어서 경성과 백중(伯仲)을 다투는 대도시이니 여러분은 거리낌 없이 말씀을 하셔서 좌담회의 의의를 깊게 하여 주시기 바랍니다.

역사적으로 본 평양

이훈 제일 먼저 역사 도시로서의 평양을 누구…… 한(근조) 선생 말씀하여 주시오.

한근 저는 역사를 모르니까 잘 아는 이 누구…….

이훈 사양 말고 하세요.

박현 역사는 전문하신 우 선생이 말씀하시는 게 좋을 듯합니다.

일동 (동의)

박현 그런데 말씀하시기 전에 먼저 제가 한 말씀 올릴 것은, 평양에 여자도 사는 곳이니까 이 좌담회에 여자도 한 사람이라도 참석시켜야 되겠다 하여서 저를 오라 하신 모양인데, 평양에 관한 특질이니 발전이니 이런 이야기는 저는 정말 아는 것도 없고 말씀 올릴 것도 없으니까 차라리 지금에 물러갈까 봅니다.

이훈 딴 말씀……. 아, 평양의 특색도 모르시고 자랑도 못하셔요?

박현 자랑이 무슨……. '국수' 자랑이나 할까요?

이훈 아, 그것 좋지요. 그러시지 말고 그냥 이야기나 합시다.

자, 우 선생…….

우호 평양은 과연 역사적 고향입니다. 그 첫 페이지에 소위 단군이 등장하였다는 것은 여러분이 다 아시는 바와 같습니다. 단군조선은 거금(距今) 4270여 년 전에 평양에 천도하고 자손상계 천유여년(子孫相繼 千有餘年)이라고 하여 왔으나 근자 단군의 실재 여부에 관하여 학자간에 이론(異論)이 있으므로 여기에서는 더 언급하지 않으려고 합니다.

이효 그러나 다른 점은 고사하고 단지 경제사의 입장으로 보아도 원시 부락의 추장으로서 그 존재는 실재적이었다고 볼 수 있지 않습니까?

우호 그렇다고 할 수 있겠지요. 그러나 딱 그 이름을 가진 그 사람이 있었는가 하는 것은 별문제라는 것이겠지요.

김취 단군이라는 단(壇) 자를 '흙토' 변에 쓰는 이도 있고 '나무목' 변에 쓰는 이도 있는데, 어느 것이 옳은지?

우호 나는 '흙토' 변이 옳다고 믿습니다. 그때의 제도는 제정일치이었던 고로 단군이라는 것은 즉 '단(壇)의 주(主)'이었다는 의미이었을 것이라고 보는 것이 타당할 것이고, 또 소위 '배달민족'이라는 것도 흔히 말하듯이 박달나무에서 나와서 그렇다는 것보다도, 고대에는 산을 '달'이라고 하였던 만큼 이것은 백두산에서 뻗친 민족이라는 뜻에서 그런 명칭이 생겼다고 봄이 옳지 않을까 하는데요……. 그리고 그다음이 소위 기자(箕子) 조선인데 이는 거금 삼천 년 전에 단군의 뒤를 이어 기자가 은(殷)으로부터 들어와 평양에 천도하고 자손상계가 구백여 년이었다고 하나, 이 역 천도 여부에 이론(異論)이 있어 딱 이렇다고 말하기가 어렵지요.

이효 그러나 우리가 배운 역사 교과서에는 뚜렷이 그같이 써 있지 않았습니까?

우호 글쎄, 그것이 근자에 와서 이학설(異學說)이 생겼단 말이에요.

이효 교과서도 믿을 수 없지요?

김연 그럼, 지금도 기자림(箕子林)에 있는 그 기자묘는 어떻게 된 것입니까?

이훈 그건 고려 때 만든 것이라고 하지요.

우호 그리고 소위 기자 조선에 뒤이은 것이 위만 조선인데, 위만은 연나라 사람으로서 지금으로부터 이천백삼십여 년 전에 망명당(亡命黨) 천여 명을 규합하여 가지고 조선으로 들어와서 기자 조선의 41대손 기준(箕準)을 유축(誘逐)하고 평양에 천도하였다가, 제3대 우거(右渠) 때에 한무제에게 정벌을 당하여 망하고 한의 군현(郡縣)—지금으로 말하면 식민지로 된 것이지요.

이훈 우 선생, 참 꽤 정통하셨는데요.

한근 그런 전문 선생을 두고, 그걸 나보고 이야기하라고…….

우호 이야기를 마저 합시다. 그래 한무제는 그같이 조선을 정벌한 후에 낙랑, 임둔, 현도, 진번의 사군을 두었는데, 아시는 바와 같이 그 낙랑이 이 평양 부근 일대이었고 그 중심이 강 건너 지금 고분이 많이 나오는 거기였단 말이지요.

이 낙랑을 통하여 한문화는 수입되고 보급되었을 뿐 아니라 또 그 지배를 받으면서 독자적으로도 자신의 문화를 발전시키었던 것입니다. 그 일단이 지금 세상을 놀라게 하는 낙랑 고분의 발굴물들이지요. 지금 평양 부근에는 실로 일천사백여 기의 고분이 산재하여 있는데, 오늘까지 발굴된 것은 그 일부에 불과하지요. 그래도 거기에 출현된 거울, 놋그릇, 도기, 각종 무기, 마구, 금속류, 금의(錦衣), 각종 장식품 등은 모두 박물관에서 보시는 바와 같이 실로 이것이 이천 년 전의 것인가 하고 의심하리만큼 훌륭한 것으로 당시에 문화가 얼마나 발전하여 있었던가를 상상케 합니다.

그중에도 당시의 칠기 같은 것은 주한(周漢) 시대의 문헌에만 나타나고 실물은 세계에 없었는데 대정 5년의 발굴로 비로소 그것이 세상에 드러났는데, 품질은 말할 것 없고 거기에 그린 그림의 색채의 찬란함과 필치의 정교함은 실로 놀라운 것으로 그때 사계(斯界)의 권위자 동경미술학교 교수 육각시수(六角柴水) 씨가 그것을 모사하려다 못해 붓을 내던지고 장탄식을 하였다고 합니다. 그리고 나온 악기로 보아 음악의 발달도 알 수 있고 특히 여자의 기라(綺羅)한 옷과 분, 연지 등 가지각색의 화장 도구가 나와 당시의 호화상을 눈에 어리게 하지요.

박현 참 그 당시 그런 점도 무척 진보되었던 모양이에요.

우호 이런 점에서 평양은 조선 문화의 발상지라고 할 수 있습니다. 그러나 이러한 찬란한 문화를 자랑하던 낙랑도 하염없이 사라질 때가 이외(以外)로 빨리 왔습니다. 한무제 정벌 후 사백이십여 년에 낙랑은 고구려 미천왕에게 탄합(呑合)되고 말았습니다.

그 후로 평양은 고구려의 남하 정책상 중요한 지역이 되었지요. 그리하여 지금으로부터 일천오백여 년 전 장수왕 때에는 고구려의 압록강 이북에 있던 수도를 평양으로 옮기어, 대성산 밑에 대동강을 앞두고 도읍을 하고 반도 경략(經略)에 전력케 되었지요.

김취 지난 가을 고적보존회에서 주암산 앞에서 발굴하며 떠들던 거기로구만.

우호 그렇지요……. 그로부터 백수십 년간은 짧으나마 고구려의 황금 시대이었습니다. 고구려는 천도 후 이백사십 년에 나당 연합군에게 멸망한바 되어 우리 평양은 당의 안동 도호부가 되었다가 얼마 되지 않아 신라의 통일로 말미암아 대동강 이남은 신라, 이북은 발해로 갈리어서 조선의 남북조 시대가 되었습니다.

이훈 그 후가 고려지요.

우호 그렇지요……. 고려 시대에 와서는 처음 평양을 서경이라 하여 대도호부(大都護府)를 두었다가 십칠대 인종 때, 즉 거금 팔백여 년 전에 승 묘청, 일자, 백수한 등이 음양지리설이라 하여 '평양은 대화지세(大華之勢)니 여기에 천도하면 당시 국적이던 금국(金國)이 항복하고 천하 삼십육국이 내조(來朝)한다.'…….

이훈 그때는 세계가 삼십육개국인 줄 알았던 모양이로군. (웃음소리)

우호 이런 주장을 하고, 또 대동강에 '기름떡'의 조화를 피우는 등 연극을 하여 가며 평양 천도를 역설하여, 인종으로 하여금 평양 부근—지금의 대동군 부산면 남궁리에 천도케 하려다가 김부식 등의 반대로 실패하게 되자, 스스로 대위(大爲)라는 나라를 건설하고 건원(建元)을 천개(天開)라 하고 천견충의군(天遣忠義軍)이라는 것을 일으키어 반기를 들었다가 김부식 원수(元帥)에게 진압되고 말았지요.

박현 김부식은 어디 사람이었는지요.

우호 아마, 평양 부근 출생이었던 모양이야요. 그는 문무가 다용하였다고 합니다. 그는 저 『삼국사』를 스스로 편찬하였는데, 그전 지나(支那)의 사적(史籍)을 살짝 그대로 개편하고는 원서는 모두 불살라 버렸다고 합니다. 그리고 자기 사상에 의하여 고려 이전 것은 이를 묵살하고 그의 역사는 삼국 시대로부터 시작됩니다.

김연 그의 사상이란?

우호 사대사상이지요.

김연 사대사상이란 무엇입니까?

우호 결국 큰 것을 섬긴다는 것이지요. 그렇게밖에 설명할 도리가 없지요.

김취 묘청은 단순한 반역자로 보나?

우호 묘청은 요승(妖僧)이라고도 하고 반대로 성자라고도 합니다. 좌우간 묘청과 김부식의 싸움은 정치적으로 보면 국수주의와 사대주의의 싸움으로 볼 수 있다고도 하지요. 그래서 결국 김부식이가 이겼다는 것은 사대주의가 이긴 것이라 하여, 이 싸움으로써 조선 역사에의 한 전환점—다시 말하면 조선사상(史上)의 중대한 획점(劃点)을 보는 이도 있지요.

박현 여러 가지 점으로 보아 김부식은 야심가라고 할 수 있지요?

우호 그렇게 말하는 이가 많지요.

박현 그래서 김 씨에는 야심가가 많은가 봐요.

한근 그럼 댁의 김 선생(김성업 씨)은 어떠신가요?

김취 김 선생도 야심가인가요? (웃음소리)

박현 아이, 집의 김 선생은 김부식과 거리가 멀어 괜찮아요. (웃음소리)

우호 고려 이후 이조에 들어가서는 평양은 임진란, 병인 양란(洋亂), 일청, 일로 전쟁 등 개화의 여명을 고하는 여러 차례의 전화(戰火)를 겪어 오늘에 이른 것은 우리들이 더 잘 아는 바이지요. 실로 평양의 역사는 그 자신 조선의 역사요 조선의 첫째 가는 역사의 도시라고 할 수 있겠습니다.

고적으로 본 평양

이훈 잘 알았습니다……. 그렇게 역사 도시의 이름에 부끄럽지 않은 평양인 만큼 또 고적이 상당히 볼만한 것이 많지요?

우호 보시는 바와 같이 상당히 널려 있지요.

이훈 아까 평양 부근에 고적이 일천사백여 기나 된다고 하셨지요? 낙랑 고분 외에도 딴 시대의 것도 적지 않지요.

우호 그렇습니다. 기중(其中)에도 강서에 있는 고구려 고분 같은 것은 세계적으로 유명한 것이 아닙니까?

이훈 고분이 아니래도 이 부근에는 상당히 고적이 많을걸요?

우호 이미 세상에 알리어진 것은 말할 것도 없고 아직 그리 유명하지 않은 것, 예를 들면 용성역 가까이 있는 김부식 싸움에 묘청이가 쌓았던 성 같은 흥미 있는 것이 많이 산재해 있지요.

이훈 고구려 때 팠던 운하 자리가 아직 성 안에 남아 있다는

데…….

우호 글쎄 그것은 자세히 모르겠습니다마는 성 자리는 여기저기 뚜렷한 것이 남아 있지요.

이훈 경치 좋은 을밀대는 언제 지은 것인지?

한근 이거 《평양지》라도 가지고 올걸 그랬네.

이훈 연광정, 대동문—다 너무나 유명한 것이고…… 그 모란봉 위에 있는 집은 무어라고 하던가요?

김연 최승대(最勝臺) 말씀이지요. 지금 있는 것은 본시 있던 것이 일청 전쟁에 소실하였던 것을 수년 전에 부흥한 것이랍니다……. 그리고 그 밑에 있는 부벽루는 고구려 때, 지금으로부터 천여 년 전에 지은 평양 최고(最古)의 건물이라고 하지요.

이훈 영명사(永明寺)도 그때의 것이 아닙니까?

김연 그렇습니다. 고구려 광개왕 2년에 창건하였다지요. 그러나 지금 남아 있는 것은 병화에 타고 남은 일부에 지나지 않는대요.

이훈 조선의 불교는 먼저 평양으로 통하여 들어온 만큼 조선 불교사와 평양 역사의 관련은 깊지 않을 수 없지요.

박현 불교도 평양인가요? 기독교도 그렇고…… 참 평양은 자랑할 만하군.

이훈 많이 자랑하시지요.

이효 이조 때 것은 무어 없나요?

이훈 숭인전 같은 것이 있을 뿐이지요.

우호 명륜학원 가까이 있는 것 말이지요?

경치에 대하여

이훈 경치로서의 평양은 여러분이 너무나 자랑할 것이 많을 것입니다마는 추려 말하면 어떤 것을 들 수 있을까요?

김취 그것은 「평양팔경」에 제일 잘 표현되어 있지요.

이훈 그런 것이 있나요. 처음 듣는데…… 어떤 것인가요?

김취 무어드라…….

을밀상춘 부벽완월(乙密賞春 浮碧翫月)
영명심승 보통송객(永明尋僧 普通送客)
차문범주 마탄춘창(車門汎舟 馬灘春漲)
마탄춘창 애연청우(馬灘春漲 愛蓮聽雨)

이런 것인데, 지금은 새 명칭이 붙은 것도 있지요.

우호 '청우(聽雨)'의 애연당(愛蓮堂)은 지금은 빙고(氷庫)가 되었지요.

이효 다른 것보다도 경치, 이것만은 참 확실히 전선적(全鮮的)으로 비교해서, 뛰어나게 훌륭해요.

이훈 아, 대동강에 배나 띄우고 강상강하를 한번 조망하면야…….

김취 천하제일에 틀림없지요. 그런데 부벽루에 '제일강산'이라는 현판이 있는데, 이것은 본시 '천하제일강산'이라고 쓰려던 것이라고 합니다. 그러나 당시는 그야말로 사대주의로 지나에 대하여 여러 가지로 조심을 하여야 되던 때인데 지나가 자기네 고장의 강산이 제일이라고 자처를 하는데 섣불리 천하제일이라고 썼다가는 어떤 화가 미칠는지 모른다 하여 이렇게 사양을 한 것이라고요.

이효 그러니까 좌우간 조선 제일은 물론이겠군요.

김연 연광정에도 '제일강산'이라는 현판이 있는데, 그런데 그것을 잘 보면 '강'자만은 딴사람의 글씨인 것을 알 수 있습니다. 이것은 처음에 지나 어디인가 강이 없이 경치가 썩 좋은 곳에 '제일산'이라는 현판이 있는 것을 고대로 입혀 왔었다고 합니다. 그것을 후에 어느 시대엔가 관찰사가 와서 보고 강이 이렇게 좋은데 왜 '강'자가 없느냐 해서 '강'자를 써 넣은 것이라고 합니다. 우리 눈으로 보아도 다른 글씨인 것을 분명히 알 수 있습니다.

우호 김 선생님은 화가이시니까 그 점에 밝으시지.

김연 강이 경치가 좋을 뿐 아니라 시가지에 가까워서 이용하기 좋은 것이 또한 특징이지요……. 그리고 화가가 평양을 보면 단지 아름답다는 것보다도 전체가 여간 미술적이 아니랍니다. '한 폭의 그림'이라는 말을 흔히 쓰지만 평양이야말로 그 원근경(遠近景)이 화면에 꼭 알맞아 그 자신이 그림이라고 합니다. 기자림 같은 것도 전경은 말할 것도 없고 그 솔나무의 하나하나를 따로 보아도 그대로 그림이 된다고 합니다.

이훈 언젠가, 내가 아직 여기 있을 때 독일의 '잡' 박사라는 여행가가 와서 안내하여 모란봉을 같이 올라갔던 일이 있는데, 박사는 세계 유람을 떠나 각국 안 가 본 곳이 없는데, "실로 이런 절경은 처음 본다."고 재탄삼탄(再嘆三嘆) 하두만요.

송석 다른 데 가선 또 그곳 사람 보고 그렇게 말하지 않을까……. (웃음소리)

인물로 본 평양

이훈 설마…… 인물로서의 평양은 어떻다고 할까요?

한근 인물평이야, 후일이 시끄러워 선불리 이야기할 수 있겠소?

이훈 아니 개개의 인물보다도 전체로…… 예를 들면 평양인의 기질 성격이라든가 특질이라든가 또는 미추(美醜)라든가…….

김연 평양 사람을 가리켜 '맹호출림(猛虎出林)'이라고들 하지요.

이훈 아마, 그것이 상당히 적절한 말일걸요……. 그리고 평양에는 미인이 많다는데…….

김취 그렇게 말하지요. 나쁜 의미에서는 색향이라는 칭호도 있느니만큼 확실히 미인은 많은가 봐요.

김연 계통이 미인계(美人系)인 것은 사실인 듯해요.

상공 도시로의 평양

이훈 상공 도시로서의 평양에 대하여는 하실 말씀들이 많으실 것입니다.

김취 송(석찬) 선생 말씀하시지요.

송석 제가 특히 하여야 될 거야 있습니까. 좌우간 평양의 상공업이 타향 도시에 비하여 훨씬 융성한 것만은 사실이지요. 예(例)의 고무와 양말—요즈음은 문제가 많은 모양입디다마는 오죽 발전하였나요! 삼공(三共)양말이나 평안고무 같은 것은 외지에서는 모두 내지인(內地人)의 경영인 줄만 알고 있다가, 와 보고서는 놀라는 모양이에요. 평양 사람은 사업욕이 많아 개인 개인이 힘이 모자라 안 되면 힘을 합하여 조합을 만들어서라도 하고야 맙니다. 조합수는 아마 전선(全鮮)서 평양이 제일 많을걸요. 지금은 주식회사로 되는 것도 많은가 봅디다마는……, 기중에도 현저하게 발전한 것은 이제 말한 바와 같은 고무, 양말과 그리고 정미(精米) 이 세 가지는 조선 사람이 특히 경영이 능숙한가 봐. 하기는 전체로 평남 사람은 경영과 기술에는 특별한 재능을 타고난 모양이야. 그 군수 공업조차 평양에서는 대체로 조선인이 많이 맡아 하니까……, 그리고 요즈음 종방(鍾紡)이니 뭐니 큰 회사가 많이 들어오는데…….

이훈 특히 공업이 발전하는 좋은 조건은 무엇입니까?

송석 대동강의 수질, 그리고 교통의 편익—대동강의 운수(運輸)적 가치도 크지요.

이훈 공장이 발달하는 데는 석탄이 필요한데 그것이 또 오죽 풍부합니까? 그리고 노력(勞力)도 발전의 필수 조건인데 그것은 어떻습니까?

송석 노력을 구하는데도 딴 데보다 쉽지요. 직공도 숙련공이 아니라도 조금만 가르쳐 주면 아주 쉬 능해진대요. 종방공장이 요얼마 전부터 조업을 개시하였는데 신모집공(新募集工)을 며칠 써 보고 공장장이 아주 탄복을 하여 '평남 직공은 천재라.'는 의미의 말을 했다두만요.

이훈　양도 실하지만 기술도 용타는 말이지요.

김취　천연적으로도 참 많은 혜택을 입은 곳이지요. 석탄뿐입니까. 부근의 풍부한 시멘트 원료. 그리고 교통의 편은 말할 것도 없구요. 꼭 대판(大阪)에 비견할 공업지이지요.

이훈　참 전도가 양양한 곳이군요. 경의선의 중심지이고 만포진선(滿浦鎭線)이 완통되었으니 만주의 중부를 꿰뚫게 되었고 평원선도 불원 개통할 것이요, 강동에서 덕천 방면으로 달리는 서선(西鮮) 중앙철도도 착착 진척 중이니 교통은 글자 그대로 사통팔달이라 하겠소. 거기에다 수운(水運)조차 편하니…… 이것이 공업의 각 유리한 요소와 어울린 상공 평양의 전도는 무진장으로 양양한 것이라 하지 않을 수 있겠습니까?

박현　참, 그러고 보면 얼마나 중요한 곳인지 모르겠군요.

이훈　다시 말해서요. 만포진선은 만주의 물산을 나를 것이고 평원선은 원산 방면의 해산물을 나를 것이고, 더구나 요즈음 많이 문제되는 황해 호수화(湖水化)…… 범위를 동양적으로 넓게 보아서 황해를 한 호수로 삼자는 것인데, 앞으로 진남포와 천진(天津), 청도(青島), 또는 상해 간의 선운(船運)이 편하여지면 평양은 동양의 중심점이 된다고도 할 수 있겠지요.

일동　참 그렇겠는데…….

송　그리고 전력이 경성과 맞먹어 이제는 아마 전 조선서 가장 싸지요.

산업 방면

이훈 실로, 산업 평남은 원대한 계획이 있어야겠습니다. 그리고 기외(其外)의 산업의 무슨 특징이 있나요?

일동 글쎄요…….

이훈 목공물이 비교적 발달된 것 같더구만요. 그리고 이렇게 말하면 평양 여러분은 어떻게 생각하실는지 모르겠습니다마는, 내가 처음 평양 와서 유쾌하게 느낀 것이 있는데 거리로 다니려면 매(每) 집에서 '똑똑똑똑' 하는 소리 아니면 '싹싹싹' 하는 소리가 들리어 신경을 간지럽게 합디다. 이것이 즉 모두 집집마다 무엇이든 가내공업을 경영하는 그 소리인 모양인데, 여기에서 결국 평양 공업은 태동된 것으로, 이러한 것이 커지면 '삼공(三共)'도 되고, '평안(平安)' 같은 큰 공장도 되는 것이겠지요.

김취 좌우간 평양 사람은 밥 안 굶겠어요. 아까 송 선생도 말씀하셨지만, 혼자 못하면 합해서 조합을 해서라도 무엇이든 일은 맨들어 놓으니까요. 그런데 근자 '이연(理研)' 자벌(資閥)에서 평양에 무던히 적극 진출을 하려는가 봐요.

이효 평양의 토착 자력(資力)은 어떠합니까?

이훈 별로 뛰어나게 큰 부자가 없고 비교적 평균하지요?

송석 그래요. 큰 부자는 없어요.

이훈 이삼백만 원 부자는 있겠지요?

송석 없습니다.

이훈 백만 원대는?

송석 한두 사람.

이훈 오십만 원은?

송석 몇 사람 되지요.

이훈 십만 원대는?

송석 십만 원대는 상당히 있지요.

이훈 평양 사람은 금융 기관에의 진출이 비교적 적은 듯해요.

김취 과거에 실패를 했으니까요.

송석 좌우간 평양 사람은 돈으로 무엇을 한다는 것보다도 사업욕이 왕성한 것—있고 없고 간에 사업에 궐기한다는 것이 주목될 점이지요.

이훈 실로 이러한 평양을 양 어깨에 지니고 나아가실 여러분의 책임은 중대한 것이라고 하지 않을 수 없습니다.

교통에 대하여

이훈 다음은 교통 도시로서의 평양인데 이것은 이미 다 이야기가 된 셈이니까 다음으로 넘어갈까요?

송양 교통에서 한 가지 특히 말해야 할 것은 이번 서포(西浦)에서는 동양일(東洋一)이라는 조차장(操車場)에 대해서인데 나보다 한 선생이 더 자세하지요.

한근 자세하다느니보다 좌우간 굉장할 모양이두만요……. 조차장으로는 지금 대판에 있는 것이 가장 큰 것이라고 하는데 이번 서포에 서는 조차장은 그것보다도 훨씬 대규모의 것인 모양입디다.

이훈 조차장이란 어떤 것인가요?

한근 아까 말씀하신 바와 같이 경의선의 복선을 비롯하여 평원, 만포, 기타 각 선의 개통에 대응하는 시설로 그것들이 완통되는 때 평양을 거치는 물자의 움직임은 실로 팽대(膨大)한 바가 있을 터인데, 이것을 필요 없는 것까지 모조리 평양에 부려서 평양의 손을 거치는 번쇄(繁鎖)를 피하고 이 조차장에서 직접 차로써 적당히 '야리쿠리(변통)'를 하고, 또 차량의 배치 수선 등을 하는 것이라는데, 이 조차장의 제1차 공사비만 삼백만 원, 거기 달려서 지을 철도 관사만 육백오십 호라고 하니 기타의 주거가 얼마나 많아질는지는 상상키 어렵지 않은 거로, 상당히 큰 도시가 하나 생길 모양입니다. 실로 평양은 전 조선뿐 아니라, 전 일본 아니 동양의 교통의 중심이 되지 않을까 합니다. 군수적으로도 그렇거니와 운수적 의미에 있어서도…….

우호 교통 이야기에 한 가지 또 말할 것은 요즈음 평남의 트럭과 택시가 전 조선에 톱으로 합동 통제되었는데 그 이상(理想)은 좋지만, 실제에 있어서는 아직은 여러 가지 폐단이 적지 않아 물의가 분분한가 봐요.

일동 참 그래요. (시내 택시에 대한 불평으로 회석 소연(騷然)하다.)

우호 한때 비승동맹(非乘同盟)까지가 생길 기운조차 있었는데 요즈음은 조금 나아가는 경향이 보여 시민은 감시를 하고 있는 셈이지요.

종교계에 대하여

이훈 그럼 이제는 교육과 종교에 대해 이야기해 볼까요.

김취 평양이야 기독교의 중심지이지요. 당국에서도 평양을 조선의 예루살렘이라고 하니까요. 조선에 기독교가 들어온 지 오십유여(五十有餘) 년에 실로 평양에 있어서의 그것의 발전은 놀라운 것이 있었습니다. 마치 내지에 있어서 기독교의 중심지가 동경이 아니고 고베(神戶)인 것같이 조선의 기독교 중심지는 경성이 아니고 평양이라고 할 수 있을걸요. 그러니 때가 때인 만큼 이 교에 대한 대책이 필요하게 된 때 당국에서도 평양을 중심으로 문제를 해결하여 가지 않습니까.

이훈 교회는 몇 곳이나 됩니까?

김취 약 50곳 되지요.

이훈 교인 수는?

김취 이만 명 넘을걸요.

이훈 전 부민(全府民)의 일할이군요. 사찰은 별로 없지요?

김취 몇 곳 있지요.

이훈 유림(儒林)은 어떤지?

김취 볼 것 없지요. 좌우간 평양은 기독교의 독무대지요. 시민의 중견층도 기독교인으로서 중심이 되어 있다고 하여도 과언이 아닐 것입니다. 뭘로 보든지 평양은 종교 도시요 기독교 도시지요. 그래서 기독교의 큰 문제는 대부분 여기에서 일어났고 당국도 그같이 중요시하지요.

교육계 일별(一瞥)

김취 그리고 교육 문제도 이것과 연결되어 있지요. 선교사가 들어와서 숭상(崇商)의 전신 숭덕(崇德)을 세운 것이 갑오년이니, 지금부터 사십육 년 전입니다. 평양의 교육은 기독교의 혜택에 의하여 자라났다고 할 수 있지 않을까요? 감리교에서도 광성(光成) 등을 세운 것을 비롯하여…….

이훈 평양의 전문학교는?

우호 대동공전(大同工專)과 평양의전 두 곳…….

이훈 중등은?

김취 제일, 이, 삼중(中), 광성, 숭상(崇尙), 평농(平農), 여학교로서 서문고녀, 평고녀, 정의 ― 숭의는 서문에 합했고…….

이훈 소학은 셀 수 없지요?

박현 기중에도, 정진(正進)이 사십팔 년의 역사를 가지고 있는 것은 특기할 만한 것이지요.

이훈 유치원도 상당히 많지요.

이효 그런데 초등학교의 소화력은 서울보다도 훨씬 나은가 봐요. 지원 학동은 전부 수용할 수 있지 않나요?

일동 (동의를 표한다.)

한근 아닙니다. 나는 거기에 이론이 있습니다. 그런 소리 함부로 하면 당국에서 학교 세워 주지 않으니, 속기자 요령있게 쓰시오. (웃음소리)

우호 어데 변론식이나. 부(府) 회의 때 식으로 논해 보시오. (웃음)

한근 취학률과 입학률을 혼동하여서는 안 됩니다. 재작년까지는 평양의 취학률은 전 조선에서 끝으로 셋째의 한심한 것이었습니다. 그것이 향학열의 융세(隆勢)와 교육 기관의 확충으로 이제는 전 조선에서는 자랑할 만하게는 되었지만 아직도 멀었지요. 자, 평양의 전 인구가 이십이만인데, 학령 아동은 그 1할 4푼으로 보는 법이니까, 전체로 삼만여 명의 학령 아동이 있는 셈이 아닙니까. 그러나 소학의 수용력은 일만천 명밖에 못 됩니다.

이훈 그러면 이만 명이나 부족 되지 않습니까?

한근 사립이 있지요. 그러나 사립까지 합산한대야 수용력은 일만오천 즉 전체의 5할밖에 안 되지요. 그렇지만 5할의 취학률을 가진 곳도 전 조선에는 평양밖에 없습니다. 이것이 재작년 말에는 3할 5푼밖에 못 되었으니까 무던이 향상이야 한 셈이지요.

우호 그러나 이부제(二部制)의 아동도 상당히 많지요?

김취 서울은 이부제는 없습니까?

이훈 왜요 있습니다.

한근 그러니까 말입니다. 아직 멀지 않았어요? 입학률이 9할 5푼이니 10할이니 하는 것도 결국은 학교 지원자가 적어서 그렇지, 아동을 전부 보낸다면 어림 있습니까? 여기에 흥미있는 예가 있습니다. 진남포는 재작년에는 입학률이 아주 높아서 8할을 내었고, 당시의 평양보다도 우월하였습니다. 그 후 학급도 증가되었음에 불구하고 이제는 입학률은 오히려 훨씬 저하되었습니다. 왜인 줄 아십니까. 작년 진남포의 근로 대중의 경기와 살림이 훨씬 나아져서, 여태까지는 자제의 교육은 생각도 못하던 노동자까지가 아이를 학교에 보내게 된 까닭입니다. 보시오. 학교가 부족하지, 아동이 부족하다니, 될 말입니까!

우호 아무래도 법 이론이 낫군. (웃음소리) 그럴 법하오.

한근 시내만 보지 말고 서성리나 인흥리 같은 교외 변경에 가 보시오. 학교 다닐 나쎄에 때 옷 걸치고 방황하는 아이들이 얼마나 많은가.

우호 또 사실 가난한 집에서는 별로 아이를 많이 낳으니까……. (웃음)

문화 도시로의 면모

이훈 문화 도시로서의 평양에도 자랑할 것이 많습니까? 극장, 도서관의 현황 같은 것은 어떤지요?

한근 최근의 독서열의 고조는 굉장합니다. 더욱이나 제이중학의 도서관에서의 독서열 같은 것은…….

송석 그러나 좌우간 문화 시설에 있어서는 평양은 말이 아니야. 유감이 많아…….

우호 요즈음에 어린 소학생들까지 일쑤 도서관 출입을 합니다. 집에 애도 늘 가는데요.

송석 부립 도서관 같은 것은 매일 만원이지요. 아동실까지……. 그런데 여자실만은 일건 따로 만들어 놓았으나 당최 오지를 않는대요.

박현 부끄럽습니다.

취미와 오락

이훈 취미와 오락으로는 어떤 것이 있습니까?

송석 오락 기관……. 보잘것없지요. 저급한 것뿐이지.

한근 송 군, 극장 이야기나 좀 해 보시오.

이효 상설관은 근년 상당히 늘지 않았습니까?

송석 신시가에 하나 늘었지요. 구시가에 꼭 하나, 충실한 것이 필요한데. 허가를 안 해 주니까…….

이훈 연극 전문하는 곳은 없나요?

김취 금천대좌(金千代座)가 있지만, 반중간(半中間)이지요……. 참 공적 오락 기관이 너무 없어요. 술 먹고 뛰노는 저열한 것뿐이지…….

이효 찻집이 격증한 것이 주목돼요. 일 년 전만 하여도 한두 집 찻집의 규모도 갖추지 못한 것이 있었을 뿐인데 요즈음은 일곱 집인가 되지 않습니까?

이훈 그것들이 수지가 맞나?

이효 잘되는 모양인데요.

송석 빌리어드도 꽤 늘었지요.

김연 골프들도 하지 않습니까?

송석 어딜요, 몇 사람 특수층의 것이지요.

김연 그 밖에 승마구락부가 있습니다. 저는 대정 13년 이것이 조직될 때부터 타는데 회원은 늘지 않아요.

이훈 좀 더 일반에게 대중화해 보시지요.

김연 별로 타지들을 않는데요.

박현 참말이지, 무엇보다도 여자 상대의 특수한 오락 기관이 너무 없어서 야단이야요. 우리들 여자는 위안을 어디서 얻어야 합니까. 집 밖에 나올 가정 형편도 못 되면서 그런다면 그만이지만, 여자들도 집에서 쉴 사이 없이 일을 하다가는 때로는 나와서 좀 쉬이기도 하고 위안도 얻어야 일의 능률도 오르고 사는 듯하게 산다고 할 수 있지 않아요?

이효 왜 다방이나 극장에 안 오서요?

박현 저급해요. 저급한 층에 속하는 여성들만이 꾀이지 않아요? 아직은 점잖은 이들은 못 갈 데야요. 또 혼자서는 갈 용기도 안 나고요. 정말 한 달에 다만 한 번씩이라도 뜻 맞는 여자들끼리 모여서 한가지로 위안을 얻고 즐거이 쉬고, 또는 서로 상식을 넓히는 그런 기관이나 조직이 있었으면 참 좋겠어요.

일동 (이구동성으로 찬의를 표한다.)

이훈 그럼 박 선생이 선두에 서서 솔선해 보시지요.

박현 몇이서는 사실 그런 이야기도 하고 있습니다마는…….

김연 박 선생은 참 내 간지러운 곳을 긁어 주는 듯한 시원한 점을 말씀하셨습니다. 나두 벌써 전부터 그것을 느끼고 있습니다. 조선 여자는 매일 똥을 누지 못합니다. (큰 웃음) 운동 부족으로 변비가 되는 것이지요. 그것이 큰 탈입니다. 운동 단체를 만들어 운동을 해야 합니다. 별로 어려울 것 있습니까? 산보라도 좋지 않습니까?

박현 찬성입니다.

김연 사쿠라 때 같은 때 꽃구경을 가서 여자들의 얼굴을 보면 모조리 안색이 말이 아닙니다. 태양빛을 모르는 노란 얼굴에서는 노란 아이가 나올 수밖에 없습니다.

보건 좀 더 해를 쬐어야지요. 산보 원족도 좋고, 테니스 단(團)도 좋고…… 박 선생 말씀과 같이 그런 기관이라도 만들어서 한 달에 몇 번씩 교외로도 줄지어 나가고 때로는 구경도 같이 가고…… 오죽 좋습니까? 제가 여자라면 한번 꼭 만들어 보겠습니다마는 남자는 무용(無用)이라나요. (웃음소리)

의료계

이훈 의학적 입장에서 보신 말씀인 만큼, 참 적절한 것입니다. 그럼 말씀하시던 김에 의료 상황을…….

김연 예, 예, 그것을 이야기하려고, 이렇게 (수첩을 꺼내며) 다 준비까지 하여 가지고 왔습니다. 이렇게 다과를 얻어먹으니, 찻값이라도 해 올리고 가야지요.

한근 그럼, 내가 먹은 찻값까지 해 주시오. (웃음)

김연 한 선생은 아까 법 이론으로 다 갚지 않았습니까? 현재 평양부 내의 의사수를 보면 도립의원, 기독병원, 부립보생의원 등에 68명이 있고 개인병원으로서는 조선인 의사로서 조직된 기성의사회에 62명, 신시구(新市區)의 평양의사회에 20명, 합하여 150명이 있고, 외에 치과의사가 21명, 의생(醫生)이 33명이 있고, 또 산파가 121명 있는데 산파는 도내에 전체로 132명이 있는데, 평양에 이같이 모여 있으니까 평양서는 애기 낳는 데는 전화만 한번 짜르릉 걸으시면 제까닥 달려가기에 충분합니다. (웃음소리) 이제 이 숫자를 인구 비례로 보면 이것은 몇 해 전 통계니까 당시 평양 인구를 16만이라고 하고 평균하면 (치과의사 의생까지 합하여) 의원(醫員) 한 사람이 부민 783명씩을 맡게 됩니다. 그런데 전 조선 비례는 어떠냐 하면 의업자 한 사람이 평균 8,012명씩이나 맡게 되어 있습니다. 그러니까 의료 기관은 평양은 타처에 비하여 충분한 셈으로 환자는 가히 써 안심할 일입니다.

이훈 그참, 평양 와서 살아야겠군. 그런데 그 어떻게 그렇게 되어 있을까요?

김연 무엇보다도 평양 사람은, 양약을 잘 써서 — 한방의가 퍽 적은 까닭도 들 수 있겠지요.

한근 의사야 아무래도 도회지로 집중되는 것이니까, 자연히 그럴 수밖에 없지만, 충분하다고야 하겠어요?

김연 그렇지요. 그러기 본(本) 도내만 보아도 도내의 의사의 반수 이상이 평양에 집중되어 있습니다.

특징 있는 음식물

이훈 차차, 시장하여 오니 음식과 요리 이야기나 해 볼까요. 박 선생 평양 음식의 특색을 어떻게 보십니까?

박현 내가 보는 바로서는 암만 해도 서울보다 떨어지는 것 같아요. 상에 차려 놓은 호불호(好不好)로 보나 맛으로 보나 훨씬 못한 듯해요. 외지 손님이라도 오면 이것이로다 하고 내놀 것이 있어야지요.

김연 동치미는 어떻습니까?

박현 자랑한다면 참 동치미나 내놓을지요.

이존 동치미란 무만으로 담근 진장(陳藏)을 말하는 것이지요?

김취 그렇지요. 그 국물을 말하는 것인데 몸에도 참 좋답니다.

박현 그렇대요. 그런데 그것이 남조선이나 딴 지방에선 기후 관계로 되지를 않는가 봐요.

김취 안 되지요……. 그래서 평양냉면도 좋지 않습니까?

일동 (동의)

이훈 노티라는 것도 평양에만 있는 명물이 아닙니까?

박현 왜, 황해도에도 있지요. 그런데 평양 사람들은 무엇보다도 육식을 퍽 많이 하지요. 저 유명한 야키니쿠니 스키야키뿐 아니라 일반적으로 전 조선 비례로 보아 평양 사람이 고기를 퍽 많이 먹는다는 것을 숫자로서 어느 책에서 읽은 일이 있어요.

김취 평양 고기가 원체 좋으니까…….

김연 상당히 유명하지요.

김취 어북장국도 평양 음식의 대표지요.

한근 그런데 내 늘 느끼는 바인데 집과 음식의 관계란 참 기묘한 것 같습니다. 경성 집을 보면 아주 견고한 것이 장래성이 있어 그 음식도 전부 완실(完實)하여 못 먹을 것이 없고, 평양 집은 한 절반 쓸 품이 없어 보이는데 그 음식도 한 절반은 못 먹고 버릴 것이고, 진남포의 집은 대체로 허물어질 듯한데 음식도 한가지 보잘것 없지요.

이효 참 평양 요리는 요릿집 같은 데서 보아도 이것저것 잡연히 늘어 놓기만 하였지 아무 전통이 없는 것 같아 보여요.

한근 그렇습니다. 아무러한 고유의 특질을 갖지 못했습니다.

이효 역사 깊은 곳에 어째 음식은 역사와는 반대로 그런지…….

박현 고칠 바가 많지요.

놀이의 특색

이훈 평양에 '놀이' 즉 노름으로서는 어떤 것이 있습니까?

박현 가장 유명한 것이 단오놀이지요. 오월 단오에 부인네가 드러나서 동산에 오르는 것 말입니다. 오일에는 동산에 오르고 육일과 칠일에는 기자림에 올라 새봄을 즐기었지요.

우호 지금들도 상당히 오르지요.

한근 석전(石戰)은 이제는 그만두었고…….

이훈 대동강 뱃놀이가 또 좋지 않습니까. 이것은 참 평양 사람만이 즐길 수 있는 천하에 자랑할 만한 것인 것 같아요. 어죽…… 이것 또 좋지요. 그리구 그 '무당(巫女)놀이'인가? 이것이 또 상당한 명물이지요?

우호 너무 난잡하지요.

의복의 특색

이훈 평양의 옷은 어떤가요. 여자들이 수건 두건 쓴 것 같은 것은 독특한 것이지요?

우호 지금에야 별로 쓰나요.

이효 여자 옷에는 색깔이 퍽 중요한 것인데 평양 기생들이 옷 색을 옅게 써서 색조를 알맞게 맞춘 것이 퍽 우아해서 좋아 보입디다. 기생이라고 업신여기지만 말고 일반 가정부인들도 배울 것이 많을 듯해요. 옷 같은 데의 좋은 경향은 일반화해도 좋을 듯한데…….

박현 그럴 수야 있나요……. 좌우간 평양 사람은 일반적으로는 색의(色衣)를 적게 입지요. 거리에를 나가 남자 주의(周衣) 같은 것을 보아도 열 명이면 여덟은 회색 아니면 검정 주의를 입었지요.

이훈 그런가 봅디다. 일반적으로 퍽 단순한 듯해요.

박현 여자도 대체로 무색(無色)이지요. 서양 사람들이야 늙은 부인들도 얼마나 화려한 색을 씁니까?

이훈 그럼요. 늙어갈수록 좋은 색을 고르지요.

박현 그런데 우리 평양 여자는 사십만 가까워 오면 색옷을 입으면 도리어 흉을 보고 모두 회색이나 흰옷을 입어요. 경성 부인들도 그렇게까지는 않지요. 할머니들도 색 동정 색 고름 달아 입지 않습니까? 그래, 저도 색의장려(色衣奬勵)에는 늘 큰 관심을 가지고 있어, 요전에도 여기서 늙은 부인들 몇 분이 서울을 올라가시기에 서울을 가거든 그 옷 색들을 잘 보고 배워 오라고 부탁을 한 일도 있어요.

이효 서울을 갈 것 없이 먼저 여기서 기생들을 본받으시지요.

박현 아니요. 절대로 못씁니다. 기생들 옷이야 울긋불긋하기만 하였지 색조로서야 즉 미술적으로야 말이 됩니까? 원시 시대와 달라 문명하여 갈수록 색이라는 것은 서로 부합을 하여 가고 있지 않습니까. 저고리와 치마의 색이 맞아야 할 것은 말할 것도 없고, 옷 색이란 자기 안모(顔貌) 내지는 방색(房色)에까지 부합되고 어울리어야 되는 것인데, 기생들이야 하나로 된 것이 있어요? 옅은 저고리에 진한 치마를 입고 그 색이 도무지 어색하고……. 우리가 가르치면 몰라도 배울 것이 있을 리 있나요.

이훈 그런데 요즈음 서울서도 일반 가정부인들이 기생을 많이 본받는가 봐요. 더구나 치마…… 기생들의 옆치마를 본때 떠 가지고 몸동이를 휘휘 둘러싸서는, 한손으로 그 끝을 딱 쥐고 다니는데 그 때문에 한 손은 병신같이 아주 쓰지를 못하니 부자유하지 않겠어요.

박현 평양서도 그것이 유행하지요. 그나마 협(脇)에서 이를 맞추지도 않고 등 뒤에서 폭을 맞추는데 모양이 안 되어서요. 이런 폐풍(弊風)은 본 따지 않아야겠는데요.

이효 그것이 왜 폐풍입니까?

박현 폐풍이지요. 뒤가 벌어지는 모양이 안되었지요. 휘휘 둘러야 하니 감이 많이 들어 불경제지요.

이훈 그냥 재래대로 통치마가 제일이지요.

우호 그럼이요!

이효 그래도 경우에 따라서는…… 아담한 미나 고전의 미를 업신여길 수는 없지요.

박현 조선 옷이 일반적으로 미는 퍽 있다고 외국 사람들도 그럽디다.

김취 그런데 그 여자 옷에 있어서 속옷이 치마 아래로 보이는 것 참 추해서 못 보겠어요. 서양 사람들이야 속옷이 밖으로 조금만 보여도 얼마나 큰 실례라고 합니까. 물론 조선서도 그거야 큰 실례일 것 아닙니까?

이훈 물론이구 말고요.

우호 그리고 치마의 앞을 따는 것, 거 안되었습디다. 언제인가 전차를 탔는데 마주앉은 부인이 제법 얌전한 이인데 치마 앞가슴을 짜개인 데가 벌어져서 가슴과 배꼽 위에까지가 드려다 보이는데 내 얼굴이 벌개집디다. (웃음소리)

한근 전차 이야기가 났으니 말이지 통치마 입은 부인네들 전차표 사노라고 주머니에 든 돈 꺼내기 위하여 사람들 많은 데서 치마를 척 걷어 올리는데 안에 입은 옷이니 변변한 것입니까? 바지가랑이 꼴이란…… 왼데 사람이 볼까 봐 점적할 지경입디다.

송석 여자 옷은 거저 종래의 신여성의 것이면 그만이지.

박현 그렇지요.

김연 그런데 그 옷고름 대신 단추를 달면 어떻습니까?

박현 그것두 해 보았는데요. 아무래도 미가 적어서 안됐어요. 여자 옷에는 역시 고름이 달려야 하겠어요.

한근 남자두 그렇지요. 두루마기에 단추 단 모양이야 됐나요?

박현 그래요. 맵시나 미로 보나 풍치(風致)로 보나 달 것은 달아야지…….

이효 그러기 기생의 옷이라고 덮어놓고 안되었다고 할 것은 아니지 아니야요?

박현 너무 긴 것도 안되었어요. 좌우간 조선 옷이 토대는 퍽 우수한 것인데 좀 더 머리를 써서 여러 가지로 고칠 것은 고치고 하였으면 훌륭하겠어요. 머리를 써야지요…….

김연 박 선생님이 머리를 쓰시오.

특색 있는 가요

이훈 가요와 전설의 평양도 격별한 것일걸요. 평안도 가요로 어떤 것이 있나요.

김취 평안도야 무엇보다 수심가지.

이훈 수심가—참 유명하지, 밖에 무엇 또 없나?

이효 그 기나리라는 것이 참 좋아요.

이훈 민요인가?

이효 민요인데요. 그 멜로디가 아주 비단결같이 고와요.

박현 용강 기나리라는 것이 참 좋습네다. 부인들이 모두 이 노래를 부르는데 아주 듣기 좋아요.

우호 김매며 하는 거이지요?

박현 그리구 물레질하면서도 하지요.

한근 호미 메고 집으로 돌아오면서도 하지요.

박현 용강서는 여자로서 그것을 못하면 왜 첫날밤…… 어떻다는 속담이 있지 않아요? (웃음소리)

한근 머 그렇게까지야 않겠지만…… 좌우간 부인 사이에도 상당히 대중화되어 있지요. 그런데 재래의 우리의 노래란 대개 하급층 사이에서 생겨나고 퍼진 것이 되어서 일반적으로 저급한데…….

이효 기나리 같은 것은 편곡을 하여 구라파에 내놓아도 부끄럽지 않을걸요.

이훈 그렇게 좋아요?

송석 한(근조) 선생! 여흥으로 한 곡조 해 보시구려.

이훈 한 선생이 잘하시나요?

송석 아, 이 박사, 한 선생하고 그같이 친히 지나며 여태 그것도 몰랐소?

이훈 몰랐는데……. 기(妓) 있는 데서만 하는 게지. (웃음)

송석 왜요, 자기 집에서도 늘 한 곡조 넘긴답니다.

한근 공연히 또 쓸데없는 말…… 그날 밤은 너무 취해서…….

이훈 그럼, 노래를 부르지는 않아도 가사만이라도 하나 말해 보시오.

한근 몰라요, 몰라요.

전설의 가지가지

이훈 평양에 전설로서는 어떤 것이 있는지요.

한근 단군 이래 역사적인 고도인 만큼 위대한 전설도 많이 있지요?

우호 녹족(鹿足) 부인의 전설 같은 것은 아마 대표적인 것일 것입니다. 설암(薛岩)의 유래도 맛 있지만.

이훈 녹족 부인이란?

우호 녹족 부인이란 고구려 동명왕의 별궁이었었는데 발이 사슴의 발같이 생겼었다고 합니다. 부인이 아홉 쌍둥이를 낳았는데 모두 발이 닮았으므로, 상스럽지 못한 일이라 하여 아홉 쌍둥이를 전부 상자에다 넣어 대동강에다 띄웠더니, 그들은 모두 지나에 표착(漂着)하여 기후(其後) 훌륭히 생장하야 장군이 되어 고구려에 침래(侵來)하였더랍니다. 동명왕이 크게 심려할 때 부인이 그 말을 듣고 친히 대성산 밑 언덕에 올라 아홉 장군을 회견하고 "너희의 발을 보자." 하여 자기의 발과 대조하여 친아들임을 입증하고, "너희가 아무리 나의 버림을 받았었기로 이제 감히 부모의 나라 부왕에게 화살을 겨눈단 말이냐?" 하고 타일러 장군들이 다시 귀순하여 대성산궁에서 한가지로 즐거이 살았다는 것입니다.

이훈 그 참 자미있는데요?

송석 저, 기림리 대동군청 옆에 큰 돌기둥이 서 있었지요. 옛날에는 이 평양은 그곳까지 한 부두가 되어 있어, 그 돌기둥은 기둥이 아니라 배의 닻줄을 매는 것이었다고들 전해 왔지요.

이훈 그렇지만 그야말로 한 전설에 지나지 않고 사실은 그렇지 않았을걸요. 거기는 본시 사원이 있던 곳이라고 합니다. 그래 그 돌기둥은 지금의 국기 게양대같이 깃발을 달던 기둥이라고 합니다. 여기 닻을 내릴 만큼 큰 배가 들어왔을 리 있나요?

우호 그래도, 사실 대동강에는 상당히 큰 배의 닻이 지금도 강 속에 잠겨 있습니다. 그리 오래지 않은 얼마 전에 그것을 꺼내었다가, 평양 미증유(未曾有)의 대홍수를 만나, 그 닻의 탓이라 하여 시민이 떠들어 혼이 나서 다시 그것을 강 속에 집어넣은 일이 있습니다.

이훈 정말 그래요? 그럼 실제로 보신 분도 있겠군요.

김연 아, 보구말구요.

한근 연광정(練光亭) 앞에 있는 종에도 무슨 그런 전설이 있지 않습니까?

우호 그런 이야기야, 평양에야 헤일 수 없지요.

송석 명기 계월향(桂月香)의 이야기가 또 유명하지 않습니까?

이훈 그렇지. 그 사당은 왜 지금도 상수소학(上需小學) 앞에인가 남아 있지?

이효 평양 기생의 심벌이라고 하드만요.

우호 봉익(鳳翼)이 김선달의 이야기가 아직 꽤 많이 돌아가고 있지요.

김취 많지요. 아마 책으로 만들어도 한 권 잘될걸요.

이훈 어떤 것들인가요.

송석 상당히 우스운 것들이지요.

이효 천재적 유머리스트이던가 보두만요.

우호 음모성이 다분히 있지요.

한근 그런데 김선달의 이야기로 지금 전하는 것 중에는 사실 그의 것이 아닌 것도 퍽 많은 모양인데, 원체 그가 대표적이 되고 보니까, 후에 생겨났거나 또 누가 지어낸 그 비슷한 유머러스한 이야기는 모조리 그의 것으로 돌려버린 듯해요.

이훈 대체 어떤 것인가요. 한두 가지 말씀해 주시오.

김연 내 하나 하지요. 본시 가난한 사람이니까 무전여행을 썩 잘하였는데 이것도 그 한가지입니다. 돈은 없는데 서울은 꼭 가야 되겠으니까, 그는 대담히도 작두 고리쇠 한 개만을 가지고 길을 떠났더랍니다. 가다 첫 여막(旅幕)에 들어 자다가, 밤중에 소변보는 척하고 나와 몰래 그 집 작두의 고리쇠를 슬적 빼었드랍니다. 아침이 되어 여막집에서 손님 우마의 여물을 주어야 되겠는데 작두의 고리쇠가 없으니 될 수가 있어요? 손님들과 함께 야단을 치는데, 선달이 눈을 부비며 나와 "뭣덜, 그럽니까? 아 고리쇠가 없어요? 마침 내가 길에서 한 개 얻은 것이 있는데……." 하며 자기가 가지고 왔던 고리쇠를 내놓으니, 주인으로선 고맙기도 하려니와 자기 집 것과는 전연 다른 것이니까, 조금이나 의심할 여지야 있겠습니까. 그래 감사를 받으며 조반을 먹고 길을 떠나려 하며 그 고리쇠를 돌려달라는 기색을 보이니, 지금과 달라 그때야 촌에서 그것 하나 사기가 간단하지 않은 터라, 주인이 "어떻게 고리쇠를 줄 수 없느냐?"며 교섭을 하기 시작하여 결국 이 친구는 억지에 넘는 체하며, 밥값은 고사하고 백 배 사례를 받으며 다시 다음 여막에로 같은 연극을 하러 유유히 길을 떠나드니다.

우호 대동강까지 팔아먹었다문 그만이지요.

이훈 대동강을요?

우호 판들…… 한 번뿐인가요. 여름에는 급수권(汲水權)을 팔고 겨울에는 밭으로 팔고…….

김연 또 선달은 여자를 많이 골리었지요. 이런 이야기가 또 있습니다. 부녀들과 함께 묘향산에를 갔는데, 거기 상원암(相怨岩) 오르는 데 제일 험한 길이 있습니다.

우호 지금은 쇠사슬을 잡고 올라가게 했지요.

김연 김선달이 이 험한 턱에 이르러 "여기를 올라가려면 저기 있는 바위 앞에 가서 산신에게 전비(前非)를 전부 고백하고 회개하고 올라야지 그렇지 않으면 떨어져 죽는다."고 부인들게 말하고는 자기는 날쌔게 그 바위 뒤에다가 딱 숨었더랍니다. 그랬더니 이 부인들이 죽지 않겠다고 모두 한 사람씩 바위 앞에 와서 자기 비밀을 털어놓는데 이런 것 저런 것 별별 기기괴괴한 고백이 다 있지 않겠습니까. 기후 산에서 돌아와서 김선달은 이 비밀의 약점을 잡아가지고 제 마음대로 이러고 저랬다지요.

이훈 참 우스운 이야기입니다……. 우리가 예정하였던 제목은 대개 이런 것이었습니다마는, 이 외에 무슨 좋은 말씀이 있으면 더 많이 이야기하여 주시기를 바랍니다.

우호 전체로 총괄하여 평양의 인상은 경도(京都)와 대판(大阪)을 합한 것 같다고 할 수 있지 않겠습니까? 경도와 같이 산수 명려(明麗)하고 역사의 고도이면서 일방(一方) 대판같이 상공업이 융성하고 있으니까…….

이훈 그렇지요.

한근 평양에 관하여서만이라도 어찌 하고 싶은 이야기가 한두 가지겠습니까마는 위선 생각나는 것 한가지……. 나는 늘 생각하는데 교육 발전을 위하여 무엇보다도 기숙사가 대단히 필요하다는 것을 항상 절실히 느끼고 있습니다. 도시에 있는 사람은 별로 이것을 느끼지 않고 있지만 농촌의 자제를 위하여 이것은 상상 이상으로 긴요한 것인 줄 믿습니다. 지금 형편으로 보아도 기숙사에 있으면 한 달에 십 원으로 되는 식비가 하숙에 있으면 십팔 원이어야 되니 지금 농가로서 매월 팔 원이 어디입니까? 공부는 변변히 못하고 비용만 실컷 쓰고 온다면 이런 기막힐 일이 또 어디 있겠습니까? 학교에서 기숙사를 못 세우면 각 군에서 군영(郡營)으로 그 군 사람들이 돈을 모아서라도 숙사를 하나씩 경리한다면 경제적 의의도 클 뿐 아니라 장차 멀지 않아 한 향토에 함께 돌아가 일할 청년들이 함께 공부를 하고 친목을 한다는 의미에 있어서도 그것은 가장 적절한 시설이리라고 믿어 의심하지 않습니다.

이훈 참 좋은 말씀입니다.

김취 왜 동경에는 그런 것으로 각 방면에 '요(寮)'라는 것이 많이 있지 않습니까?

한근 그리고 평양 사람의 기질 말씀입니다. 이건 아까 인물 문제에서도 이야기가 됐댔습니다마는, 흔히들 평양 사람은 성미가 급하니 또는 싸움을 잘하니 잘 쥐기느니 하지만, 난 이것은 평양 사람이 맹악(猛惡)하다느니보다 결국 정직하고 강(剛)하고 우물주물하거나 비굴하지 않고 원기가 있는 까닭이라고 믿습니다. 맘에 자기가 옳다고 믿은 다음에는 그것을 견지하여 한번 이것과 틀린 것에 부닥치면 횡설 곡설(曲說)에 귀를 기울일 필요를 인정치 않고 주먹부터 내세우는 것이 아닐까 합니다.

이훈 따지다 주먹이 나가는 것이 아니라, 평양 사람은 먼저 나가고 따진단 말이지요.

우호 평양 사람은 수틀리면 "쌍!" 하고 "쌍!" 하면 벌써 주먹은 번개질을 하니까…….

한근 『조선연감』인가를 보면 각 도 사람의 기질을 타 도는 한 줄도 안 썼는데 평안남도만은 특서를 하였습니다. 기질이 괄괄하여

요컨대 문제라는, 즉 호의를 못 가진 의미로 써 있지요.

김취 그러기 예로부터 평남에 임명하는 장관은 여간 진중히 선임하지를 않았다지요.

한근 그러나 평남 사람은 달리는 준마 같다고 할 수 있지요. 용이한 존재가 아니지만, 한번 잘 달리어 바른길에 오르면 감히 따를 자 누구이리요? 해도 무방하지요.

이훈 기개야 참 좋지요.

한근 몇 해 전 보전(普專) 도서관 설립자 기금을 모으려 왔던 김성수 씨가 평양서 한 말이 있습니다. 남도 사람은 기부를 얻으러 가면 우물주물 안타까웁게 애매한데 평양 사람은 내면 내겠다, 못 내면 못 내겠다 하고 척 말을 떼는 품이 어떻게 시원한지 모르겠다구요. 그렇다고 평양 사람은 있는 실력에 의하여 기부를 잘하느냐 하면 그런 건 아닙니다. 그러기 조만식 선생이 이런 말씀을 하시는 것을 들었습니다. "평양 사람은 부인만 기부를 잘하니까, 남이 놀려서 평양도 남자가 사느냐? 하더라."고요…….

박현 좌우간 비교적 솔직한 성품이라고 할 수 있지요.

이훈 잘 알았습니다……. 고맙습니다. 참으로 좋은 말씀들을 많이 하여 주시어서 여간 자미 있는 좌담회가 되지 않았습니다. 그럼 이만하고 저녁이나 나눕시다.

(끝)

《조광》, 1939. 3.

신문소설과 작가의 태도

조선 사회에 50만의 독자를 가지고 있는 민간 3대 신문에 현재 4대 장편이 연재되어 전 인텔리층의 환호 속에 회를 거듭하고 있다. 이제 본지는 4대 작가의 그 마음의 준비를 듣기로 하다.

—『대지의 아들』(《조선일보》 연재) / 이기영

—『화상보(華想譜)』(《동아일보》 연재) / 유진오

—『창공』(《매일신보》 연재) / 이효석

—『사랑의 수족관』(《조선일보》 연재) /김남천

'전쟁'을 취급하시는가

금번 소설에 그 테마의 다소에라도 전쟁을 취급하여 보시렵니까. 사건의 줄거리는 아니더라도 그 인물과 장면 등에 에피소드 정도로도요. 또는 전쟁의 영향이라 할는지요, 전쟁에 관계된 간접적 취급에라도 접촉하여 보시렵니까.

이기영 내가 쓰는 조선일보사 연재의 『대지의 아들』은 재료를 만주 농촌에서 구한 것이니만큼 성질상 전쟁과는 무관함으로 취급할 수는 없으나 삽화로 황군의 비적 토벌 같은 것을 약간 넣어 보려고 합니다.

김남천 『사랑의 수족관』은 소화 14년(1939년) 8월 초에 게재되기 비롯하여 동 15년 2월 하순에 끝나게 됩니다. 소설의 이야기도 꼭 같이 8월에서 익년 2월로 끝이 나게 구상되었습니다. 그러므로 이 기간에 일어나는 시간 문제는 될 수 있는 대로 모두 끌어들일 생각이었습니다. 마침 일지사변은 진행 중이었고 9월에는 예기치 않았던 구주대전이 발발되었는데 '전쟁'이 테마는 아니었으므로 에피소드 정도로 취급하였고 일상 생활의 묘사에는 전쟁의 영향이 전반적으로 취급되었습니다. 또 작중 인물의 자본가 한 사람에게 만주 중공업과 연락시켜 조선 재벌의 만주와 북지 진출을 다소 고려해 보았습니다.

유진오 내 소설은 연월일을 명시한 것이 아니므로 전쟁의 영향을 정면으로는 취급하기 곤란하오나 대국적으로는 나오게 됩니다.

이효석 취급하지 않습니다. 작중 인물의 생활에 은연중에 그 영향이 침투될는지는 모르나 창작 의식에 올리지는 않습니다.

영화 연극화에 대한 용의

금번 소설을 쓰실 때에 이 작품이 뒷날 영화화 또는 연극화될 것을 고려하여서 작품의 구도와 표현에 있어 그런 요소를 미리 집어넣는 용의를 하고 나가십니까. 또는 후일 이 작품이 완성되는 날 어느 단체(그 명칭) 어느 배우(인명 지적)의 손에 이것이 상연되기를 기대하는 바가 있습니까. 또는 그 때에 작자로서 작품 취급에 대하여 미리 영화(연극)인에게 전하고 싶은 말씀은.

유진오 전혀 생각해 본 일 없습니다. 그러나 내 작품을 기초로 좋은 극이나 영화가 나오게 된다면 물론 생광(生光)스럽게 알겠고 협력이라도 하겠습니다.

김남천 시추에이션과 장면 배치에 시나리오의 순서를 배운 데는 많으나 꼭 영화화나 연극화를 생각한 적은 없습니다. 더구나 연극화는 바라지도 않고 생각지도 않습니다. 영화화하려면 작중 인물과 배경이 좀 사치해서 지금 조선의 설비나 배우로는 쑥스럽게 될 근심이 많습니다. 또 각색자나 연출자에 의하겠지만 서투르게 하면 통속 문예영화밖에 될 것이 없을 것입니다. 조선영화 예술의 수준 향상의 입지로 보면 전혀 무의미한 작품이 될 것입니다.

이효석 소설 작품으로서 쓸 뿐이지 영화화 또는 연극화될 것을 미리부터 가상하지는 않습니다. 후일 혹 그렇게 된다면 그것은 그때의 문제입니다. 그때 작자로서 연출인에게 전하고 싶은 말은—작품은 필요에 따라 얼마든지 재구성해도 무관하다—는 것입니다.

이기영 나는 별로 그런 것을 기대하고 작품을 쓰지는 않습니다. 만일 내 작(作)이 영화로 될 수 있다면 그것은 각색자에게 일임하려 합니다.

작가층에 대한 작가의 용의

이번 소설들은 어떤 사회 어떤 층에서 더욱 많이 읽어 주기를 기대하고 쓰십니까. 또는 신문소설의 대중성이란 데 대하여 어떤 용의를 가지고 집필하여 나가십니까.

이효석 신문사로서는 가정에서 아버지나 어머니나 늙은이나 아이나 다 함께 읽을 수 있도록 쓰라는 주문이었으나 써 가면서 보니까 역시 청년층 특히 지식층의 독자를 상대로 나가게 됩니다. 대중성이라는데 대해서도 예술적일 것보다는 흥미 중심이여야 하고 하루하루를 자미있게 꾸며 다음을 기대하도록 하라는 주문이어서 될 수 있는 대로 그렇게 되도록 명념은 하고 있습니다.

김남천 조선일보에는 현재 세사물(歲史物)과 농촌물과 현대물의 세 작품이 실리고 있는데 졸작은 그중 셋째 번에 해당합니다. 이 세 작품이 맡은 독자층이 각각 다를 것이라 생각하여 나는 주로 도회인 오락 영화나 구경할 줄 아는 독자를 대상으로 생각했습니다. 용어나 작중 인물의 취급이나 전체의 구상도 이 점을 많이 고려했습니다. 신문소설의 비결은 가정 내의 부인 독자를 상대로 해야 한다는 것이 알려져 있는 상식이고 또 과거의 성공한 신문 소설가는 모두 이러한 방법을 썼습니다. 그러나 나 같은 사람까지 그런 비결에 붙들릴 필요야 없겠지요.

유진오 나는 주로 젊은 사람들이 많이 읽어 주기를 기대하고 씁니다. 대중성은 물론 무시할 수 없는 것이기 때문에 내깐에는 흥미를 끌도록 구성에 노력하고 있는데 어떻게 되었는지, 다만 한마디 말할 것은 작가는 대중의 취미에 영합하여 그리로 자신을 몰입시킬 것이 아니라 아모쪼록 그들의 취미를 존중하면서도 그것을 보다 높은 곳으로 끌어올려야 한다는 것입니다. 이번 소설에는 조선 사람의 현실에 맞지 않을 정도로 소위 '문화식' 생활과 감정과 사고가 나오는데 이것도 내깐으로는 우리가 현실을 좀 더 그런 방면으로 끌어올릴 필요가 있다고 생각하고 해 보는 시험인데, 혹 너무 동떨어지지나 않았나 염려입니다.

이기영 난 주제가 만주 농촌이니만큼 만주 동포들이 읽기를 바라고 씁니다.

주인공의 연애관, 결혼관

작품 속에 등장하는 주인공 남녀의 연애관(또는 결혼관)은 어떠하시며, 작가 자체는 현대의 20대 남녀의 연애관은 어떠하며 또 어떻기를 희망하십니까.

이기영 남녀의 연애관은 불순하지 않기를 바랄 뿐입니다. 삼각관계를 그런 의미에서 불순하다는 것은 아니나, 나는 이번 작품에 연애를 순결히 시종이 여일하게 하고 싶습니다.

이효석 『창공』의 주인공 '일마'에게는 두어 번 연애를 시키는데 한 번은 국제 연애입니다. 외부의 여러 가지 구속을 넘어서 가급적 자유롭게 결합되도록—기호와 열정만이 사랑을 결정하도록 꾸며 보렵니다. 연애는 곧 결혼으로 가도록 즉 연애나 결혼은 상치되는 것이 아니요 동일한 방향의 것이요 다 같이 열정의 성과라는 것을 생각해 보려고 합니다.

유진오 신문소설이니만치 건강한 것을 목표로 삼았습니다. 단 건강과 소박과는 이의어입니다.

김남천 난 별로 연애관이라고 해서 내세울 것은 없습니다. 단지 여기 나오는 사나이의 한 사람은 기사라면 수리만 알고 다른 문화 교양엔 무식하다는 정형을 깨트리고 될수록 일상생활에 있어서 취미나 교양이나 예의 작법 등 균형이 잡힌 청년으로 만들려고 했습니다. 또 여자의 한 사람은 여자대학 출신으로 탁아소를 자선 사업으로 설계하고 있는데, 이런 여성 사업가라면 으레히 우러르는 만혼주의자거나 독신주의자 또는 연애 배격의 도덕가, 질박한 로우힐의 애용자 등을 생각할 수 있으나 나는 이의 취급에 있어서도 될수록 통일된 균형된 여성의 기질을 만들려고 했습니다. 사업과 연애와를 함께 할 수 있는 여자, 여성미를 발휘하면서 교양미를 살릴 수 있는 여자—그러니까 이번 류의 남녀 청년이 가지는 연애관과 결혼관을 작자인 나는 자연히 따라가 보았습니다.

문장의 고심, 독자의 반향

집필 이래 독자로부터의 반향과 문예 비평가의 의견, 또 집필 시간, 구상의 고심, 문장(더욱이 대화)에 대한 고심 등 이야기를…….

김남천 더러 있는 모양이나 개의할 건 못 되었습니다. 또 집필 시간 등은 일정치 않으나 전날이나 전전날쯤 쓰는 것이 보통이었습니다. 다시 말하면 그날그날 쓰는 것입니다. 구상은 막연히만 생각해 두었다가 세부는 언제나 그때그때에 꾸미기로 했습니다. 신문소설

은 이렇게 할 수밖에 없다고 생각합니다. 특별한 고심은 별로 들어서 발표할 것이 없고

① 문장을 자주자주 개행(改行)을 해서 언뜻 보는 눈에 지면이 찍찍하지 않게 할 것.

② 평안도 출신이라 사투리가 많이 섞이는 내 문장을 이 기회에 다소 순화시켜 볼 것.

③ 삽화 그리는 이에게도 그리기 편하도록 고려할 것, 시사성을 고려할 것, 계절을 맞출 것 등등, 요컨대 이 소설이 신문소설이란 것을 충분히 고려하려고 했습니다.

이효석 아직 회(回)가 많이 나가지 않았고 필자가 지방에 있는 관계로 비평가의 의견을 듣지 못했고 독자의 반향도 그렇게 흥성하게 들리지는 않으나 신변의 동무들은 친히 여러 가지 말을 들려 줍니다. 집필 시간은 일정치 않으나 대개 학교에서의 틈을 이용합니다. 현재 장편을 두 가지 집필하고 있는 까닭에 『창공』은 하루 꼭 한 회 식으로 하고 있습니다. 더 될 때에는 서너 시간도 걸리나 빠를 때에는 한 시간 반이면 다섯 매를 탈고합니다. 교수 시간시간 사이에 대개 한 회 쓰게 됩니다. 대체로 인물만을 작정해 놓고 전체 스토리는 막연합니다. 나날의 정상을 나날이 해 가면서 씁니다. 문장은 그다지 고심하지 않습니다. 지문이나 회화를 그저 생각나는 대로 줄줄 써 갑니다.

유진오 독자로부터 간간히 투서를 받는데 오기 정정해 주는 것 같은 것은 대단 고맙게 생각됩니다. 재미있었던 것은 작중 인물과 동명의 여자에게 작중 인물에게 보내는 연하장을 주신 것이었습니다. 집필 시간은 1회분 3시간가량입니다, 문장은 따로이 문장론이

되겠기에 접어 두겠습니다.

이기영 독자로부터 약간 서신이 있었으나 그것은 부분적에 불과하고, 나로서는 다소 노력했다 하나 만주의 지식이 박약한 데다가 워낙 생소하고 거창한 재료를 창졸간 취급하자니 자연 무리를 낳게 되고 소화력이 부족했던 줄 압니다. 더욱 구상이 미처 덜 익은 것을 훌훌히 집필한 탓도 있고 해서 시골로 가서 쓰는 중에 '이랬더면' 하는 발견도 하고 선후의 순서를 바꿀 필요도 느끼었으나 이미 시작한 것을 어찌 할 수 없어서 그대로 써 나가는 중이요, 그러나 일후(日後)에 이 소설이 단행본으로 될 때에는 가급적 수정하여서 부족한 점을 개칠로나마 채워 보려 합니다. 문장 대화보다도 나는 구상에 쩔쩔매었습니다.

원체 덩치가 큰 것이라 어리뻥뻥해서 손을 대기가 어려웠습니다. 나는 처음 가 보고 만주의 대륙에 놀라듯이 구상에서도 야차(夜叉) 같은 가위에 눌린 것 같았었소. 하나 그만큼 경험을 얻은 것은 소득인 줄 압니다. 만일 다시 한 번 만주를 가 보고 제2 작품을 쓸 수 있다면 이번의 경험과 새 지식을 버무려서 다소 자신이 있는 것이 써질 것 같습니다마는 그러나 그것은 여기서 할 말이 아니니 그만두겠습니다.

《삼천리》, 1940. 4.

이효석전집 편찬위원장
이우현(이효석문학재단)

자문위원 (가나다순)
곽광수(서울대학교 명예교수, 불문학)
김명렬(서울대학교 명예교수, 영문학)
김용직(서울대학교 명예교수, 국문학, 학술원 회원)
김창진(전 가톨릭대학교 교수, 국문학)
박성창(서울대학교 교수, 국문학)
방민호(서울대학교 교수, 국문학)
성석제(소설가)
신범순(서울대학교 교수, 국문학)
오정희(소설가)
이영준(경희대학교 교수, 한국현대문학)
이영춘(시인)
이익섭(서울대학교 명예교수, 국어학)
주종연(국민대학교 명예교수, 국문학)

일어 번역
장순하(시조시인)
이호철(소설가)
한성례(세종사이버대학교 교수, 일문학)
이로미(일어 번역가)

텍스트 교감 · 편집 팀
이상옥(책임자, 서울대학교 명예교수, 영문학)
공강일(서울대학교 대학원 국문학 박사과정 수료)
나보령(서울대학교 대학원 국문학 박사과정 수료)
송민자(춘천교육대학교 졸업)
이지훈(서울대학교 대학원 국문학 박사과정 수료)